PANORAMA

Deutsch als Fremdsprache

Andrea Finster
Friederike Jin (Phonetik)

A 2

Kursbuch
Kursleiterfassung

Cornelsen

Vorwort

Liebe Deutschlehrende,

das Lehrwerk PANORAMA richtet sich an erwachsene Lernende ohne Vorkenntnisse, die im In- und Ausland Deutsch lernen. Der Name ist Programm: PANORAMA öffnet inhaltlich wie medial den Blick für die deutsche Sprache und die Kultur der deutschsprachigen Länder. Es führt in drei Gesamt- bzw. in sechs Teilbänden zu den Niveaustufen A1, A2 und B1 des Gemeinsamen europäischen Referenzrahmens.

Das **Kursbuch** umfasst 16 abwechslungsreiche, klar strukturierte Einheiten mit je sechs Seiten. Nach zwei Einheiten folgen immer eine Deutsch-aktiv- und eine Panorama-Doppelseite.

Die ausführliche Beschreibung des Konzepts, der Aufteilung des Kursbuches und des Aufbaus der Einheiten finden Sie in der Konzeptbeschreibung im Anhang auf den Seiten 180 bis 191.

Die vorliegende **Kursleiterfassung** des Kursbuchs A2 erleichtert Ihnen die Unterrichtsvorbereitung. Sie finden hier alle für Ihren Unterricht benötigten Materialien (außer den digitalen Bestandteilen): das komplette Kursbuch mit kleinschrittigen didaktischen Kommentaren zu den Kursbuch-Aufgaben und Tipps für einen kommunikativen und lernerorientierten Unterricht.

Die Kommentare sind um die verkleinerten Kursbuch-Seiten angeordnet und enthalten:
- eine Übersicht mit den benötigten Materialien, den Textsorten und den vermittelten Strategien
- Symbole mit Vorschlägen für die Sozialform bei allen Aufgaben
- Hinweise zur Binnendifferenzierung sowie Vorschläge für alternative Vorgehensweisen
- Vorschläge für vertiefende und spielerische Aufgaben
- Tipps zum Einsatz der digitalen Medien und der Kopiervorlagen
- Markierung des neuen Wortschatzes und der neuen Strukturen direkt in den Texten
- Lösungen (auf den Kursbuch-Seiten ausgewiesen oder als Lösungsbeispiele in den Kommentaren)
- landeskundliche Hintergrundinformationen

Im Anhang finden Sie neben der Konzeptbeschreibung eine Übersicht mit allen PANORAMA-Titeln, sowie die Kopiervorlagen, die Transkripte der Hörtexte und die alphabetische Wortliste.

Die digitalen Medien – die Video-DVD und die Augmented-Reality-Materialien in der kostenlosen App „PagePlayer" – sind zwar in die Progression des Lehrwerks eingebunden, ihr Einsatz ist aber fakultativ: Die Video-DVD kann an ausgewiesenen Stellen als Alternative zur Audio-CD eingesetzt werden, die Augmented-Reality-Materialien bieten zusätzliche Übungsmöglichkeiten und visualisierte Erklärungen zu behandelten Phänomenen.

Symbole im Kursbuch

Zielaufgabe — Hörtext auf CD — Videoclip — Augmented-Reality-Material

Symbole und Abkürzungen in der Kursleiterfassung

TN die Teilnehmerin / der Teilnehmer	Gruppenarbeit	▶ KV 1/1	Verweis auf Kopiervorlage
Einzelarbeit	Plenum	▶ Vertiefung: S. 31/1	Verweis auf vertiefende Aufgaben
Partnerarbeit	Binnendifferenzierung	▶ Phonetik: S. 79	Verweis auf Phonetik
	wichtiger Hinweis		

UM: Einsatz des Unterrichtsmanagers (fakultativ)
Video-DVD: Einsatz der Video-DVD (fakultativ)
AR, UM: Einsatz der Augmented-Reality-Materialien über den Unterrichtsmanager (fakultativ)

Inhalt

Augmented-Reality-Materialien

PANORAMA bietet eine neue Dimension des individuellen Lernens. Die zusätzlichen Materialien können zu Hause, unterwegs oder auch im Kurs mit dem Smartphone oder dem Tablet direkt aus dem Buch heraus angesehen und -gehört werden.

Und so können Sie die Materialien abspielen:

1. Scannen Sie den QR-Code und laden Sie die kostenlose App PagePlayer herunter. Sie können die Inhalte zu PANORAMA auf Ihrem Smartphone oder Tablet speichern und jederzeit direkt aus dem Buch aufrufen.
2. Scannen Sie mit Ihrem Smartphone oder Tablet die ausgewählte Buchseite mit dem Icon . Das Material wird angezeigt und Sie können es direkt starten.

Folgende Materialien gibt es zu PANORAMA A2: Wortschatz-Videos mit Übungsphasen zu den meisten Wort-Bildleisten, erklärende Grammatik-Animationen zu ausgewählten Strukturen, Phonetik-Videos zum individuellen Üben der Aussprache sowie Quiz-Videos mit zusätzlichen landeskundlichen Informationen.

Inhalt

Sprachhandlungen: über Medien im Alltag sprechen; den Alltag beschreiben; sagen, dass man etwas nicht gut findet; etwas bewerten; einen Werbetext verstehen

Themen und Texte: Apps im Alltag; Alltag; Wellness; Zeitungsartikel; Werbung; E-Mail; Homepage eines Hostels; Blog

Wortfelder: Alltagsaktivitäten

Grammatik: Präpositionen *ab*, *bis* und *zwischen* (Zeit); reflexive Verben
Phonetik: Wiederholung *ch*

Sprachhandlungen: über Möbel sprechen; Einkaufsdialoge führen; etwas telefonisch bestellen; etwas telefonisch reklamieren; einen Reklamationsschein ausfüllen

Themen und Texte: Wohnungseinrichtung; Upcycling; Einkaufsdialoge; Online-Katalog; Liefer- und Reklamationsschein; Interview

Wortfelder: Bestellung; Reklamation

Grammatik: Adjektive nach definitem Artikel; Präposition *aus* (Material)
Phonetik: Endungen hören

Sprachhandlungen: über die Lage von Orten sprechen; über die Wohnsituation sprechen; Wohnungsanzeigen verstehen; einen Besichtigungstermin vereinbaren; erklären, wohin etwas kommt; Kleinanzeigen verstehen und schreiben

Themen und Texte: Stadtplan; Wohnungssuche; Umzug; Blog; Wohnungsanzeigen; Kleinanzeigen

Wortfelder: Wohnungssuche

Grammatik: Wechselpräpositionen
Phonetik: *qu*

Sprachhandlungen: über seine Schulzeit und Kindheit erzählen; Erstaunen ausdrücken; über Biografien und Ausbildung sprechen; einen Text über eine bekannte Person schreiben

Themen und Texte: Kindheit; Schule; Ausbildung; Boulevard der Stars; Zeitungsartikel

Wortfelder: Schule; Ausbildung

Grammatik: Modalverben im Präteritum; Wortbildung: Nomen auf *-heit*, *-keit* und *-ung*
Phonetik: Wiederholung *i – ü* und *e – ö*

Sprachhandlungen: über den Büroalltag sprechen; über Probleme am Arbeitsplatz sprechen; geschäftliche E-Mails schreiben; einen Termin vereinbaren; sagen, was man im Büro wichtig findet

Themen und Texte: Büroalltag; Quiz; Radio-Interview; geschäftliche E-Mail; Statistik

Wortfelder: Computersprache; Büro

Grammatik: Nebensätze mit *wenn*
Phonetik: lange und kurze Vokale

Sprachhandlungen: Beratungsdialoge führen; technische Informationen über Geräte erfragen; über Apps sprechen; Apps beschreiben; über Vor- und Nachteile diskutieren; seine Meinung äußern

Themen und Texte: Apps; Werbeflyer; Beratungsdialog; Zeitschriftenartikel; Diskussion

Wortfelder: Handy und Smartphone

Grammatik: indirekte Fragen; *zum* + Nomen (Infinitiv)
Phonetik: englische Wörter im Deutschen

Sprachhandlungen: über Freundschaft sprechen; eine Person beschreiben; eine Freundschaftsgeschichte nacherzählen; über Vergangenes sprechen; seine Meinung äußern

Themen und Texte: Freundschaft; bekannte Freundschaften; Zitate; Zeitschriftenartikel

Wortfelder: Freundschaft; Adjektive zur Personenbeschreibung

Grammatik: Präteritum von *kommen, geben, mögen*; Nebensätze mit *als*
Phonetik: Diphtonge *ei, eu/äu* und *au*

Sprachhandlungen: einen Unfall beschreiben; einen Notruf machen; eine Verletzung beschreiben; Dialoge beim Arzt führen; Ratschläge geben; über ein besonderes Projekt sprechen

Themen und Texte: Unfall; Notruf; Notaufnahme im Krankenhaus; ROTE NASEN – Clowns im Krankenhaus; Zeitschriftenartikel

Wortfelder: Krankenhaus; Notfall

Grammatik: Wortbildung: Adjektive auf *-los* und *-bar*; *sollte-*
Phonetik: Konsonant *s*

Sprachhandlungen: über Essgewohnheiten sprechen; Vorlieben ausdrücken; ein Restaurant empfehlen; im Restaurant bestellen und bezahlen; etwas reklamieren; regionale Spezialitäten und Lieblingsgerichte beschreiben

Themen und Texte: Restaurantdialoge; Restaurantanzeigen; Speisekarte; österreichische Küche; Blog

Wortfelder: Dinge im Restaurant; Essen/Gerichte

Grammatik: *welch-* und *dies-*; *etwas/nichts* + Nomen
Phonetik: Endungen hören

Sprachhandlungen: über Shoppen und Einkaufen sprechen; über Vorurteile sprechen; sich im Einkaufszentrum orientieren; Empfehlungen geben; über Einkaufsstraßen sprechen

Themen und Texte: Frauen und Männer beim Shoppen; Einkaufsstraßen; Zeitschriftenartikel; Orientierungstafel; Leserbrief

Wortfelder: Geschäfte; Konsumartikel

Grammatik: Relativsätze: Nominativ und Akkusativ
Phonetik: französische Wörter im Deutschen

Sprachhandlungen: Einladungen und Glückwünsche aussprechen; über Feste sprechen; sich für eine Einladung bedanken, zusagen/absagen; ein Fest / eine Feier planen; ein Hochzeitsfest beschreiben

Themen und Texte: Einladungs- und Glückwunschkarten; Feste; Berufsbild Hochzeitsplanerin; Zeitschriftenartikel

Wortfelder: Feste und Feiern

Grammatik: Relativsätze mit Präposition; Wortbildung: Nomen auf *-chen* und *-lein*
Phonetik: Wiederholung *r* und *l*

Sprachhandlungen: ein Veranstaltungsprogramm verstehen; von einer Veranstaltung erzählen; seine Musikinteressen beschreiben; ein Gedicht verstehen und schreiben

Themen und Texte: Straßenkunst; Musikfeste; Kühlschrankpoesie; Veranstaltungsprogramm; Gedicht

Wortfelder: Kunst und Kultur

Grammatik: Verben mit Präpositionen; Fragewörter mit *wo(r)-*
Phonetik: Wiederholung *ä – e*

Deutsch in Bildern

Auf einen Blick

Material: ggf. Kopien von den Fotos (1b); große Europakarte (2a)

Textsorten: persönliche Vorstellung (2)

Strategien: Bilder als Informationsquelle nutzen, Wörter mit Bildern lernen (1a); dialektal gefärbte Texte verstehen (2); globales Hören (2a+b); sich auf einer Landkarte orientieren (2a); detailliertes Hören (2c)

Diese Doppelseite dient dem (Wieder)Einstieg in den Deutschkurs. Der Schwerpunkt liegt auf der Präsentation von landeskundlichen Informationen aus Deutschland, Österreich und der Schweiz, die Lust auf die deutschsprachigen Länder machen und zum Lernen der deutschen Sprache motivieren soll. Zudem wird hier den TN die Möglichkeit gegeben, sich gegenseitig (besser) kennenzulernen.

Einstieg Fragen Sie die TN zuerst: *In welchen Ländern spricht man Deutsch?* Notieren Sie die Länder an der Tafel. Fragen Sie dann: *Was fällt Ihnen zu den Ländern ein?* Die TN sammeln Ideen und Wörter (ohne Kursbuch).

! Deutsch ist Amtssprache in zehn Ländern: in Deutschland, Österreich, Luxemburg, Liechtenstein und der Schweiz sowie z. T. in Belgien, Brasilien, Italien, Polen und der Slowakei. Darüber hinaus wird Deutsch in Zentralasien, Nord- und Lateinamerika, im südlichen Afrika sowie einigen weiteren Ländern Europas gesprochen. Weltweit gibt es ca. 100 Millionen deutsche Muttersprachler.

1a ▸ Die TN tauschen sich zu zweit aus und wählen drei Fotos, die sie anschließend im Kurs vorstellen und den Ländern zuordnen. Notieren Sie die Zuordnung an der Tafel:

D: 10, … A: 1, … CH: …

Deutsch in Bildern

1 Was kennen Sie in Deutschland, Österreich und in der Schweiz?

a Was glauben Sie: Welche Fotos sind aus Deutschland, welche aus Österreich und welche aus der Schweiz? Was kennen Sie? Sprechen Sie zu zweit.

Ich glaube, Foto 8 ist aus Deutschland. Auf dem Foto gibt es ein Meer, einen Strand und Strandkörbe. Ein Meer gibt es nur in Deutschland.

b Waren Sie schon einmal in Deutschland, in Österreich oder in der Schweiz? Wo waren Sie? Was haben Sie dort gemacht? Was würden Sie gern sehen? Sprechen Sie im Kurs.

Ich war schon einmal in … Ich habe dort …

Ich würde gern … sehen. Dort gibt es … Ich glaube, das ist interessant.

1. Hofburg Wien (A) – 2. Bierproduktion (D) – 3. Basler Fasnacht (CH) – 4. East Side Gallery Berlin (D) – 5. Käsefondue (CH) – 6. Ski fahren (D, A, CH) – 7. Johann Sebastian Bach, Denkmal in Leipzig (D) – 8. Strand an der Ostsee (D) – 9. UBS-Bank in Zürich (CH)

8 acht

Zur Überprüfung der Zuordnung lesen die TN die Bildunterschriften (unten auf der Doppelseite) und vergleichen mit der Zuordnung an der Tafel. Was war anders/neu?

▸ Alternative: Die TN arbeiten in drei Gruppen. Jede Gruppe wählt ein Land, sucht passende Fotos und notiert Informationen dazu, die sie kennen. Dann präsentieren die Gruppen ihre Ergebnisse im Kurs.

1b ▸ Notieren Sie die folgenden Fragen an der Tafel: *Wo waren Sie schon einmal? Was haben Sie dort gemacht? Was würden Sie gern sehen?* Die TN führen Partnerinterviews durch, machen Notizen und stellen dann ihre Partnerin / ihren Partner im Kurs vor.

2 Die deutsche Sprache – immer anders

1.02 **a** Woher kommen die Personen? Hören Sie und suchen Sie die Städte auf der Karte auf dem Umschlag.

1.02 **b** Wie grüßen die Personen? Hören Sie noch einmal und ordnen Sie zu.

Grüß Gott! – Servus! – Moin! – Grüezi! – Guten Tag! – Guten Tag!

Moin! Grüß Gott! Guten Tag! Guten Tag! Servus! Grüezi!

1.02 **c** Welcher Dialekt gefällt Ihnen? Hören Sie noch einmal. Versuchen Sie „Ihren Dialekt“ nachzusprechen. Die anderen raten.

10. Autosalon in Frankfurt (D) – 11. Schweizer Franken und Euro (CH und D, A) – 12. Murinsel in Graz (A) – 13. Rhein bei Rüdesheim (D) – 14. Mozarts Geburtshaus in Salzburg (A) – 15. Gartenzwerg (D) – 16. Allianz Arena, FC Bayern München (D) – 17. Sachertorte (A) – 18. Uhrwerk (CH)

neun 9

▸ Ich-Bezug. Fragen Sie: *Welches Foto passt zu Ihnen?* Die TN wählen je ein Foto und notieren kurze Informationen zu der eigenen Person und zu dem Grund, warum sie das Foto gewählt haben. Dann stellen sie sich im Kurs kurz vor, z. B.: *Ich heiße ... Ich komme ... Meine Hobbys sind ... Zu mir passt Foto 14, Mozarts Geburtshaus. Ich mag Musik und Mozart. Und ich habe wie Mozart auch eine Schwester. Sie spielt aber leider kein Musikinstrument.*

2 Die Personen sprechen mit verschiedener dialektaler Färbung. Weisen Sie die TN vor dem Hören darauf hin.

! Die deutsche Sprache verfügt über sehr unterschiedliche Dialekte. Die „reinen“ Dialekte werden allerdings von immer wenigeren Menschen gesprochen. Die meisten Menschen sprechen heute die deutsche Standardsprache mit dialektaler Färbung. Hochdeutsch lernt man meistens erst bzw. nur in der Schule.

2a ▸ Die TN hören und notieren, woher die Personen kommen (Land + Stadt). Hängen Sie eine Europakarte im Kursraum auf. Die TN suchen die Städte auf der Karte (oder auf der Karte vorne im Buch).

Lösung: *1. Hamburg (D); 2. München (D); 3. Leipzig (D); 4. Köln (D); 5. Wien (A); 6. Bern (CH)*

2b ▸ ▸ Fragen Sie, welcher Gruß in welchem Land üblich ist. Die TN hören noch einmal und ordnen zu. Dann versuchen sie zu zweit, die Grüße mit dialektaler Färbung zu lesen.

2c ▸ Die TN hören noch einmal und lesen dabei die Texte auf S. 151 leise mit. Danach versuchen Freiwillige einen Text mit entsprechender Färbung vorzulesen. Machen Sie mit – es darf gelacht werden!

Auf einen Blick

Material: Kärtchen (2a+b); KV 1/1 (2b/Strukturen 3); ggf. Reisefotos von den TN (3c); KV 1/2 (4c+d, 5c)

Textsorten: Flugticket, Fahrschein, Konzertprogramm (1a); Reiseblog (1b); Wegbeschreibung (4d); Stadtplan (5b); Reiseführer-App (7)

Strategien: Bilder als Informationsquelle nutzen (1a+b); selektives Lesen (1b); detailliertes Lesen (1c, 4d); eine Geschichte frei erzählen (3c); globales Hören (4c, 7d); Hör-Sehen (4c); detailliertes Hören (6a); hypothesengeleitetes Lesen (7a); Notizen machen (7d)

Einstieg Fragen Sie zuerst: *Was sehen Sie auf dem Foto? Was ist das?* Die TN benennen die „Gegenstände“. Weisen Sie auf die Bildleiste hin und notieren Sie die Nomen an der Tafel. Die TN sammeln dann passende Verben zu den Nomen *(das Flugticket / den Fahrschein kaufen, buchen, verlieren ...; die Eintrittskarte haben, kaufen, bestellen ...; das Konzertprogramm lesen, kennen, gut finden ...; die Postkarte schreiben, schicken, bekommen ...).*

AR, UM: Spielen Sie das Video zur Bildleiste ab (Phase 1+2). Die TN sprechen nach.

1a ▸ Die TN bilden Sätze zu den Fotos wie im Beispiel (ggf. schriftlich). Dann vergleichen sie ihre Vermutungen im Kurs und erstellen einen Reiseplan an der Tafel:

17.8. Berlin → Salzburg (Flug)
18./19.8. Mozarts Geburtshaus ...
20.8. Salzburg → Luzern (Zugfahrt)
20./21.8. Konzert

1b ▸ Die TN lesen und unterstreichen die Orte. Dann vergleichen sie zu zweit ihre Lösungen mit dem Reiseplan an der Tafel und bringen die Abbildungen in die richtige Reihenfolge.

1c ▸ Die TN lesen und unterstreichen die Stellen, die wichtig für die Lösung sind. Besprechen Sie mit den TN, warum die Aussagen richtig bzw. falsch sind.

1 Auf Reisen

1 Eine Reise: Deutschland – Österreich – Schweiz

a Wo waren Pedro, Pavel und Marti? Wann? Sprechen Sie im Kurs. Die Bildleiste hilft.

Auf dem Bild gibt es Flugtickets. Ich glaube, sie waren am 17. August am Flughafen in Berlin.

b Wo waren die Personen zuerst, wo danach? Lesen Sie und ordnen Sie die Bilder oben.

www.pedrosreiseblog.at

Samstag, 20. Juli – Salzburg, wir kommen!

Gestern haben die Semesterferien angefangen! Deshalb haben wir – Pavel, Marti & ich – über unser Lieblingsthema diskutiert: Wohin fahren wir in den Semesterferien? Die Entscheidung war schnell da: Wir fahren nach Salzburg – die Stadt von Mozart! Danach wollen wir auch noch nach Luzern fahren. Gestern Abend habe ich gleich einen Flug nach Salzburg gefunden – super billig, nur 49 Euro! – und gebucht. Jetzt müssen wir die Rucksäcke packen. Hurra – Salzburg, wir kommen!

Montag, 17. August – Ende gut, alles gut.

Der Anfang war wie immer – stressig: Marti hat seinen Reisepass vergessen – zum Glück hat er den Pass nicht verloren wie vor zwei Jahren – und deshalb sind wir sehr spät am Flughafen angekommen. Aber wir hatten Glück: Das Flugzeug ist 20 Minuten später abgeflogen. In Salzburg haben wir zuerst einen Freund besucht und er hat uns ein Hotel empfohlen. Danach haben wir drei Stunden die Stadt besichtigt und alles fotografiert: die Burg Hohensalzburg und das Wohnhaus von Mozart, das Zentrum und und und ... Morgen machen wir weiter. Pavel und ich wollen das Geburtshaus von Mozart sehen. Die Eintrittskarten haben wir schon. Mozart ist hier wirklich überall!

Donnerstag, 20. August – Deutsch ist nicht gleich Deutsch ...

Wir sind sehr früh aufgestanden und mit dem Zug um 7:56 Uhr von Salzburg nach Luzern gefahren. Der Zug war voll und wir haben erst in Innsbruck einen Sitzplatz bekommen. Die Fahrt hat sehr lange gedauert: fast 7 Stunden!!! Eine Frau am Bahnhof hat uns den Weg zum Hotel erklärt. Sie hat Schweizerdeutsch gesprochen. Na ja, wir haben nicht viel verstanden und haben eine Stunde unser Hotel gesucht ... Dann haben wir eine Pizza gegessen. Jetzt wollen wir die Kapellbrücke sehen. Hoffentlich finden wir sie! Und am Abend gehen wir ins Konzert!

10 zehn

2a+b Wiederholen Sie zuerst die schon bekannten Perfektformen und fragen Sie die TN: *Wann haben die Ferien angefangen? Wann hat Pedro den Flug gebucht? Wann ist das Flugzeug abgeflogen? Wann sind sie nach Luzern gefahren? Wann sind sie dort angekommen?* Die TN antworten und notieren die Verbformen an der Tafel:

regelmäßig		unregelmäßig	
(___)ge_______(e)t	_______(e)t	(___)ge_______en	_______en
er hat gebucht		er ist abgeflogen	

Die Gruppen schreiben die Verben *anfangen, diskutieren, finden, buchen, ankommen, abfliegen, fotografieren, sehen, aufstehen, fahren, dauern, sprechen, suchen, essen* auf Kärtchen. Die TN ziehen nacheinander je ein Kärtchen und bilden die Perfektform. Die anderen korrigieren.

Dann ergänzen die TN zu zweit die Verbtabelle und unterstreichen farbig die Verben, die das Perfekt mit *sein* bilden. Erklären Sie, welche Verben Perfekt ohne *ge-* bilden, und fordern Sie die TN auf, die Vorsilben auswendig zu lernen. Die TN sammeln zu zweit weitere Verben mit den Vorsilben.

! Die Vorsilbe *zer-* fehlt, da die Wortschatz-Curricula für das Niveau A2 keine Verben mit dieser Vorsilbe aufführen.

AR, UM: Spielen Sie das Video zum Perfekt ab.

▶ Vertiefung: S. 15/3 ▶ Phonetik: S. 15

2c ▶ Jede Gruppe wählt einen Tag und schreibt zwei Sätze. Dann kehren die TN an ihre Sitzplätze zurück, sodass beim Vorlesen der Sätze nicht zu erkennen ist, für welchen Tag die TN zuständig waren.

AR, UM: Spielen Sie das Video zur Bildleiste ab (Phase 3). Die TN antworten.

3a ▶ Alternative: Die TN machen Notizen und berichten im Kurs über die Partnerin / den Partner.

3b ▶ Zielaufgabe/Ich-Bezug. Weisen Sie die TN darauf hin, dass sie die Satzanfänge variieren sollen (mit Zeit- und Ortsangaben).

3c Die TN hängen ihre Texte im Kurs auf. Die Hälfte der TN bleibt bei ihren Texten, die anderen TN gehen durch den Raum und bleiben auf ein Signal hin vor einem Text stehen. Die/Der TN erzählt der Partnerin / dem Partner von der Reise.

▶ Vertiefung: S. 15/1

---

c Was ist richtig? Lesen Sie noch einmal und kreuzen Sie an.

	richtig	falsch
1. Pedro hat einen Flug nach Luzern gebucht.	☐	☒
2. Sie sind am Flughafen zwanzig Minuten später angekommen.	☐	☒
3. Sie haben das Schweizerdeutsch nicht gut verstanden.	☒	☐

2 Perfekt: Er hat seinen Pass vergessen.

a Lesen Sie den Grammatikkasten. Suchen Sie im Text Verben im Perfekt und machen Sie in Ihrem Heft eine Tabelle.

Perfekt: Partizip II bei untrennbaren Verben

regelmäßig	**unregelmäßig**
____(e)t: bestellt, erzählt	____en: bekommen, vergessen, gefallen, empfohlen

Verben mit be-, emp-, ent-, er-, ge-, ver- bilden das Partizip II ohne ge-.

regelmäßig (__)ge___(e)t	___(e)t	unregelmäßig (__)ge___en	___en
	diskutieren: er/sie hat diskutiert besuchen: er/sie hat besucht	anfangen: er/sie hat angefangen	vergessen: er/sie hat vergessen

b Welche Verben bilden das Perfekt mit *sein*? Unterstreichen Sie in der Tabelle.

c Was haben Pavel, Marti und Pedro wann gemacht? Arbeiten Sie in drei Gruppen. Schreiben Sie zwei Sätze zu den Tagen und lesen Sie die Sätze vor. Die anderen sagen, an welchem Tag das passiert ist.

Sie haben nicht sofort einen Sitzplatz bekommen.

Das war am ...

3 Meine Reise

a Fragen und antworten Sie.

Hast du schon einmal Berlin/... besucht? – Was hast du dort erlebt? – Welche Stadt hat dir gefallen? – Hast du schon einmal eine Postkarte ohne Briefmarke bekommen? – Hast du schon einmal deinen Reisepass / das Gepäck vergessen/verloren? – Hast du schon einmal Schweizerdeutsch gehört?

b Schreiben Sie einen Text für einen Reiseblog.

1. Wo waren Sie? 2. Wann waren Sie dort? 3. Was haben Sie dort erlebt?

c Erzählen Sie frei über Ihre Reise (lesen Sie nicht vor) und zeigen Sie Fotos.

das Flugticket, -s

der Flughafen, -ä-

der Abflug, -ü-e
abfliegen

die Ankunft, -ü-e
ankommen

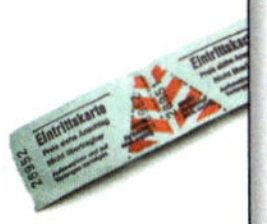
die Eintrittskarte, -n

das Gepäck (Sg.)

die Postkarte, -n

die Briefmarke, -n

4a Die TN bilden zwei Gruppen. Fragen Sie: *Wo sind die Freundinnen? Was ist passiert?* Geben Sie den Gruppen drei Minuten Zeit, um Notizen zu machen. Die Gruppen erzählen und vergleichen ihre Ideen.

4b Die TN nennen Dinge, die verloren gehen können, und notieren sie an der Tafel. Dann erzählen sie. Achten Sie darauf, dass alle TN zu Wort kommen.

In homogenen Kursen tauschen sich die TN ggf. auch in ihrer Muttersprache aus. In gemischten Kursen arbeiten die TN mit einem Wörterbuch.

4c Da der Hörtext (und der Videoclip) wie eine Rahmengeschichte konzipiert ist, klären Sie mit den TN zuerst den Rahmen und die eigentliche Geschichte: Notieren Sie an der Tafel: *Wer? Wo? Was?* Die TN hören den Dialog und beantworten die Fragen (*Wer? Rudi und Susi / Susi und ihre Freundin; Wo? im Café / in der Stadt; Was? Handtasche verloren*). Dann hören die TN noch einmal, lösen die Aufgabe und vergleichen mit ihren Vermutungen in a: Welche Gruppe hat die Geschichte richtig „erraten"?

Die TN hören zum dritten Mal und notieren, was die Personen in den Geschäften gemacht haben. Stärkere TN erzählen die Geschichte nach.

Video-DVD: Gehen Sie wie oben beschrieben vor. Zur vertiefenden inhaltlichen Auswertung arbeiten Sie mit der Kopiervorlage (Aufgabe 1). ▶ KV 1/2

4d Die TN arbeiten zu zweit und vergleichen die Lösungen in Gruppen zu viert.

Erklären Sie die Bedeutung der Präpositionen mithilfe der Icons aus dem Grammatikkasten: Zeichnen Sie die Icons an die Tafel, die TN ordnen die Sätze zu.

! Erklären Sie hier nur die Bedeutung der neuen Präpositionen und gehen Sie auf die Kasus, die von den Präpositionen gefordert werden, noch nicht ein. Dies erfolgt in 5a.

5a Erklären Sie, wann der Akkusativ (*gegen, durch*) und wann der Dativ (*an ... vorbei, bis zu*) folgt. Die TN ergänzen die Kasus im Grammatikkasten: Sie markieren die Artikel bei den Nomen und notieren den Kasus darunter.

▶ Vertiefung: S. 15/4

5b Schwächere TN wiederholen den Akkusativ und Dativ. Notieren Sie die Nomen *der Park, das Tor, das Kaufhaus, die Stadt, der Wald* und ggf. *der Tunnel* an der Tafel. Kurskette: Die TN arbeiten zu viert. Eine/Ein TN bildet einen Satz mit *durch*.

4 Meine Handtasche ist weg!

a Was denken Sie: Wo sind Susi und ihre Freundin? Was machen sie? Sprechen Sie im Kurs.

b Haben Sie schon einmal etwas verloren? Erzählen Sie.

1.03 01 **c** In welchen Geschäften waren Susi und Christina? Hören Sie und ordnen Sie die Geschäfte.

[4] im Schuhgeschäft [1] in der Eisdiele [2] in der Boutique [3] in der Buchhandlung

d Wie sind sie gegangen? Lesen Sie und ergänzen Sie.

Wir sind am Brandenburger Tor aus der U-Bahn ausgestiegen. Dann sind wir durch das Tor bis zur Friedrichstraße gegangen und haben dort ein Eis gegessen. Sehr lecker!* Ich habe bezahlt – da hatte ich meine Tasche noch. Dann sind wir zum Klax gegangen und ich habe eine Hose anprobiert. Dann hat Arno angerufen und ich habe vor dem Geschäft mit ihm telefoniert und bin gegen einen Mann gelaufen, aber es ist zum Glück nichts passiert. Na ja ... Dann sind wir an der Bank vorbei zur Buchhandlung gegangen. Dort habe ich ein Buch gekauft. Auch dort hatte ich meine Tasche noch. Danach waren wir in dem Schuhgeschäft gegenüber von der Buchhandlung und dann sind wir zum Café gegangen. Dort habe ich gesehen: Meine Handtasche ist weg!

Und? Seid ihr gleich zur Polizei gegangen?

Nein, wir sind zum Schuhgeschäft zurückgegangen und haben die Verkäuferin gefragt. Aber leider – nichts. Dann sind wir zur Polizei gefahren und ich habe eine Verlustanzeige gemacht.

1. Die Frauen sind durch das *Brandenburger Tor* bis zur Friedrichstraße gegangen.
2. Susi ist gegen einen *Mann* gelaufen.
3. Sie sind an der *Bank* vorbei zur Buchhandlung gegangen.
4. Das Schuhgeschäft ist gegenüber von der *Buchhandlung*.

* D: lecker – A + CH: gut

Die/Der nächste TN wiederholt ihn und bildet einen neuen Satz, z. B.: *Ich bin durch den Park gegangen. – Ich bin durch den Park gegangen. Dann bin ich durch das Tor gegangen.* usw. Dann folgt die Dativ-Runde. Notieren Sie die Nomen *das Hotel, die Bank, der Bahnhof, das Rathaus, der Eisladen, die Schule, die Buchhandlung* und *das Geschäft* an der Tafel. Kurskette: Die TN bilden Sätze mit *gegenüber von*, z. B.: *Das Hotel ist gegenüber vom Schuhgeschäft.*

▶ ▶ Dann ergänzen die TN die Artikel auf der Zeichnung. Anschließend beschreiben sie abwechselnd ihr Bild und zeichnen die Autos ein. Die Partnerin / Der Partner überprüft die Lösung mit ihrem/seinem Bild. Zum Schluss stellen zwei TN jeweils ein Bild im Kurs vor.

5 Lokale Präpositionen

a Lesen Sie die Sätze in 4d noch einmal und ergänzen Sie den Grammatikkasten.

Präpositionen: *durch, an … vorbei, gegenüber von, gegen* (Ort)

an der Bank *vorbei*	*gegen* den Mann
durch das Tor	*gegenüber von* der Buchhandlung

b Wo stehen/fahren die Autos? Arbeiten Sie zu zweit. Ihre Partnerin / Ihr Partner arbeitet auf Seite 138. Ergänzen Sie bei den Nomen die Artikel. Beschreiben Sie dann Ihr Bild, Ihre Partnerin / Ihr Partner zeichnet die Autos in ihr/sein Bild ein. Tauschen Sie dann die Rollen.

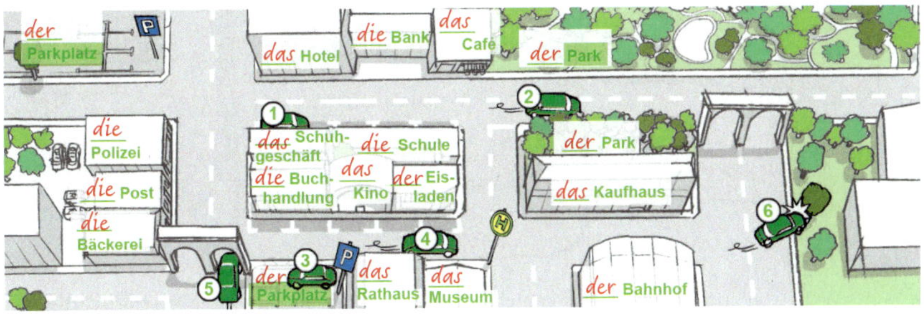

Mein Auto Nummer 1 steht gegenüber von …

c Wie sind Sie heute zum Deutschkurs gekommen? Beschreiben Sie den Weg.

6 Bei der Polizei: eine Verlustanzeige machen

1.04 a Was erzählt Susi nicht? Hören Sie und markieren Sie im Dialog in 4d.

b Wählen Sie eine Situation und schreiben Sie zu zweit einen Dialog. Spielen Sie den Dialog.

Sie haben Ihre Geldbörse* verloren und möchten eine Verlustanzeige machen. Im Café hatten Sie Ihre Geldbörse noch.

Wo: in der Stadt
Wann: heute Vormittag

Sie haben Ihr Handy verloren und möchten eine Verlustanzeige machen. Im Geschäft hatten Sie das Handy noch.

Wo: im Park
Wann: um 14 Uhr

Guten Tag, ich möchte eine Verlustanzeige machen.

*D: die Geldbörse – A auch: die Geldtasche – CH (+ auch D): das Portemonnaie

5c ▶ **AR, UM:** Spielen Sie das Video zur Betonung wichtiger Wörter in Sätzen ab – als Vorbereitung auf das freie Sprechen. Die TN hören und sprechen nach bzw. mit.

◐ Schwächere TN notieren zuerst Stichpunkte und erzählen dann anhand der Stichpunkte.

▶ **Video-DVD:** Die TN arbeiten mit der Kopiervorlage (Aufgabe 2).
▶ KV 1/2

6a ▶ Die TN hören den Text zweimal. Nach dem ersten Hören (mit geschlossenen Büchern) fragen Sie: *Wo ist Susi? Was macht sie dort?* Beim zweiten Hören lesen die TN den Text und markieren die Informationen, die nicht genannt werden.

Lösung: *Susi erzählt nicht, dass sie gegen einen Mann gelaufen ist.*

6b ▶ ▶ ▶ Die TN lesen den Hörtext im Kursbuch auf Seite 151 und markieren wichtige Redemittel. Dann erstellen sie gemeinsam an der Tafel eine Dialoggrafik. Sie schreiben zu zweit einen Dialog und spielen ihn im Kurs.

Was kann ich für Sie tun?
→ *Ich habe … verloren und möchte eine Verlustanzeige machen.*
← *Dann müssen wir ein Formular ausfüllen. Wann …? Wo …?*
→ *Zuerst … Dann …*
← *Gut, dann müssen Sie hier noch Ihre Adresse schreiben und das Formular unterschreiben. Wir rufen Sie an.*

7a ▸ Die TN arbeiten zu zweit und versuchen, aus dem Kontext die fehlenden Wörter zu erschließen. Anschließend lesen die TN die Texte laut vor und vergleichen ihre Lösungen.

Weisen Sie die TN darauf hin, dass man beim Lesen normalerweise nicht jedes Wort erfasst, sondern die Sinneinheiten anhand der eigenen Erfahrungen und Kenntnisse ergänzt, bevor man den Satz zu Ende gelesen hat.

! Üben Sie das kontextualisierte Lesen mit den TN immer wieder, indem Sie in Texten wichtige (bekannte) Wörter abdecken und die TN diese Wörter anhand des Kontextes erschließen sollen.

Lösung: *besuchen, findet, Museum, Jahr; Museum, finden, Cafés, liegen; Haben, und, Kaffee*

7b ▸ ▸ Die TN ergänzen die Sätze, eine/ein TN schreibt die Sätze an die Tafel. Markieren Sie die Verben und erklären die Verbposition.

Die TN arbeiten in Gruppen. Die Gruppen lesen die Texte noch einmal und machen Notizen zu Wien. Dann bilden sie mit den Informationen neue Sätze mit den Konjunktionen und schreiben sie an die Tafel.

7c ▸ Ich-Bezug. Die TN markieren in den Texten, welche Sehenswürdigkeiten sie gern besichtigen würden und stellen dann ihren Favoriten im Kurs vor.

▸ Alternative: Bringen Sie Fotos von weiteren Sehenswürdigkeiten mit. Die TN wählen zu zweit eine Sehenswürdigkeit, machen Notizen für die Begründung und erzählen im Kurs.

7d ▸ Die TN arbeiten in zwei Gruppen. Die TN hören den Text zweimal: Eine Gruppe macht Notizen zu Frau Siller, die andere zu Herrn Köhler. Dann bilden die TN Paare mit je einer/einem TN aus jeder Gruppe. Die TN erzählen gegenseitig.

Lösung: *Herr Köhler: das Zentrum (für jeden etwas Interessantes), das Palmenhaus (Kaffee trinken, viele Pflanzen und tolle Atmosphäre); Frau Siller: das MuseumsQuartier (viele Museen, Kinos, Cafés, Weihnachtsmarkt, die „Enzis")*

8 ▸ ▸ Ich-Bezug. Die TN erzählen zuerst spontan. Dann schreiben sie zu ihrer Stadt vier bis sechs Sätze mit den Konjunktionen aus 7b und erzählen noch einmal.
Alternative: ▸ Vertiefung: S. 15/2

Die Hofburg

In der Hofburg haben bis 1918 die Kaiser von Österreich gewohnt und seit 1945 wohnt hier der Bundespräsident. Sie können hier mehrere Museen … – z.B. die Kaiserappartements – oder Sie gehen in ein Konzert. Hier … man auch das Sisi-…, deshalb kommen jedes … hunderttausende Sisi-Fans in die Hofburg.

Michaelerkuppel, 1010 Wien
September bis Juni 9:00–17:30
Juli und August 9:00–18:00

MQ – MuseumsQuartier

Im MQ kann man Kunst und Kultur sehen (z.B. MUMOK, Leopold …, Kunsthalle Wien), aber Sie … hier auch viele … und Restaurants. Eine Attraktion sind auch die Enzis im Hof – auf den „Sofas" kann man sitzen oder …. Jedes Jahr bekommen die Enzis eine neue Farbe. Die Wiener können über die Farbe im Internet entscheiden.

Museumsplatz 1, 1070 Wien

Das Palmenhaus: Café – Brasserie – Bar

… Sie genug Kultur und Kunst gesehen … suchen Entspannung? Dann genießen Sie einen … oder einen Tee zwischen exotischen Pflanzen – im Palmenhaus neben der Hofburg! Architektur, Natur und Essen – das alles zusammen bietet das Palmenhaus, deshalb ist das Café nicht nur bei den Wienern sehr beliebt.

Burggarten 1, 1010 Wien
Öffnungszeiten:
Fr–Sa 10:00–01:00, So 10:00–23:00

7 Wien

a Welche Wörter kann man oben nicht lesen? Lesen Sie und ergänzen Sie die Wörter.
b Lesen Sie noch einmal und ergänzen Sie die Sätze. Markieren Sie die Verben im Hauptsatz 2.

Konjunktionen *und*, *aber*, *oder* und *deshalb*

Hauptsatz 1		Hauptsatz 2
In der Hofburg haben die Kaiser gewohnt	und	*seit 1945 wohnt hier der Bundespräsident.*
Sie können hier mehrere Museen besuchen	oder	*Sie gehen in ein Konzert.*
Im MQ kann man Kunst und Kultur sehen,	aber	*Sie finden hier auch viele Restaurants.*

Hauptsatz 1	Hauptsatz 2
Das alles zusammen bietet das Palmenhaus,	deshalb *ist das Café nicht nur bei den Wienern sehr beliebt.*

c Was würden Sie gern in Wien sehen oder besichtigen? Warum? Sprechen Sie im Kurs.
1.05 d Was finden Frau Siller und Herr Köhler interessant? Hören Sie und notieren Sie.

8 Ihre Heimatstadt. Wie finden Sie die Stadt? Was muss man besichtigen? Erzählen Sie.

eine Stadt beschreiben
Die Stadt ist sehr schön / toll / ..., deshalb mag ich die Stadt sehr.
Die Stadt ist für Studenten interessant. Man muss unbedingt ... besuchen/besichtigen.

Wichtige Sätze

1 über eine Reise erzählen

Eine/Ein TN liest den Text in der Übersicht vor und lässt dabei immer das Partizip II am Ende weg, die/der andere TN ergänzt das Partizip. Dann tauschen die TN die Rollen.

2 eine Stadt beschreiben

▸ Die TN wählen eine ihnen bekannte Stadt aus, notieren den Namen an der Tafel und machen einen Wortigel / eine Mindmap dazu – mit Sehenswürdigkeiten, Adjektiven, möglichen Aktivitäten. Dann schreiben sie anhand des neuen Wortigels einen kurzen Text für einen Reiseführer. Die TN lesen die Texte im Kurs vor und die anderen TN raten, um welche Stadt es sich handelt.

Strukturen

3 Perfekt: Partizip II bei untrennbaren Verben

Perfekt-Bingo: Arbeiten Sie mit der Kopiervorlage 1/1. Bereiten Sie für jede Gruppe (zu viert) ein Set vor und verteilen Sie die Bingo-Vorlagen. Eine/Ein TN liest den Text im Kursbuch auf S. 10 (nur Absatz 2) vor. Die anderen drei TN hören und markieren die Verben, die sie hören. Wer hat als Erste/Erster drei Verben vertikal oder horizontal markiert? Zum Schluss notieren die TN die Perfektformen zu allen Verben und vergleichen sie. ▸ KV 1/1

4 Präpositionen *durch, an … vorbei, gegenüber von, gegen* (Ort)

▸ Bewegte Grammatik: Die TN bilden Gruppen zu dritt. Jede Gruppe schreibt mit zwei Präpositionen je einen Satz, überlegt, wie sie die Präposition und den Satz pantomimisch darstellen kann und fertigt ggf. kleine Hilfsmittel an. Zum Beispiel für *durch* – *Ich gehe durch den Park.* schreiben die TN auf zwei Karten das Wort *der Park*. Dann stellen sich zwei TN mit einem kleinen Abstand nebeneinander, halten links und rechts die Wort-Karten und die/der dritte TN spaziert zwischen den beiden TN. Die anderen TN versuchen den Satz zu erraten.

Phonetik

! Hier werden zum ersten Mal Regeln für den Wortakzent vorgestellt: Trennbare Präfixe tragen den Wortakzent, die untrennbaren Präfixe (*be-, emp-, ent-, er-, ge-, ver-* und *zer-*) tragen nie den Wortakzent.

Alles klar! 1

Wichtige Sätze

über eine Reise erzählen

Wir sind in den Ferien nach Salzburg gefahren. Marti hat seinen Pass vergessen.
Wir haben ein Hotel gesucht/gefunden. Wir haben das Geburtshaus von Mozart besucht/besichtigt. Wir haben viel fotografiert.

eine Verlustanzeige bei der Polizei machen

Ich habe … verloren und möchte eine Verlustanzeige machen.
Wir sind zuerst … Dann …

Wann und wo haben Sie … verloren?
Gut, dann müssen Sie hier noch Ihre Adresse schreiben und das Formular unterschreiben. Wir rufen Sie an.

eine Stadt beschreiben

Die Stadt ist (sehr) schön/toll/…, deshalb mag ich die Stadt sehr.
Die Stadt ist für Studenten interessant.
Man muss unbedingt … besuchen/besichtigen.

Strukturen

Perfekt: Partizip II bei untrennbaren Verben

regelmäßig	unregelmäßig
___(e)t: bestellt, erzählt …	___(e)n: bekommen, vergessen, gefallen, empfohlen, entscheiden …

Verben mit be-, emp-, ent-, er-, ge-, ver- bilden das Partizip II ohne ge-.

Präpositionen *durch, an … vorbei, gegenüber von, gegen* (Ort)

an der Bank vorbei — gegen den Mann

durch das Tor — gegenüber von der Buchhandlung

Konjunktionen *und, aber, oder* und *deshalb*

Hauptsatz 1		Hauptsatz 2		
Hier haben die Kaiser gewohnt	und	jetzt	wohnt	hier der Bundespräsident.
Sie können hier Museen besuchen	oder	Sie	gehen	in ein Konzert.
Im MQ kann man Kunst sehen,	aber	es	gibt	auch viele Cafés.

Hauptsatz 1	Hauptsatz 2		
Das alles bietet das Palmenhaus,	deshalb	ist	das Kaffeehaus beliebt.

▸ Phonetik, S. 145

2 Ziele und Wünsche

Auf einen Blick

Material: Kärtchen (2a, 4b + 4b/Strukturen 3, 8c); ggf. Fotos von den TN (2c+d/Wichtige Sätze 1); KV 2/1 (6d); pro Gruppe ein Würfel und Spielfiguren (6d)

Textsorten: Zeitschriftenartikel (1); Telefondialoge (3, 5); Werbeflyer (3a, 6a, 8b); Sachtext (8a)

Strategien: globales Lesen (1a, 6a, 8b); detailliertes Lesen (1b+c); Fragen zum Text formulieren (2b); selektives Lesen (3a, 8a); selektives Hören (3b); Notizen machen (3b); globales Hören (3c, 6b); detailliertes Hören (3d, 6d); Hör-Sehen (6b+c); einen Text anhand von W-Fragen schreiben (7b)

Einstieg Notieren Sie die Wörter aus der Globus-Grafik an der Tafel und fragen Sie die TN nach der persönlichen Erfahrung. *Wann / Wie oft / Mit wem skypen/ chatten ... Sie?*

UM: Alternativ projizieren Sie die Grafik an die Wand.

► ► Fragen Sie, zu welchem Thema die Wörter passen, z. B.: *privat/beruflich reisen, im Ausland leben und arbeiten.* Die TN lesen dann den Introtext auf S. 17 oben und notieren zu zweit Ideen, warum Menschen aus bzw. nach Deutschland auswandern.

1a ► Die TN lesen und suchen, wohin die Personen gehen und woher sie kommen (bei Anna fehlt diese Information). Notieren Sie an der Tafel:

Wer?	Woher?	Wohin?
Mario	Spanien	Deutschl.
Anna		Deutschl.
Markus	Deutschl.	Australien

► Die TN lesen noch einmal und unterstreichen die Gründe, warum die Personen auswandern wollen. Ergänzen Sie in der Tabelle *Warum?* als neue Spalte und notieren Sie die Gründe in Stichworten.

! Thematisieren Sie hier (und in 1b) die *weil*-Sätze noch nicht.

Lösung: s. blaue Markierung

1b ► Jede Gruppe wählt einen Text und schreibt anhand der Notizen an der Tafel einen

2 Ziele und Wünsche

Migration im 21. Jahrhundert – Wünsche und Hoffnungen

Mario (34)

Ich bin Umwelttechniker. Ich habe drei Jahre in Madrid gearbeitet. Dann habe ich meine Stelle verloren, weil meine Firma Probleme hatte. In Deutschland gibt es viele Umwelttechnik-Firmen. Ich denke, dort sind die Chancen besser. Ich spreche schon etwas Deutsch, weil ich früher in der Schule Deutsch gelernt habe. Aber ich habe fast alles vergessen. Deshalb mache ich jetzt einen Deutschkurs. Die Sprache ist eine wichtige Brücke in ein anderes Land, ohne die Sprache kann man nur wenig machen. Und mit meinen Freunden kann ich über das Internet chatten.

Ich möchte nach Deutschland gehen, weil mein Freund in München lebt. Ich will schon in zwei Monaten umziehen. Meine Eltern sind natürlich nicht glücklich, aber sie haben es akzeptiert. Ich möchte schnell zu meinem Freund nach München und hoffentlich finde ich auch einen Job – ich bin Übersetzerin. Ich möchte meine Eltern oft besuchen oder sie besuchen uns, das ist kein Problem. Es gibt viele billige Flüge. Und wir können oft zusammen sprechen, weil wir skypen können. Das kostet nichts.

Anna (23)

1 Ins Ausland gehen

a Wer möchte wohin gehen? Lesen und unterstreichen Sie. Berichten Sie im Kurs.

Mario möchte nach Deutschland gehen. Er möchte dort ...

b Was erzählen die Personen? Wählen Sie eine Person und schreiben Sie.

Mario ist Umwelttechniker. Er hat drei ...

c Warum? Was passt zusammen? Lesen Sie die Texte noch einmal und verbinden Sie.

1. Mario hat seine Stelle verloren,
2. Anna möchte ihre Eltern oft besuchen,
3. Ein Traum von Markus ist ein Leben in Australien,

a weil er sehr gern surft.
b weil seine Firma Probleme hatte.
c weil es viele billige Flüge gibt.

kurzen Text über die Person (noch ohne *weil*-Sätze). Die Gruppen hängen die Texte im Kursraum auf und lesen sie vor, die anderen TN korrigieren bei Bedarf.

◐ Schwächere TN schreiben die Texte im Buch in der 3. Pers. Sg. ab.

1c ▸ Fragen Sie: *Warum hat Mario seine Stelle verloren? Warum kann Anna ihre Eltern oft besuchen? Warum ist ein Leben in Australien ein Traum von Markus?* Die TN suchen jeweils die Stellen in den Texten und lösen dann die Aufgabe.

Klären Sie die Bedeutung von *weil*. Schreiben Sie die drei Gründe als Hauptsätze an die Tafel und zeigen Sie die Änderung der Verbposition:

Warum? Er surft gern.
..., weil er gern surft.

2a ▸ Die TN ergänzen den Grammatikkasten. Stellen Sie zu den Sätzen *warum*-Fragen, die TN lesen die Antworten laut.

▸ Bereiten Sie pro Gruppe ein Kärtchen-Set mit den *weil*-Sätzen aus dem Grammatikkasten vor (pro Kärtchen ein Wort/Ausdruck). Die TN arbeiten in vier Gruppen. Jede Gruppe bekommt ein Set und bildet den *weil*-Satz nach, indem sich die TN entsprechend aufstellen.

AR, UM: Spielen Sie das Video zu den *weil*-Sätzen ab. Dort wird die Verbposition in Nebensätzen visualisiert.

2b ▸ Geben Sie den Gruppen ca. fünf Minuten Zeit, um Fragen zu notieren. Dann bilden die TN Paare (aus unterschiedlichen Gruppen), fragen und antworten.

Lösung (Beispiele): Mario: *Warum macht Mario einen Deutschkurs? Warum ist Sprache eine wichtige Brücke?* Anna: *Warum kann Anna mit den Eltern oft sprechen? Warum sind ihre Eltern nicht glücklich?* Markus: *Warum möchte er etwas anderes machen? Warum kommt seine Frau gern mit?*

▸ Vertiefung: S. 21/2

2c+d ▸ Ich-Bezug. Die TN wählen die passende Frage aus (*ins Ausland gehen wollen* bzw. *ins Ausland gegangen*) und schreiben zwei Sätze. Im Kursspaziergang fragen die TN fünf Personen und machen Notizen. Zum Schluss wählen sie eine Antwort/Person aus und berichten, ohne den Namen zu nennen. Die anderen raten, um wen es sich handelt.

▸ Vertiefung: S. 21/1

■ über Migrationswünsche sprechen – etwas begründen – Nebensätze mit *weil* **2**

Von 1991 bis 2013 sind über 21 Millionen Menschen nach Deutschland gekommen und 15 Millionen Menschen aus Deutschland ausgewandert. Warum verlassen Menschen ihr Heimatland? Was sind ihre Wünsche und Hoffnungen? Wir haben drei gefragt.

Markus (55) mit Tine (50)

Ich bin Programmierer und arbeite schon seit zwanzig Jahren in München in einer Computerfirma. Ich mag meine Arbeit, aber ich möchte auch noch etwas anderes machen. Mein Traum ist ein Leben in Australien, weil ich sehr gern surfe. Ich würde gern eine Surfschule in Sydney oder Torquay aufmachen. Vielleicht verdiene ich dann nicht so viel Geld wie jetzt, aber das ist nicht so wichtig für mich. Für meine Familie ist das kein Problem, weil meine Frau gern mitkommt. Sie liebt Australien auch. Und die Kinder sind schon groß, mit ihnen können wir chatten und sie kommen uns besuchen. Sie reisen gern.

13

2 Warum? Weil ... Nebensätze mit *weil*

a Lesen Sie die Texte noch einmal und ergänzen Sie den Grammatikkasten.

Nebensätze mit *weil*

			Satzende (Verb)
Mario spricht schon etwas Deutsch,	weil	*er in der Schule Deutsch*	*gelernt hat.*
Anna möchte nach Deutschland gehen,	weil	*ihr Freund in München*	*lebt.*
Wir können oft zusammen sprechen,	weil	*wir*	*skypen können.*
Für die Familie ist es kein Problem,	weil	*seine Frau gern*	*mitkommt.*

b Schreiben Sie zu den Texten Fragen mit *warum*. Fragen und antworten Sie.
c Und Sie? Warum möchten Sie (nicht) ins Ausland gehen? Warum sind Sie ins Ausland gegangen? Schreiben Sie zwei Sätze mit *weil*.
d Kursspaziergang. Gehen Sie durch den Kursraum. Fragen und antworten Sie.

siebzehn 17

3a Fragen Sie die TN: *Sie möchten einen Sprachkurs machen. Was müssen Sie machen?* Die TN sammeln Ideen (*Sprachkurse im Internet finden, Anzeigen lesen, in den Sprachschulen anrufen* usw.). Dann lesen sie die Anzeige und markieren die Lösung.

3b Fragen Sie zuerst: *Was macht man beim Telefonieren?* Die TN sammeln Wörter. Weisen Sie auf die Bildleiste hin.

AR, UM: Spielen Sie das Video zur Bildleiste ab (Phase 1 + 2). Die TN sprechen nach und ergänzen die Wortverbindungen.

Alternative: Die TN lesen die Wörter in der Bildleiste laut. Dann arbeiten sie zu zweit. Eine/Ein TN fragt, die Partnerin / der Partner antwortet: *Geben Sie mir bitte die Durchwahl? – Ja, ich gebe Ihnen die Durchwahl gern.* usw. (außer *besetzt sein*).

Die TN hören das Telefongespräch und lösen beim ersten Hören die Aufgabe.

Lösung: *1. Taste 1; 2. morgen von 9 bis 15 Uhr; 3. Durchwahl 333*

3c Schreiben Sie die Frage an die Tafel, die TN hören mit geschlossenen Büchern.

3d Die TN lesen die Satzanfänge unter dem Dialog. Dann hören und lesen sie den Dialog und markieren die Antworten im Text. Anschließend ergänzen sie die *weil*-Sätze. In Gruppen zu viert stellen die TN passende *warum*-Fragen und antworten mit den Sätzen 1 bis 4.

Vier TN schreiben je einen *weil*-Satz an die Tafel. Wiederholen Sie mit den TN die Verb-Endposition im *weil*-Satz.

Lösung: *1. ..., weil er seit einem Jahr Deutsch lernt. 2. ..., weil er eine Stelle sucht. 3. ..., weil er jetzt viel Zeit hat. 4. ..., weil er einen Einstufungstest machen soll.*

4a Notieren Sie an der Tafel: *Hilf mir! Hilf mir bitte! Kannst du mir helfen? Könntest du mir helfen?* Fragen Sie nach dem Unterschied und erklären Sie, dass der letzte Satz am höflichsten ist. Die TN lesen dann den Grammatikkasten und suchen höfliche Bitten im Text.

! Thematisieren Sie an dieser Stelle den Konjunktiv II nicht. Die TN lernen die Ausdrücke *Könnten Sie ...?* und *Könntest du ...?* als Chunks (feste Wendungen).

4b Kursspaziergang: Die TN schreiben je eine höfliche Bitte auf Kärtchen, gehen durch den Kursraum, fragen und reagieren. Dann tauschen sie die Kärtchen und suchen eine neue Partnerin / einen neuen Partner.

2 Ziele und Wünsche

3 Telefongespräche mit einer Sprachschule

a Sie möchten einen Sprachkurs machen. Mit wem müssen Sie sprechen? Lesen und markieren Sie.

Sprachinstitut Babylon
Übersetzungen (Fr. Wight)
✗ Kurse A1-B1 (Fr. Erzurum)
Kurse B2-C2 (Fr. Menzel)

ÜBERSETZUNGEN UND SPRACHKURSE
ALLE MODERNEN FREMDSPRACHEN
TEL. 05839/777 88-0

1.06 **b** Welche Informationen bekommt man? Hören Sie und notieren Sie. Die Bildleiste hilft.

1. Sie möchten einen Sprachkurs machen. Welche Taste müssen Sie drücken?
2. Wann ist Frau Erzurum im Büro?
3. Bei Frau Erzurum ist besetzt. Wie ist ihre Durchwahl?

1. Taste ...
2. ...

1.07 **c** Welchen Kurs möchte Herr Touhami machen? Hören Sie und kreuzen Sie an.

1. ☐ einen Abendkurs 2. ☒ einen Intensivkurs

1.07 **d** Warum? Hören Sie noch einmal und lesen Sie. Ergänzen Sie die Sätze.

- Sprachinstitut Babylon, mein Name ist Erzurum, guten Tag.
- Guten Tag, mein Name ist Touhami. Ich möchte einen Deutschkurs machen. Bin ich bei Ihnen richtig? Könnten Sie mir helfen?
- Ja, gern. Wie lange haben Sie schon Deutsch gelernt?
- Ich lerne seit einem Jahr Deutsch. Könnten Sie mir einen Kurs empfehlen?
- Wir haben verschiedene Kurse: vormittags, nachmittags, abends. Wir haben Intensivkurse und Kurse mit wenigen Stunden pro Woche. Wie viel Zeit haben Sie?
- Ich habe jetzt viel Zeit. Ich suche eine Stelle, deshalb möchte ich jetzt viel lernen.
- Gut, also dann passt ein Intensivkurs. Können Sie morgen um halb elf zu einem Einstufungstest kommen?
- Ja, das geht. Könnten Sie mir noch die Adresse sagen?
- Das ist die Müllerstraße 25.
- Danke schön und bis morgen, auf Wiederhören.

1. Herr Touhami spricht etwas Deutsch, weil ...
2. Er möchte jetzt Deutsch lernen, weil ...
3. Er will einen Intensivkurs machen, weil ...
4. Er soll morgen kommen, weil ...

4 Höfliche Bitten: Könnten Sie ...?

a Lesen Sie den Dialog in 3d noch einmal und unterstreichen Sie die höflichen Bitten.

Höfliche Bitten
Könnten Sie mir helfen? Könntest du mir helfen?

b Könnten Sie ...? Könntest du ...? Formulieren Sie höfliche Bitten und reagieren Sie.

18 achtzehn

Lösung (Beispiel): *Könnten Sie mir die Durchwahl geben? (Ja, gern.) Könnten Sie mich morgen um 10:30 Uhr anrufen? (Ja, das geht.) Könnten Sie mir Ihre Grammatik ausleihen? (Ja, hier bitte.) Könnten Sie morgen zum Test kommen? (Ja, gern.)*

AR, UM: Spielen Sie das Video zur Bildleiste ab (Phase 3). Die TN antworten.
▶ Vertiefung: S. 21/3

5a+b ▶ ▶ Nach dem Unterstreichen schreiben die TN zu dritt einen Dialog (inkl. *verbinden*). Sie lesen den Dialog mehrmals laut und spielen ihn dann im Kurs vor. Dabei sitzt jede/jeder TN in einer anderen Ecke und mit dem Rücken den anderen zugewandt.

2

■ Telefongespräche führen – sich über Sprachkurse informieren – höflich um etwas bitten – über Sprachlernbiografien sprechen – *könnte-*

5 Ein Telefongespräch führen

a Lesen Sie den Dialog in 3d noch einmal und unterstreichen Sie die Fragen von Frau Erzurum.
b Sie möchten einen Sprachkurs machen. Schreiben Sie zu zweit Dialoge. Spielen Sie dann die Dialoge im Kurs.

Telefongespräche führen

Sprachinstitut Babylon, ... Guten Tag.	Guten Tag, mein Name ist ... Ich möchte mit ... sprechen.
Einen Moment, ich verbinde. ... ist heute leider nicht da. Tut mir leid, bei ... ist besetzt. Bitte rufen Sie noch einmal an.	
	Könnten Sie mir die Durchwahl geben?
Gern, die Nummer ist 05839 / 777 88 und dann die Durchwahl 333.	

6 Lernen im Tandem

a Wer lernt im Tandem mit wem? Lesen Sie und sprechen Sie im Kurs.

www.tandemfahren.de

Fremdsprachen im Tandem lernen

Mit Deutschen Deutsch und mit arabischen Muttersprachlern Arabisch lernen. So lernen Sie intensiv und es macht Spaß! Bei uns finden Sie Ihre Lernpartnerin/Ihren Lernpartner. Schreiben Sie uns eine kurze Sprachlernbiografie, wir suchen eine Partnerin/einen Partner für Sie.

08 02 b Wie lange und wo lernen Herr Touhami und Herr Sandig zusammen? Hören Sie das Interview und sprechen Sie im Kurs.

08 02 c Was passt zusammen? Hören Sie noch einmal und verbinden Sie.

Herr Sandig
Herr Touhami

a Deutsch lernen (viel Deutsch sprechen wollen)
b Arabisch lernen (viel Arabisch sprechen wollen)
c viel Deutsch lernen (für seinen Beruf brauchen)
d die Prüfung machen wollen (als Arzt arbeiten wollen)
e Arabisch lernen (Fremdsprachen lieben)
f alleine sein (ohne Sprache keinen Kontakt haben)

d Warum? Schreiben Sie Sätze mit *weil*.

Herr Touhami lernt Deutsch im Tandem, weil er viel Deutsch ...

7 Partnerinterview

a Fragen und antworten Sie.

Wo haben Sie Deutsch gelernt? Wie lange? – Warum möchten Sie Deutsch lernen? – Was sind Ihre Wünsche und Ziele?

b Sie möchten im Tandem Deutsch lernen. Schreiben Sie Ihre Sprachlernbiografie.

*D: die Durchwahl – CH: die Direktnummer

die Durchwahl* geben

verbinden

die Taste drücken

besetzt sein

einen Test machen

die Nummer wählen

die Rechnung bezahlen

neunzehn 19

Stärkere TN versuchen, den Dialog auswendig zu spielen.
▶ Phonetik: S. 21

6a ▶ ▶ Fragen Sie die TN: *Was ist ein Tandem? Kennen Sie Tandem-Lernen?*

6b+c ▶ ▶ ▶ ▶ Nach dem ersten Hören beantworten die TN die Fragen *Wie lange?* und *Wo?* Die TN hören noch einmal, wählen eine Person (Herr Sandig oder Herr Touhami) und machen Notizen zu der Person. Dann vergleichen die TN in Gruppen ihre Notizen.

Lösung: *Sie lernen seit einem Jahr zusammen. Sie lernen bei Herrn Touhami, bei Herrn Sandig oder im Café.*

▶ Die TN verbinden und überprüfen ihre Lösung beim dritten Hören.

Video-DVD: Arbeiten Sie mit dem Video wie hier beschrieben.

6d ▶ Die TN wählen eine Person und schreiben *weil*-Sätze.

Arbeiten Sie mit der Kopiervorlage. Bereiten Sie pro Gruppe ein Spielfeld, einen Würfel und Spielfiguren vor. Eine/Ein TN würfelt, bildet eine *warum*-Frage und nennt eine/einen TN, die/der mit einem *weil*-Satz antwortet. Sind die Frage und die Antwort richtig, gehen die TN ein Spielfeld vor, sind sie falsch, bleiben die TN stehen. ▶ KV 2/1

7a Die TN befragen eine Partnerin / einen Partner, machen Notizen und stellen sie/ihn vor.

7b ▶ Kursspaziergang: Die TN hängen ihre Texte im Kursraum auf. Beim Lesen notieren sie zu drei Texten je eine *warum*-Frage. Anschließend stellen sich die TN nacheinander zu ihren Texten und beantworten die Fragen der anderen TN.

8a Notieren Sie *VHS – die Volkshochschule* und die Fragewörter *Wer? Wo? Wann? Was? Wie teuer?* an der Tafel. Fragen Sie die TN: *Was für eine Schule ist das? Wer lernt dort? Wo gibt es diese Schulen? Was kann man dort machen?* Die TN sammeln Ideen und Stichwörter zu den Fragen an der Tafel. Dann lesen die TN und korrigieren bei Bedarf die Vermutungen.

Lösung: *1. Bei einer VHS können alle Menschen Kurse machen (, weil sie nicht so teuer sind). 2. Man kann verschiedene Sachen lernen, z. B. Sprachen oder Computerprogramme lernen, tanzen usw.*

8b Die TN ordnen die Fotos den Kursen zu. Dann wählen sie einen Kurs und notieren, was man dort alles macht, z. B. *Tanzkurs: tanzen, neue Schritte lernen, jemanden kennenlernen, Musik hören, lachen, die Kondition trainieren ...* Anschließend präsentieren die TN ihre Ideen im Kurs.

8c Die TN wählen einen Kurs, den sie gern machen würden, und notieren Gründe für die Wahl. Dann tauschen sie sich zu zweit aus und einigen sich auf einen Kurs. Anschließend stellen sie den Kurs vor und begründen ihre Wahl.

Alternative: Kursspaziergang: Die TN gehen durch den Kursraum, tauschen sich mit verschiedenen TN aus und suchen eine/einen TN, der dieselbe Wahl getroffen hat.

Für schwächere TN bereiten Sie Kärtchen mit Redemitteln für mögliche Argumente vor, z. B. *interessant sein, praktisch/wichtig für den Beruf sein, gesund sein* usw. Legen Sie die Kärtchen aus, die TN greifen darauf bei Bedarf zu.

8d Ich-Bezug. In heterogenen Kursen gestalten die TN zum Schluss eine kurze Info-Seite zu einem Kursanbieter in ihrem Land. In homogenen Kursen (im Ausland) gestalten die TN einen kurzen Steckbrief zu einem Kurs, den sie machen möchten oder absolviert haben (*Welcher Kurs? Wann? Wo? Was gemacht? Mit wem? Warum gut / nicht gut?*), und stellen den Kurs vor.

2 Ziele und Wünsche ■ sich über Kursangebote informieren

8 Kurse für alle

a Lesen Sie den Text und beantworten Sie die Fragen.

1. Wer kann bei einer VHS Kurse besuchen?
2. Was kann man in einer VHS lernen?

http://VHS

vhs Deutscher Volkshochschul-Verband

Österreichische Volkshochschulen

UP VHS

Volkshochschulen in Deutschland, Österreich und in der Schweiz – ein Angebot für alle

Volkshochschulen gibt es in fast jeder Stadt in Deutschland, Österreich und der Schweiz. Das Angebot ist groß. An den Volkshochschulen (VHS) kann man Chinesisch oder Arabisch lernen, man kann einen Yoga-Kurs machen, Computerprogramme lernen, über Politik diskutieren, fotografieren lernen, im Chor singen und vieles mehr. Die Kurse sind für alle Menschen offen. Sie finden meistens abends oder am Wochenende statt und sind nicht sehr teuer.

b Welches Foto passt zu welchem Kurs? Ordnen Sie zu.

Unser Kursangebot im Wintersemester Nord-West VHS

- Möchten Sie Schauspieler/in werden? Hier lernen Sie viele Techniken. 5
- Afro-brasilianische Rhythmen sind in! Samba, Salsa und mehr – lernen Sie die ersten Schritte. 1
- Mann, Frau – was heißt das? Diskutieren Sie mit uns. 4
- PowerPoint für Anfänger 3
- Passen Blau und Grün zusammen? Farb- und Stilberatung für „ihn". 6
- E-Mails und Telefongespräche auf Englisch B1 2

c Welchen Kurs würden Sie (nicht) gern machen? Warum? Lesen Sie noch einmal das Angebot und diskutieren Sie zu zweit. Wählen Sie gemeinsam einen Kurs aus.

Ich finde den Kurs „Afro-brasilianische Rhythmen sind in!" interessant. Ich möchte gern brasilianisch tanzen lernen.

Warum?

Weil das bestimmt Spaß macht. Und weil es auch gut für die Kondition und die Gesundheit ist.

d Wo können Erwachsene Kurse in Ihrem Heimatland finden? Welche Kurse gibt es? Berichten Sie im Kurs.

20 zwanzig

Wichtige Sätze

1 über Migrationswünsche sprechen

▶ Die TN gestalten gemeinsam ein Plakat zum Thema *Auswanderung in unserem Kurs: Wünsche und Hoffnungen.* Sie lesen zuerst die Redemittel in der Übersicht und schreiben einen Text (ca. fünf Sätze), warum sie ins Ausland gehen wollen oder warum sie ins Ausland gegangen sind. Dann kleben sie ihr Foto dazu und hängen ihren Text im Kurs auf. Die TN lesen alle Texte.

Wichtige Sätze

über Migrationswünsche sprechen

Ich möchte nach ... gehen, weil meine Freundin / mein Freund in ... lebt.
Ich will schon in ... Monaten umziehen. Hoffentlich finde ich auch eine Stelle.
Ich mag meine Arbeit, aber ich möchte auch noch etwas anderes machen.
Ich kann meine Eltern/... oft besuchen, weil es viele billige Flüge gibt.
Wir können oft zusammen sprechen, weil wir skypen können. Das kostet nichts.

Telefongespräche führen

Guten Tag, mein Name ist ...	Frau Meier ist heute leider nicht da.
Ich möchte mit ... sprechen.	Einen Moment, ich verbinde.
	Tut mir leid, bei Frau Meier ist besetzt.
Könnten Sie mir die Durchwahl geben?	Das ist die ... und dann die Durchwahl ...

sich über Sprachkurse informieren

Wie lange haben Sie schon Deutsch gelernt?	Ich lerne seit einem Jahr Deutsch.
Wollen Sie einen Intensivkurs machen?	Ja, ich möchte schnell und viel lernen.
Können Sie morgen zum Einstufungstest kommen?	Ja, das geht.

über Sprachlernbiografien sprechen

Ich kann schon etwas Deutsch, weil ich früher in der Schule Deutsch gelernt habe.
Aber ich habe viel vergessen. Deshalb mache ich jetzt einen Sprachkurs.
Ich brauche Deutsch für meinen Beruf.

Strukturen

Warum? Nebensätze mit *weil*

Anna geht nach München. Ihr Freund lebt dort.
Anna geht nach München, weil ihr Freund dort lebt.

			Satzende (Verb)
Anna geht nach München,	weil	ihr Freund dort	lebt.
Mario spricht etwas Deutsch,	weil	er schon Deutsch	gelernt hat.
Wir können oft sprechen,	weil	wir	skypen können.
Für die Familie ist es kein Problem,	weil	seine Frau gern	mitkommt.

Höfliche Bitten

Könnten Sie mir bitte helfen?
Könntest du mir helfen?
Könntet ihr eine Flasche Wein mitbringen?

▶ Phonetik, S. 145

Strukturen

2 Warum? Nebensätze mit *weil*

▶ ▶ Kurskette: Fragen Sie: *Warum lernen Sie Deutsch?* Die TN schreiben je einen *weil*-Satz und lesen ihn laut. Dann fragen und antworten sie in Gruppen in Form einer Kurskette: *Ich lerne Deutsch, weil ich in Berlin arbeiten will. Und du? Warum lernst du Deutsch? – Du lernst Deutsch, weil du in Berlin arbeiten willst. Ich lerne Deutsch, weil ich bei einer deutschen Firma arbeite. Und du? Warum lernst du Deutsch? – Du ... Ich ...* usw.

3 Höfliche Bitten

▶ Die TN schreiben je eine höfliche Bitte – für Aktivitäten im Sprachkurs – auf ein Kärtchen. Eine/Ein TN liest die Bitte vor, zwei andere führen die Bitte aus. Die anderen kontrollieren.

Alternative: Die TN formulieren zu zweit weitere höfliche Bitten/Fragen für ein Telefongespräch mit einer Sprachschule als Vorbereitung auf 5a+b, z. B.: *Könnten Sie mir die Telefonnummer / die Uhrzeit sagen? Könnten Sie mich verbinden? Könnten Sie mir ein Buch / eine Grammatik empfehlen? Könnten Sie mir das Formular / die Anmeldung schicken?*

Phonetik

! Hier wird eine weitere Regel für den Wortakzent eingeführt: In Komposita trägt (fast immer) das erste Wort den Wortakzent. Gegenbeispiele sind den TN noch nicht bekannt, es sind einige dreiteilige Komposita, z. B. *der Bundesaußenminister* oder die *Drei-Zimmer-Wohnung.*

Auf einen Blick

Material: Kärtchen (1a, 2); Kärtchen, großes Papier, pro Paar ein Würfel (4a)

1a ▸ Gestalten Sie die Aufgabe als Wettbewerb: Wer ordnet die Wörter am schnellsten zu? Anschließend sammeln die TN weitere Wörter und als Vorentlastung für b auch Nomen-Verb-Verbindungen zum Bild, z. B.: *das Flugticket zeigen, das Gepäck tragen/nehmen, die Rechnung bezahlen, den Reisepass suchen/verlieren, einen Kaffee trinken/bestellen, das Check-in erklären, die Taste drücken.*

Kursspaziergang: Bereiten Sie Kärtchen mit den Nomen-Verb-Verbindungen vor (die Verben und die Nomen auf getrennte Kärtchen notieren). Die TN ziehen je ein Kärtchen und suchen die Partnerin / den Partner mit dem passenden Kärtchen. Die Paare arbeiten in b weiter zusammen.

1b ▸ Die TN sollen die Dialoge möglichst frei spielen. Schwächere TN erstellen eine Dialoggrafik und spielen die Dialoge anhand der Grafik.

UM: Projizieren Sie das Bild aus 1a an die Wand. Die TN spielen die Dialoge, die anderen raten, um welche Situation es sich handelt.

1c ▸ Kurskette: Die TN formulieren höfliche Bitten mit den Vorgaben im Schüttelkasten: *Könntest du mir einen Kaffee bringen? – Ja, gern. Könntest du mir das Flugticket zeigen? – Hier bitte. Könntest du …?* usw. Dann formulieren die TN zu zweit höfliche Bitten und suchen passende Situationen auf dem Bild.

1|2 Deutsch aktiv

1 Am Flughafen

a Was passt? Ordnen Sie die Wörter zu.

[9] das Flugticket [2] der Abflug [1] die Ankunft [3] das Gepäck [12] die Rechnung [6] der Reisepass [5] die Taste drücken [8] telefonieren [10] chatten [7] suchen [4] erklären [11] bestellen

b Wählen Sie auf dem Bild zwei Situationen und schreiben Sie dazu zu zweit kurze Dialoge. Spielen Sie die Dialoge im Kurs.

+ *Was suchst du?*
- *Meinen Reisepass. Ich denke, ich habe meinen Reisepass verloren.*
+ *Was?! Wo hast du deinen Reisepass verloren?*
- *Das weiß ich nicht. Im Taxi hatte ich ihn noch.*

c Höfliche Bitten. Arbeiten Sie zu zweit. Formulieren Sie eine höfliche Bitte zu einer Situation. Ihre Partnerin/Ihr Partner reagiert und sucht die Situation auf dem Bild. Tauschen Sie die Rollen.

noch einen Kaffee bringen – das Flugticket zeigen – beim Einchecken helfen – die Hausaufgaben schicken – meinem Kollegen die Flugnummer geben – die Tasche nehmen – die Uhrzeit sagen

2 Kursspaziergang: Warum? Weil … Schreiben Sie eine Frage mit *warum* auf einen Zettel. Gehen Sie durch den Raum und fragen Sie fünf Personen. Machen Sie Notizen. Berichten Sie dann im Kurs.

Warum bist du heute zu spät gekommen?
James: sein Wecker ist kaputt
Elisa: der Bus hat Verspätung
…

James ist heute zu spät gekommen, weil sein Wecker kaputt ist.

22 zweiundzwanzig

2 ▸ Die TN sollen bei dem Kursspaziergang nur Stichwörter notieren und keine ganzen Sätze. Bei der Auswertung schreiben die TN ihre Frage an die Tafel und berichten. Achten Sie darauf, dass alle TN zu Wort kommen.

Alternative: Wenn die TN weniger kreativ sind, schreiben Sie verschiedene *warum*-Fragen auf Kärtchen. Jede/Jeder TN zieht ein Kärtchen und stellt fünf Personen die Frage.

3 Sprachschatten.
◐ Schwächere TN notieren zuerst alle *weil*-Sätze schriftlich und lesen sie anschließend laut vor. Erst dann wird die Aufgabe in Form des Sprachschattens durchgeführt.

3 **Warum willst du einen Sprachkurs machen? Arbeiten Sie zu dritt. Fragen und antworten Sie wie im Beispiel.**

einen Sprachkurs machen wollen (Japanisch lernen wollen) – Japanisch lernen wollen (Japanisch für die Arbeit brauchen) – einen Kurs bei der VHS machen wollen (Kurse bei der VHS gut und günstig sein) – bei der VHS anrufen (Informationen über den Kurs brauchen) – morgen zur VHS gehen (den Einstufungstest machen müssen) – am Wochenende viel lernen müssen (nächste Woche die Prüfung machen)

Warum willst du einen Sprachkurs machen?

Weil ich Japanisch lernen will.

Ah, du willst Japanisch lernen und deshalb willst du einen Sprachkurs machen.

Genau.

4 Eine Geschichte erzählen

a Perfekt-Training. Würfeln Sie. Ihre Partnerin/Ihr Partner bildet die Perfektform. Bilden Sie mit der Perfektform einen Satz. Tauschen Sie dann die Rollen.

vergessen – arbeiten – sprechen – kennenlernen – umziehen – erklären – bekommen – gefallen – verlieren – gehen – verstehen – besuchen – empfehlen – bezahlen – wählen

ich — du — er/es/sie — wir — ihr — sie/Sie

Sie hat vergessen.

Sie hat ihr Deutschbuch vergessen.

b Was hat Alexander Brunner gemacht? Arbeiten Sie zu zweit. Ihre Partnerin/Ihr Partner arbeitet auf Seite 138. Bringen Sie die Bilder in die richtige Reihenfolge und erzählen Sie im Perfekt. Ihre Partnerin/Ihr Partner kontrolliert. Tauschen Sie dann die Rollen.

ein Freund ihm einen Sprachkurs empfehlen

vor vier Jahren: eine Stelle als Deutschlehrer in Finnland bekommen und nach Finnland gehen

am Anfang Probleme mit der Sprache haben – nur wenig verstehen

als Deutschlehrer in Deutschland arbeiten, dann die Stelle verlieren

Er hat einen Finnischkurs besucht. Der Sprachkurs hat ihm gut gefallen, weil er im Kurs viel gesprochen hat. Im Sprachkurs hat er Hella kennengelernt. Er hat mit ihr viel telefoniert. Hella hat die Grammatik gut verstanden und hat sie ihm erklärt. Nach drei Monaten sind sie zusammen in eine Wohnung umgezogen.

! Korrigieren Sie während der Automatisierungsphase (Sprachschatten) nicht. Notieren Sie sich ggf. häufige Fehler und besprechen Sie sie anschließend mit den TN.

▸ Kurs-Wandzeitung: Zum Schluss schreiben alle TN auf ein A4-Blatt, warum sie einen Deutschkurs machen – ggf. in bunten Farben, mit eigenen Portraits u. ä. Die TN hängen ihre Sätze im Kursraum auf und gestalten eine Wandzeitung.

4a ▸ Perfekt-Rennen: Bereiten Sie zwei Kärtchen-Sets mit den Verben vor. Die TN arbeiten in zwei Gruppen. Jede Gruppe bekommt ein Kärtchen-Set. Die/Der erste TN aus jeder Gruppe zieht ein Kärtchen und notiert die Perfektform (3. Pers. Sg.) auf dem Poster. Dann zieht die/der nächste TN ein neues Kärtchen und notiert die Perfektform usw. Geben Sie den TN am Ende fünf Minuten Zeit zur Selbstkontrolle. Es gewinnt die Gruppe mit den wenigsten Fehlern.

Hängen Sie die Poster anschließend im Kurs verdeckt auf. Die TN dürfen dort während des Würfelspiels nachsehen („spicken"), wenn sie eine Form nicht wissen.

4b ▸ Die TN arbeiten zu zweit. Die/Der TN, die/der auf S. 23 arbeitet, fängt an.

Anschließend schreiben beide TN zu ihren Bildern Sätze und vergleichen ihre Lösung mit den Texten.

◐ Alternative: Stärkere TN schreiben Stichworte zur eigenen Sprachlernbiografie. Dann tauschen sie die Notizen und schreiben einen Text über die Partnerin / den Partner.

Auf einen Blick

Material: KV Panorama I (1a); große Windrose (1b); Fotos von Städten (3)

Textsorten: Landkarte (1b); Bildbeschreibung (1a); Reiseführer (3)

Strategien: Wörter mit Bildern lernen (1a); sich auf einer Landkarte orientieren (Einstieg, 1b); selektives Hören (2a); anhand von Notizen über eine Person berichten (2b); Hör-Sehen (Landeskunde-AR)

Einstieg Die TN schlagen die DACH-Karte vorne auf. Fragen Sie: *Kennen Sie den Bodensee? Wo liegt er? Was ist besonders?* Die TN suchen den See auf der Karte und sammeln bekannte Informationen. Nennen Sie ggf. weitere Informationen. Dann arbeiten die TN mit der Panorama-Doppelseite und lesen die Ortsnamen nach Ländern laut. Helfen Sie bei der Aussprache der Ortsnamen.

1a ▸ Kopieren Sie die Info-Karten von der Kopiervorlage. Die TN arbeiten zu zweit oder zu dritt, wählen ein Foto und suchen die passende Info-Karte dazu. Dann schreiben sie anhand der Info-Karten einen kurzen Text zu dem Foto. Die TN hängen die Texte im Kursraum auf und präsentieren sie.

▶ KV Panorama I

Lösung: *1. die Insel, das Schloss – 2. der Fluss, der Wasserfall – 3. das Dorf, der See – 4. das Theater / die Oper, die Bühne, (der See) – 5. das Museum – 6. der Hafen, (der See)*

1b ▸ Legen Sie ein großes Blatt mit einer Windrose in die Mitte des Kursraums und erklären Sie die Windrose. Zeigen Sie auf der Karte im Buch, wo Konstanz liegt. Nennen Sie dann einen Ort, die TN suchen ihn auf der Karte und stellen sich – im Bezug auf die Stadt Konstanz – an entsprechende Stelle neben der Windrose. Dann sagen alle im Chor, z. B.: *Kreuzlingen liegt südlich von Konstanz.* Nach mehreren Runden arbeiten die TN zu zweit wie im Buch beschrieben.

Die kleinen Fotos zeigen interessante Orte rund um den Bodensee.

I Panorama

1 Blumeninsel Mainau

2 Rheinfall in Schaffhausen

3 Pfahlhäuser in Uhldingen

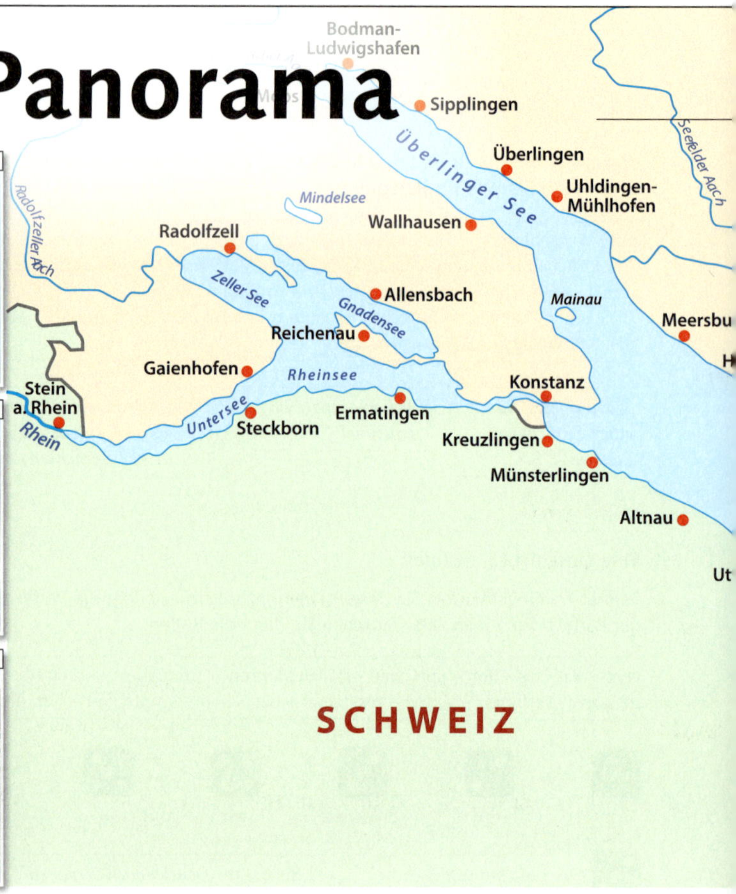

1 Am Bodensee

a Was sehen Sie auf den Fotos? Beschreiben Sie die Fotos.

die Insel – der See – das Dorf – der Fluss – der Hafen – der Wasserfall – das Schloss – die Bühne – das Museum – das Theater/die Oper

Auf Foto 4 sieht man die Seebühne in Bregenz. Es ist eine Theater- und Opernbühne. Sie steht im Wasser.

b Wo liegt ...? Arbeiten Sie zu zweit. Wählen Sie einen Ort und beschreiben Sie, wo er liegt. Ihre Partnerin / Ihr Partner sucht den Ort auf der Karte.

Die Stadt liegt nördlich von Hard.

Das ist Lindau.

Ja, richtig.

24 vierundzwanzig

! Der Bedeutungsunterschied zwischen den beiden Varianten *im Norden (von)* und *nördlich von* soll hier nicht thematisiert werden. In der Umgangssprache werden beide Formen oft synonym verwendet. In Einheit 7 wird die Bedeutung von beiden Varianten erklärt (*im Norden von* = innerhalb eines Ortes, *nördlich von* = außerhalb eines Ortes).

2a+b ▶ ▶ Erklären Sie vor dem Hören: *Drei Personen haben Urlaub am Bodensee gemacht und erzählen.* Die TN hören zweimal und vergleichen dann ihre Notizen.

▶ In schwächeren Kursen arbeiten die TN in drei Gruppen und machen Notizen zu jeweils einem Punkt (*Wo? Was? Warum?*). Dann bilden die TN neue Gruppen zu dritt, tauschen sich über die Informationen aus und vervollständigen ihre Notizen.

I

4

Seebühne in Bregenz (für die Oper Turandot 2015)

5

Dornier Museum in Friedrichshafen

6

Hafen in Lindau

2 Wo waren die Personen? Was haben sie gesehen? Warum gefällt ihnen der Ort (nicht)?

1.09 **a** Hören Sie und machen Sie Notizen.

	Wo?	Was?	Warum?
Verena Weber	auf der Insel Mainau	Schloss, Garten	hat einen Garten
Stefan Thurnher	in Unteruhldingen	Pfahlhäuser	ist Geschichtslehrer
Filip Kovács	in Bregenz	Kaffeehaus, Seebühne	es hat geregnet

b Wählen Sie eine Person in a und berichten Sie.

3 Ein Reiseführer für Ihre Lieblingsstadt. Was muss man in der Stadt sehen? Schreiben Sie einen Text. Stellen Sie Ihre Stadt im Kurs vor.

Prag
Man muss Prag besichtigen, weil es in der Stadt viele Sehenswürdigkeiten gibt. Besuchen Sie …

fünfundzwanzig 25

3 ▶ Ich-Bezug. Die TN schreiben Texte und recherchieren dazu Fotos, die sie entweder ausdrucken oder auf ihren Smartphones präsentieren können.

Alternative: In heterogenen Gruppen bilden die TN Gruppen nach Ländern, sammeln Informationen zu ihrem Land, schreiben einen Text über ihr Land und stellen es vor. In homogenen Kursen schreiben die TN kurze Texte zu Sehenswürdigkeiten in ihrer Stadt.

Landeskunde

AR, UM: Das Video gibt Informationen zur Geschichte der Zeppeline. Am Ende wird eine Verständnisfrage zum Video gestellt (*Wann ist der erste Zeppelin geflogen?* Lösung: *1900*).

▶ ▶ ▶ Schreiben Sie das Wort *das Luftschiff* an die Tafel und fragen Sie die TN, was das ist. Spielen Sie dann das Video ab und fragen Sie: *Warum denkt man beim Bodensee auch an Luftschiffe?* (*Hier hat man die ersten Zeppeline gebaut und es gibt ein Luftschiff-Museum.*). Notieren Sie dann die folgenden Daten an der Tafel: *2.7.1900, 1928 bis 1936, 6. Mai 1937, 1997.* Die TN sehen noch einmal und sammeln zu zweit Informationen. Nach dem dritten Sehen beantworten die TN die Quizfrage.

Der Bodensee
- Gesamtfläche: 536 km^2 (nach dem Platten- und Genfer See der drittgrößte See in Mitteleuropa)
- Länge: 63 km, Breite: 14 km, bis zu 250 m tief

Durch den Bodensee fließt der Rhein. Im Bodensee liegen vierzehn Inseln, z. B. Reichenau mit dem Kloster Reichenau, Lindau, Mainau usw.

3 Hoch, höher, am höchsten

Auf einen Blick

Material: großes Papier (2c, 9c); KV 3/1 (3a+b); ggf. 6 bis 12 Plastikbecher, Stoppuhr (5d); Kärtchen, pro Gruppe ein Würfel (6a); KV 3/2 (6c)

Textsorten: Interview (3); Zeitungsbericht (5); Veranstaltungshinweis (8)

Strategien: Schlüsselwörter erkennen (1b); detailliertes Hören (3a); Hör-Sehen (3a); Notizen machen (4); globales Lesen (5a, 8a); selektives Lesen (5b); detailliertes Lesen (5c+d, 8b); selektives Hören (9a); globales Hören (9b)

Einstieg Fragen Sie die TN: *Welche Hobbys haben Sie? Welche Hobbys kennen Sie? Wie finden Sie die Hobbys?* Die TN erzählen/sammeln und andere kommentieren mit den bisher bekannten Redemitteln (*Das finde ich interessant/toll/gefährlich/langweilig/verrückt/komisch …*). Notieren Sie an der Tafel diese Redemittel, später können Sie auf die Tabelle zurückgreifen (s. 1a–c):

☺	😐	☹
interessant		
	komisch	
…		

1a Die TN bilden sechs Gruppen. Jede Gruppe wählt ein Foto und macht Notizen dazu – geben Sie den TN ca. eine Minute Zeit. Die Gruppen beschreiben die Fotos, die anderen TN kommentieren mit den Adjektiven an der Tafel.

AR, UM: Spielen Sie das Video zur Bildleiste ab (Phase 1 + 2). Die TN sprechen nach.

1b Die TN unterstreichen Schlüsselwörter in den Kommentaren, die für die Lösung wichtig sind, und ordnen zu. Anschließend vergleichen sie ihre Lösungen zu zweit.

1c Die TN lesen zuerst die Kommentare in b noch einmal, suchen Redemittel zum Kommentieren/Bewerten und ergänzen die Tabelle an der Tafel. Dann sprechen sie im Kurs über Susi und Rudi.

3 Hoch, höher, am höchsten

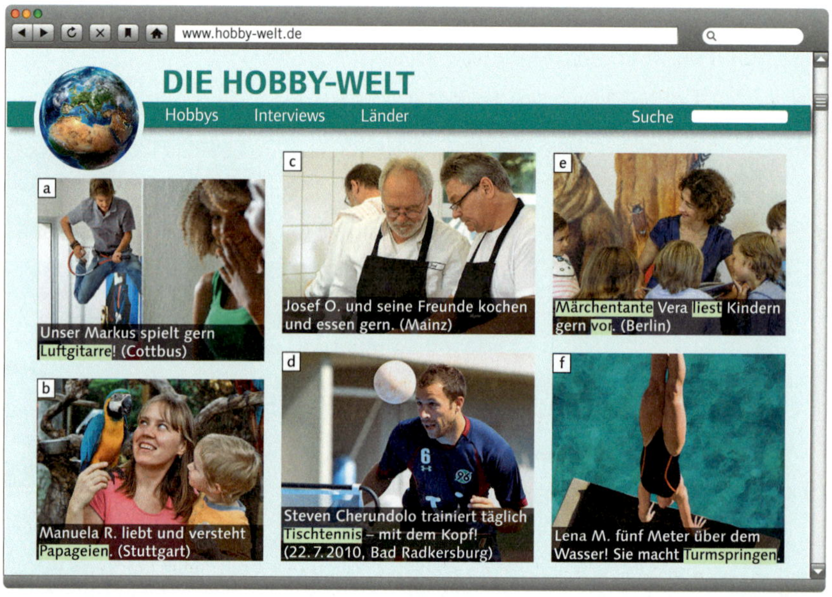

1 Das ist aber cool!

a Welche Hobbys sind das? Beschreiben Sie die Fotos. Die Bildleiste hilft.

Auf Foto b hat die Frau einen Papagei. Ich würde auch gern einen Papagei als Haustier haben.

Der Mann auf Foto d spielt Tischtennis. Mit dem Kopf!

b Rudi und Susi kommentieren die Hobbys. Was passt zu welchem Foto? Ordnen Sie zu.

1 *Oje, das ist hoch! Das ist nichts für mich.* f

2 *Der Mann spielt den Ball mit dem Kopf? Das will ich auch einmal ausprobieren!* d

3 *Mein Onkel hat auch Papageien. Sie sind sehr intelligent.* b

4 *Für Luftgitarre gibt es auch Wettbewerbe. Ich finde das komisch.* a

5 *Ich koche sehr gern. Ich habe auch schon einmal einen Sushi-Kurs gemacht.* c

6 *Gitarre spielen ohne Gitarre? So ein Quatsch*!* a

7 *Meine Oma hat mir auch immer Märchen vorgelesen. Das war schön!* e

8 *Wie die Frau springt – das sieht elegant aus!* f

c Was finden Rudi und Susi (nicht) gut? Lesen Sie noch einmal in b und sprechen Sie im Kurs.

Rudi findet Kochen gut.

Aber Luftgitarrespielen findet er …

* D: (der) Quatsch – A: (der) Blödsinn

◐ Schwächere TN zeichnen vorher zu den Kommentaren Smileys.

2a+b Nach dem Lösen der Aufgabe lesen die TN die Sätze laut vor und unterstreichen die Verben *findet, sagt, denkt*. Erklären Sie, dass der *dass*-Satz nach bestimmten Verben oder Ausdrücken folgt (*sagen, antworten – wissen, sicher sein – finden, meinen, glauben* usw.). Zeigen Sie die Änderung der Verbposition an einem Beispiel:

Die Frau [*kann*] *sehr elegant ins Wasser springen.*
Susi findet, dass die Frau sehr elegant ins Wasser springen [*kann*].

2 Susi sagt, dass … Nebensätze mit *dass*

a Rudi (R) oder Susi (S)? Zu wem passen die Sätze? Ergänzen Sie.

1. *S* findet, dass die Frau sehr elegant ins Wasser springen kann.
2. *S* sagt, dass Vorlesen sehr schön ist.
3. *R* denkt, dass Kopf-Tischtennis Spaß macht.
4. *R* findet, dass Luftgitarrespielen verrückt ist.

b Lesen Sie die Sätze in 1 b noch einmal und ergänzen Sie den Grammatikkasten.

Nebensätze mit *dass*

			Satzende (Verb)
Susi sagt,	dass	Papageien *sehr intelligent*	*sind.*
Susi findet,	dass	Turmspringen *elegant*	*aussieht.*
Rudi sagt,	dass	er schon einen *Sushi-Kurs*	*gemacht hat.*
Rudi denkt,	dass	er Kopf-Tischtennis *einmal*	*ausprobieren will.*

c Kursspaziergang: Wie finden Sie die Hobbys? Sammeln Sie und berichten Sie.

Fußballspielen – Tanzen – Angeln – Chatten – Luftgitarrespielen – Klettern – Briefmarkensammeln	interessant – cool – gefährlich – langweilig – blöd – verrückt – anstrengend – spannend – komisch

Karim findet, dass Tanzen cool ist.

3 Rudi und Susi machen eine Reportage über Hobbys.

1.10 03

a Was passt zusammen? Hören Sie und verbinden Sie.

1. Spielt ihr oft?
2. Was gefällt euch nicht so gut?
3. Wann ist die Märchenstunde?
4. Warum lesen Sie Kindern vor?
5. Kommst du mit, Rudi?

a Am Freitag kann ich leider nicht.
b Jeden Freitag um 15 Uhr.
c Vor Wettbewerben bin ich nervös.
d Wir trainieren zweimal pro Woche.
e Ich liebe Märchen und meine Kinder sind schon groß.

b Wer hat was gesagt? Schreiben Sie zu den Sätzen in a.

Der Spieler sagt, dass sie zweimal …

4 Welche Hobbys haben Sie? Fragen Sie Ihre Partnerin / Ihren Partner und machen Sie Notizen. Mischen Sie die Zettel. Ziehen Sie einen Zettel und lesen Sie ihn vor. Wer ist das? Die anderen raten.

Hobby? – Wie oft und wo? – Mit wem? – Was findest du (nicht) toll?

Gitarre spielen

Haustiere haben

Tischtennis spielen

Märchen vorlesen

(ins Wasser) springen

kochen, Gemüse schneiden

Briefmarken sammeln

Dann ergänzen die TN den Grammatikkasten. Weisen Sie darauf hin, dass das Verb am Ende des Nebensatzes steht wie bei den *weil*-Sätzen.

AR, UM: Spielen Sie das Video zu den *dass*-Sätzen ab. Dort wird die Verbposition in Nebensätzen visulisiert.

▶ Vertiefung: S. 31/3a

2c Schreiben Sie die Hobbys und die Adjektive jeweils auf ein großes Blatt Papier und hängen Sie sie im Kursraum auf. Die TN können so beim Kursspaziergang den neuen Wortschatz nachsehen.

AR, UM: Spielen Sie das Video zur Bildleiste ab (Phase 3). Die TN bilden *dass*-Sätze.

3a+b Nach dem ersten Hören nennen die TN die Hobbys, um die es geht (*Tischtennis, Märchen vorlesen*). Beim zweiten Hören lösen sie die Aufgabe im Buch. Danach hören sie noch einmal, notieren die Personen zu den Sätzen und schreiben zu zweit *dass*-Sätze.

▶ Vertiefung: S. 31/3b

Lösung: *1. Der Spieler sagt, dass sie zweimal pro Woche trainieren. 2. Der Spieler sagt, dass er vor Wettbewerben nervös ist. 3. Susi sagt, dass die Märchenstunde jeden Freitag um 15 Uhr ist. 4. Vera sagt, dass sie Märchen liebt und ihre Kinder schon groß sind. 5. Rudi sagt, dass er am Freitag leider nicht kann.*

Video-DVD: Gehen Sie wie hier beschrieben vor. Beim ersten Hören bearbeiten die TN Aufgabe 1a auf der Kopiervorlage zum Video. Die Aufgaben 1b bis 2 dienen der Vertiefung.

▶ KV 3/1

4 Ich-Bezug. Bei der Vorstellung sollen die TN auch *dass*-Sätze verwenden, z. B.: *Meine Person sagt, dass …*

5a+b Besprechen Sie das Foto mit den TN nach dem ersten Lesen (a) und erklären Sie die Wörter *die Pyramide* und *stapeln*. Fragen Sie dann, ob jemand diesen Sport kennt und ausprobiert hat.

Alternative 1: Wenn ja, erzählt die/der TN und beim anschließenden Lesen überprüfen alle TN die Antwort.
Alternative 2: Wenn nicht, lesen die TN und suchen die Antwort.

! Hier sollen die TN noch nicht detailliert lesen. Geben Sie daher den TN in beiden Fällen max. eine Minute Zeit zum Lesen.

Lösung (5b): Zeile 8–11

5c+d Die TN lesen noch einmal und suchen die Information: *Wer hat gewonnen? Wer war am schnellsten?* (*Irene*) Erklären Sie mithilfe der Grafik die Bedeutung von *schneller* und *am schnellsten*. Erinnern Sie die TN auch an *gern – lieber – am liebsten* (A1, Einheit 7), die TN notieren die Wörter zu der Grafik im Buch.

Die TN lesen zuerst die Aussagen 1 bis 5 und markieren die Schlüsselwörter. Bei Bedarf besprechen Sie die Schlüsselwörter mit den TN (*1. heute + schneller als gestern; 2. Oliver + am schnellsten; 3. aus den USA; 4. Wettbewerben + nur Kinder; 5. hilft beim Lernen*).

Dann lesen die TN, markieren Stellen im Text, die für die Lösung wichtig sind, und kreuzen an. Anschließend vergleichen sie und korrigieren zu zweit die falschen Sätze.

Lösung: *2. Irene ist am schnellsten von allen. 4. Bei den Wettbewerben machen auch Kinder mit. / ... machen Erwachsene und Kinder mit.*

Die Gruppen (ca. zu viert) lesen den Text noch einmal und erstellen zu *Becherstapeln* ein Wörternetz. Dann schreiben alle TN einen kurzen Text, in dem sie den Sport vorstellen (*Wer? Was? Seit wann? Warum?*). Achten Sie darauf, dass die TN nicht den Text aus dem Buch abschreiben, sondern selber formulieren.

Zum Abschluss können Sie mit den TN das Becherstapeln ausprobieren. Trinkbecher aus Plastik sind gut geeignet. Sie können auch nur eine Pyramide aus sechs Bechern stapeln.

▶ Vertiefung: S. 31/1

3 Hoch, höher, am höchsten

5 Wer ist am schnellsten?

a Was macht Oliver Wulf auf dem Foto? Kreuzen Sie an.

1. ☐ Er sammelt Becher. 2. ☒ Er macht Sport. 3. ☐ Er macht Becher sauber.

b Kennen Sie den Sport? Was muss man tun? Lesen Sie und markieren Sie im Text.

Becherstapeln: Wer ist am schnellsten?

Der neue Sport wird in Deutschland immer beliebter. Sportlerinnen und Sportler aus ganz Deutschland haben sich am Wochenende in Frankfurt bei der Meisterschaft getroffen und wir waren dabei.

Oliver Wulf, Sport- und Mathelehrer aus Flintbek (Schleswig-Holstein), 23.5.2008

Oliver ist nervös. Er steht vor einem Tisch. Auf dem Tisch stehen zwölf Becher: links und rechts drei, in der Mitte sechs. Ein Pfiff! Die Hände fliegen. Schnell stapelt Oliver die Becher zu drei Pyramiden. Die in der Mitte ist am höchsten. Genauso schnell packt er die Becher wieder zusammen – jetzt noch die Hand auf die Stoppuhr: 7,4 Sekunden! Die Zeit ist besser als gestern (7,8 Sekunden), heute ist er schneller. Aber Irene, eine Freundin, ist am schnellsten von allen. Sie schafft 7,2 Sekunden! Oliver sagt: „Das nächste Mal bin ich genauso schnell wie Irene, ich muss nur etwas mehr üben." Das Becherstapeln (Speed Stacking) kommt aus den USA. Eine Lehrerin hat es 2004 nach Deutschland an ihre Schule gebracht. Das Fernsehen hat das Becherstapeln immer bekannter gemacht. Am Anfang hat man es vor allem in Schulen gespielt. Heute gibt es in vielen Ländern auf der ganzen Welt Wettbewerbe und auch immer mehr Erwachsene machen mit. Mehr als 500 Sportler – von 4 bis 70 Jahren – sind zur Meisterschaft gekommen.
Der Sport hat viele Vorteile: Die Hand-Augen-Koordination und die Reaktion werden besser. So macht Becherstapeln das Lernen leichter. Probieren Sie es aus und schnell merken Sie, dass Sie wieder fitter werden und leichter lernen können. Denn Becherstapeln macht Kopf und Körper fit und bringt viel Spaß! *(fa)*

c Was ist richtig? Lesen Sie noch einmal und kreuzen Sie an.

	richtig	falsch
1. Heute stapelt Oliver Wulf die Becher schneller als gestern.	☒	☐
2. Oliver Wulf ist am schnellsten von allen.	☐	☒
3. Das Becherstapeln kommt aus den USA.	☒	☐
4. Bei den Wettbewerben machen nur Kinder mit.	☐	☒
5. Becherstapeln hilft beim Lernen.	☒	☐

d Korrigieren Sie die falschen Sätze in c.

Satz Nummer ... ist falsch. Irene ...

6a ▶ Die TN ergänzen den Grammatikkasten zu zweit. Erklären Sie anschließend die Bildung der Formen (Komparativ: *-er*, Superlativ: *am …-(e)sten*, ggf. Vokalwechsel, unregelmäßige Formen) und weisen Sie die TN darauf hin, dass sie die unregelmäßigen Formen auswendig lernen sollen. Schreiben Sie dann an die Tafel:

△△ (genau)so … wie	△△ als	△△△ (von)
Er ist genauso groß wie du.	Du bist größer als ich.	Du bist am größten von allen.

Die TN suchen Vergleichssätze in 5b und notieren sie in der entsprechenden Spalte an der Tafel.

6 Irene ist am schnellsten. Komparativ und Superlativ

a Lesen Sie den Text noch einmal und suchen Sie die Komparative und Superlative. Ergänzen Sie.

Komparativ und Superlativ

		Komparativ	Superlativ
regelmäßig:	schön	schöner	am schönsten
	schnell	schneller	am schnellsten
	leicht	leichter	am leichtesten
mit Umlaut:	alt	älter	am ältesten
	groß	größer	am größten
	hoch	höher	am höchsten
unregelmäßig:	viel	mehr	am meisten
	gut	besser	am besten
	gern	lieber	am liebsten

Pyramide 1 ist kleiner **als** Pyramide 2.
Pyramide 1 ist genauso hoch **wie** Pyramide 3.

b Wer ist am schnellsten: A, B, C oder D? Lesen Sie das Rätsel und ergänzen Sie die Buchstaben.

Spieler D ist genauso schnell wie Spieler C.
Spieler B ist schneller als Spieler A.
Spieler A ist langsamer als Spieler C.
Spieler B ist langsamer als Spieler C.

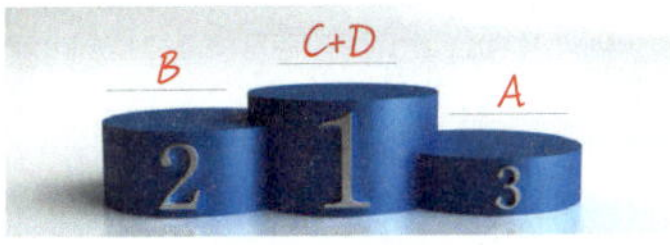

c Wettbewerbe. Fragen und antworten Sie.

Wer läuft am schnellsten?

Sportler 12 läuft schneller als Sportler 8, aber Sportler 5 läuft …

7 Wer kann …? Probieren Sie es im Kurs aus und berichten Sie.

laut pfeifen – schnell buchstabieren – einen Hund schön malen – weit auf einem Bein springen – die Luft lange anhalten

Mahmut kann am lautesten pfeifen.

Würfelspiel: Die TN notieren die Adjektive aus dem Grammatikkasten auf Kärtchen (Grundform). Die Kärtchen werden gemischt und verdeckt auf den Tisch gelegt. Die/Der erste TN zieht ein Kärtchen, würfelt und bildet die entsprechende Form (gerade Zahlen: Komparativ, ungerade Zahlen: Superlativ). Dann ist die/der nächste TN an der Reihe usw.

◐ Stärkere TN bilden gleich Vergleichssätze mit Komparativ oder Superlativ.
▶ Vertiefung: S. 31/4

6b ▶ Die/Der TN, die/der als Erste/Erster fertig ist, ruft *stopp*. Wenn mehr als drei TN das Rätsel gelöst haben, nennt die/der erste TN die Lösung.

6c ◐ Schwächere TN nennen und notieren die Komparativ- und Superlativ-Formen zu den Bildern. Bei Bedarf schreiben sie zuerst die Sätze auf, erst dann arbeiten sie zu zweit, fragen und antworten.

Kopieren Sie die Kopiervorlage für jede Gruppe (je drei TN), die TN bekommen jeweils eine Karte. Die TN sprechen und vergleichen. ▶ KV 3/2

7 ▶ Zielaufgabe. Jede Gruppe wählt eine Aktivität und macht ein Wettbewerb: *Wer kann am …-sten …?* Sie „kämpfen" gegeneinander und halten die Ergebnisse in einer Tabelle fest. Wenn alle Gruppen fertig sind, berichten die Gruppen und notieren ihre Siegerinnen/Sieger an der Tafel.

Alternative: Gestalten Sie die Aufgabe als Stationen (pro Station eine Aktivität): Die TN gehen zu dritt von Station zu Station, probieren die Aktivität aus und halten jeweils das Ergebnis fest. Wer hat am häufigsten gewonnen?
▶ Vertiefung: S. 31/2 ▶ Phonetik: S. 31

8a ▸ ▸ Fragen Sie die TN zuerst: *Was für einen Text ist das? Wie sieht man das?* (*Tipp/Plakat/Anzeige für eine Veranstaltung*) Dann überfliegen die TN den Text und entscheiden, um welchen Wettbewerb es sich handelt.

8b ▸ ▸ ▸ Die TN lesen den Text zu zweit und suchen Wörter zum Thema „Poetry Slam". Klären Sie mit den TN die Bedeutung der gesammelten Wörter, wenn nötig. Dann lesen die TN den Text noch einmal genau und beantworten die Fragen 1 bis 5 mündlich und zeigen die Stelle im Text, die für die Lösung wichtig ist.

Fragen Sie zum Schluss die TN, ob sie schon mal bei einem Poetry-Slam waren. Bei Interesse der TN können Sie Lars Ruppel im Kurs näher vorstellen.

! Lars Ruppel ist ein deutscher Slampoet (* 1985, Gambach). Er hat 2007 mit der „Poetry-Slam-Boygroup" den Team-Wettbewerb der deutschen Poetry-Slam-Meisterschaften und 2014 den Einzelwettbewerb gewonnen. Neben seinen zahlreichen Auftritten gibt er Workshops an Schulen und Universitäten. Weitere Informationen: larsruppel.de

Lösung: *1. Am Samstag, den 8. 6. um 19 Uhr, in der Stadthalle Ulm. 2. Alle, man muss sich aber bis zum 6. 6. anmelden. 3. Aus den USA (Chicago). Poetry-Slam gibt es seit 1986. 4. Die Teilnehmer sprechen eigene Gedichte auswendig vor. 5. Das Publikum.*

9a ▸ ▸ Die TN hören zuerst ohne Buch. Fragen Sie: *Was ist das Thema? Wer spricht und wo waren die Personen?* (*Zwei Freunde waren bei einem Poetry-Slam.*) Dann hören die TN noch einmal und streichen die falschen Wörter durch.

Alternative: Wenn die TN die für die Lösung wichtige Stelle hören, rufen sie *stopp*. Halten Sie dann den Hörtext an. Die/Der TN, die/der *stopp* gerufen hat, löst die Aufgabe, dann hören die TN die Stelle noch einmal und überprüfen die Lösung.

9c ▸ Jede Gruppe (vier TN) bekommt ein großes Papier und schreibt in die Mitte ein Thema für das Gedicht, z. B. *Familie, Sport, Hobby* usw. Die TN notieren einzeln in den Ecken Nomen, Verben, Adjektive und andere Wörter, die ihnen zu dem Thema einfallen. Dann schreiben die Gruppen ein Gedicht. Achten Sie darauf, dass alle TN einer Gruppe mitarbeiten. Zum Schluss lesen die Gruppen ihre Gedichte vor.

3 Hoch, höher, am höchsten ■ über Veranstaltungen sprechen – ein Gedicht schreiben

8 Poetry-Slam – mit Wörtern spielen

a Was findet am 8. Juni statt? Lesen Sie und kreuzen Sie an.

1. ☐ ein Musikwettbewerb 2. ☒ ein Gedichtwettbewerb 3. ☐ ein Sportwettbewerb

Samstag, 8. Juni – 19 Uhr

Poetry-Slam in der Stadthalle Ulm

Mach mit!
Bis zum 6. Juni kannst du deinen Namen in die Liste schreiben. Für dein Gedicht hast du maximal sieben Minuten Zeit.

Unser Gast: Lars Ruppel (1. Platz, Poetry-Slam Meisterschaften 2014)

Lars Ruppel beim Poetry-Slam in der Parkschule, Rüsselsheim

Poetry-Slam – was ist das? Der erste „Poeten-Wettbewerb" hat 1986 in Chicago stattgefunden. Nach Europa ist der Wettbewerb in den 1990er Jahren gekommen. Heute ist die Slam-Welt in Deutschland am zweitgrößten weltweit. Das Wort „Slam" bedeutet hier „schlagen". Die Teilnehmer „kämpfen" mit Wörtern, sie sprechen eigene Gedichte vor. Jeder hat sieben Minuten Zeit und spricht sein Gedicht auswendig. Das Publikum wählt den Sieger oder die Siegerin. Wichtig sind die Inhalte, aber auch die Show.

b Lesen Sie noch einmal und beantworten Sie die Fragen.

1. Wann und wo findet der Poetry-Slam statt?
2. Wer kann mitmachen?
3. Woher kommt der Poetry-Slam und seit wann gibt es ihn?
4. Was macht man beim Poetry-Slam?
5. Wer wählt den Sieger oder die Siegerin?

9 Nach dem Poetry-Slam

1.11 **a** Was ist falsch? Hören Sie und streichen Sie durch.

1. Ruppels Texte sind ~~*spannend*~~ / *lustig und intelligent*.
2. Die anderen Teilnehmer waren *auch nicht schlecht* / ~~*schlecht*~~.
3. Ein Mädchen hat ein Gedicht über ~~*ihre Brüder*~~ / *ihre Eltern* gesprochen.
4. Das Gedicht über *das Chatten* / ~~*das Deutschbuch*~~ war von Tobias.
5. Das Sport-Gedicht fanden sie ~~*super*~~ / *furchtbar*.

1.12 **b** Wie finden Sie den Slam? Hören Sie und sprechen Sie im Kurs.
c Und Sie? Probieren Sie es auch: Thema wählen, Wörter sammeln und los geht's!

30 dreißig

Wichtige Sätze

1 Hobbys beschreiben / Hobbys bewerten

▶ Die TN recherchieren im Internet ein ungewöhnliches Hobby und schreiben dazu einen Steckbrief mit Fotos. Sie stellen ihr Hobby im Kurs vor, die anderen TN kommentieren.

2 etwas vergleichen

▶ Die TN suchen im Guiness-Buch der Rekorde oder im Internet drei interessante Rekorde, notieren Informationen dazu (*wer, was, wo, wann*) und schreiben einen kurzen „Bericht“, den sie im Kurs vortragen. Die anderen TN kommentieren.

Alles klar!

Wichtige Sätze

Hobbys beschreiben

Man kann Gitarre ohne Gitarre spielen. Es gibt auch Wettbewerbe.
Sie spielen Tischtennis – mit dem Kopf!
Meine Oma liest jeden Freitag Kindern Märchen vor. Den Kindern gefällt das.
Vor den Wettbewerben bin ich immer nervös.

Hobbys bewerten

Ich finde, dass ... langweilig/anstrengend/gefährlich/spannend/verrückt/cool ist.
... – so ein Quatsch! Das ist nichts für mich.
Das will ich auch einmal ausprobieren!

etwas vergleichen

Irene war schneller als Oliver. Ihre Zeit war am besten. Klaus war genauso schnell wie Oliver.
Kannst du höher springen als Mahmut?

Strukturen

Nebensätze mit *dass*

Susi sagt: „Papageien sind intelligent.“
Susi sagt, dass Papageien intelligent sind.

			Satzende (Verb)
Susi sagt,	dass	Papageien intelligent	sind.
Susi findet,	dass	Turmspringen sehr elegant	aussieht.
Rudi sagt,	dass	er schon einen Sushi-Kurs	gemacht hat.
Rudi denkt,	dass	er Kopf-Tischtennis	ausprobieren will.

Komparativ und Superlativ

		Komparativ	Superlativ
regelmäßig:	schön	schöner	am schönsten
	schnell	schneller	am schnellsten
	leicht	leichter	am leichtesten
mit Umlaut:	alt	älter	am ältesten
	groß	größer	am größten
	hoch	höher	am höchsten
unregelmäßig:	viel	mehr	am meisten
	gut	besser	am besten
	gern	lieber	am liebsten

Pyramide 1 ist kleiner als Pyramide 2.
Pyramide 1 ist genauso hoch wie Pyramide 3.

▶ Phonetik, S. 145

Strukturen

3 Nebensätze mit *dass*

a Kurskette: Fragen Sie die TN: *Was machen Sie gern?* Die/Der erste TN antwortet, z. B.: *Ich lese gern.* Die/Der nächste TN wiederholt und antwortet für sich, z. B.: *Vecih sagt, dass er gern liest. Ich sehe gern Krimis.* usw.

b Ich-Bezug. Zwei TN (A + B und C + D) fragen sich gegenseitig: *Was machen Sie am Wochenende?* (= schwächere TN) bzw.: *Was haben Sie am Wochenende gemacht?* (= stärkere TN) und notieren die Informationen. Dann suchen sie eine neue Partnerin / einen neuen Partner (A + C und B + D) und erzählen ihr/ihm, was sie notiert haben, die Partnerin / der Partner macht auch Notizen. Zum Schluss spricht die Partnerin / der Partner mit der/dem ersten TN (C + B und A + D), erzählt ihr/ihm, was sie/er erfahren hat (z. B.: *... hat gesagt, dass du ...*), die Partnerin / der Partner kontrolliert, ob die Informationen richtig sind.

4 Komparativ und Superlativ

Notieren Sie die folgenden Ausdrücke an der Tafel: *schnell/gern lesen – schön schreiben – viel/leicht lernen – alt/groß sein – hoch/gut springen.* Kurskette: Die TN bilden nacheinander einfache Sätze mit den Verben und Adjektiven, z. B.: *Ich lese schnell. – Ich lese schneller als du. – Ich lese am schnellsten von allen. – Ich lerne viel. – Ich lerne mehr ...*

Phonetik

! Das *y* wird im Deutschen sehr unterschiedlich ausgesprochen. Es kommt in Fremdwörtern vor und die Aussprache orientiert sich meistens an der Herkunftssprache.

4 Ein toller Fernsehabend

Auf einen Blick

Material: Fernsehzeitungen (2); Wörterbücher und Kärtchen (4c/Strukturen 3); großes Papier (5b); KV 4/1 (6c); Kärtchen (7/Wichtige Sätze 2)

Textsorten: Fernsehprogramm (1, 2, 4); Zeitschriftenartikel (5a); Online-Artikel (6c, 8b)

Strategien: selektives Lesen und sich im Text orientieren (1, 2a); globales Hören (4a); detailliertes Hören (4b+c); Hör-Sehen (4); globales Lesen (5a); detailliertes Lesen (5b, 6c, 8b+c); einen Text anhand von Leitfragen schreiben (7)

Einstieg Fragen Sie zuerst nach der Textsorte: *Was für ein Text ist das? Wo findet man so einen Text?* Gehen Sie mit den TN die einzelnen Sender durch und geben Sie bei Interesse Informationen zu den Sendern.

! In Deutschland, Österreich und in der Schweiz gibt es öffentlich-rechtliche und private Fernseh- und Radiosender. Für die öffentlich-rechtlichen Sender bezahlt man einen Rundfunkbeitrag. Die privaten Sender finanzieren sich durch Werbung. Öffentlich-rechtliche Sender im Kursbuch: Das Erste/ARD, Das Zweite/ZDF, ORF 2, arte; private Sender im Kursbuch: SAT 1, Pro 7, RTL, RTL II.

Fragen Sie dann, was die TN gern sehen. Die TN antworten mithilfe der Bildleiste.

AR, UM: Spielen Sie das Video zur Bildleiste ab (Phase 1 + 2). Die TN sprechen nach und beantworten die Fragen.

1 ▸ Spielen Sie mit einer/einem TN das Beispiel aus dem Kursbuch durch. Weisen Sie auf den Kasten hin (*Auf Sat 1 … / Im Ersten …*). Dann arbeiten die TN zu zweit.

▸ Phonetik: S. 37

Um den Wortschatz noch mehr zu üben, fragt eine/ein TN nach einer Kategorie aus der Bildleiste, die anderen TN nennen dazu Sendungen aus dem Fernsehprogramm, z. B.: *Gibt es einen Krimi? – Ja, im Zweiten: Kommissarin Lucas.*

4 Ein toller Fernsehabend

Das Erste	ZDF	ORF 2	arte
18:00 Sportschau Fußball – Bundesliga 20:00 Tagesschau	18:35 Hallo Deutschland Boulevard-Magazin 19:00 heute 19:25 Der Bergdoktor Familienserie, D/A 2013	19:30 Zeit im Bild 19:49 Wetter 19:55 Sport aktuell	19:10 Arte Journal 19:30 Mosambik: Leben in der Lagune Doku, GB 2011
20:15 Eurovision Song Contest Das Finale – live	20:15 Kommissarin Lucas: Der Wald TV Krimi, D 2015	20:15 Die Millionenshow	20:15 Hochzeiten und andere Katastrophen romantische Komödie

1 Was kommt heute im Fernsehen? Fragen und antworten Sie.

Was kommt auf Pro 7 um Viertel nach acht?

Da kommt Fußball – die Europa League.

Auf Sat 1/ RTL/ … kommt …
Im Ersten/Zweiten kommt …

2 Was für ein …?

a Lesen Sie und suchen Sie die Sendung im Programm.

Was würdest du gern sehen?
Ich würde gern „Für immer Shrek" sehen.
Was für eine Sendung ist das?
Das ist ein Animationsfilm.
Und was für einen Film würdest du gern sehen?
Ich würde gern …

was für ein

	Nominativ	Akkusativ
m	was für ein Film	was für einen Film
n	was für ein Quiz	was für ein Quiz
f	was für eine Sendung	was für eine Sendung
Pl.	was für – Filme	was für – Filme

b Variieren Sie den Dialog. Arbeiten Sie mit dem Fernsehprogramm und der Bildleiste.

3 Kursspaziergang: Was sehen Sie gern in Ihrem Land? Gehen Sie durch den Kursraum. Fragen Sie und notieren Sie die Antwort. Berichten Sie dann im Kurs.

Was siehst du gern?

Saber y ganar.

Was für eine Sendung ist das?

Das ist ein Quiz.

4 Was sehen wir heute?

1.13 04 **a** Was für eine Sendung wollen Susi und Arno sehen? Hören Sie und suchen Sie im Fernsehprogramm.

32 zweiunddreißig

2a+b Die TN lösen die Aufgabe a. Beim zweiten Lesen unterstreichen sie die Formen von *was für ein-*. Erklären Sie den Grammatikkasten: Es wird nur der unbestimmte Artikel geändert, *was für* bleibt gleich. Dann variieren die TN den Dialog. Wenn Sie die Möglichkeit haben, bringen Sie Fernsehzeitungen in den Kurs mit.

◐ Schwächere TN variieren den Dialog schriftlich, üben ihn und spielen ihn frei vor.

AR, UM: Spielen Sie das Video zur Bildleiste ab (Phase 3). Die TN antworten.

3 Ich-Bezug. Die TN fragen fünf Personen und berichten dann über eine Person. In homogenen Kursen kommentieren sie: *Das sehe ich auch gern./Das kenne ich auch/nicht.*

4

■ ein Fernsehprogramm verstehen – über das Fernsehen sprechen – Sendungen – Wortbildung: Adjektive mit *un-* – *was für ein*

SAT 1	7	RTL	RTL II
18:00 Mein Geheimnis Doku-Serie 19:55 Sat 1-Nachrichten	18:10 Die Simpsons Animationsserie, USA 1994 19:05 Newstime Nachrichten aus Berlin	18:45 RTL Aktuell 19:05 Explosiv Boulevard-Magazin	18:00 Die Kochprofis 20:00 RTL II News
20:15 Transformers 3 Sci-Fi-Action, USA 2011	20:15 Fußball: Europa League	20:15 Deutschland sucht den Superstar Castingshow	20:15 Für immer Shrek Animationsfilm, USA 2010

1.13 04 **b** Hören Sie noch einmal und antworten Sie mit *weil*.

1. Warum haben Arno und Susi einen Fernsehabend gemacht?
2. Warum will Arno keinen Liebesfilm sehen?
3. Warum sehen Arno und Susi keinen Fußball?
4. Warum sehen sie den Film auf RTL II nicht?
5. Warum findet Arno Lena sympathisch?

1.13 04 **c** Adjektive mit *un-*. Hören Sie noch einmal und berichten Sie.

Arno / Susi — findet — Fußball / Lena — interessant. / uninteressant. / intelligent. / hübsch. / unsympathisch. / sympathisch.

Wortbildung: Adjektive mit *un-*
sportlich – unsportlich
aber: nett – nicht nett

d Und Sie? Was sehen Sie gern? Sprechen Sie mit einer Partnerin/einem Partner. Berichten Sie dann im Kurs.

über das Fernsehen sprechen

Siehst du regelmäßig Nachrichten/...?	Ich sehe oft/regelmäßig/nie ...
Hast du eine Lieblingssendung?	Ich mag Sport/Krimis/... Ich sehe immer ... Meine Lieblingssendung ist ... Ich finde ... (un)interessant/(nicht) langweilig/spannend.
Was für Sendungen gibt es auch in deinem Land?	Bei uns gibt es auch ..., aber das heißt ...

der Krimi, -s

die Nachrichten (Pl.)

der Liebesfilm, -e

der Animationsfilm, -e

die Dokumentation, -en

A B C oder?
die Show, -s/ das Quiz, -

der Actionfilm, -e

die Serie, -n

die Sportsendung, -en

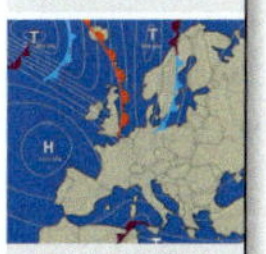
das Wetter (Sg.)

dreiunddreißig 33

4a Die TN hören, lösen die Aufgabe und kontrollieren zu zweit. Beim zweiten Hören markieren sie die Sendungen, über die Susi und Arno sprechen.

Lösung: Susi: *Hochzeiten und andere Katastrophen* – Arno: *Fußball* – Susi + Arno: *Eurovision Song Contest.*

4b Die TN lesen zuerst die Fragen. Beim dritten Hören machen sie kurze Notizen (*1. ruhig, gemütlich; 2. langweilig; 3. uninteressant; 4. schon kennen; 5. tolle Stimme, intelligent, hübsch*) und beantworten die Fragen schriftlich. Eine/Ein TN schreibt die Antworten an die Tafel. Wiederholen Sie bei Bedarf die *weil*-Sätze.

Lösung: *1. Weil sie einen ruhigen/gemütlichen Abend gemacht haben. 2. Weil er Liebesfilme langweilig findet. 3. Weil Susi das Spiel uninteressant findet. 4. Weil Susi ihn schon gesehen hat. 5. Weil sie eine tolle Stimme hat, intelligent und hübsch ist.*

4c Die TN hören noch einmal. Eine Gruppe verbindet in der Satzbautafel die Informationen für Susi, die andere für Arno. Dann berichten die Gruppen. Besprechen Sie mit den TN den Grammatikkasten. Weisen Sie darauf hin, dass es keine Regeln gibt und die TN auswendig lernen müssen, ob man das Gegenteil mit *un-* bilden kann oder nicht.

▶ Vertiefung: S. 37/3

Video-DVD: Alternativ arbeiten Sie mit dem Video wie hier beschrieben (4a+b+c).

4d **AR, UM:** Zur Vorbereitung spielen Sie das Phonetik-Video zur Melodie von Ja-/Nein-Fragen ab. Die TN sprechen nach.

Ich-Bezug. Die TN verwenden *dass*-Sätze.

▶ Vertiefung: S. 37/1

5a 👤 ▸ 👥👥 Die TN lesen den Text schnell (ca. eine Minute) und unterstreichen Wörter, die für die Lösung wichtig sind. Die TN begründen die Lösung und nennen Stellen im Text. Fragen Sie anschließend die TN, ob sie den ESC kennen.

5b 👤 ▸ 👥 ▸ 👥 Teilen Sie den Kurs in zwei Gruppen. Die TN der ersten Gruppe lösen die Aufgabe im Buch. Für die TN der zweiten Gruppe notieren Sie die Lösungszahlen an der Tafel, die TN suchen Informationen dazu im Text. Die TN vergleichen ihre Lösungen in den Gruppen und bilden anschließend Paare, sodass es jeweils eine/einen TN aus der ersten und eine/einen TN aus der zweiten Gruppe gibt. Die Paare vergleichen ihre Lösungen.

👥 Wörter-Staffel: Hängen Sie zwei große Papiere im Kursraum auf und schreiben das Wort *Musikwettbewerb* als Überschrift darauf. Die TN in beiden Gruppen notieren ca. fünf Minuten passende Wörter (Nomen mit Artikel), wobei jede/jeder TN immer nur ein Wort schreiben darf und dann den Stift einer/einem anderen TN weitergeben muss. Die Gruppe mit den meisten Wörtern hat gewonnen.

6a+b 👥 ▸ 👥👥 ▸ 👥 Die TN suchen zu zweit Adjektive, ordnen sie dann an der Tafel nach dem Kasus (Nominativ, Akkusativ, Dativ) und unterstreichen die Endungen. Anschließend ergänzen sie zu zweit den Grammatikkasten, bilden neue Paare und vergleichen ihre Lösungen. Bei Unsicherheit sehen sie in der Übersicht am Ende der Einheit nach (S. 37) oder Sie können ihnen helfen.

👥👥 Weisen Sie auf die Ableitung der Adjektivendungen vom bestimmten Artikel hin:

Nominativ	Akkusativ
der Sänger → ein junger Sänger	den Sänger → einen jungen Sänger
das Lied → ein tolles Lied	das Lied → ein tolles Lied
die Show → eine witzige Show	die Show → eine witzige Show

👥 Sprachschatten: Notieren Sie die folgenden Satzanfänge an der Tafel: *Das ist … Ich möchte … sehen.* Eine/Ein TN bildet Sätze mit Adjektiven auf S. 33 (4c), die/der andere TN hört zu und reagiert, z. B.: *Das ist ein sympathischer Sänger. – Ein sympathischer Sänger?*

5 Der ESC

a Was für eine Sendung ist das? Lesen Sie und kreuzen Sie an.

1. [x] eine Musikshow 2. [ ] eine Quizshow 3. [ ] eine Sportsendung

ESC zum sechsten Mal in Schweden

Bald ist es wieder so weit: Der Eurovision Song Contest (ESC) findet – zum sechsten Mal seit 1956 – in Schweden statt. Alle Fans hoffen, dass es eine große und tolle Show wird.

Kandidaten aus 27 Ländern treten bei dem Musikwettbewerb auf. Hat Deutschland diesmal wieder eine Chance? Der letzte Erfolg liegt schon ein paar Jahre zurück: Am 29. Mai 2010 hat die Stimme von Lena Meyer Landrut dem Publikum in Oslo am besten gefallen. Vorher hat das Fernsehpublikum Lena in der Sendung *Unser Star für Oslo* aus 20 Kandidaten gewählt. Der „Kopf" hinter der Sendung war Stefan Raab. Er hat Lena auch nach Oslo begleitet. Und so hat der ESC 2011 in Deutschland – in Düsseldorf – stattgefunden. Da hat Lena nicht gewonnen, aber die Fans haben in Düsseldorf eine wunderbare und witzige Show erlebt. Die Show haben Stefan Raab, Anke Engelke und Judith Rakers moderiert.

Vor zwei Jahren, 2014, hat wieder ein deutschsprachiges Land gewonnen: Österreich mit Conchita Wurst. Und so ist die Show 2015 nach Wien gewandert und hat ihren 60. Geburtstag gefeiert. Mit einem tollen Lied und einer witzigen Grafik hat dort ein junger, schwedischer Sänger die meisten Stimmen bekommen und den ESC nach Schweden geholt.

Stefan Raab ist ein deutscher Fernsehmoderator, Komiker und Musiker. Von 1999 bis Ende 2015 hat er eine eigene Sendung auf Pro 7 moderiert: die Late-Night-Show *TV total*.

Manche sagen, er war ein sehr unsympathischer Moderator. Für andere ist er witzig und genial – auch, weil er viele neue Sendungen gemacht hat: z. B. eine verrückte Wok-Weltmeisterschaft oder eine spannende Spielshow – *Schlag den Raab*. Für die Sendung *Unser Star für Oslo* hat er einen wichtigen Preis bekommen.

Lena Meyer Landrut hat mit 19 Jahren den ESC gewonnen und plötzlich war sie berühmt. Sie hat dann noch ihr Abitur* gemacht und danach an ihrer weiteren Karriere gearbeitet. Bis 2015 hat sie vier CDs gemacht und alle hatten in Deutschland einen großen Erfolg. Heute schreibt sie ihre Lieder selbst und arbeitet auch als Moderatorin.

Musikmagazin 12

b Wann war das? Lesen Sie noch einmal und ergänzen Sie die Jahreszahl.

1. 1956 Der erste ESC hat stattgefunden.
2. 2010 Lena hat den ESC in Oslo gewonnen.
3. 2011 Stefan Raab hat den ESC in Düsseldorf moderiert.
4. 2014 Conchita Wurst hat den ESC für Österreich gewonnen.
5. 2015 Beim ESC in Wien hat ein schwedischer Sänger gewonnen.
6. 2016 Der ESC findet zum sechsten Mal in Schweden statt.

*D: das Abitur – A+CH: die Matura

Das ist kein sympathischer Sänger. bzw. *Ich möchte eine interessante Doku sehen. – Eine interessante Doku? Ich möchte keine interessante Doku sehen.* Die/Der erste TN bildet zwei Sätze (N, A), dann tauschen die TN die Rollen. Anschließend bilden die TN neue Paare und sprechen wie in der ersten Runde (mit neuen Sätzen).

◐ Schwächere TN schreiben zuerst die Sätze: drei mit Nominativ, drei mit Akkusativ.

6c ▸ ▸ Im ersten Schritt notieren die TN zu zweit den Genus bei den Nomen. Dann ergänzen sie die Adjektivendungen. Abschließend lesen sich die TN den Text gegenseitig vor und überprüfen ihre Lösungen. Helfen Sie bei Bedarf.

6 Adjektive nach indefinitem und negativem Artikel

a Suchen Sie und unterstreichen Sie in 5a Adjektive nach indefinitem Artikel.
b Ergänzen Sie den Grammatikkasten. Markieren Sie die Endungen.

Adjektive nach indefinitem und negativem Artikel

	Nominativ	**Akkusativ**	**Dativ**
m	(k)ein toller Sänger	(k)einen tollen Preis	(k)einem tollen Sänger
n	(k)ein tolles Lied	(k)ein tolles Lied	(k)einem tollen Lied
f	(k)eine tolle Show	(k)eine tolle Show	(k)einer tollen Grafik
Pl.	– neue Sendungen keine neuen Sendungen	– neue Sendungen keine neuen Sendungen	– neuen Sendungen keinen neuen Sendungen

Possessivartikel = *kein*:
meinen/keinen netten Mann, mein/kein nettes Kind, meine/keine nette Frau

c Fakten über den ESC. Lesen Sie und ergänzen Sie die Endungen (1. Absatz Nominativ, 2. Absatz Akkusativ, 3. Absatz Dativ).

www.fakten.de

Fakten über den ESC

Der ESC ist ein internationaler Musikwettbewerb. Auf der Bühne dürfen maximal sechs Personen auftreten. Auch Lena war nicht alleine auf der Bühne: Ein vierköpfiger Chor hat zusammen mit ihr gesungen. Bis 1971 sind nur einzelne Kandidaten oder Paare aufgetreten. Kein anderes Land hat öfter als Norwegen verloren (11x). Ein irischer Sänger – Johnny Logan – hat dreimal gewonnen. Irland hat auch am häufigsten gewonnen (7x).

Der ESC hat immer zwei Teile: Im ersten Teil singen die Teilnehmer ein eigenes Lied live, im zweiten Teil geben die Länder ihre Punkte ab. Der zweite Teil dauert immer eine gute Stunde. Zwischen den Teilen gibt es eine bunte Show. Die Lieder dürfen keinen politischen Inhalt haben und es dürfen keine lebendigen Tiere auftreten.

Bis 1998 hat jeder Kandidat in seiner eigenen Landessprache gesungen. Heute singen viele auf Englisch. Jedes Land sucht einen Kandidaten mit einem besonderen Lied. Der ESC hat viele Kandidaten zu internationalen Stars gemacht (z.B. ABBA, Céline Dion oder Lara Fabian).

7 Wählen Sie eine bekannte Person aus Ihrem Heimatland und schreiben Sie einen kurzen Text wie in 5. Stellen Sie die Person im Kurs vor.

Wer? Was? Karriere? Sendungen?

Alternative: Die TN bilden drei Gruppen, jede Gruppe bearbeitet nur einen Absatz (Gruppe 1 – Absatz 1 usw.). Dann bilden die TN neue Gruppen zu dritt, wobei jeweils eine/ein TN aus jeder Gruppe vertreten ist. Die TN lesen „ihren" Absatz vor, die anderen beiden kontrollieren.

Arbeiten Sie mit der Kopiervorlage. Die TN ergänzen die Endungen, lesen dann abwechselnd vor und kontrollieren.

▸ KV 4/1
▸ Vertiefung: S. 37/4

7 ▸ ▸ Die TN bilden zwei Gruppen. Eine Gruppe liest in 5a den Text über Stefan Raab, die andere über Lena Meyer Landrut. Die TN machen kurze Notizen zu der Person (Steckbrief). Dann bilden die TN Paare und erzählen sich gegenseitig, was sie über die Person erfahren haben. Anschließend tauschen sich alle TN darüber aus, was sie interessant finden.

▸ Vertiefung: S. 37/2

▸ Zielaufgabe. ◐ In heterogenen Gruppen arbeiten TN aus einem Land zusammen und einigen sich auf eine bekannte Persönlichkeit. In homogenen Kursen bilden die TN Gruppen nach dem Gebiet, das sie interessiert (Politik, Sport, Musik, Fernsehen o.ä.), und einigen sich in den Gruppen auf eine Person. Dann notieren sie alles, was sie über die Person wissen und schreiben anhand der Notizen einen Text über die Person.

Alternative: Die Gruppen recherchieren Fotos von der Person, schreiben einen Text über sie und erstellen eine „Fan-Internetseite". Die Gruppen hängen ihre Texte im Kursraum auf und lesen sie.

8a Schreiben Sie die Fragen 1 bis 3 aus dem Kursbuch an die Tafel und bestimmen Sie eine Moderatorin / einen Moderator. Sie/Er stellt die Fragen und trägt die Anzahl der TN ein. Mit dem Ergebnis der Umfrage wird in d weiter gearbeitet.

8b ▸ ▸ ▸ Fragen Sie die TN: *Worum geht es in dem Artikel?* Die TN lesen zuerst nur die Überschrift sowie den ersten (fettgedruckten) Absatz und sammeln Vermutungen. Notieren Sie die Vermutungen an der Tafel. Dann lesen die TN den ganzen Artikel, fassen den Inhalt der einzelnen Absätze in einem Satz zusammen (*1. Fast alle Leute sehen gern fern, aber junge Leute sehen immer öfter im Internet fern. 2. Man kann im Internet kostenlos fernsehen und die Sendungen kommentieren. 3. Immer mehr Menschen sehen online fern.*) und überprüfen die Vermutungen.

▸ ▸ Beim zweiten Lesen notieren die TN Stichwörter zu den Zahlen. Dann vergleichen sie ihre Notizen zu zweit und schreiben anhand der Notizen Sätze. Anschließend lesen sie die Sätze im Kurs laut vor.

Lösung (Beispiel): *a 98 Prozent sehen in Deutschland regelmäßig fern. b 2014 haben die Deutschen acht Minuten täglich online ferngesehen. c 57 Prozent der Internetnutzer kommentieren Sendungen im Internet. d Für vier bis neun Euro im Monat kann man Online-Videotheken nutzen. e 2013 haben die Deutschen fünf Minuten täglich online ferngesehen. f 40 Millionen Internetnutzer sehen Filme auch im Internet. g In Deutschland nutzen 80% das Internet. h 25% der Deutschen nutzen eine Online-Videothek. i 240 Minuten sehen die Deutschen jeden Tag fern.*

8c Schnellere Paare wählen ein neues Wort im Text, z. B. *Fernsehzeitung, Fernsehleute, online, Livestreaming*, und formulieren dazu einen Erklärungsatz. Dann tauschen sie die Sätze untereinander und suchen das passende Wort.

8d Die TN vergleichen die Kursstatistik mit den Zahlen im Text: *Sehen wir hier im Kurs mehr als die Deutschen fern? Wie sieht es mit den Fernsehzeitungen aus?*

8e ▸ In-Bezug. In heterogenen Kursen berichten alle TN über das Fernsehverhalten in ihrem Land. Bei Interesse können die TN Informationen und Zahlen recherchieren. In der nächsten Stunde präsentieren die TN ihre Ergebnisse, z. B. anhand der Zahlen und Stichwörter, und vergleichen das Fernsehverhalten in den einzelnen Ländern.

4 Ein toller Fernsehabend ■ über das Fernsehverhalten sprechen

8 Fernsehen heute: wie, wann und wie oft?

a Fragen Sie im Kurs und machen Sie eine Kursstatistik.

1. Wer sieht jeden Tag ca. drei Stunden (oder mehr) fern?	IIII
2. Wer sieht im Internet fern?	II
3. Wer hat eine Fernsehzeitung zu Hause?	I

b Was bedeuten die Zahlen? Lesen Sie und schreiben Sie zu jeder Zahl einen Satz.

a 98 b 8 c 57 d 4 bis 9 e 2013 f 40 Mio g 80 h 25 i 240

▼ Medien
▼ Aktuell
▼ Archiv
▶ Themen
▶ Fernsehen
▶ ...

Was machen wir in unserer Freizeit? – Am liebsten fernsehen!

Das gefällt den Fernsehleuten:

240 Minuten sehen die Deutschen jeden Tag fern. Die Fernsehleute müssen auch keine Angst haben, dass Computer & Co. das Fernsehen ersetzen: Heute sehen die Menschen 40 Minuten länger fern als vor zehn Jahren.

Jung oder alt, klein oder groß – diese Zahl gilt für alle: 98 Prozent sehen in Deutschland regelmäßig fern. Einen „richtigen" Fernseher und eine „normale" Fernsehzeitung haben aber nicht mehr alle. Immer mehr junge Leute möchten selbst entscheiden, wann und wo sie Filme, Nachrichten oder ihre Lieblingsserie sehen. In Deutschland nutzen ca. 80 Prozent das Internet. 75 Prozent von den Internetnutzern sehen Filme auch im Internet (das sind 40 Millionen) und 25 Prozent nutzen eine Online-Videothek. Für vier bis neun Euro pro Monat kann man hier tausende Filme oder Serien sehen.

Viele Sender bieten ihr Programm auch im Internet als Livestreaming oder in Mediatheken an – kostenlos. Bei Live-Shows wie dem Eurovision Song Contest oder auch beim Krimi am Sonntag kann man die Sendung im Internet kommentieren – das nutzen schon 57 Prozent von den Internetnutzern.

2013 haben die Deutschen fünf Minuten täglich online ferngesehen. 2014 waren es schon acht Minuten. Und die Zahl steigt weiter: Junge Leute sehen schon heute jeden Tag über eine halbe Stunde online fern.

c Welches Wort passt? Lesen Sie noch einmal und ergänzen Sie die markierten Wörter.

1. Ja, ich habe Internet und bin auch oft online, ich bin ein *Internetnutzer*.
2. Ich bin jetzt auch bei einer *Online-Videothek* angemeldet. Das ist nicht teuer und ich kann immer einen Film sehen.
3. Mein Fernseher hat 30 *Sender*, ich sehe aber manche *Sendungen* nur online.
4. Heute Abend kann ich leider meinen Lieblingskrimi nicht sehen. Das ist aber nicht schlimm, ich sehe ihn dann morgen in der *Mediathek*. Das kostet nichts.

d Vergleichen Sie die Kursstatistik in a mit den Aussagen im Text.

e Sieht man in Ihrem Land viel im Internet fern? Gibt es auch Mediatheken und Online-Videotheken? Sprechen Sie im Kurs.

36 sechsunddreißig

In homogenen Kursen recherchieren die TN über das Heimatland und schreiben einen kurzen Text.

Wichtige Sätze

1 ein Fernsehprogramm verstehen / über das Fernsehen sprechen

Die TN schreiben einen kurzen Text darüber, was sie gestern im Fernsehen gesehen haben und wie es ihnen gefallen hat. Kursspaziergang: Die TN hängen ihre Texte im Kurs auf, gehen durch den Kursraum, lesen die Texte und wählen eine Sendung aus, die sie auch interessant finden.

Alles klar!

Wichtige Sätze

ein Fernsehprogramm verstehen

Was kommt auf/im ... um sieben?	Auf ... kommt „Die Millionenshow". Im Ersten/Zweiten kommt ...
Was würdest du gern sehen?	Ich würde gern „Für immer Shrek" sehen.
Was für eine Sendung ist das?	Das ist eine Doku / ein Liebesfilm / ...

über das Fernsehen sprechen

Siehst du regelmäßig Nachrichten/...?	Ich sehe oft/regelmäßig/nie ...
Hast du eine Lieblingssendung?	Ich mag Sport/Krimis/... Ich sehe immer ... Meine Lieblingssendung ist ... Ich finde die Sendung (un)interessant / (nicht) langweilig / (nicht) spannend.
Was für Sendungen gibt es in deinem Land?	Bei uns gibt es ..., aber das heißt ...

eine Person beschreiben

Er ist ein deutscher Fernsehmoderator und Musiker. Von ... bis ... hat er eine Sendung auf ... moderiert. Für die Sendung hat er einen wichtigen Preis bekommen.

Strukturen

was für ein

	Nominativ	Akkusativ
m	was für ein Film	was für einen Film
n	was für ein Quiz	was für ein Quiz
f	was für eine Sendung	was für eine Sendung
Pl.	was für – Serien	was für – Serien

Wortbildung: Adjektive mit *un-*

sympathisch – unsympathisch, sportlich – unsportlich, interessant – uninteressant

Adjektive nach indefinitem und negativem Artikel

	Nominativ		Akkusativ		Dativ	
m	ein	toller Sänger	einen	tollen Sänger	einem	tollen Sänger
	kein	toller Sänger	keinen	tollen Sänger	keinem	tollen Sänger
n	ein	schönes Lied	ein	schönes Lied	einem	schönen Lied
	kein	schönes Lied	kein	schönes Lied	keinem	schönen Lied
f	eine	große Show	eine	große Show	einer	großen Show
	keine	große Show	keine	große Show	keiner	großen Show
Pl.	–	neue Filme	–	neue Filme	–	neuen Filmen
	keine	neuen Filme	keine	neuen Filme	keinen	neuen Filmen

▸ Phonetik, S. 145

2 eine Person beschreiben

Ratespiel: Wer bin ich? Bereiten Sie Kärtchen mit Namen von bekannten Persönlichkeiten vor. Kleben Sie einer/einem TN ein Kärtchen an die Stirn, sie/er stellt dann Ja-/Nein-Fragen und versucht herauszufinden, welche Persönlichkeit auf dem Kärtchen steht.

Strukturen

3 Wortbildung: Adjektive mit *un-*

Die TN sammeln Adjektive in den Einheiten 1 bis 4 und suchen in einem Wörterbuch, ob man das Gegenteil mit *un-* bilden kann oder nicht. Dann vergleichen die TN und jede Gruppe notiert alle Paare auf Kärtchen (Vorderseite: Adjektiv, Rückseite: Gegenteil). Eine/Ein TN pro Gruppe zieht ein Kärtchen, nennt das Adjektiv, die Nachbarin / der Nachbar nennt das Gegenteil und die/der nächste TN bildet einen Satz mit einem der beiden Adjektive.

4 Adjektive nach indefinitem und negativem Artikel

Die TN arbeiten mit den Wortkarten aus Strukturen/3. Die Kärtchen liegen verdeckt auf dem Tisch. Eine/Ein TN zieht zwei Kärtchen und sagt mit diesen Adjektiven etwas Positives über eine/einen TN, z. B.: *intelligent – langweilig: ... ist ein intelligenter Mensch, weil sie/er nie langweilige Sätze sagt.* Die Aussagen dürfen auch lustig/unrealistisch sein.

Phonetik

! Englische Fremdwörter werden im Deutschen wie im Englischen ausgesprochen – mit einem mehr oder weniger ausgeprägten deutschen Akzent.

Auf einen Blick

Material: 20 Kärtchen (1, 2); Europakarte (5)

1a+b ▸ Geben Sie den Gruppen zum Notieren ca. drei Minuten Zeit.

Würfelspiel: Die/Der TN, die/der würfelt, stellt das Wort pantomimisch dar bzw. erklärt das Wort. Beim Raten dürfen alle TN einer Gruppe mitmachen. Wenn die Gruppe das Wort nicht innerhalb dreißig Sekunden errät, wird das Kärtchen zurückgelegt und die andere Gruppe bekommt einen Punkt.

! Weisen Sie darauf hin, dass die TN bei der Beschreibung das gesuchte Wort nicht nennen dürfen. Alle TN einer Gruppe sollen mind. einmal würfeln und ein Wort erklären bzw. pantomimisch darstellen.

2 Notieren Sie die Adjektive gut sichtbar an der Tafel. Wählen Sie eine Schiedsrichterin / einen Schiedsrichter, die/der die Namen und das jeweils genannte Adjektiv notiert. Die fünf TN nennen jeweils ein Adjektiv (stärkere TN bilden Sätze mit dem Adjektiv). Nachdem sie ihre Reihenfolge geändert haben, versuchen die anderen TN nacheinander zu wiederholen, wer was gesagt hat. Macht eine/ein TN einen Fehler, unterbricht die Schiedsrichterin / der Schiedsrichter sie/ihn und die/der nächste TN ist an der Reihe. Schafft eine/ein TN, alles richtig zu wiederholen, wird eine neue Fünfer-Reihe gebildet.

3a Die TN arbeiten zuerst mit dem Kursbuch, in der zweiten Runde ohne das Kursbuch.

3|4 Deutsch aktiv

1 Wörter raten: Hobbys und Fernsehsendungen

a Arbeiten Sie in zwei Gruppen. Jede Gruppe notiert sechs Hobbys und vier Sendungen auf Karten.

Tischtennis spielen | *ein Krimi*

b Mischen Sie alle Karten. Eine Person aus Gruppe 1 zieht eine Karte, würfelt und stellt das Wort dar. Gruppe 2 rät. Die Gruppen tauschen dann die Rollen.

Regeln:
1. ⚀ ⚁ ⚂ Spielen Sie das Wort als Pantomime. ⚃ ⚄ ⚅ Beschreiben Sie das Wort.
2. Richtig geraten? Dann bekommen Sie einen Punkt.
Falsch geraten? Dann bekommt die andere Gruppe einen Punkt.

2 Arbeiten Sie mit den Karten aus 1. Fünf Personen stellen sich in eine Reihe. Ziehen Sie eine Karte und lesen Sie das Wort laut. Die fünf Personen nennen ein Adjektiv und wechseln dann ihre Plätze. Wiederholen Sie: Wer hat was gesagt?

interessant – cool – gefährlich – langweilig – blöd – verrückt – anstrengend – spannend – komisch – gut – schön – lustig – ...

Nuria hat gesagt, dass sie Krimis langweilig findet. Adam hat gesagt, dass er Krimis ...

3 Personen beschreiben

a Arbeiten Sie zu zweit. Fragen und antworten Sie.

Was für	einen Pulli/Rock ein T-Shirt/Hemd/Kleid eine Jacke/Jeans/Bluse Schuhe/Stiefel	trage ich?	Du trägst	einen grünen Pulli/Rock. ein rotes T-Shirt/Hemd/Kleid. eine blaue Jacke/Jeans/Bluse. schwarze Schuhe/Stiefel.

b Und jetzt alle. Bilden Sie einen Kreis und sehen Sie sich eine Minute lang genau an. Drehen Sie sich nach außen. Eine Person beschreibt eine andere Person, die anderen raten.

Die Person hat lange Haare und sie trägt einen braunen Rock und eine rote Bluse.

Das ist Nuray. — *Nein.*

Ist das Nelli? — *Ja.*

38 achtunddreißig

◐ Alternative: Die TN arbeiten in Gruppen zu viert. Eine/Ein TN stellt sich in die Mitte, die anderen TN schreiben je einen Satz, was sie/er trägt. Dann vergleichen und korrigieren die TN gegenseitig ihre Sätze und die/der nächste TN stellt sich in die Mitte, die TN schreiben neue Sätze usw.

! Wenn die TN gestreifte oder gemusterte Kleidung tragen, benutzen sie das Wort *bunt*.

3b Bei mehr als acht TN im Kurs bilden die TN zwei Kreise.

! Halten Sie sich im Hintergrund und helfen Sie gezielt nur bei sich wiederholenden Fehlern.

4 **Adjektiv-Training. Arbeiten Sie zu zweit und sprechen Sie wie im Beispiel.**

ein langweiliger Tag – eine uninteressante Sendung – eine anstrengende Arbeit – ein sympathischer Mensch – ein blöder Film – ein komisches Hobby – eine hässliche Farbe

Heute ist ein langweiliger Tag!

Nein, heute ist doch ein lustiger Tag.

Das ist …

5 **Höher – größer – länger. Vergleichen Sie.**

Fernsehturm am Alex, Berlin: 368 m

Colonius, Köln: 266 m

Olympiaturm, München: 291,28 m

Signal Iduna Park, Dortmund, 81.359 Plätze, gebaut: 1974

Allianz Arena, München, 75.000 Plätze, gebaut: 2005

Olympiastadion, Berlin, 74.649 Plätze, gebaut: 1936

Titlis Cliff Walk (CH), 100 m lang, 3041 m hoch, man sieht 500 m tief

Brücke über der Massa-Schlucht (CH), 124 m lang, man sieht 50 m tief

Dachstein Hängebrücke, 81 m lang, 2.700 hoch, man sieht 400 m tief

Der Fernsehturm in … ist höher als der Fernsehturm in Köln.

Aber der … ist am höchsten.

4 Zwei TN lesen die beiden ersten Sprechblasen laut vor. Erklären Sie, dass im zweiten Satz immer das Gegenteil gesagt werden soll. Dann lesen die TN den Schüttelkasten und nennen passende Gegenteile. Anschließend arbeiten die TN zu zweit.

◐ Schwächere TN bilden Sätze nur mit *Das ist …* Stärkere TN bilden Sätze mit einem Subjekt, z. B.: *Die Tagesschau ist eine interessante Sendung. Das ist eine anstrengende Arbeit. Unser Nachbar ist ein sympathischer Mensch. Transformers ist ein blöder Film. Turmspringen ist ein komisches Hobby. Orange ist eine hässliche Farbe.*

5 Die TN lesen zuerst die Bildunterschriften und suchen alle Orte auf der Europakarte.

! Der *Titlis Cliff Walk* und die *Massa-Schlucht* befinden sich in den Berner Alpen, südlich von Luzern. Der *Dachstein* liegt in den Kalkalpen in Österreich, westlich von Salzburg.

Dann sammeln die TN Adjektive an der Tafel, die sie zum Vergleichen brauchen (*1. Reihe: hoch/niedrig – 2. Reihe: groß/klein, alt/jung – 3. Reihe: lang/kurz, tief, hoch*). Bei der Partnerarbeit vergleichen die TN, z. B.: *Der Fernsehturm in München ist höher als der Fernsehturm in Köln. – Ja, aber er ist niedriger als der Fernsehturm in Berlin. Der Fernsehturm in Berlin ist am höchsten.* Spielen Sie bei Bedarf das erste Beispiel mit einer/einem TN vor.

◐ Schwächere TN notieren die Vergleichssätze schriftlich.

Auf einen Blick

Material: großes Papier (3)

Textsorten: Bildbeschreibung (1); Interview (2)

Strategien: Wörter mit Bildern lernen (1, 2b); Bilder als Informationsquelle nutzen (1); globales Hören (2a); detailliertes Hören (2b); einen Text anhand von Notizen schreiben (3); Hör-Sehen (Landeskunde-AR)

Einstieg Fragen Sie die TN: *Haben Sie einen Garten oder würden Sie gern einen Garten haben? Warum ja/nicht? Was kann man dort machen?* Alle TN antworten in zwei bis drei Sätzen und notieren an der Tafel ihre Ideen, was man im Garten machen kann.

1 ▸ ▸ ▸ Die TN beschreiben das Bild (*Was ist vorne/hinten/in der Mitte?*) und sammeln passende Wörter. Führen Sie ggf. auch die Wörter *der Schornstein* und *der Zaun* ein.

Die TN beantworten die Frage *Was ist auf dem Panorama-Foto: ein Park, viele Gärten oder eine Stadt?* schriftlich und begründen ihre Lösung. Dann vergleichen sie die Lösungen zu zweit.

AR, UM: Spielen Sie anschließend den Anfang des Videos (ca. die ersten dreißig Sekunden) ab, die TN überprüfen ihre Lösung. Danach arbeiten Sie mit dem Video (s. Landeskunde). Wenn Sie das Video nicht abspielen können, erzählen Sie kurz, was Schrebergärten sind *(kleine Gärten in einer Kolonie)*, was typisch ist *(Zaun, kleine Häuschen, Gartenzwerge)* und was man dort macht *(Obst und Gemüse anbauen, spielen, entspannen)*.

2a ▸ Fragen Sie vor dem Hören: *Was machen die Personen auf den Fotos?*

2b Die TN hören und ordnen zuerst die Wörter aus dem Schüttelkasten den Personen zu.

Das große Foto zeigt eine Schrebergarten-Kolonie in Berlin Wilmersdorf.

1 Freizeit im Schrebergarten. Was denken Sie: Was ist auf dem Panorama-Foto? Begründen Sie.

ein Park – viele Gärten – viele Mietshäuser

Ich denke, dass man hier ... sieht. Denn es gibt viel Natur. Man sieht ...

2 Was machen die Personen im Schrebergarten?

1.14 **a** Wer spricht? Hören Sie und ordnen Sie zu.

Edith und Paul Cramer

Bianca Schulte

Anika Krahn mit Luise

40 vierzig

▸ ▸ Die TN vergleichen zu zweit, ordnen passende Fotos zu und präsentieren ihre Ergebnisse im Kurs. Dann wählen die Paare ein Foto aus und schreiben, warum die Person/en einen Schrebergarten hat/haben und was sie dort macht/machen.

Lösung: *Edith und Paul Cramer: Foto 1 + 4, fernsehen, Blumen pflanzen, den Garten dekorieren; Bianca Schulte: Foto 2 + 6, Urlaub machen, entspannen, eine Party machen; Anika Krahn mit Luise: Foto 3 + 5, spielen, grillen, Pflanzen gießen*

3 Achten Sie darauf, dass alle TN in den Gruppen mitmachen. Eine/Ein TN übernimmt die Rolle der Schreiberin / des Schreibers und notiert die Vorschläge der anderen TN, nachdem sie in der Gruppe gemeinsam richtig ausformuliert wurden.

2.14 **b** Welche Fotos oben passen zu den Personen? Was machen die Personen? Hören Sie noch einmal und ordnen Sie zu.

Urlaub machen* – spielen – grillen – Blumen pflanzen – entspannen – den Garten dekorieren – Pflanzen gießen – fernsehen – eine Party feiern

Foto 2 passt zu Bianca Schulte. Sie sagt, dass sie und ihre Freunde eine Party gefeiert haben.

3 Sie haben einen Schrebergarten. Was machen Sie dort am Wochenende? Schreiben Sie.

Arbeiten Sie in Gruppen zu dritt oder zu viert.
Stellen Sie 4 bis 5 Tische auf. Auf jedem Tisch liegt ein großes Blatt Papier (A3).
Gehen Sie zu einem Tisch und schreiben Sie Ihre Ideen auf. Nach drei Minuten gehen Sie einen Tisch weiter und ergänzen Sie dort weitere Informationen.
Wenn Sie wieder an Ihrem ersten Tisch sind, fassen Sie die Ergebnisse zusammen und schreiben Sie in der Gruppe einen Text über das Wochenende im Schrebergarten.

*D: Urlaub machen – CH: Ferien machen

▸ ▸ Alternative: Nachdem die Gruppen wieder an ihren Tischen angekommen sind, schreiben alle TN einen eigenen Text. Die Texte werden in der Gruppe vorgelesen und anschließend zu einem gemeinsamen Text zusammengestellt.

Landeskunde

AR, UM: Das Video erklärt, was Schrebergärten sind. Am Ende wird den TN eine Verständnisfrage zum Video gestellt (*Was ist für einen Schrebergarten nicht typisch?* Lösung: *Der Arbeitsstress*).

▸ Notieren Sie die folgenden Fragen an der Tafel: *1. Was ist typisch für einen Schrebergarten? Warum hat man einen Schrebergarten? 2. Wer hat einen Schrebergarten? Wo gibt es besonders viele Schrebergärten?* Die TN arbeiten in zwei Gruppen. Sie sehen das Video und Gruppe A macht Notizen zu den ersten zwei Fragen, Gruppe B zu den anderen zwei. Dann tauschen die Gruppen ihre Notizen, sehen das Video noch einmal und überprüfen die Notizen. Nach dem dritten Sehen beantworten die TN die Frage aus dem Video.

Der Schrebergarten
(oder *Kleingarten, Laube,* in der Schweiz *Familiengarten*) verdankt seinen Namen dem Leipziger Arzt Daniel Gottlob Moritz Schreber (1808–1861). Nach dessen Tod hat sein Freund und Schuldirektor Ernst I. Hausschild 1865 eine Turn- und Spielwiese für Kinder in Leipzig als Schreberplatz benannt und den ersten Schreberverein – eigentlich einen Schulverein – gegründet. Erst später wurden auf der Wiese Gärten angelegt und 1869 der erste Gartenverein gegründet.

5 Alltag oder Wahnsinn?

Auf einen Blick

Material: großes Papier (1b/Wichtige Sätze 1); KV 5/1 (4a–c); Kärtchen (6b/Wichtige Sätze 2)

Textsorten: Zeitungsartikel (1); Werbeflyer (2a); E-Mail (5a); Homepage eines Hostels (7a); Blog (7b)

Strategien: globales Lesen (1a); selektives Lesen (1b; 7b); Bilder als Informationsquelle nutzen (2a); globales Hören (4b); detailliertes Hören (4c+d); Hör-Sehen (4); Notizen machen (4d); detailliertes Lesen (5a; 7a)

Einstieg Schreiben Sie *Apps im Alltag* an die Tafel und fragen Sie: *Was für Apps benutzen Sie im Alltag? Was kann man mit den Apps machen?* Die TN sammeln Ideen.

1a ▸ Fordern Sie die TN auf, gezielt die Antworten auf die Fragen zu suchen, ohne den Text genau zu lesen.

! Beantworten Sie an dieser Stelle keine Vokabelfragen und geben Sie ggf. ein Zeitlimit.

1b ▸ Die TN markieren die Informationen zu den Apps im Text und vergleichen ihre Lösung im Kurs.

Lösung: *Doodle: Termine koordinieren, mit Freunden Termine organisieren; Öffi: Fahrpläne lesen, Haltestellen in der Nähe finden; Morning: sich über das Wetter informieren, alle Termine und Aufgaben sehen*

◐ ▸ Alternative: Die TN arbeiten in Gruppen zu dritt und suchen Informationen zu jeweils einer App. Dann stellen die TN gegenseitig die Apps vor.

Fragen Sie die TN: *Welche App finden Sie am praktischsten? Welche App würden Sie gern benutzen?* Die TN begründen ihre Antworten mit *weil*-Sätzen.

▸ Vertiefung: S. 47/1

1c ▸ Klären Sie die Bedeutung der Präpositionen. Die TN sammeln zu jedem Fragewort / jeder Präposition im Grammatikkasten Fragen und Antworten an der Tafel.

5 Alltag oder Wahnsinn?

Smartphones & Co. 10/16 — 18

Praktische Apps für Ihren Alltag

Die App-Stores sind voll und am beliebtesten sind Spiele-Apps. Aber viele Apps helfen auch im Alltag. Mit ihnen können Sie Ihren Einkauf im Supermarkt planen, eine Apotheke in der Nähe finden, Ihren Tag organisieren und Termine mit Freunden planen. Wir haben drei besonders praktische Apps für Sie ausgewählt.

Paul ist eine Woche im Urlaub. Sabine hat bis Montag Besuch von ihrer Mutter. Nina hat immer erst ab 19 Uhr Zeit. Und Sie machen jeden Tag zwischen 18 und 19:30 Uhr Sport. Wann ist Zeit für ein gemeinsames Abendessen? „Doodle" hilft! Mit dieser App können Sie Ihren Freunden oder Ihrer Familie Ihre Termine zeigen. Das macht die Suche leichter und schneller. Und spart Zeit.

Sie sind unterwegs. Wo ist die nächste U-Bahn-Haltestelle? Wie oft fahren die Busse zwischen 9 und 12 Uhr? Bis wann fahren sie in der Nacht? Bis 2 oder bis 3 Uhr? Die App „Öffi" zeigt Ihnen die Fahrpläne von öffentlichen Verkehrsmitteln in Ihrer Nähe – zu Hause und in 16 Ländern in Europa.

Gute Organisation ist wichtig! Die App „Morning" informiert Sie gleich am Morgen über Ihre Aufgaben und Termine. Sie zeigt Ihnen wichtige Nachrichten aus der Welt, aber auch Ihre neuen E-Mails. Und sie sagt Ihnen, dass Sie eine warme Jacke anziehen müssen, weil es draußen kalt ist.

1 Apps im Alltag

a Was ist richtig? Lesen Sie den Text schnell und kreuzen Sie an.

1. Der Text stellt ☐ zwei ☒ drei ☐ vier Apps vor.
2. Die Apps ☐ sind Spiele. ☐ helfen beim Sport. ☒ helfen beim Organisieren.

b Mit welcher App kann man was machen? Lesen Sie den Text noch einmal und ordnen Sie zu.

Fahrpläne lesen – Termine koordinieren – Haltestellen in der Nähe finden – sich über das Wetter informieren – mit Freunden Termine organisieren – alle Termine und Aufgaben sehen

Mit der App „Öffi" kann man Fahrpläne lesen.

c Präpositionen *ab*, *bis* und *zwischen*. Markieren Sie die Präpositionen im Text und ergänzen Sie den Grammatikkasten.

Präpositionen *ab*, *bis* und *zwischen* (Zeit)

Wann?	*Zwischen*	18 und 19:30 Uhr	⊣ ⊢
Ab wann?	*Ab*	19 Uhr / Freitag / Juni	⊢→
Bis wann?	*Bis*	2 Uhr / Montag / Mai	→⊣
Wie lange?		Eine Woche. / Einen Tag. / Drei Jahre.	——

d Schreiben Sie Fragen zu den Antworten. Fragen und antworten Sie.

Zwei Tage. – Vier Wochen. – Ab 19 Uhr. – Ab Montag. – Bis Freitag. – Bis 23 Uhr. – Zwischen 7 und 8 Uhr. – Zwischen 20 und 20.15 Uhr.

Wie lange bist du in Berlin? — *Zwei Tage.* — *Ab wann ...?*

42 zweiundvierzig

1d Automatisierung: Die TN schreiben zu zweit Fragen. Dann finden sich jeweils zwei neue Paare zusammen und fragen bzw. antworten abwechselnd.

2a Die Auswertung erfolgt als Kurskette: Jede/Jeder TN bildet einen ganzen Satz und nennt dabei auch die Uhrzeit, z. B.: *Es ist halb acht. Marco hat verschlafen. – Stimmt, er hat verschlafen. Um fünf nach halb acht telefoniert er und ...* Fragen Sie zum Schluss: *Wie löst Marco sein Problem?* (*Er hat eine Wecker-App gekauft und kann sie nicht ausschalten.*)

AR, UM: Spielen Sie das Video zur Bildleiste ab (Phase 1), die TN sprechen nach.

---

2 Stress am Morgen

a Was macht Marco? Ordnen Sie zu und erzählen Sie. Die Bildleiste hilft.

NIE WIEDER VERSCHLAFEN – MIT DER WECKER-APP!

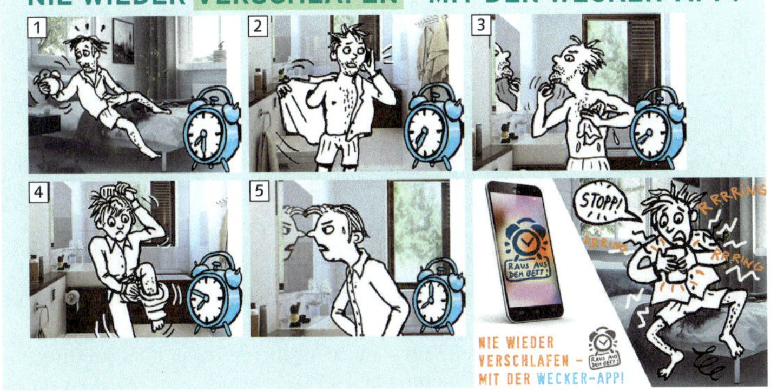

3 Er wäscht sich.	5 Er sieht sich im Spiegel an.	1 Er steht auf.
2 Er telefoniert.	4 Er zieht sich an.	1 Er hat verschlafen.

b Reflexive Verben. Lesen Sie die Sätze in a noch einmal und ergänzen Sie.

Reflexive Verben

Er kämmt sich.

Er kämmt seine Kundin.

Reflexivpronomen

ich	mich
du	dich
er/es/sie	*sich*
wir	uns
ihr	euch
sie/Sie	sich

c Was macht Marco noch? Schreiben Sie Sätze mit den Verben in der Bildleiste.

d Sie haben es eilig: Was machen Sie gleichzeitig? Sprechen Sie im Kurs.

Ich ziehe mich an und koche Kaffee.

3 So fängt der Tag cool an.

a Sie wollen den Tag ohne Stress beginnen. Wie viel Zeit brauchen Sie morgens wirklich? Schreiben Sie auf einen Zettel.

aufstehen – sich rasieren – sich schminken – sich anziehen – sich kämmen* – Frühstück machen – sich waschen – frühstücken – sich duschen

aufstehen: 5 Min.

b Sie müssen um 8:30 Uhr zur Arbeit gehen. Wie sieht Ihr Tag bis 8:30 Uhr aus? Machen Sie einen Plan und stellen Sie ihn im Kurs vor.

*D: sich kämmen – A auch: sich frisieren

(sich) anziehen

(sich) ausziehen

(sich) waschen

(sich) kämmen

(sich) rasieren

(sich) schminken

(sich) ansehen

2b Erklären Sie die neue Grammatik mithilfe der Illustrationen. Danach wählen die TN zu zweit jeweils ein Verb aus der Bildleiste und stellen es wie in den Illustrationen pantomimisch (einmal reflexiv und einmal mit einem Objekt/transitiv) dar. Die anderen bilden Sätze: *Du rasierst dich. – Sie rasiert ihn.* Die spielenden TN bestätigen: *Richtig, ich rasiere mich. Und ich rasiere ihn.*

2c Alternative: In stärkeren Gruppen erzählen die TN die Bildergeschichte schriftlich nach. Fordern Sie die TN auf, die Sätze in a abzudecken, damit sie die Geschichte mit eigenen Worten wiedergeben. Dann vergleichen die TN zu zweit.

▶ Phonetik: S. 47

2d Fragen Sie die TN: *Wann haben Sie es eilig?* Die TN sammeln Ideen, z. B. *morgens vor der Arbeit, auf dem Weg zum Deutschkurs, abends vor dem Ausgehen,* und tauschen sich über diese Situationen aus.

3a Ich-Bezug.

AR, UM: Spielen Sie das Video zur Bildleiste ab (Phase 2+3), die TN antworten.

3b Zielaufgabe/Ich-Bezug. Die TN notieren ihren „Morgenplan" in Stichpunkten und tragen ihn frei vor.

Stärkere TN arbeiten in Gruppen zu viert. Erklären Sie die Situation: *Stellen Sie sich vor, Sie wohnen zusammen in einer WG. Es gibt nur ein Badezimmer. Wer darf wann ins Bad?* Die TN besprechen ihre „Zeiten" und versuchen, einen Kompromiss zu finden.

4a Schreiben Sie Leitfragen an die Tafel: *Wer? Wo? Wann? Was?* Teilen Sie den Kurs in drei Gruppen. Jede Gruppe beschreibt ein Foto mithilfe der Leitfragen und der Wörter im Schüttelkasten. Danach bilden die TN neue Gruppen (je eine/ein TN aus jeder Gruppe) und stellen den anderen ihr Foto vor.

UM: Alternativ projizieren Sie die Fotos einzeln an die Wand. Die Gruppen stellen ihre Ergebnisse im Kurs vor.

Video-DVD: Zur Vertiefung arbeiten die TN mit der Kopiervorlage zum Video (Aufgabe 1+2). ▶ KV 5/1

Lösung (Beispiel): *1. Die Familie frühstückt. Der Vater macht Brote für die Kinder. Die Mutter hat es eilig. Sie kann keinen Kaffee trinken, weil sie sonst zu spät kommt. 2. Der Vater hat die Wäsche gewaschen und hängt sie auf. Das Mädchen macht Hausaufgaben, aber der Junge will spielen. Deshalb streiten die Kinder. 3. Die Kinder sind müde und müssen schlafen gehen. Der Vater bringt sie ins Bett und liest ihnen noch ein Märchen vor. Das Märchen ist lustig, deshalb lachen die Kinder.*

4b Lesen Sie die Fragen laut vor. Die TN hören mit geschlossenem Buch und notieren die Antworten.

Fragen Sie in schwächeren Gruppen: *Wie ist Rudis Laune?*

Lösung: *mit Martin / mit einem Freund; sein Tag / sein Alltag*

4c Beim ersten Hören bearbeiten die TN die Aufgabe, beim zweiten Hören überprüfen sie ihre Lösung.

Video-DVD: Die TN sehen das Video mit Ton, aber ohne Untertitel und bearbeiten 4c. Dann sehen sie noch einmal mit Ton und Untertiteln und überprüfen ihre Lösung. Im Anschluss bearbeiten sie Aufgabe 3 von der Kopiervorlage. ▶ KV 5/1

4d Die TN vergleichen ihre Notizen mit Rudis Erzählung. Spielen Sie dafür Rudis Erzählung noch einmal ab.

Lösung (Beispiel): *der Tag: Laura: schön / Rudi: stressig; die Schule: Rudi: Laura fast zu spät / Laura: noch 10 Minuten Zeit; die Sportsachen: Rudi: Warum hat Tanja nicht am Wochenende gewaschen? / Laura: waren noch okay; der Abend: Rudi: Tanja müde, er hat gekocht und Kinder ins Bett gebracht / Laura: Papa hat gesagt, kein Problem*

▶ Vertiefung: S. 47/2

5 Alltag oder Wahnsinn?

4 Ein ganz normaler Tag

a Was machen die Personen? Schreiben Sie.

1

2

3

Brote machen – es eilig haben – frühstücken – Hausaufgaben machen – Kaffee trinken – die Kinder ins Bett bringen – lachen – müde sein – schlafen gehen – ein Märchen vorlesen – Wäsche waschen und aufhängen – zu spät kommen – sich streiten – spielen

1. Die Familie frühstückt. Der Vater ...

1.15 **b** Mit wem spricht Rudi? Was ist das Thema? Hören Sie und sprechen Sie im Kurs.

05 **c** Was ist falsch? Hören Sie noch einmal und streichen Sie durch.

Tanja hatte heute ~~Stress~~ / einen wichtigen Termin *im Büro.*

Laura ist zu ~~spät~~ / pünktlich *zur Schule gekommen.*

Ich habe Niels mit dem Fahrrad / ~~mit dem Auto~~ *in den* Kindergarten *gebracht.*

Laura hat gesagt, dass ~~ich ihre Sportsachen waschen muss~~ / sie am nächsten Tag Sport hat.

Ich bin ~~sauer~~ / froh, *dass ich das nicht jeden Tag machen muss!*

1.16 **d** Was erzählt Laura anders als Rudi? Hören Sie zweimal und machen Sie Notizen zu den Punkten. Vergleichen Sie dann im Kurs.

der Tag – die Schule – die Sportsachen – der Abend

Laura sagt, dass der Tag ... war.

Rudi sagt, dass ...

44 vierundvierzig

5a Sprechen Sie die Wörter in der Bildleiste vor (*sich ärgern – er ärgert sich*), die TN sprechen nach. Dann formulieren Sie Sätze zu den Bildern – jedoch nicht in der Reihenfolge der Bildleiste. Die TN zeigen das passende Bild. Danach bearbeiten die TN die Aufgabe, vergleichen zuerst zu zweit, dann im Kurs.

! Im Gegensatz zu den Verben in der Bildleiste auf S. 43 sind die meisten Verben hier „echte“ reflexive Verben. Thematisieren Sie diesen Unterschied jedoch nicht im Kurs. In stärkeren Gruppen können Sie die TN darauf hinweisen, dass „sich treffen“ und „sich streiten“ oft reziprok verwendet werden.

5 Ist dein Alltag auch stressig?

a Was passt zusammen? Lesen Sie die E-Mail und verbinden Sie. Die Bildleiste hilft.

Senden An alle Anhang Adressen Schriften Farben

An: nina@fischer.de

Betreff: Habe Stress …

Liebe Nina,
manchmal ist mein Alltag wirklich stressig und dann fühle ich mich total müde. Kennst du das auch? Heute zum Beispiel: Morgens beim Frühstück ist es schon hektisch. Ich beeile mich. Ich habe fast keine Zeit für meinen Kaffee. Die Kinder brauchen Brote für den Kindergarten und die Schule. Rudi ist morgens nicht fit. Aber er macht alles und ich fühle mich schlecht.
Im Büro ist es auch nicht einfach. Es gibt ein paar Probleme und ich komme oft spät nach Hause. Ich denke, dass die Kinder sich freuen. Aber nein, sie streiten sich. Und Rudi ärgert sich, weil er viel im Haushalt machen muss. Ich entschuldige mich, aber es ist auch nicht nur meine Schuld.
Ich habe gerade einfach wenig Zeit für mich. Wie ist das bei dir? Wie fühlst du dich in deinem Alltag? Wollen wir uns mal wieder treffen? Hast du Lust? Machen wir einen Tag Wellness?
Liebe Grüße
Tanja

1. Tanja findet ihren Alltag
2. Sie muss sich morgens
3. Sie kommt manchmal
4. Sie mag nicht,

a oft beeilen.
b erst spät am Abend nach Hause.
c dass die Kinder sich streiten.
d manchmal anstrengend.

b Reflexive Verben. Unterstreichen Sie die Reflexivpronomen in a und ergänzen Sie.

Reflexive Verben

Ich fühle *mich* total müde.	Wollen wir *uns* mal wieder treffen?
Wie fühlst du *dich* in deinem Alltag?	Ihr entschuldigt *euch*.
Rudi ärgert *sich*.	Die Kinder streiten *sich*.

genauso: sich beeilen, sich freuen …

c Was hat Tanja geschrieben? Schreiben Sie die Zeilen 3 bis 5 in der E-Mail in der Vergangenheit.

Morgens beim Frühstück war es …

6 Familienalltag

a Was glauben Sie: Was denken die Personen auf den Fotos in 4a? Schreiben Sie.

Vater: Es ist schon 5 nach 7!

Tochter: Okay, ich beeile mich.

b Und wie sieht Ihr Alltag aus? Sprechen Sie im Kurs.

Ich beeile mich oft.

Ich muss viel allein machen. Das ärgert mich.

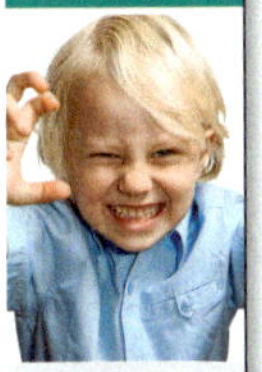
sich ärgern

sich beeilen

sich entschuldigen

sich freuen

sich (gut) fühlen

sich streiten

sich treffen

5b Die TN überprüfen ihre Lösung mithilfe des Grammatikkastens auf S. 47.

▶ Vertiefung: S. 47/4

Die TN schreiben *Wer*-Fragen zum Text mit den reflexiven Verben aus der Bildleiste, z. B.: *Wer beeilt sich? Wer streitet sich? usw.* Dann fragen und antworten sie zu zweit.

5c Lösung: … *war es hektisch. Ich habe mich beeilt. Ich hatte fast keine Zeit für meinen Kaffee. Die Kinder haben Brote für den Kindergarten und die Schule gebraucht. Rudi war morgens nicht fit. Aber er hat alles gemacht und ich habe mich schlecht gefühlt.*

6a Die TN bilden drei Gruppen, jede Gruppe wählt ein Foto und schreibt für jede Person auf ihrem Foto eine Denkblase auf ein Blatt Papier. Kursspaziergang: Die Gruppen hängen ihre Denkblasen im Kursraum auf, lesen die anderen Denkblasen und raten, zu welchem Foto sie gehören.

6b Ich-Bezug. Lernziel ist hier nicht nur, über den Alltag zu sprechen, sondern auch „ärgerlich sprechen“ zu üben.

AR, UM: Spielen Sie das Video zur Intonation beim „ärgerlichen Sprechen“ ab. Die TN sprechen nach bzw. mit (letzte Phase = Karaoke).

Wenn die TN nur von positiven Alltagserfahrungen sprechen, steuern Sie das Gespräch durch zusätzliche Fragen (*Was macht Sie sauer? In welchen Situationen ärgern Sie sich? Was finden Sie stressig?*) und ermutigen Sie die TN, „ärgerlich zu betonen“.

▶ Vertiefung: S. 47/3

7a Schreiben Sie die Wörter *das Hallenbad, die Sauna, der Ruheraum, der Blick* an die Tafel, die TN ordnen die Wörter den Fotos zu. Fragen Sie: *Was sehen Sie noch? Wie gefallen Ihnen die Fotos?*

▸ ▸ Die TN lesen den Text, suchen zu zweit die Wörter, die zu den Fotos passen und suchen das unpassende Foto. Fragen Sie: *Welche Wellness-Angebote gibt es?* Die TN suchen die Informationen im Text und sammeln die Begriffe an der Tafel. Fragen Sie die TN im Anschluss: *Waren Sie schon einmal in einer Jugendherberge?*

Lösung: *Foto 3, weil es einen Meerblick gibt. Im Hostel gibt es: Wellness- und Fitnessbereich, Sauna, Dampfbad, Ruheräume, Hallenbad, Whirlpool, Massage-Angebot.*

! Als Jugendherberge bezeichnet man eine preisgünstige, meist einfache Unterkunft. Jugendherbergen gehören in DACH zum *Deutschen Jugendherbergswerk* (DJH), zum *Österreichischen Jugendherbergsverband* (ÖJHV) bzw. zu den *Schweizer Jugendherbergen*. Der Begriff *Hostel* wird oft synonym benutzt.

7b ▸ Die TN lesen die Sätze 1 bis 3 und die Bewertungen und markieren die für die Lösung relevanten Informationen (*1. Gute Preise = nicht teuer, 2. Panorama = Aussicht, 3. entspannt = erholt*).

Fordern Sie die TN auf, in den beiden Texten weitere Synonyme zu sammeln, z. B. *Jugendherberge (Hostel), klasse (toll, genial, super, cool), günstig (billig)* usw.

7c ▸ Die TN erstellen an der Tafel eine Mindmap zum Thema „Erholung". Sie benutzen dafür die Begriffe aus a und ergänzen sie durch eigene Ideen, z. B. *mit dem Hund spazieren gehen, Yoga machen, lesen, ...* Dann sammeln sie die Redemittel für „positive Bewertungen" an der Tafel. Erinnern Sie die TN auch an Redemittel zu „Hobbys bewerten" in Einheit 3. Mithilfe der Mindmap und Redemittel schreiben die TN ihren Text.

7 Raus aus dem Alltag mit Wellness

a Welches Foto passt nicht? Was gibt es in dem Hostel? Lesen Sie und sprechen Sie im Kurs.

http://www.youthhostel.ch/de/hostels/saas-fee

wellnessHostel4000, Saas-Fee, Schweiz — Schweizer Jugendherbergen

Übersicht | Preise | Angebote | Seminare

wellnessHostel4000

Das wellnessHostel4000 ist ein besonderes Hostel: In dem Holz-Haus in Saas-Fee in den Schweizer Alpen wohnt man einfach und günstig. Aber es gibt ein besonderes Angebot: einen modernen Wellness- und Fitnessbereich.

Die Jugendherberge bietet auf 1.900 m² Platz für Erholung und Fitness. Der Wellnessbereich hat eine finnische Sauna, eine Bio-Sauna, ein Kräuter-Dampfbad und vieles mehr. In den Ruheräumen können Sie den Blick auf ein tolles Alpenpanorama geniessen*. Im Hallenbad können Sie trainieren, sich im Whirlpool entspannen oder einfach Spass* haben. Geniessen Sie auch unser vielfältiges Massage-Angebot.

Unsere Mitarbeiterinnen und Mitarbeiter freuen sich auf Ihren Besuch!

b Was gefällt den Gästen? Lesen Sie und kreuzen Sie an.

https://Wellness-Hostel-4000-Saas-Fee-Switzerland

Simone G.: Ein cooles Hostel, ein toller Wellnessbereich. Und: Gute Preise!

Björn F.: Wir hatten eine gute Zeit hier und haben uns sehr gut erholt. Auch der Fitnessbereich ist klasse! Wir kommen wieder!

Antje M.: Wow. Sauna und Massage nach dem Skifahren! Und ein geniales Panorama!

Martin H.: Wellness in der Jugendherberge? Super Idee. Schön und sehr günstig.

1. Simone und Martin finden das Hostel ☐ nicht billig / ☒ nicht teuer.
2. Antje gefallen das Massage-Angebot und ☒ die Aussicht / ☐ die Ski-Kurse.
3. Björn hatte im wellnessHostel4000 ☐ zu wenig Zeit / ☒ eine entspannte Zeit.

c Und wie erholen Sie sich besonders gut? Schreiben Sie einen kurzen Text „Mein Erholungstag".

*CH: geniessen – D+A: genießen | CH: Spass haben – D+A: Spaß haben

Wichtige Sätze

1 über Medien im Alltag sprechen

Die TN „erfinden" eine App und gestalten ein Plakat dazu (*Wie heißt die App? Was kann man mit der App machen?*). Kursspaziergang: Die Gruppen präsentieren ihre App. Dann wählen sie die beste App aus dem Kurs.

2 den Alltag beschreiben

Kurskette: Die TN schreiben 8 bis 10 typische Alltagstätigkeiten wie z. B. *sich rasieren, mit dem Bus fahren, Wäsche waschen* usw. auf Kärtchen. Eine/Ein TN zieht ein Kärtchen und bildet einen Satz, z. B.: *Ich rasiere mich jeden Morgen.* Danach zieht die/der nächste TN ein Kärtchen, wiederholt den Satz und bildet einen neuen Satz usw.

3 sagen, dass man etwas nicht gut findet

Die TN sammeln zuerst Redemittel, mit denen man sagen kann, dass man etwas gut bzw. nicht gut findet. Dann notieren die TN zu zweit Situationen, über die sie sich im Alltag ärgern und hängen sie im Kurs auf. Die TN machen zu zweit einen Kursspaziergang, lesen die Situationen und kommentieren Sie mit den passenden Redemitteln.

Strukturen

4 Reflexive Verben

Sprachschatten: Die TN arbeiten zu dritt mit den Verben in den Bildleisten auf S. 43 und 45 (außer *sich treffen, sich streiten*): Die/Der erste TN sagt: *Ich ärgere mich.* Die/Der zweite TN fragt nach: *Was? Du ärgerst dich?* Die/Der dritte TN kommentiert: *Ja, sie/er ärgert sich.* Dann sagen alle drei TN: *Wir ärgern uns.* In der nächsten Runde beginnt die/der zweite TN usw.

Phonetik

! Erinnern Sie die TN an die Regel, die bereits im Band A1 (Einheit 11) eingeführt wurde: Nach *a, o, u* und *au* spricht man den Ach-Laut [x].

Die TN lesen den Text in Aufgabe 2 zu zweit laut und kontrollieren gegenseitig die Aussprache.

Alles klar! 5

Wichtige Sätze

über Medien im Alltag sprechen

Viele Apps helfen im Alltag. Mit der App ... kann man Fahrpläne lesen / den Einkauf im Supermarkt planen / eine Apotheke in der Nähe finden / Zeit und Geld sparen / Termine koordinieren.

den Alltag beschreiben

Ich stehe um 7 Uhr auf und wasche mich. Ich kämme mich und rasiere mich. Ich ziehe mich an. Ich mache Frühstück für die Kinder. Wir müssen uns oft beeilen.

sagen, dass man etwas nicht gut findet

Das ärgert mich manchmal. Ich finde das blöd. Da fühle ich mich schlecht.

etwas positiv bewerten

Wir hatten eine gute Zeit hier und haben uns sehr gut erholt. Das Hotel ist schön und nicht teuer. Auch der Fitnessbereich ist klasse! Sauna und Massage nach dem Skifahren – super Idee! Wir kommen wieder!

Strukturen

Präpositionen *ab, bis* und *zwischen* (Zeit)

Wann? Zwischen 18 und 19:30 Uhr.
Bis wann? Bis 2 Uhr / Montag / Mai.
Ab wann? Ab 19 Uhr / Freitag / Juni.
Wie lange? Eine Woche. / Einen Tag.

Reflexive Verben

Er kämmt sich.  Er kämmt seine Kundin. 

genauso: (sich) anziehen, (sich) ausziehen, (sich) schminken, (sich) rasieren, (sich) waschen ...

Ich beeile mich.
Wie fühlst du dich in deinem Alltag?
Rudi ärgert sich.
Wollen wir uns mal wieder treffen?
Ihr entschuldigt euch.
Die Kinder streiten sich.

Reflexivpronomen

ich	mich
du	dich
er/es/sie	sich
wir	uns
ihr	euch
sie/Sie	sich

genauso: sich erholen, sich freuen ...

▸ Phonetik, S. 145+146

siebenundvierzig 47

6 Die schwarzen oder die bunten Stühle?

Auf einen Blick

Material: Fotos von Zimmern der TN oder Möbelkataloge (2/Wichtige Sätze 1); großes Papier (4a); Kärtchen (4a); Kopien vom Reklamationsschein (6c); KV 6/1 (6c/Wichtige Sätze 2)

Textsorten: Einkaufsdialog (3); Online-Katalog (5a); Lieferschein (5c); Reklamationsschein (6c); Interview (7b)

Strategien: globales Hören (1b); Hör-Sehen (1b); detailliertes Hören (3a); sich in Textsorten orientieren (5a+c); detailliertes Lesen (5a; 6b); selektives Hören (5c); Hypothesenbildung (6a); selektives Lesen (6c, 7b); Wörter aus dem Kontext erschließen (7c)

Einstieg + 1a Wiederholen Sie den Wortschatz zu Möbeln und Farben. Die TN sehen das Foto an und beschreiben die Möbel, z. B.: *Es gibt zwei Stühle. Die Stühle sind schwarz.* Kurskette: Dann kommentieren die TN die Möbel mit den Adjektiven im Schüttelkasten, z. B.: *Die Stühle finde ich hässlich. Wie findest du das Sofa? – Das Sofa ist … Wie findest du …?*

1b ▸ Die TN hören mit geschlossenem Buch und vergleichen die Ergebnisse.

Lösung: *Sie wollen im Möbelhaus Möbel kaufen/ansehen.*

▸ ▸ Teilen Sie dann den Kurs in zwei Gruppen und fragen Sie: *Was möchte Susi neu kaufen? Was möchte Arno neu kaufen?* Die TN hören noch einmal, machen Notizen (eine Gruppe zu Susi, die andere zu Arno) und vergleichen zuerst ihre Lösungen in den Gruppen, dann im Kurs.

Lösung: *Susi: Stühle, Tisch; Arno: Sofa, Lampe.*

Video-DVD: Alternativ arbeiten Sie mit dem Video. Die TN sehen das Video zweimal ohne Untertitel und arbeiten wie oben beschrieben. Karaoke: Beim dritten Mal sehen sie das Video mit Untertiteln, wählen eine Rolle (Susi oder Arno) und sprechen die Rolle laut und in entsprechender Betonung mit. Dann sehen sie das Video noch einmal mit Untertiteln, aber ohne Ton und sprechen ihre Rolle.

6 Die schwarzen oder die bunten Stühle?

1 Die Wohnung von Susi und Arno

a Wie finden Sie das Wohnzimmer und die Möbel? Beschreiben Sie das Zimmer.

elegant – praktisch – kaputt – bequem – alt – altmodisch – schön – hässlich – modern

1.17 **b** Was machen Susi und Arno am Samstag? Hören Sie und sprechen Sie im Kurs.

06 **c** Adjektive nach definitem Artikel: Der weiße Tisch ist praktisch. Lesen Sie den Dialog, unterstreichen Sie die Adjektive und ergänzen Sie den Grammatikkasten.

- Wir müssen unsere Wohnung renovieren und ein paar neue Möbel kaufen. Ich finde die schwarzen Stühle* und den weißen Tisch furchtbar.
- Warum das denn? Die schwarzen Stühle sind bequem und der weiße Tisch ist sehr praktisch.
- Bequem! Praktisch! Das ist doch egal. Ich möchte die alten Möbel wegwerfen. Für mich ist wichtig, dass unsere Wohnung elegant aussieht.
- Ja schon, aber dann finde ich das Sofa wichtiger. Das grüne Sofa auf dem roten Teppich sieht überhaupt nicht gut aus. Und die kleine Lampe am Sofa ist kaputt.
- Na gut, dann sehen wir uns auch Sofas und Lampen an.
- Aber haben wir so viel Geld?
- Nein, natürlich nicht, aber Gucken* kostet nichts und es macht Spaß!

Adjektive nach definitem Artikel

	Nominativ		Akkusativ		Dativ	
m	der weiße	Tisch	den weißen	Tisch	dem weißen	Teppich
n	das grüne	Sofa	das grüne	Sofa	dem grünen	Sofa
f	die kleine	Lampe	die kleine	Lampe	der kleinen	Lampe
Pl.	die schwarzen	Stühle	die schwarzen	Stühle	den grünen	Stühlen

d Wie sind die Möbel? Sprechen Sie zu zweit.

Mir gefällt die gelbe Lampe.

Hm, ich finde die braune Lampe schöner.

e Beschreiben Sie die Bilder in d.

Die braune Lampe steht vor der gelben Lampe im weißen Regal.

*D: der Stuhl – A: der Sessel | D: gucken – A + süddt.: schauen

1c ▸ Die TN lösen die Aufgabe zu zweit und markieren die Adjektivendungen dem Genus entsprechend farbig. Nach der Auswertung im Plenum notieren Sie an der Tafel:

Nom: Der weiße Tisch ist hässlich/...
Akk: Den weißen Tisch finde ich schön/...
Dat: Das grüne Sofa mit dem weißen Tisch sieht blöd/... aus.

Kettenübung/Automatisierung: Die TN bilden abwechselnd Sätze (in der ersten Runde im Nominativ, dann im Akkusativ und Dativ): *Der weiße Tisch ist hässlich. – Ja, der weiße Tisch ist hässlich. Aber das grüne Sofa ist elegant. – Ja, das Sofa ist ... Aber ...)*

▶ Phonetik: S. 53

1d Automatisierung: Schreiben Sie die Fragen an die Tafel: *Wie gefällt dir ... (+Nom.)? Wie findest du ... (+Akk.)?* Dann fragen und antworten die TN.

◐ Schwächere TN schreiben zuerst eine Frage zu jedem Bild, tauschen die Fragen mit ihrer Partnerin / ihrem Partner und schreiben die Antworten, bevor sie sprechen.

1e ▸ Wiederholen Sie ggf. die Wechselpräpositionen mit Dativ (Band A1, Einheit 11).

Alternative: Die TN arbeiten zu dritt. Jede/Jeder TN schreibt drei Sätze zu den Bildern in d ohne das Möbelstück zu nennen, z. B.: *... steht/liegt vor/auf/zwischen/...* Die TN lesen ihre Sätze vor, die anderen raten, welcher Gegenstand gemeint ist.

2 ◐ Schwächere TN notieren zuerst ihre Möbel im Akkusativ.

▶ Vertiefung: S. 53/1+3

3a ▸ ▸ Die TN hören mit geschlossenen Büchern. Fragen Sie: *Was kaufen Susi und Arno?* Beim zweiten Hören lesen die TN im Buch mit, beim dritten Mal ergänzen sie.

3b+c ▸ Zuerst notieren die TN die Möbelstücke und Farben, um die es gehen soll.

4a Die TN arbeiten in drei Gruppen. Jede Gruppe notiert Nomen für einen Kasus. Die TN können statt Möbelstücken andere Nomen benutzen. Die TN tauschen sich über die „Regeln" aus und schreiben sie auf Kärtchen. Am Ende tragen die Gruppen ihre Notizen und Regeln zu einem Plakat zusammen.

4b Wenn die TN nicht gern singen, lesen sie den Text leise (murmelnd) mit.

---

2 Welche Möbel werfen Sie weg? Arbeiten Sie zu zweit. Wählen Sie drei Möbelstücke in 1 d. Zeigen Sie sie Ihrer Partnerin / Ihrem Partner nicht. Fragen und antworten Sie. Wer hat zuerst alle Möbelstücke erraten?

Ich denke, du willst die grünen Stühle wegwerfen.

Nein, falsch. Die grünen Stühle will ich nicht wegwerfen. Ich denke, du willst ...

3 Im Möbelgeschäft

18 **a** Hören Sie den Dialog und ergänzen Sie die Adjektive.

- Schau mal das *schwarze* Bett.
- Hmm, nicht schon wieder Schwarz! Ich bin so froh, dass die *schwarzen* Stühle bald weg sind. Und ein Bett brauchen wir nicht, das *weiße* Bett wollen wir behalten.
- Guten Tag, kann ich Ihnen helfen?
- Ja, wir suchen Stühle für unseren Tisch.
- Wie finden Sie die *blauen* Stühle hier?
- Nein, Blau mag ich nicht, das sieht so langweilig aus.
- Das finde ich auch. Mir gefallen die *bunten* Stühle.
- Ja, die sind cool. Was kosten die?
- Die sind gerade im Angebot*. Vier Stühle – 169 Euro.
- Können Sie die Stühle liefern?
- Ja, wir liefern auch, aber dann sind die Stühle teurer. Dann kosten sie 199 Euro.

b Lesen Sie den Dialog zu dritt laut.

c Arbeiten Sie zu dritt. Schreiben Sie einen Dialog und spielen Sie ihn im Kurs.

Einkaufsdialoge führen

Verkäuferin/Verkäufer	**Kundin/Kunde**
Guten Tag, kann ich Ihnen helfen?	Ja, ich suche ein Sofa.
Wie gefällt Ihnen das blaue Sofa?	Mir gefällt das weiße Sofa.
Das weiße Sofa kostet nur ... Euro.	Was kostet das weiße Sofa?
Ja, wir können es auch liefern. Dann kostet es ... Euro.	Können Sie das Sofa liefern?

4 Adjektive, Adjektive ...

a Machen Sie ein Lernplakat.

das grüne Regal · *der blaue Tisch* · *die rote Lampe* · *die schwarzen Stühle*
ein grünes Regal · *ein blauer*
kein grünes Regal
mein grünes Regal

Im Dativ ist immer ein -n.

Die Adjektive nach kein *und dem Possessivartikel sind gleich: kein grünes Regal – mein grünes Regal, dein grünes Regal, ...*

9 **b** Hören Sie und lesen Sie den Text auf Seite 154. Singen Sie mit.

* D: im Angebot sein – CH: Aktion sein

5a Fragen Sie zum Einstieg: *Was für eine Internetseite ist das?* (*Internetseite von einem Lampengeschäft. Man kann Lampen bestellen/kaufen.*) Fragen Sie danach weiter: *Was möchten Sie wissen, wenn Sie eine Lampe kaufen möchten? Welche Informationen brauchen Sie?* Die TN sammeln Fragen an der Tafel, z. B.: *Wie groß/schwer/teuer ist die Lampe? Was kostet die Lampe? Welche Farbe hat die Lampe? Aus welchem Material ist die Lampe?* Dann suchen die TN die Antworten auf der Internetseite.

Erklären Sie die Präposition *aus* (+Material) mithilfe von Gegenständen im Kursraum, z. B.: *Der Tisch ist aus Holz. Das Fenster ist aus Glas.* Dann arbeiten die TN zu zweit. Eine/Ein TN liest den Text zu Lampe „Luna", die/der andere zu Lampe „Dione". Sie markieren die Wörter/Sätze im Text, die die Lampe beschreiben, und machen sich ggf. Notizen. Dann stellen sie sich gegenseitig die Lampen mit eigenen Worten vor und vergleichen sie.

◐ Schwächere TN schreiben Sätze zu ihrer Lampe, bevor sie sie vorstellen. Wiederholen Sie bei Bedarf den Komparativ (Einheit 3).

5b Kurskette: Die TN sagen, warum ihnen welche Lampe besser gefällt. Dabei nutzen sie ihre Informationen aus a und wiederholen die Nebensätze mit *weil*.

5c Fragen Sie die TN, was für ein Dokument das ist, um ihr Vorwissen zu aktivieren (*Im Lieferschein steht, was man bestellt hat.*). Fragen Sie auch: *Wer bestellt wo und was?* (*Herr Obermeier bestellt bei „Lampen-im-Internet" wahrscheinlich eine Lampe.*) Dann lesen die TN die zu ergänzenden Kategorien und klären ggf. unbekannte Wörter. Beim ersten Hören ergänzen sie die Informationen, beim zweiten Hören überprüfen sie ihre Lösung.

6a Fragen Sie: *Wer ist der Mann auf dem Foto? Was macht er? Was denkt er? Was sagt er am Telefon?* Die TN tauschen sich zu zweit über die Bilder aus und schreiben eine Sprechblase, was der Mann vielleicht sagt. Dann vergleichen die TN ihre Ideen im Kurs und lesen ihre Sätze vor.

6b Die TN unterstreichen beim Lesen die wichtigen Informationen und formulieren die Antworten in eigenen Worten.

6 Die schwarzen oder die bunten Stühle?

5 Lampen im Internet

a Wie sind die Lampen? Lesen Sie und vergleichen Sie die beiden Lampen.

http://www.lampen-im-internet.de

Produkte | Angebote | Kundeninformationen | Über uns — Suchen

Startseite > Produkte > Lampen

Die besondere Tischleuchte sieht in jeder Wohnung elegant aus. Das moderne Design mit dem schwarzen Fuß passt in Wohn- und Schlafräume. Der Lampenschirm ist aus Glas, der Fuß aus Metall. Die LED-Leuchten geben ein angenehmes, weiches Licht.

Tischleuchte Luna (Nr. 0134)
Preis: 49,90 €
Größe: 50 cm hoch
Gewicht: 0,65 kg
Farbe: schwarz, weiß
Material: Metall, Glas
bestellen

Urlaub pur. Die moderne Tischleuchte hat ein mediterranes Design. Sie sieht vor allem in Wohnräumen sehr gut aus. Der Lampenschirm ist aus Stoff, der Fuß aus Keramik. Der Lampenschirm ist in den Farben Weiß, Rot und Orange lieferbar.

Tischleuchte Dione (Nr. 0135)
Preis: 29,90 €
Größe: 35 cm hoch
Gewicht: 1,2 kg
Farbe: weiß, orange, rot
Material: Keramik, Stoff
bestellen

Kontakt: Lampen-im-Internet.de, Luisestr. 21, 68161 Mannheim
Rufen Sie uns an: +49 (0) 621 1212 00 info@lampeniminternet.de

hoch – klein – teuer – günstig/billig – schwer – leicht – hell – interessant – schön – elegant – modern – aus Glas – aus Keramik – aus Stoff – aus Metall

Die Lampe Dione ist billiger als die Lampe Luna.

Präposition *aus* (Material)
eine Lampe aus Glas

b Welche Lampe gefällt Ihnen besser? Warum? Sprechen Sie im Kurs.

1.20 **c** Eine Bestellung. Hören Sie und ergänzen Sie die Informationen.

Lampen-im-Internet.de
Luisestr. 21
68161 Mannheim
Rufen Sie uns an: +49 (0) 621 1212 00
info@lampen-im-internet.de

LIEFERSCHEIN 0025/321

Herr Steffen Obermeier
Kleine Str. 3
69123 Heidelberg

Auftrag: 1704
Kundennummer: 123-4567
Bestellnummer: 234
Datum: 09.03.20...

Artikel-Nr.	Artikel	Farbe	Menge	Preis/Stk.	Gesamt	Liefertermin
0134	Luna	schwarz	2	39,90 €	79,80 €	12.03.

50 fünfzig

Lösung: 1. *Eine Lampe ist kaputt und er möchte die Lampe reklamieren.* 2. *Man findet ihn auf der Internetseite unter „Kundeninformation" und dann unter „Reklamation".* 3. *Er soll den Reklamationsschein ausfüllen und mit der kaputten Lampe zurückschicken.*

6c ▶ **AR, UM:** Spielen Sie das Video zur Bildleiste ab. Die TN sprechen nach und ergänzen die Sätze.

Automatisierung: Die TN fragen und antworten abwechselnd mit den Verben aus der Bildleiste: *Hast du schon die Lampe bestellt? – Nein, ich muss noch die Lampe bestellen. Hast du schon das Formular ausgefüllt? – Nein, ich muss noch ...* usw.

▪ etwas telefonisch bestellen – etwas telefonisch reklamieren – einen Reklamationsschein ausfüllen – Präposition *aus* (Material)

6 Eine Reklamation

a Was denken Sie: Was ist hier passiert? Sprechen Sie im Kurs.

b Lesen Sie und beantworten Sie die Fragen.

- Lampen-im-Internet, mein Name ist Strunz. Was kann ich für Sie tun?
- Guten Tag, Obermeier hier. Ich habe bei Ihnen zwei Lampen gekauft. Beide sind heute gekommen, aber der Lampenschirm aus Glas ist bei einer Lampe kaputt. Ich möchte die Lampe reklamieren.
- Hmm, das kann leider passieren. Bitte füllen Sie einen Reklamationsschein aus und schicken Sie uns die kaputte Lampe zurück. Sie finden das Formular im Internet.
- Könnten Sie mir bitte die Internetadresse sagen?
- www.lampen-im-internet.de. Dort klicken Sie auf „Kundeninformationen" und da finden Sie unter „Reklamation" den Reklamationsschein.
- Okay, danke schön und auf Wiederhören.
- Gern, auf Wiederhören.

1. Warum ruft Herr Obermeier an?
2. Wo findet man den Reklamationsschein?
3. Was soll Herr Obermeier mit dem Reklamationsschein machen?

c Lesen Sie den Text in 5a und den Lieferschein in 5c noch einmal. Ergänzen Sie den Reklamationsschein. Die Bildleiste hilft.

REKLAMATIONSSCHEIN
Ich möchte Artikel zurückschicken

Absender/Kunde
Steffen Obermeier — Name
Kleine Str. 3 — Straße
69123 Heidelberg — PLZ, Ort
123-4567 — Kundennummer

Beschreibung der Reklamation
1 — Menge | *0134* — Artikel-Nr. | *0025/321* — Lieferschein-Nr.

Grund für die Reklamation
☐ Die Farbe ist falsch.
☐ Ein Teil fehlt.
☒ Der Artikel ist kaputt.
☐ Ich habe falsch bestellt.

d Haben Sie schon einmal etwas reklamiert? Erzählen Sie.

Ich habe einmal ein Regal im Internet gekauft. Dann habe ich gesehen, dass ...

etwas bestellen

das Formular ausfüllen

einen Artikel auswählen

die Menge bestimmen

das Paket abschicken

den Absender ergänzen

etwas liefern

▶ ▶ Die TN ergänzen die Informationen und vergleichen zuerst zu zweit, dann im Kurs.

◐ ▶ Kopieren Sie pro Paar den leeren Reklamationsschein. Die TN überlegen zu zweit, welches Produkt sie aus welchem Grund reklamieren möchten und füllen den Schein entsprechend aus. Dann tauschen die TN ihre Reklamationsscheine mit einem anderen Paar. Die TN schreiben zu dem neuen Reklamationsschein einen Telefondialog wie in b. Am Ende werden alle Reklamationsscheine auf einen Tisch gelegt. Die Paare lesen ihren Dialog vor, die anderen TN suchen beim Hören den passenden Reklamationsschein.

▶ Vertiefung: S. 53/2

6d ◐ Ich-Bezug. Unterstützen Sie die TN mit weiteren Fragen, z. B.: *Warum haben Sie reklamiert? War das einfach? Was haben Sie gemacht? Haben Sie Ihr Geld zurückbekommen?*

◐ In schwächeren Gruppen schreiben Sie die Fragen an die Tafel und geben den TN vor dem Kursgespräch ein paar Minuten Zeit, um sich Notizen zu machen. Achten Sie darauf, dass jede/jeder TN zu Wort kommt.

7a Lösung: *Auf den Fotos sind verschiedene Regale. Eine Firma hat sie aus alten Flugzeugtrolleys gemacht.*

7b Bevor die TN den Artikel komplett lesen, lesen sie die Überschrift und den Einleitungstext. Mithilfe dieser Informationen sowie der Fotos sammeln sie Ideen, was „Upcycling" vielleicht ist. Dann lesen sie den ganzen Text, markieren die für die Lösung wichtigen Textstellen und überprüfen ihre Vermutungen.

Schreiben Sie den Satzanfang an die Tafel: *Upcycling bedeutet, dass ...* Die TN ergänzen die Definition mit eigenen Worten. Schreiben Sie dann weitere Fragen an die Tafel, die TN lesen den Text und beantworten die Fragen zu zweit:

1. *In welchen Zimmern findet man Trolleys?*
2. *Aus welchem Material sind sie?*
3. *Welche Vorteile haben sie?*
4. *Wieviel kostet ein Trolley?*

! Der Begriff *Upcycling* kommt aus dem Englischen von den Wörtern *up* (nach oben) und *recycling* (Wiederverwertung). Beim *Upcycling* werden Abfallprodukte oder (scheinbar) nutzlose Stoffe in neuwertige Produkte umgewandelt. Upcycling-Ideen und viele Fotos findet man z. B. unter: http://www.andersdenken.at/upcycling-kreativitaetstraining.

7c Nach dem Lösen der Aufgabe markieren die TN zu zweit drei Wörter im Text (Nomen, Adjektive oder Verben) und tauschen das Buch mit einem anderen Paar. Die TN schreiben Erklärungen oder Beispielsätze wie hier zu den Wörtern. Sie dürfen das Wörterbuch benutzen.

Lösung: *1. Designer; 2. umweltbewusst; 3. weltweit; 4. Flugbegleiterin/Flugbegleiter; 5. stabil*

7d Die TN arbeiten zu dritt oder viert. Sie sammeln Ideen, was man mit einem Trolley machen kann bzw. wo man ihn benutzen kann. Geben Sie ggf. Anregungen wie z. B. *im Badezimmer, in einem Restaurant, im Kinderzimmer, im Büro* usw. Die Gruppen gestalten ein Plakat zu ihrem Trolley-Konzept. Kursspaziergang: Die Gruppen hängen ihre Plakate im Kursraum auf und präsentieren nacheinander ihre Ideen. Am Ende wählen die TN das kreativste Konzept.

6 Die schwarzen oder die bunten Stühle? ■ über Möbel sprechen

7 Upcycling – ein neuer Möbel-Trend

a Was für Möbelstücke sind auf den Fotos? Wie finden Sie sie? Sprechen Sie im Kurs.
b Was ist Upcycling? Lesen Sie den Text und das Interview. Sprechen Sie im Kurs.

modernes Wohnen 09/16 25

Warum neue Möbel kaufen? Alte sind spannender!

Zum Beispiel Flugzeugtrolleys. Die Firma bordbar Design aus Köln verkauft die mobilen kleinen Schränke* weltweit.

Ein Gespräch mit Firmenchef Valentin Hartmann.

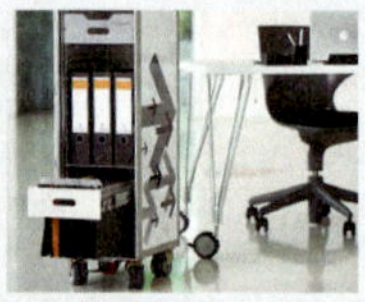

Herr Hartmann, warum kaufen Menschen alte Trolleys? Warum kaufen sie nicht einfach ein neues Regal?
Weil viele Menschen gern fliegen. Zum Beispiel in den Urlaub – und wie fängt der Urlaub an? Mit einer netten Flugbegleiterin oder einem netten Flugbegleiter und einem Getränk aus dem Trolley.

Aber in Ihren Trolleys sind keine Getränke ...
Doch, manchmal schon! Manche Kunden benutzen den Trolley als Minibar. Oder der Trolley steht in der Küche: Oben ist ein dickes Brett aus Holz, da kann man Brot, Fleisch oder Gemüse schneiden. Viele Trolleys wandern auch durch die ganze Wohnung: Zuerst stehen sie im Flur*, dann im Wohnzimmer ...

Wie lange lebt so ein mobiles Regal?
Länger als ein normales Regal. Trolleys sind aus Metall und oft noch aus einem anderen Material, zum Beispiel aus Plastik oder Glas. Die Trolleys sind sehr leicht, aber sehr stabil.

Die Trolleys kosten 200 bis 2.000 Euro. Das ist nicht billig ...
Ja, aber sie haben ein tolles Design! Und sie sind spannend, weil sie aus einer anderen Welt kommen. Deshalb ist Upcycling so interessant: Alte Kinostühle oder Flugzeugtrolleys gehören zu Kinos und Flugzeugen. Aber plötzlich stehen sie in unserem Wohnzimmer!

Was ist Upcycling?
Beim Upcycling benutzen junge, kreative Designer alte Möbel oder Dinge und bauen etwas Neues: zum Beispiel eine Lampe aus einer alten Flasche, einen Schrank aus einem Fass oder ein Regal aus einem Flugzeugtrolley. In Berlin, Köln, Hamburg oder Leipzig sind schon mehrere Firmen entstanden. Sie verkaufen ihre Möbel an neugierige, umweltbewusste Kunden vor allem in Online-Shops.

c Welche Wörter aus dem Text passen? Ordnen Sie die markierten Wörter zu.

1. Diese Personen sind kreativ und machen schöne Dinge, z. B. Möbel, Kleidung oder Autos.
2. Man möchte wenig Müll machen und etwas für die Umwelt tun.
3. Etwas gibt es in der ganzen Welt.
4. Diese Person arbeitet in einem Flugzeug. Sie bringt Getränke und Essen.
5. Etwas geht nicht leicht kaputt.

d Was kann man mit einem Trolley machen? Sammeln Sie Ideen und erzählen Sie.

*D: der Schrank – A auch: der Kasten | D: der Flur – A+CH: der Gang

52 zweiundfünfzig

Wichtige Sätze

1 über Möbel sprechen

Ich-Bezug. Die TN bringen Fotos von ihrem Zimmer / ihrer Wohnung mit. Sie zeigen ihr Foto in der Gruppe und beschreiben ihre Möbel. Die anderen TN können kommentieren.

Alternative: Wenn das Thema „eigene Wohnung" zu persönlich oder für Ihre Zielgruppe unangemessen ist, verteilen Sie Werbeprospekte/Möbelkataloge. Die TN wählen ein Foto und beschreiben es.

2 Einkaufsdialoge führen / etwas telefonisch bestellen / etwas telefonisch reklamieren

/ Die TN arbeiten zu zweit bzw. zu dritt. Kopieren Sie die Kopiervorlage einmal pro Paar/Gruppe und zerschneiden Sie die Situationskarten. Die TN schreiben einen Dialog, lesen ihn mehrmals laut und spielen ihn im Kurs vor. ▶ KV 6/1

Strukturen

3 Adjektive nach definitem Artikel

Kettenübung/Automatisierung: Die TN arbeiten zu dritt mit der Tabelle. Zuerst notieren sie gemeinsam vier Möbelstücke (je einmal maskulin, neutrum, feminin, Plural) sowie jeweils ein passendes Adjektiv. Die/Der erste TN beginnt: *Der schwarze Tisch ist toll.* Die/Der zweite TN reagiert: *Ich kaufe den schwarzen Tisch.* Die/Der dritte sagt: *Ich gehe mit dem schwarzen Tisch nach Hause.* Nach jedem Möbelstück beginnt eine andere / ein anderer TN.

◐ Stärkere TN machen eine zweite Runde mit geschlossenem Buch.

Phonetik

! Um die Adjektivdeklination zu erlernen, ist es wichtig, dass die TN die Endungen auch beim Hören wahrnehmen. Achten Sie darauf, dass diese Endungen – auch wenn sie hier im Fokus der Aufmerksamkeit stehen – unbetont gesprochen werden.

Alles klar! 6

Wichtige Sätze

über Möbel sprechen

Wir müssen unsere Wohnung renovieren und ein paar neue Möbel kaufen.
Ich finde die schwarzen Stühle hässlich. Der weiße Tisch aus Holz ist praktisch, aber er ist altmodisch. Das grüne Sofa auf dem roten Teppich sieht überhaupt nicht gut aus.

Einkaufsdialoge führen

Verkäuferin/Verkäufer	Kundin/Kunde
Guten Tag, kann ich Ihnen helfen?	Ja, ich suche ein Sofa.
Wie gefällt Ihnen das blaue Sofa?	Mir gefällt das weiße Sofa.
Das weiße Sofa kostet nur ... Euro.	Was kostet das weiße Sofa?
Ja, wir können es auch liefern.	Können Sie das Sofa liefern?
Dann kostet es ... Euro.	

etwas telefonisch bestellen

Was kann ich für Sie tun?	Ich hätte gern die Lampe in Weiß/...
Die Lampe kostet ... Euro.	Wie lange dauert die Lieferung?
Wir können die Lampe erst im ... liefern.	Bis November möchte ich nicht warten.
	Ich nehme die Lampe in Rot/...
Sehr gern. Das macht dann ... Euro.	Gut, dann bestelle ich die Lampe.
Sie haben die Lampe in drei Tagen.	

etwas telefonisch reklamieren

Bitte füllen Sie den Reklamationsschein aus. Sie finden das Formular im Internet.	Ich habe bei Ihnen eine Lampe gekauft, aber sie ist kaputt. Ich möchte die Lampe reklamieren. Ich habe bei Ihnen ein Regal gekauft, aber es hat die falsche Farbe / aber ein Teil fehlt.

Strukturen

Adjektive nach definitem Artikel

	Nominativ		Akkusativ		Dativ	
m	der schwarze	Tisch	den schwarzen	Tisch	dem schwarzen	Tisch
n	das grüne	Sofa	das grüne	Sofa	dem grünen	Sofa
f	die kleine	Lampe	die kleine	Lampe	der kleinen	Lampe
Pl.	die grünen	Stühle	die grünen	Stühle	den grünen	Stühlen

Präposition *aus* (Material)

eine Lampe aus Glas/Holz/Metall

▶ Phonetik, S. 146

Auf einen Blick

Material: zwei verschiedenfarbige Würfel pro Paar (1); Kärtchen (2, 6b)

1 Jedes Paar erhält zwei verschiedenfarbige Würfel. Um noch mehr reflexive Verben zu üben, können die TN nach der ersten Runde die Verben von der Bildleiste auf S. 43 benutzen.

Danach spielen die TN noch einmal. Eine/Ein TN bildet die Verbform, z. B.: *Ich beeile mich.* Die Partnerin / Der Partner fragt nach: *Warum beeilst du dich?* Die/Der erste TN antwortet mit *weil*, z. B.: *Ich beeile mich, weil ich zu spät bin.*

2 Die TN schreiben die Verben einzeln auf Kärtchen und legen sie verdeckt auf den Tisch. Dann ziehen sie abwechselnd ein Kärtchen und spielen das entsprechende Verb vor. Spielen Sie selbst ein Beispiel vor, um die TN zum „Schauspielern" zu motivieren.

◐ Alternative: Eine stärkere / Ein stärkerer TN setzt sich mit dem Rücken zur Tafel. Schreiben Sie ein Verb aus dem Schüttelkasten an die Tafel. Nun versuchen alle TN gleichzeitig, das Wort pantomimisch darzustellen. Die/Der TN mit dem Rücken zur Tafel rät das Verb. Dann schreiben Sie ein neues Verb an die Tafel und die/der TN vor der Tafel wechselt. Diese Übung ist besonders für schwächere TN geeignet, da sie bei den anderen „abgucken" können.

5|6 Deutsch aktiv

1 Reflexive Verben üben. Würfeln Sie. Ihre Partnerin/Ihr Partner bildet die Verbform. Tauschen Sie dann die Rollen.

2 Pantomime. Arbeiten Sie zu zweit. Wählen Sie ein Verb und spielen das Verb vor. Ihre Partnerin/Ihr Partner rät das Verb. Tauschen Sie die Rollen.

sich beeilen – sich streiten – sich freuen – sich ärgern – sich wohlfühlen – sich erholen – sich entschuldigen – sich waschen – sich rasieren – sich kämmen – sich anziehen – sich schminken

Ich glaube, du ärgerst dich.

Nein, falsch, ich ärgere mich nicht.

Hmm, dann beeilst du dich.

Ja, genau. Ich beeile mich.

3 Fragen und antworten Sie. Ihre Partnerin/Ihr Partner arbeitet auf Seite 139.

Bio-Supermarkt Mo–Fr 8:00–20:00 Sa 8:00–18:00	**Apotheke** Mo–Fr 9:00–18:00 Sa 9:00–14:00	**Hostel Rezeption** täglich 6:00–23:00
Kindergarten Mo – Do 8:30 – 18:00 Fr 8:30 – 16:00	**Hallenbad** Mo – Do 6:00 – 22:00 Fr geschlossen Sa + So 10:00 – 20:00	**Jugendherberge Rezeption** täglich 7:00 – 22:00

Ab wann hat der Kindergarten am Montag geöffnet?

Ab ...

Und bis wann hat er geöffnet?

Bis ...

3 ◐ ▸ Wiederholen Sie in schwächeren Gruppen zunächst die Präpositionen *ab, bis, zwischen* und *von ... bis ...*

4 Die TN spielen in Gruppen zu viert. Jede/Jeder TN schreibt zuerst einen Gegenstand verdeckt auf einen Zettel. Die TN stellen abwechselnd einer/einem TN Fragen. Wenn die Frage mit *ja* beantwortet wird, darf die/der TN weiterfragen, bei einem *nein* ist die/der nächste an der Reihe. Wer einen Gegenstand richtig erraten hat, vergleicht mit dem Zettel und beantwortet als nächste/nächster die Fragen.

Alternative: Schreiben Sie den Satzanfang an die Tafel: *Ich sehe etwas, was du nicht siehst, und das ist ...* Eine/Ein TN beginnt und sagt diesen Satz zur Beschreibung ihres/seines Gegenstandes, z. B. *... und das ist blau.* Die anderen TN raten: *Ist das die blaue Tasche? – Nein. – Ist es die blaue Tür?* usw.

5a ▸ Zuerst sammeln die TN gemeinsam Adjektive zur Bewertung/Beschreibung an der Tafel, z. B. *schön, hässlich, cool, langweilig, altmodisch* usw. Dann sprechen die TN zu zweit und zeigen beim Sprechen auf das entsprechende Möbelstück.

◐ Schwächere TN schreiben zuerst die Wörter zu den Möbelstücken mit Artikel.

5b Die TN wechseln zweimal die Partnerin / den Partner.

6a Die TN lesen den Dialog zweimal mit wechselnden Rollen. Fordern Sie die TN auf, auch „emotional“ zu lesen, z. B. Kunden-Service unfreundlich, Kundin/Kunde verwirrt.

6b ◐ Alternative: Stärkere TN schreiben zuerst verschiedene Möbelstücke und Farben auf Kärtchen und legen die Kärtchen verdeckt in zwei Stapeln (Möbel und Farben) auf den Tisch. Bei der Variation ziehen die TN jeweils drei Kärtchen (zwei Möbelstücke und eine Farbe) und variieren spontan den Kärtchen entsprechend.

4 Ratespiel. Wählen Sie einen Gegenstand im Kursraum, die anderen raten. Sie dürfen nur Ja/Nein-Fragen stellen.

Metall – Keramik – Stoff – Plastik – Holz

elegant – praktisch – altmodisch – modern – leicht – schwer – weich – blau – rot – ...

Ist dein Ding aus Holz? — *Nein.*

Ist es praktisch? — *Ja.*

5 Adjektiv-Training

a Arbeiten Sie zu zweit. Sprechen Sie wie im Beispiel. Die Farben helfen.

Schau mal, der blaue Teppich. — *Oh, das ist ein schöner Teppich.*

b Sprechen Sie noch einmal wie in a. Wie schnell können Sie zehn Beispiele sprechen?

6 Ich möchte ... reklamieren.

a Lesen Sie den Dialog zu zweit laut.

- Möbelhaus Mönkemeyer, Meyer am Apparat. Was kann ich für Sie tun?
- Guten Tag, mein Name ist Tischler. Ich möchte eine Lampe reklamieren.
- Ja, sagen Sie mir bitte die Nummer vom Lieferschein.
- 476354.
- 476254, einen Moment ... ja, das ist der weiße Tisch aus dem Angebot.
- Entschuldigung, das kann nicht sein. Ich habe eine Lampe gekauft.
- Ja, und jetzt möchten Sie den Tisch reklamieren?
- Nein, ich möchte den Tisch nicht reklamieren.
- Ach so, Sie möchten den Tisch bestellen?
- Oh nein! Ich möchte die Lampe reklamieren!

b Variieren Sie den Dialog.

Auf einen Blick

Material: ggf. Karte der Schweiz (Einstieg)

Textsorten: Bildbeschreibung (1a); Stadtinformationen (1c, 3)

Strategien: Wörter mit Bildern lernen (1a); Bilder als Informationsquelle nutzen (1c); globales Hören (2a); detailliertes Hören (2b); Informationen zu Leitfragen recherchieren und zusammenfassen (3); Hör-Sehen (Landeskunde-AR)

Einstieg Die TN schlagen die Karte vorne im Buch auf. Alternativ hängen Sie eine Karte der Schweiz im Raum auf. Fragen Sie: *Wie heißt die Hauptstadt von der Schweiz?* Für einige TN wird die Antwort *Bern* sicher eine Überraschung sein. Wenn es TN gibt, die die Stadt kennen, fragen Sie nach ihren Erfahrungen. Bei Interesse der TN geben Sie weitere Informationen über Bern (s. Landeskunde).

1a Fragen Sie: *Welche Wörter passen zu den Fotos?* Geben Sie den TN ca. fünf Minuten Zeit, die Wörter den Fotos zuzuordnen. Dann beschreiben die TN die Fotos im Kurs.

1b Kurskette: Eine/Ein TN nennt eine Kombination (*die wichtigen Politiker*), die/der nächste TN wiederholt und ergänzt eine neue Kombination, z. B. *die wichtigen Politiker – die wichtigen Politiker, ein gemütliches Café* – ... Notieren Sie die Kombinationen an der Tafel.

◐ Die TN wählen zu zweit drei Kombinationen von der Tafel und schreiben jeweils einen Satz dazu, z. B.: *In den Berner Marktgassen gibt es ein gemütliches Café.*

1c Die TN können weitere Informationen im Internet recherchieren. Sie schreiben einen kurzen Text und hängen ihn im Kursraum auf, wobei alle Texte zum jeweils gleichen Foto zusammen aufgehängt werden. Kursspaziergang: Die TN gehen durch den Raum und lesen die Texte.

Das große Foto zeigt das Einkaufszentrum Westside in Bern.

1 In Bern

a Was sehen Sie auf den Fotos? Sprechen Sie im Kurs.

das Parlament – der Politiker / die Politikerin – das Einkaufszentrum – die Einkaufsstraße – die Sehenswürdigkeit – der Tourist / die Touristin – die Uhr – das Geld – das Geschäft – die Münze – das Café – der Brunnen

modern – interessant – historisch – berühmt – schön – gemütlich – wichtig – alt – groß – teuer – günstig

Das Bundeshaus ist vielleicht das Parlament. Es sieht alt aus. Dort treffen sich ...

b Welche Adjektive und Nomen passen zusammen? Kombinieren Sie.

die wichtigen Politiker — *ein gemütliches Café*

c Wählen Sie ein Foto und schreiben Sie einen kurzen Text.

Bern ist die Hauptstadt von der Schweiz. Das Bundeshaus ist wahrscheinlich das Parlament. Das Bundeshaus ist ein historisches Gebäude. Es ist bestimmt sehr alt. Hier arbeiten ...

56 sechsundfünfzig

2a Die TN hören und notieren Schlüsselwörter.

Lösung: *Dialog 1 = Foto 1; Dialog 2 = Foto 3; Dialog 3 = großes Foto + Foto 4*

2b Stoppen Sie nach jedem Dialog. Die TN beantworten die Fragen.

Lösung: *Dialog 1: 1. Einen Kaffee und ein Croissant (= ein Gipfeli); 2. Weil sie nur Euro hat; 3. Franken (2,50); Dialog 2: 1. In Bern; 2. Weil sie sich wiedersehen; 3. An der Zytglogge; Dialog 3: 1. In der Sauna; 2. Zum Bundeshaus; 3. Weil er einen Termin hat.*

die Zytglogge

das Bundeshaus

2 Unterwegs in Bern

1.21 **a** Zu welchen Fotos passen die Dialoge? Hören Sie und sprechen Sie im Kurs.

Dialog 1 passt zum Foto ... Denn die Frau sagt, dass ...

1.21 **b** Hören Sie noch einmal und beantworten Sie die Fragen.

Dialog 1
1. Was hat die Frau gegessen und getrunken?
2. Warum entschuldigt sich die Frau?
3. Was bekommt sie zurück?

Dialog 2
1. Wo sind Tina und Lijing?
2. Warum freuen sie sich?
3. Wo treffen sie sich?

Dialog 3
1. Wo möchte Lukas sich entspannen?
2. Wohin muss Adi gehen?
3. Warum muss er sich beeilen?

Die Frau hat ... gegessen und ...

3 Was möchten Sie noch gern über Bern wissen? Machen Sie einen Prospekt zu Bern.

Schreiben Sie drei Fragen zu Bern.
Recherchieren Sie im Internet und suchen Sie Informationen zu den Fragen.
Schreiben Sie einen Text über Bern und gestalten Sie einen Prospekt.

3 Die TN sammeln Fragen zu Bern an der Tafel. In Gruppen wählen sie drei Fragen aus, suchen die Informationen im Internet und gestalten einen Prospekt. Dabei können Sie auch ihre Texte aus 1c benutzen. Am Ende stellen die Gruppen ihre Prospekte vor.

Landeskunde

AR, UM: Das Video informiert über die Bedeutung des Bären für Bern als Wappentier, Touristenattraktion und häufiges Symbol. Am Ende wird den TN eine Verständnisfrage zum Video gestellt (*Wo besuchen die Touristen die Bären?* Lösung: *Im Bärengarten*).

Spielen Sie das Video ab. Nach dem ersten Sehen beantworten die TN die Frage aus dem Video. Schreiben Sie dann weitere Fragen an die Tafel: *1. Seit wann ist der Bär das Wappentier von Bern? 2. Wer sind Finn, Björk, Berna und Ursina? 3. Warum lebt Berna in Bulgarien? 4. Welche andere Stadt hat einen Bären als Symbol?* Die TN sehen das Video noch zweimal und notieren die Antworten.

Lösung: *1. 1224; 2. Bären (Vater, Mutter, zwei Töchter); 3. Weil sich Björk und Berna immer gestritten haben; 4. Berlin*

Bern
- ca. 141.050 Einwohner
- Hauptstadt der Schweiz
- im Kanton Bern im deutschsprachigen Teil der Schweiz
- nach Zürich, Genf, Basel viertgrößte Stadt der Schweiz

Westside (Bern)
- Freizeit- und Einkaufszentrum
- am 8.10.2008 eröffnet
- Architekt: Daniel Libeskind

7 Wohin kommt das Sofa?

Auf einen Blick

Material: Stadtpläne (1/Wichtige Sätze 1); Kärtchen (2c/Wichtige Sätze 2); Würfel und Kärtchen (7b/Strukturen 3); KV 7/1 (6a, 7); großes Papier (8, 9b)

Textsorten: Karte/Stadtplan (1); Blog/Forum (2a); Wohnungsanzeigen (3a); Kleinanzeigen (9)

Strategien: eine Karte lesen (1); globales Lesen (2a); detailliertes Lesen (2b); freies Sprechen mithilfe von Stichwörtern (2c); selektives Hören (3b, 7a); Wörter mit Bildern lernen (5a); Bilder als Informationsquelle nutzen (5b); detailliertes Hören (6a+c); Hör-Sehen (6a); selektives Lesen (9a)

Einstieg Fragen Sie: *Wo liegt Frankfurt am Main? Welche Städte liegen nördlich/südlich/östlich/westlich von Frankfurt?* Die TN arbeiten mit der Karte vorne im Buch und wiederholen die Himmelsrichtungen (s. S. 24).

1 ▸ Die TN lesen zuerst die Legende. Notieren Sie dann an der Tafel:

> *... liegt im Norden/Süden/Osten/Westen von Frankfurt.*
>
> *... liegt nördlich/südlich/östlich/westlich vom Bahnhof / von der EZB / von ...*

Erklären Sie den Unterschied zwischen *im Norden von* (= in ...) und *nördlich von ...* (= außerhalb von ...). Spielen Sie ein Beispiel im Plenum durch und zeigen Sie dabei die Orte: *Wo liegt die Universität? – Die Uni liegt im Norden von Frankfurt, nördlich vom Bahnhof.* Dann arbeiten die TN zu zweit.

▸ Vertiefung: S. 63/1

2a ▸ Beim Lesen unterstreichen die TN alle Orte, die im Text genannt werden (*Frankfurt, Ostend, Heusenstamm, Zentrum, Flughafen*) und suchen sie auf dem Stadtplan. Dann beantworten sie die Frage und lesen den Text laut mit verteilten Rollen.

Lösung: *Udo12: Ostend; MagdaMa: Heusenstamm*

7 Wohin kommt das Sofa?

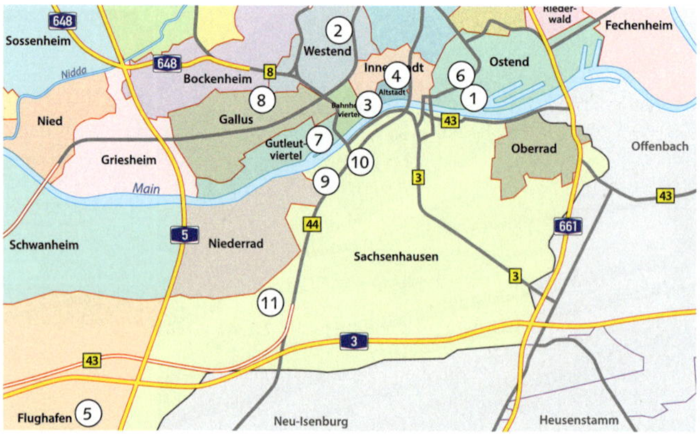

1 die Europäische Zentralbank (EZB)
2 die Universität
3 das Rathaus
4 der Dom
5 der Flughafen
6 der Zoo
7 der Bahnhof
8 das Bankenviertel
9 das Kunstmuseum
10 das Filmmuseum
11 das Stadion

im Norden / nördlich von
im Westen / westlich von — im Osten / östlich von
im Süden / südlich von

1 Wo liegt ...? Fragen und antworten Sie. Arbeiten Sie mit dem Stadtplan.

Wo liegt der Flughafen? — *Der Flughafen liegt südlich von Frankfurt.*

2 Eine Wohnung suchen

a Welche Orte empfehlen Udo12 und MagdaMa? Lesen Sie und suchen Sie auf der Karte.

www.wohnen-in-Frankfurt.de

PaSch	Ich suche eine kleine, ruhige und günstige Wohnung in Frankfurt, weil ich ab Mai einen neuen Job habe. Die Wohnung muss verkehrsgünstig liegen. Habt ihr Tipps?
Udo12	Ich finde das Ostend toll. Das ist im Osten von Frankfurt. Da gibt es schöne Altbauwohnungen. U-Bahn und S-Bahn gibt es auch. 👍
MagdaMa	Aber im Ostend sind die Mieten hoch, weil die EZB jetzt dort steht. Ich finde, man wohnt viel besser außerhalb, in einer kleinen Stadt in der Nähe von Frankfurt, zum Beispiel in Heusenstamm. Die Mieten sind günstiger, man hat viel Natur und mit der S-Bahn ist man in 20 Minuten im Zentrum. Bequemer geht's nicht! 😊
Udo12	Ja klar, „auf dem Land" ist viel Natur 😉 ..., aber es ist auch nichts los! Und in der Stadt kann man auch spazieren gehen, z. B. am Main. Wo ist denn deine Firma?
PaSch	Ich arbeite am Flughafen. Der liegt, glaube ich, südlich von Frankfurt.
MagdaMa	Ja, vom Zentrum 10 Minuten mit der S-Bahn. Dann such lieber eine Wohnung in der Stadt. In der Nähe vom Flughafen gibt es viel Fluglärm. Oder stört dich das nicht?
PaSch	Doch, das stört mich! In meiner Freizeit will ich keinen Fluglärm. Danke für eure Tipps!!

b Auf dem Land oder in der Stadt? Lesen Sie noch einmal und notieren Sie Vor- und Nachteile.

	gut	*nicht so gut*
Ostend	*schöne Altbauwohnungen*	

2b Die TN vergleichen ihre Notizen zu zweit. Achten Sie darauf, dass die TN bei der Auswertung im Plenum in ganzen Sätzen sprechen.

Lösung (Beispiel): *Ostend: gut: schöne Altbauwohnungen, S-Bahn + U-Bahn; nicht so gut: hohe Mieten – Heusenstamm: gut: günstige Mieten, viel Natur, mit der S-Bahn schnell im Zentrum; nicht so gut: nichts los – Flughafen: nicht so gut: Fluglärm*

2c Ich-Bezug. Schreiben Sie ergänzende Fragen an die Tafel: *Wo wohnen Sie? Wie gefällt Ihnen die Umgebung? Möchten Sie umziehen? Warum (nicht)?* Die TN berichten in der Gruppe, fragen nach und/oder kommentieren.

c Wie wohnen Sie? Wie möchten Sie wohnen? Schreiben Sie fünf Stichwörter und erzählen Sie.

über die Wohnsituation sprechen

Ich wohne im Zentrum / im Norden/Süden/... in der Nähe von ...	Meine Wohnung liegt ruhig/zentral.
Ich wohne nördlich/südlich/... von ...	Ich wohne in der Stadt / außerhalb.
	Die Miete ist hoch/günstig.

3 Wohnungsanzeigen

a Was bedeuten die Abkürzungen? Lesen Sie die Anzeigen und die Bildleiste. Ergänzen Sie die Abkürzungen in der Bildleiste.

Wohnungsmarkt

1. 3-Zimmer-DG-Wohnung im Ostend, Altbau, 92 m², U- und S-Bahn in der Nähe, 990,- € + NK, Tel. 069/3215769

3. X 2-Zimmer-Wohnung, Ffm-Ostend, 47 m², EG, ruhig, U- und S-Bahn in der Nähe, 550,- € + NK, Tel. 069/3215769

2. 3-Zimmer-Wohnung, 85 m², Garten, sehr ruhig. 25 Minuten mit dem Auto ins Zentrum, 650,- € + NK, Tel. 06171/3215769

4. 2-Zimmer-Wohnung, zentral, 2. OG, 35 m², EBK, Balkon, 410,- € warm, Tel. 069/3215769

22 b Für welche Wohnung ruft Paul Schulz (PaSch) an? Wann ist der Besichtigungstermin? Hören Sie, kreuzen Sie in a an und notieren Sie den Termin.

c Lesen Sie zu zweit laut.

- Immobilien Heinze, guten Tag, was kann ich für Sie tun?
- Guten Tag, Paul Schulz hier. Ich habe Ihre Anzeige gelesen und interessiere mich für die Wohnung.
- Welche Wohnung meinen Sie? Wir haben heute viele Anzeigen in der Zeitung.
- Die 2-Zimmer-Wohnung im Ostend. Ist die Wohnung noch frei?
- Ja, das ist die Wohnung im Erdgeschoss. Eine sehr schöne Wohnung, sehr ruhig. Ja, die ist noch frei. Heute Abend gibt es einen Besichtigungstermin. Sie können gern kommen – um 18.30 Uhr.
- Ah, sehr gern! Ich habe noch eine Frage: Wie hoch sind die Nebenkosten?
- 40 Euro. Und für Strom und Wasser hat die jetzige Mieterin monatlich 60, für die Heizung 80 Euro bezahlt.
- Gut, ja, das ist in Ordnung. Könnten Sie mir noch die Adresse sagen?
- Die Wohnung ist in der Brüder-Grimm-Straße 14.
- Vielen Dank und bis heute Abend. Auf Wiederhören.
- Auf Wiederhören.

4 Wohnungssuche

a Schreiben Sie Wohnungsanzeigen. Mischen Sie dann die Anzeigen im Kurs.
b Wählen Sie zu zweit eine Anzeige und schreiben Sie einen Dialog wie in 3c.

*D: die Nebenkosten (NK) – A: die Betriebskosten (BK) | D: das Dachgeschoss – CH: der Dachstock / der oberste Stock | D: das Erdgeschoss – CH: das Parterre

die Einbauküche, -n EBK

die Nebenkosten* (Pl.) NK

das Obergeschoss, -e OG

das Dachgeschoss*, -e DG

das Erdgeschoss*, -e EG

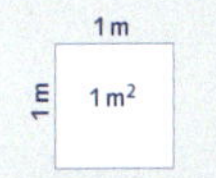

der Quadratmeter, - qm

der Vermieter, -

der Mieter, -

die Miete, -n

der Strom (Sg.)

! Falls die Wohnsituation ein sensibles Thema ist, berichten die TN stattdessen darüber, wie sie gern wohnen möchten.
▶ Vertiefung: S. 63/2

3a Nach der Auswertung im Plenum beschreiben die TN die Wohnungen in ganzen Sätzen. Gehen Sie anschließend nochmal auf die Bildleiste ein. Fragen Sie die TN: *Wie kann man nach diesen Informationen fragen: die Einbauküche? (Hat die Wohnung eine Einbauküche?) das Dachgeschoss/Obergeschoss? (Wo ist die Wohnung?) Quadratmeter? (Wie groß ist die Wohnung?) die Nebenkosten/Miete? (Wie hoch sind die Nebenkosten / ist die Miete?)* Notieren Sie die Fragen an der Tafel.

AR, UM: Spielen Sie das Video zur Bildleiste ab. Die TN sprechen nach (Phase 1) und lesen die Fragen von der Tafel (Phase 2).

Stärkere TN formulieren die Fragen aus dem Gedächtnis.
▶ Phonetik: S. 63

3b Beim ersten Hören decken die TN den Dialog ab und lösen die Aufgabe. Beim zweiten Hören lesen sie leise mit und überprüfen ihre Lösung.

Lösung: *Termin: heute Abend 18:30 Uhr.*

3c Dialogtraining: Nach dem Lesen markieren die TN mögliche Variationsstellen im Text (s. blaue Unterstreichungen). Dann variieren sie den Dialog.

4a+b Zielaufgabe.
Schwächere TN arbeiten mit dem Dialog und den Variationsstellen in 3c. Stärkere TN schreiben den Dialog frei.

5a Fragen Sie die TN zuerst nach der Situation auf dem Foto: *Wo sind Rudi und Tanja? Was machen sie? (Auf der Straße vor dem Haus. Sie ziehen um.)* Dann ordnen die TN die Wörter zu und vergleichen zu zweit.

5b Wiederholen Sie bei Bedarf die Bedeutung der Präpositionen (vgl. A1, E11). Die TN korrigieren die falschen Sätze schriftlich.

Lösung (Beispiel): *4. Die Kiste mit dem Spielzeug ist auf der Kiste mit den Büchern. 6. Die Kaffeemaschine ist auf dem Tisch. 7. Der Fernseher steht neben der Katzenbox. 8. Die Katzenbox ist vor dem Tisch.*

5c Notieren Sie an der Tafel:

Wo ist ...?
der Becher / der Stuhl / das Bild / die Flasche / der Schlüssel / die Jacke / die kleine Lampe

Die TN suchen die Gegenstände und beschreiben, wo sie sind.

Alternative: Suchspiel: Eine/Ein TN wählt einen Gegenstand (*ein Ding*) auf dem Foto und formuliert einen Satz, z. B.: *Mein Ding ist klein und rot und liegt auf dem Sessel.* Die anderen TN erraten den Gegenstand (*die kleine Lampe*). Dann ist die/der nächste TN an der Reihe usw. Notieren Sie die erratenen Wörter an der Tafel. Alle TN sollen mind. einmal ein Ding beschreiben.

6a Verteilen Sie den Plan von der Kopiervorlage an die TN. Die TN ordnen zuerst die Zimmer zu zweit zu und schreiben sie mit Artikel in den Plan. Dann beschreiben sie die Wohnung: *Links ist das Kinderzimmer von Laura.* usw. (*das Kinderzimmer* gibt es zweimal).

Dann hören sie das Gespräch und notieren die Gegenstände im Plan. Beim zweiten Hören überprüfen bzw. ergänzen sie ihre Lösung. ▶ KV 7/1

UM: Projizieren Sie den Grundriss an die Wand.

Video-DVD: Gehen Sie wie hier beschrieben vor. Anschließend machen die TN eine Karaoke: Sie sehen das Video mit Untertiteln, wählen eine Rolle und sprechen diese laut mit. Beim zweiten Mal sehen sie das Video ohne Ton mit Untertiteln und lesen ihre Rolle.

6b Zwei TN lesen die Minidialoge (Frage und Antwort) im Grammatikkasten laut vor. Fragen Sie die TN nach dem Unterschied. Erklären Sie, dass die neun Wechselprépositio-

7 Wohin kommt das Sofa?

5 Rudi und Tanja ziehen um.

a Was gibt es hier? Schreiben Sie.

1. die Lampe
2. das Spielzeug (Sg.)
3. der Sessel
4. die Kaffeemaschine
5. das Fahrrad
6. der Tisch
7. die Kiste, -n
8. der Fernseher
9. die Katzenbox, -en

b Wo steht was? Was ist richtig? Kreuzen Sie an. Korrigieren Sie dann die falschen Aussagen.

	richtig	falsch
1. Der Sessel steht neben dem Tisch.	x	
2. Die Lampe steht zwischen dem Sessel und den Kisten.	x	
3. Die Bücher sind in einer Kiste.	x	
4. Die Kiste mit dem Spielzeug ist unter der Kiste mit den Büchern.		x
5. Der Fernseher steht vor dem Sessel.	x	
6. Die Kaffeemaschine ist auf einer Kiste.		x
7. Der Fernseher steht hinter der Katzenbox.		x
8. Die Katzenbox ist unter dem Tisch.		x
9. Die Fahrräder stehen an der Wand.	x	

c Wo sind weitere Dinge? Beschreiben Sie das Foto.

Die Flasche Wasser steht auf dem Tisch.

6 Wechselpräpositionen mit Akkusativ: Wohin?

1.23 07 **a** Wohin kommt was? Hören Sie und notieren Sie im Plan. Sprechen Sie im Kurs.

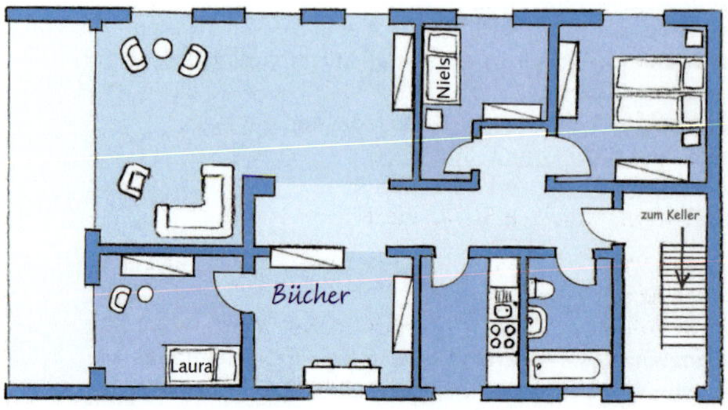

ins Arbeitszimmer – ins Wohnzimmer – ins Kinderzimmer – ins Schlafzimmer – in die Küche – in den Keller

Die Bücher kommen ins Arbeitszimmer.

60 sechzig

nen bei der Frage *Wo?* (Position/Ort) mit Dativ und bei *Wohin?* (Bewegung/Richtung) mit Akkusativ verwendet werden.

AR, UM: Spielen Sie das Video zu den Wechselpräpositionen ab. Dort wird der Unterschied zwischen Dativ und Akkusativ gezeigt.

Automatisierung: Die TN arbeiten zu zweit mit der Bildleiste. Eine/Ein TN zeigt auf ein Bild und fragt: *Wohin springt/läuft die Katze?* Die/Der andere TN antwortet wie in der Bildleiste angegeben, z. B.: *Die Katze springt in das Regal.* Die/Der erste TN fragt dann: *Und wo ist die Katze jetzt?* Die Partnerin / Der Partner antwortet mit Dativ: *Die Katze ist im Regal.* Die TN fragen und antworten abwechselnd zu allen Bildern.

Die Katze springt/läuft …

in das Regal

über die Pflanze

an das Fenster

auf das Regal

vor den Tisch

hinter die Vase

unter das Sofa

neben den Tisch

zwischen das Sofa und die Vase

b Lesen Sie den Schüttelkasten in a und ergänzen Sie den Grammatikkasten.

Wechselpräpositionen: ***in, an, auf, vor, hinter, über, unter, neben, zwischen***

Wo? (Dativ)	**Wohin? (*Akkusativ*)**
Wo steht die Kiste mit den Büchern?	Wohin kommt die Kiste?
Sie steht im Arbeitszimmer.	Sie kommt ins Arbeitszimmer.
im Keller.	in den Keller.
in der Küche.	in die Küche.
in + dem = im	in + das = ins

1.24 **c** Wohin kommt …? Hören Sie noch einmal und ergänzen Sie dann.

1. Die Kaffeemaschine kommt *in die Küche* : *hinter die Tür*, *in den Schrank*.
2. Der Fernseher kommt *ins Wohnzimmer* : *auf das Regal*, *zwischen das Sofa* und *die Tür*.

d Fragen und antworten Sie. Ihre Partnerin/Ihr Partner arbeitet auf Seite 139. Die Bildleiste hilft.

Wohin kommt das Bild?

Das Bild kommt ins Schlafzimmer, über das Bett.

7 Und die Katze? Wohin ist die Katze gelaufen?

1.25 **a** Hören Sie und zeichnen Sie den Weg in den Plan in 6a.
b Und wohin läuft Ihre Katze? Beschreiben Sie, Ihre Partnerin/Ihr Partner zeichnet den Weg in den Plan in 6a.

8 Eine Wohnung einrichten. Arbeiten Sie zu viert.

1. **Vorbereitung:** Zeichnen Sie in der Mitte von einem großen Papier (A0) einen Plan von einer 2-Zimmer-Wohnung.
2. **Einzelarbeit:** Welche Möbel kennen Sie? Schreiben Sie in Ihrer Ecke.
3. **Gruppendiskussion:** Wohin kommen die Möbel? Zeichnen Sie sie in den Plan.
4. **Präsentation:** Hängen Sie den Plan auf. Beschreiben Sie Ihre Wohnung.

6c ▶ Die TN hören die Sätze zweimal und vergleichen dann im Plenum.

6d ▶ Die TN fragen und antworten abwechselnd und notieren, was wohin kommt.

Stärkere TN arbeiten auf S. 139, schwächere TN auf S. 61, damit sie während der Übung die Bildleiste und den Grammatikkasten vor Augen haben. Schwächere TN können zuerst Sätze zu ihren Gegenständen schreiben.

Kurskette: Die TN fragen und antworten der Reihe nach, z. B.: *Wohin kommt das Bild? – Das Bild kommt ins Schlafzimmer, über das Bett. Wohin kommt die Katzenbox? – Die Katzenbox kommt …*

7a ▶ Erinnern Sie die TN vor dem Hören an das Ende des Hörtextes in 6a: *Was ist mit Mitzi, der Katze, passiert?* (*Sie ist weg.*) Fragen Sie weiter: *Was glauben Sie, wohin ist Mitzi gelaufen?* Die TN sammeln Vermutungen. Dann hören sie und zeichnen den Weg auf der Kopiervorlage ein. ▶ KV 7/1

Lösung: *Wohnzimmer – Balkon – Kinderzimmer – Schlafzimmer (auf dem Bett unter der Decke)*

7b Weisen Sie die TN darauf hin, den Weg in ganzen Sätzen mithilfe der Wörter *zuerst, dann, am Ende* zu beschreiben.
▶ Vertiefung: S. 63/3

8 Zielaufgabe. Geben Sie für Schritt 2 und 3 ein Zeitlimit (3 bis 5 Minuten). Die Präsentation erfolgt im Kursspaziergang: Die TN hängen ihre Plakate auf. Je zwei TN bleiben bei ihrem Plakat und beschreiben die Wohnung. Die anderen zwei gehen durch den Raum und hören die anderen Präsentationen. Danach tauschen sie die Rollen.

9a Fragen Sie die TN: *Was ist ein „schwarzes Brett"? Wo kann man es finden? Was für Texte gibt es da?* Die TN sprechen im Kurs. Geben Sie ggf. weitere Informationen.

! Ein schwarzes Brett ist eine Pinnwand oder Tafel, auf der man private Anzeigen und Informationen veröffentlichen und finden kann. Schwarze Bretter gibt es in öffentlichen Einrichtungen, z. B. Bibliotheken, Universitäten, aber auch online.

▸ Die TN lesen die Anzeigen und markieren die Wörter, die sie nicht verstehen. Dann tauschen die TN ihre Bücher mit ihrer Partnerin / ihrem Partner und versuchen, die markierten Wörter von ihrer Partnerin / ihrem Partner zu erklären. Wenn beide TN das Wort nicht kennen, können sie das Wörterbuch benutzen.

▸ Dann bearbeiten die TN die Aufgabe. Im ersten Schritt markieren die TN die Schlüsselwörter in den Fragen und ordnen die Fragen zunächst den Anzeigen zu, z. B. *1. Haustier → Anzeige: Meerschweinchen weggelaufen.* Im zweiten Schritt unterstreichen die TN das W-Fragewort und suchen gezielt nach der Antwort in der zugehörigen Anzeige.

Lösung: *1. Familie Schneider; 2. Gisela und Max Kowalski; 3. Rudi, Tanja, Laura, Niels; 4. Zwischen 18 und 21 Uhr; 5. Elke Werner; 6. Gestern (am 8. Juni); 7. Morgen (am 10. Juni); 8. Nichts; 9. Getränke und Fleisch; 10. Weil die Familie im Haus neu ist.*

9b Zielaufgabe. Die TN schreiben zu zweit eine Anzeige zu einer Situation. Hängen Sie eine Pinnwand oder ein großes Papier als „schwarzes Brett" an die Wand. Die TN hängen ihre Anzeigen dort auf. Sie lesen die Anzeigen der anderen TN und formulieren zu drei ausgewählten Anzeigen je eine Frage. Die TN tauschen ihre Fragen mit einem anderen Paar und beantworten sie schriftlich. Danach tauschen sie die Fragen und Antworten wieder zurück und überprüfen die Antworten.

◐ ▸ In stärkeren Gruppen sammeln die TN weitere Themen für Anzeigen, wählen ein Thema und schreiben zu zweit die Anzeige.

7 Wohin kommt das Sofa? ■ Kleinanzeigen verstehen und schreiben

9 Das schwarze Brett in unserem Haus

a Lesen Sie und beantworten Sie die Fragen.

1. Wer hat ein Haustier verloren?
2. Wer möchte etwas verschenken?
3. Wer will eine Party machen?
4. Wann kann man das Fahrrad abholen?
5. Wer ärgert sich über die Mitbewohner?
6. Wann ist Fiepsi weggelaufen?
7. Wann gibt es keinen Strom im Haus?
8. Was kostet das Fahrrad?
9. Was soll man zur Party mitbringen?
10. Warum gibt es eine Party?

b Wählen Sie eine Situation und schreiben Sie eine Anzeige für das schwarze Brett.

Sie laden Ihre Nachbarn zu Ihrer Geburtstagsparty ein.	Ihr Papagei ist weggeflogen.	Sie möchten einen alten Sessel verschenken.	Die Nachbarn schließen die Haustür oft nicht und fremde Menschen können ins Haus kommen.

62 zweiundsechzig

Wichtige Sätze

1 über die Lage von Orten sprechen

Bringen Sie Stadtpläne von dem Ort mit, in dem der Kurs stattfindet. Jedes Paar erhält einen Plan. Alternativ hängen Sie einen Stadtplan im Raum auf. Die TN suchen zuerst allein fünf Orte auf dem Stadtplan, z. B. *das Einkaufszentrum, die Universität* usw. und notieren sie. Dann arbeiten sie zu zweit, fragen und antworten abwechselnd, z. B.: *Wo liegt das Einkaufszentrum? – Das Einkaufszentrum liegt im Westen von …*

Alles klar! 7

Wichtige Sätze

über die Lage von Orten sprechen

Wo liegt der Flughafen?	Er liegt südlich von Frankfurt.
Wo ist das Bankenviertel?	Das ist im Zentrum von Frankfurt.

über die Wohnsituation sprechen

Ich wohne im Zentrum / im Norden / im Süden / im Osten / im Westen.	Meine Wohnung liegt ruhig/zentral. Die Miete ist hoch/günstig.

Ich wohne nördlich / südlich / östlich / westlich von …
Ich wohne in der Stadt / außerhalb / in der Nähe von …

einen Besichtigungstermin vereinbaren

Ich habe Ihre Anzeige gelesen und interessiere mich für die Wohnung. Ist die Wohnung noch frei?	Ja, die ist noch frei. Ich habe heute Abend einen Besichtigungstermin – um 18.30 Uhr.
Wie hoch sind die Nebenkosten?	40 Euro. Und für Strom und Wasser monatlich 60, für die Heizung 80 Euro.
Könnten Sie mir bitte die Adresse sagen?	Die Wohnung ist in der Brüder-Grimm-Straße 14, im Erdgeschoss.

erklären, wohin etwas kommt

Wohin kommt die Kaffeemaschine?	Sie kommt in die Küche hinter die Tür – in den Schrank.
Und wohin kommt der Fernseher?	Er kommt ins Wohnzimmer auf das kleine Regal – zwischen das Sofa und die Tür.

Strukturen

Wechselpräpositionen: *in, an, auf, vor, hinter, über, unter, neben, zwischen*

Wo? (Dativ)	Wohin? (Akkusativ)
Wo steht die Kiste mit den Büchern?	Wohin kommt die Kiste?
Sie steht im Arbeitszimmer.	Sie kommt ins Arbeitszimmer.
im Keller.	in den Keller.
in der Küche.	in die Küche.
in + dem = im	in + das = ins
an + dem = am	an + das = ans

▶ Phonetik, S. 146

2 über die Wohnsituation sprechen

Die TN sammeln Fragen für ein Gespräch über die Wohnsituation auf Kärtchen, z. B.: *Wo liegt deine Wohnung? Wie hoch ist die Miete? Gefällt dir deine Wohnung? Mit wem wohnst du? Hat die Wohnung …?* usw. Jede/Jeder TN erhält ein Kärtchen. Kursspaziergang: Die TN gehen durch den Raum und sprechen zu zweit. Sie stellen die Frage von ihrem Kärtchen, die Partnerin / der Partner antwortet und stellt ihre/seine Frage. Dann tauschen die TN ihre Kärtchen, gehen weiter und sprechen mit einer anderen/einem anderen TN.

Strukturen

3 Wechselpräpositionen

Die Gruppen schreiben die folgenden Wörter auf Kärtchen: *das Filmmuseum, das Kunstmuseum, das Stadion, der Dom, der Zoo, das Rathaus, das Kino, das Einkaufszentrum, das Geschäft, das Café.* Die Kärtchen werden gemischt und liegen verdeckt auf dem Tisch. Schreiben Sie an die Tafel: *Gehst du heute in …? – Ja, ich bin schon in …* Alle TN in der Gruppe würfeln, die/der TN mit der höchsten Zahl zieht ein Kärtchen und fragt ihren/seinen rechten Nachbarn, z. B.: *Gehst du heute ins Filmmuseum?* Die/Der andere TN antwortet: *Ja, ich bin schon im Filmmuseum.* Wenn beide Sätze richtig sind, bekommen die TN einen Punkt. Dann würfeln alle usw.

Phonetik

Die Buchstabenkombination *qu* wird bis auf wenige Ausnahmen [kv] ausgesprochen. Achten Sie darauf, dass die Lernenden ein korrektes [v] und kein [w] sprechen.

8 Lebenslinien

Auf einen Blick

Material: Kärtchen (2a/Strukturen 4); KV 8/1 (2d); KV 8/2 (7d)

Textsorten: Zeitungsartikel (1); Interview (2c+d); Online-Artikel (4b); Infotext (7b)

Strategien: Bilder als Informationsquelle nutzen (1a); detailliertes Lesen (1b; 4c; 7c); Fragen formulieren (2b); detailliertes Hören (2c+d); Hör-Sehen (2c+d); Notizen machen (2d; 4c); selektives Lesen (4b); hypothesengeleitetes Lesen (7b); Informationen recherchieren (8); einen Text anhand von Leitfragen und Stichwörtern schreiben (8)

Einstieg + 1a ▸ Notieren Sie das Wort *Schule* an der Tafel. Die Gruppen sammeln Wörter und notieren sie in einem Wortigel. Dann vergleichen die Gruppen ihre Wortigel und tragen sie an der Tafel zusammen. Fragen Sie die TN: *Was sieht man auf den Fotos? Was ist das Thema?* Die TN beschreiben die Fotos, lesen die Überschrift und sammeln Vermutungen. Ergänzen Sie ggf. den Wortigel.

1b+c ▸ ▸ Die TN markieren beim Lesen Stellen im Text, die wichtig für die Lösung sind. Dann vergleichen sie ihre Lösung zu zweit und korrigieren die falschen Informationen. Beim Vergleichen im Kurs nennen die TN auch die Stellen im Text.

Lösung: *1. Die Zeitung wollte alles über die Schulzeit von Frau Gruber wissen. 2. Frau Gruber konnte sich gut an ihre Schulzeit erinnern. 5. Viele Familien hatten wenig Geld. Dann hat die Schule den Kindern die Bücher geliehen. 6. Die Kinder hatten Schreibtafeln.*

2a ▸ ▸ Die TN vergleichen zu zweit ihre Lösung. Wiederholen Sie ggf. die Bedeutung der Modalverben (Band A1, Einheit 7, 8, 16). Erklären Sie, dass man die Modalverben nicht im Perfekt, sondern im Präteritum verwendet. Die TN sammeln gemeinsam Regeln für die Bildung des Präteritums an der Tafel:

8 Lebenslinien

Tageszeitung 27. Juli

Wie war die Schule früher?

Die Goetheschule feiert ihren 100. Geburtstag. Wir wollten wissen, wie es früher in der Schule war, und haben mit einer ehemaligen Schülerin, Frau Ingeborg Gruber, über ihre Schulzeit gesprochen. Sie ist hier zur Schule gegangen und kann sich noch gut an ihre Kindheit erinnern.

Ich konnte damals nicht mit dem Schulbus zur Schule fahren, ich musste zu Fuß gehen und der Weg war weit. Im Winter war es oft sehr kalt. Früher hatten die Schulen noch keine Heizung und jedes Kind hat ein Stück Holz zur Schule mitgebracht.

Die Lehrer waren sehr streng. Wir durften uns im Unterricht nicht unterhalten. Wer böse* war, musste sich in die Ecke stellen – mit dem Rücken zur Klasse!

Viele Familien hatten damals kein Geld für Schulbücher. Dann hat die Schule den Kindern Bücher geliehen.

Papier war damals sehr teuer, deshalb hatten wir Schreibtafeln.

Es war früher ganz anders als heute, aber ich bin sehr gern zur Schule gegangen. Am schönsten waren die Pausen: Wir haben viel im Hof gespielt. Heute kennen die Kinder die Spiele nicht mehr.

Und eine Frage an unsere Leser/innen: Sind Sie auch zur Goetheschule gegangen? Was haben Sie erlebt? Schreiben Sie uns. Wir freuen uns auf Ihre Antworten an: schulzeit@tempus-redaktion.de (SiRu)

1 Wie war das früher?

a Was denken Sie: Was ist das Thema? Lesen Sie die Überschrift und sehen Sie die Fotos an. Sprechen Sie im Kurs.

b Was ist richtig? Lesen Sie den Text und kreuzen Sie an.

	richtig	falsch
1. Die Zeitung wollte alles über das Leben von Frau Gruber wissen.		x
2. Frau Gruber konnte sich nur schlecht an ihre Schulzeit erinnern.		x
3. Frau Gruber musste zu Fuß zur Schule gehen.	x	
4. Die Kinder durften nur mit dem Lehrer sprechen.	x	
5. Die Eltern mussten die Bücher immer kaufen.		x
6. Die Kinder hatten Hefte.		x

c Korrigieren Sie die falschen Informationen in b.

*D: böse – A: schlimm

- ohne Umlaut (ü → u, ö → o)
- immer mit „t" (z. B. wir konn<u>t</u>en)
- ich = er/es/sie (z. B. ich sollte = er/es/sie sollte)
- Endungen wie bei „haben" im Präteritum (z. B. du hatt<u>est</u> – du wollt<u>est</u>)

▶ Vertiefung: S. 69/4

2b ▶ Weisen Sie die TN darauf hin, dass für die Fragen nicht nur die Modalverben im Präteritum gebraucht werden, sondern auch *haben* und *sein*, sowie das Perfekt. Die TN schreiben zu zweit Fragen und notieren zu jeder Frage auch eine mögliche Antwort. Kurskette: *Mussten Sie viele Hausaufgaben machen? – Ja, ich musste viele Hausaufgaben machen. Wie sind Sie zur Schule gekommen? – …*

Lösung: *2. Wie sind Sie zur Schule gekommen? 3. Können Sie sich an die Schulzeit erinnern? 4. Mussten Sie / Ihre Eltern die Schulbücher bezahlen? 5. Waren Ihre Lehrer nett? 6. Was für Schulsachen hatten Sie? 7. Konnten/Durften Sie mit einem Computer lernen?*

2c ▶ Beim ersten Hören kreuzen die TN bei ihren Fragen in b die an, die sie hören. Beim zweiten Hören notieren sie das Thema der weiteren Fragen (*Heizung in der Schule*).

Lösung: *Frage 3, 2, 5, 6*

2d ▶ Erklären Sie den TN, dass es zu jedem Satz eine neue Information gibt. Die TN unterstreichen zuerst die Schlüsselwörter in den Sätzen, z. B. *1. nicht Schulbus*, um die Stellen besser herauszuhören. Dann hören sie zweimal und machen Notizen.

Lösung (Beispiel): *2. bei Antwort aufstehen; 3. im Winter in der letzten Bank sitzen; 4. manchmal Bücher alt + kaputt; 5. nicht so viel lernen wie heute, Spiele im Hof*

Video-DVD: Gehen Sie wie oben beschrieben vor. Zur Vertiefung arbeiten Sie mit der Kopiervorlage. ▶ KV 8/1
▶ Vertiefung: S. 69/1

3a ▶ Die TN sammeln an der Tafel weitere Stichwörter. Jede/Jeder TN wählt ein Stichwort und schreibt einen Satz.

3b ▶ Sprechen Sie die Redemittel laut und mit passender Betonung (Erstaunen) vor, die TN sprechen nach. Danach machen die TN den Kursspaziergang.
▶ Vertiefung: S. 69/3

2 Modalverben im Präteritum: Ich musste damals zu Fuß gehen.

a Unterstreichen Sie die Modalverben in 1b und ergänzen Sie den Grammatikkasten.

	wollen	müssen	können	dürfen	sollen
ich	wollte	musste	konnte	durfte	sollte
du	wolltest	musstest	konntest	durftest	solltest
er/es/sie	*wollte*	*musste*	*konnte*	durfte	sollte
wir	wollten	mussten	konnten	durften	sollten
ihr	wolltet	musstet	konntet	durftet	solltet
sie/Sie	wollten	*mussten*	konnten	*durften*	sollten

b Rudi und Susi machen ein Interview. Was können sie fragen? Sammeln Sie Fragen.

viele Hausaufgaben machen – zur Schule kommen – sich an die Schulzeit erinnern – Schulbücher bezahlen – Lehrer nett sein – was für Schulsachen haben – mit einem Computer lernen

Frau Gruber, mussten Sie viele Hausaufgaben machen?

2.26 08
c Was haben Rudi und Susi wirklich gefragt? Hören Sie und vergleichen Sie mit Ihren Fragen.
d Welche Informationen sind neu? Hören Sie noch einmal und notieren Sie Stichwörter.

1. Die Kinder konnten nicht mit dem Schulbus fahren.
2. Die Kinder durften sich nicht unterhalten.
3. Wer böse war, musste sich in die Ecke stellen.
4. Die Schule hat den Kindern Bücher geliehen.
5. Frau Gruber ist gern zur Schule gegangen.

*1. eine halbe Stunde zu Fuß laufen**

Die Kinder konnten nicht mit dem Schulbus fahren. Sie mussten eine halbe Stunde zu Fuß laufen.

3 Und Sie? Was durften, konnten, mussten Sie früher (nicht)?

a Schreiben Sie einen Satz und hängen Sie ihn im Kurs auf.

keine Prüfungen machen – Eis essen – nie/viel lernen – draußen spielen – im Haushalt helfen – meinem kleinen Bruder helfen – …

b Kursspaziergang. Gehen Sie durch den Kursraum. Lesen Sie einen Satz vor, die Partnerin/der Partner reagiert.

Ich durfte kein Eis essen.

Was? Du durftest kein Eis essen!?

Erstaunen ausdrücken
Was? Wie bitte? Wirklich? Unglaublich!
Das ist nicht wahr! Das kann doch nicht sein!

*D: laufen/gehen – A: gehen

4a Die TN hören das Thema zur Serie *Game of Thrones* und den Anfang des Liedes *Wind of Change* von der Band „Scorpions". Fragen Sie: *Zu welcher Person passt welche Musik?* Beides ist international bekannt, sodass es TN geben dürfte, die die Musik erkennen.

4b ▸ Teilen Sie den Kurs in zwei Gruppen: Die Hälfte der TN bearbeitet den Text über S. Kekilli, die andere über K. Meine. Fordern Sie die TN auf, schnell zu lesen und gezielt nach der erfragten Information zu suchen, ohne sich an Details aufzuhalten. Dann vergleichen die TN in ihrer Gruppe.

Lösung: s. blaue Unterstreichungen im Text

4c ▸ Die TN notieren die Informationen für „ihre" Person. Dann bilden die TN Paare, fragen nach der anderen Person, ergänzen die Tabelle und beantworten die Fragen der Partnerin / des Partners.

Lösung (Beispiel): *Kekilli: Heilbronn/Realschule/bei der Stadt, Jobs als Kellnerin und Reinigungskraft, Schauspielerin/... in Köln für Hauptrolle in „Gegen die Wand", weitere Rollen: Kommissarin in der Krimiserie „Tatort" und als „Shae" in „Game of Thrones"; Meine: 1948 in Hannover/Hauptschule/Dekorateur/Job als Fahrer, Musiker und Sänger, 1969: zu „Scorpions" gewechselt, 1972: über 130 Konzerte gegeben, über 100 Millionen Schallplatten + CDs verkauft, 1991: „Wind of Change" weltweit am erfolgreichsten*

4d ▸ Nach der Lösung der Aufgabe haben die TN zwei Minuten Zeit, um sich die Verbindungen einzuprägen. Dann arbeiten die TN zu zweit. Eine/Ein TN schließt das Buch. Die/Der andere TN liest laut nacheinander den jeweils linken Teil vor, die/der erste TN nennt die passende Ergänzung. Nach ca. drei Minuten tauschen die TN die Rollen.

◐ Schreiben Sie für schwächere TN vor der Automatisierung die Verben in der rechten Spalte als Gedächtnishilfe unsortiert an die Tafel.

4e ▸ Die TN arbeiten zu zweit, jeweils eine Person aus jeder Gruppe (vgl. b+c). Sie machen eine Liste mit Unterschieden und Gemeinsamkeiten. Die TN tragen im Plenum die Ergebnisse zusammen. Achten Sie darauf, dass alle Informationen aus der Tabelle (vgl. Lösung in c) genannt werden.

4 Menschen mit interessanten Lebensläufen

1.27 **a** Kennen Sie die Musik und die Personen in b? Hören Sie und sprechen Sie im Kurs.

b Was für einen Beruf haben die Personen gelernt? Als was haben sie gearbeitet? Lesen Sie und unterstreichen Sie.

www.deutschestars.de

Film | Musik | Fernsehen | Politik

Große Karrieren – auch ohne Studium

Diese Menschen sind berühmt und bekannt – nicht nur in Deutschland. Manchmal ist nicht das Studium der Weg zum Erfolg. Auch der Zufall oder eine große Leidenschaft für etwas – wie zum Beispiel die Musik – können helfen.

Sibel Kekilli
Schauspielerin

In Deutschland kennt man sie vor allem als Kommissarin in der Krimiserie *Tatort*. Die Hauptrolle in dem Film *Gegen die Wand* (2004) von Fathi Akın und ihre Rolle als Shae in der Serie *Game of Thrones* haben sie bekannt gemacht.
Sibel Kekilli ist als Tochter von türkischen Einwanderern 1980 in Heilbronn geboren. Sie sagt von ihren Eltern, dass sie „moderne Muslime" sind. Sie durfte wie ihre Freundinnen ins Schwimmbad gehen und auf Klassenfahrten* fahren. Aber sie durfte als Mädchen nicht aufs Gymnasium gehen. Sie hatte ein sehr gutes Zeugnis, ist aber „nur" auf die Realschule gegangen. Nach der zehnten Klasse hat sie eine Ausbildung bei der Stadt gemacht und danach als Sachbearbeiterin in Heilbronn gearbeitet. Bald wollte sie nicht mehr in der kleinen Stadt leben und ist nach Essen gezogen. Dort hatte sie verschiedene Jobs – z. B. als Kellnerin oder auch Reinigungskraft. 2002 hat Sibel Kekilli in einem Café in Köln eine Frau kennengelernt. Sie hat eine Frau für die Hauptrolle in Akıns Film gesucht. Kekilli hat am Casting teilgenommen und die Rolle bekommen! Und so ist sie Schauspielerin geworden.

Klaus Meine
Sänger bei den *Scorpions*

Nicht viele wissen, dass die bekannte Band *Scorpions* aus Hannover kommt. Der Sänger, Komponist und Autor Klaus Meine ist dort 1948 geboren. In Langenhagen hat er die Hauptschule besucht. Nach der zehnten Klasse hat er eine Ausbildung zum Dekorateur gemacht. Danach hatte er einen Job als Fahrer. Aber er wollte immer nur Musik machen. Schon vor den *Scorpions* hat er in kleinen Bands gesungen. 1969 ist er dann zu den *Scorpions* gewechselt. Sie hatten besonders im Ausland schnell Erfolg: Schon im Jahr 1972 haben sie über 130 Konzerte gegeben. Sie haben über 100 Millionen CDs und Schallplatten verkauft. Das Lied *Wind of Change* war im Jahr 1991 weltweit am erfolgreichsten. Klaus Meine hat das Lied geschrieben. Er sagt, dass er die Idee für das Lied beim *Moscow Music Peace Festival* 1989 bekommen hat. Auf dem Konzert haben die *Scorpions* vor 100.000 Menschen im Stadion unter dem olympischen Feuer mit dem Publikum gesungen. Klaus Meine ist seit 1977 verheiratet, er hat einen Sohn und lebt bis heute in der Nähe von Hannover.

c Lesen Sie noch einmal und machen Sie eine Tabelle in Ihrem Heft.

	geboren	Schule	Ausbildung	Arbeit	der Weg zum Star
Sibel Kekilli	1980 in ...			Sachbearbeiterin, ...	2002: Casting in ...

*D: auf Klassenfahrt fahren – CH: ins Klassenlager gehen

Lösung: *Kekilli und Meine haben gemeinsam, dass sie beide Künstler sind und einen anderen Beruf gelernt haben, als sie heute machen. Kekilli ist eher zufällig zur Schauspielerei gekommen, Meine hatte schon lange den Wunsch, Musiker zu werden.*

▶ Phonetik: S. 69

5a+b Die TN arbeiten zu viert. Geben Sie den Gruppen fünf Minuten Zeit, Wörter mit *-ung* zu sammeln. Die TN können dafür auch durch das Buch blättern. Anschließend notieren die Gruppen die Wörter mit Artikel an der Tafel und ergänzen den Grammatikkasten.

d Was passt zusammen? Suchen Sie die Wörter im Text und verbinden Sie.

1.	auf Klassenfahrt	a	Dekorateur machen
2.	aufs Gymnasium	b	sein
3.	am Casting	c	haben
4.	die Hauptschule	d	wechseln
5.	eine Ausbildung zum	e	gehen
6.	zu den Scorpions	f	fahren
7.	schnell Erfolg	g	besuchen
8.	sehr erfolgreich	h	teilnehmen

e Was haben Sibel Kekilli und Klaus Meine gemeinsam? Was ist anders? Sprechen Sie im Kurs.

Sibel Kekilli ist viel jünger als Klaus Meine.

5 Wortbildung: Nomen auf *-heit, -keit, -ung*

a Welche Wörter auf *-ung* kennen Sie? Sammeln Sie.

die Zeitung

b Wie ist der Artikel? Lesen Sie den Grammatikkasten und ergänzen Sie.

Nomen auf *-heit, -keit, -ung*

die	Ausbildung	-heit, -keit, -ung
die	Kindheit	= *immer feminin*
die	Süßigkeit	

6 Und Sie? Welche Ausbildung haben Sie?

a Machen Sie ein Partnerinterview. Die Bildleiste hilft.

über seine Ausbildung sprechen

Schulzeit	Von ... bis ... bin ich zu/auf ... gegangen. Dann habe ich ... besucht. Meine Noten waren / Mein Zeugnis war sehr gut / schlecht. Ich durfte (nicht) ... / Wir konnten (nicht) ... Ich hatte eine nette Lehrerin / einen strengen Lehrer. Im Jahr ... habe ich das Abitur gemacht / die zehnte Klasse abgeschlossen.
Ausbildung	Ich habe eine Ausbildung zum/zur ... gemacht. Im Jahr ... war ich fertig. Danach bin ich zum/zur ... gewechselt.
Studium	Ich habe von ... bis ... ... studiert. Ich habe einen Abschluss / einen Doktor in ...

b Schreiben Sie einen Text über Ihre Schulzeit und Ausbildung.

*D: die Grundschule – A: die Volksschule – CH: die Primarschule | D: die Realschule, es gibt auch die Sekundarschule, die Gesamtschule und die Hauptschule – A: die Hauptschule, die Allgemeine höhere Schule, die Neue Mittelschule – CH: die Sekundarschule, die Fachmittelschule

die Grundschule, -n*

die Realschule, -n*

das Gymnasium, Gymnasien

die Ausbildung (Sg.)

der Schüler, -/ die Schülerin, -nen

das Zeugnis, -se

die Note, -n

die Klasse, -n

! Die TN lernen hier, dass die Wörter mit *-ung, -heit, -keit* immer den Artikel *die* haben. Die produktive Bildung der Nomen wird auf diesem Sprachniveau nicht verlangt.

6a **AR, UM:** Spielen Sie das Video zur Bildleiste ab. Die TN sprechen nach (Phase 1 und 2) und formulieren Sätze (Phase 3).

Die TN lesen zuerst die Redemittel und sammeln passende Fragen für das Interview an der Tafel, z. B. *Wann bist du zur Schule gegangen? Welche Schule hast du besucht? Warst du gut in der Schule? Wie waren deine Lehrer? Wann hast du deinen Abschluss gemacht? Was für eine Ausbildung hast du gemacht oder hast du studiert?*

! Weisen Sie die TN darauf hin, dass sie für die Schultypen (Grundschule, Gymnasium etc.) die Namen aus ihrer Muttersprache benutzen können, da sich die Schulsysteme oft stark unterscheiden. Wenn die Begriffe *Ausbildung* und *Studium* für die TN verwirrend sind, erklären Sie: *Bei einer Ausbildung lernt man einen Beruf. Beim Studium studiert man an der Uni.*

6b Zielaufgabe/Ich-Bezug. Wiederholen Sie vor dem Schreiben ggf. Zeitangaben (*von ... bis ..., vor ... Jahren, im Jahr 2002, zuerst* usw.). Wenn ihre TN einverstanden sind, werden die Texte gemischt und neu verteilt. Die TN lesen die Texte ohne Namen vor, die anderen raten, wer den Text geschrieben hat.

▶ Vertiefung: S. 69/2

7a Fragen Sie zuerst: *Kennen Sie den Boulevard der Stars oder Walk of Fame? Was gibt es dort?* Die TN sprechen im Kurs. Schreiben Sie dann die Namen der fünf Stars an die Tafel. Die TN sammeln ihre Vermutungen über die Personen (Beruf, Karriere usw.) an der Tafel.

7b Die TN lesen und vergleichen mit den Ideen an der Tafel. Beim anschließenden Kursgespräch ergänzen bzw. korrigieren sie die Informationen an der Tafel.

! Der Text gibt keine Informationen zu Eberhard Fechner (*Regisseur*) und Werner Richard Heymann (*Komponist*). Geben Sie an dieser Stelle noch keine weiteren Informationen und achten Sie auch darauf, dass die TN nicht mit dem Smartphone recherchieren. Sie erhalten weitere Informationen aus der Kopiervorlage bei Aufgabe c.

7c Die TN lesen, markieren die für die Lösung wichtigen Textstellen und kreuzen an. Sie vergleichen zu zweit.

Die TN bilden fünf Gruppen. Jede Gruppe bekommt alle Steckbriefe von der Kopiervorlage, schneiden Sie allerdings die Lösung ab. Die TN lesen die Steckbriefe und ordnen die Namen von der Tafel zu. Dann vergleichen sie ihre Lösungen, indem jede Gruppe eine Person anhand der Steckbriefe mündlich vorstellt. Jede/Jeder TN in der Gruppe soll mind. zwei Sätze sagen. ▶ KV 8/2

8 Zielaufgabe. Die TN arbeiten in Gruppen zu dritt. Sie sammeln Vorschläge für einen Star, über den sie schreiben möchten und wählen gemeinsam eine Person aus. Geben Sie den Gruppen ca. zehn Minuten Zeit, um mit dem Smartphone im Internet die Informationen zu recherchieren und Stichwörter zu den Fragen zu notieren. Dann schreiben die Gruppen gemeinsam einen Text. Kursspaziergang: Die Gruppen hängen ihre Texte auf. Die TN gehen allein oder in ihrer Gruppe durch den Raum und lesen die anderen Texte.

8 Lebenslinien ▪ einen Text über eine bekannte Person schreiben

7 Walk of Fame oder Boulevard der Stars?

a Kennen Sie die Namen? Wer waren/sind die Personen? Sprechen Sie im Kurs.

Boulevard der Stars, Berlin

Christoph Waltz, Walk of Fame, Los Angeles (2014)

b Lesen Sie den Text und überprüfen Sie Ihre Vermutung in a.

Sterne für die Stars

Welche Personen sind in Deutschland, Österreich und in der Schweiz in der Filmwelt wichtig? Wer ist hier ein Star? Auf dem Boulevard der Stars in Berlin finden Sie schnell eine Antwort, Sie müssen hier nur einen Spaziergang machen.

Am Potsdamer Platz feiert man jedes Jahr die Berlinale – das große Filmfestival in Berlin. Seit 2010 gibt es dort auch den Boulevard der Stars. Auf einem „roten Teppich" aus Stein haben viele Schauspieler und Filmemacher aus Deutschland, Österreich und der Schweiz einen Stern bekommen. Und jedes Jahr werden es mehr. Es gibt hier auch eine besondere Attraktion: Eine „magische Kamera" macht es möglich, dass man ein Foto von sich zusammen mit dem Lieblingsstar machen kann.

Den ersten Stern hat die deutsche Schauspielerin Marlene Dietrich bekommen. Das ist schon ihr zweiter Stern: Der erste liegt auf dem Walk of Fame in Los Angeles. Zwei Sterne – einen in Berlin und einen in Los Angeles – haben auch zwei österreichische Stars: der Filmemacher Billy Wilder und der Schauspieler Christoph Waltz.

c Was ist richtig? Lesen Sie noch einmal und kreuzen Sie an.

1. Der Boulevard der Stars ist in Berlin,
   - a ☐ weil Berlin die Hauptstadt ist.
   - b ☐ weil die meisten Stars aus Berlin kommen.
   - c ☒ weil dort die Berlinale stattfindet.
2. Man kann ein Foto mit dem Star machen,
   - a ☒ weil eine Kamera ein virtuelles Bild macht.
   - b ☐ weil die Stars jedes Jahr in Berlin sind.
   - c ☐ weil es dort Figuren aus Papier gibt.
3. Einen Stern in Berlin bekommen Stars
   - a ☐ mit einer Karriere in Hollywood.
   - b ☒ aus Deutschland, Österreich oder der Schweiz.
   - c ☐ mit einem Oscar.
4. Den ersten Stern hat
   - a ☐ Christoph Waltz bekommen.
   - b ☐ Billy Wilder bekommen.
   - c ☒ Marlene Dietrich bekommen.

8 Die Star-Galerie. Wählen Sie einen Star und recherchieren Sie Informationen. Schreiben Sie einen Text mit einem Foto. Hängen Sie die Texte im Kursraum auf.

1. Wann und wo ist er/sie geboren?
2. Wo hat er/sie / von ... bis ... gelebt?
3. Hat er/sie einen Oskar bekommen?
4. Wo lebt er/sie heute? Wo/Wann ist er/sie gestorben?

68 achtundsechzig

Wichtige Sätze

1 über seine Schulzeit und Kindheit erzählen

Schreiben Sie folgende Stichwörter an die Tafel: *der Schulweg, der Lehrer / die Lehrerin, die Eltern, die Freizeit.* Die TN formulieren zu zweit Fragen zu den Stichwörtern. Danach suchen sie sich eine andere Partnerin / einen anderen Partner und führen mit ihren Fragen ein Partnerinterview. Sie notieren die Antworten. Dann schreiben die TN anhand der Notizen einen kurzen Text über ihre Partnerin / ihren Partner.

Wichtige Sätze

über seine Schulzeit und Kindheit erzählen

Ich hatte einen langen Schulweg. Unser Lehrer war sehr nett/streng. Wir durften uns im Unterricht nicht unterhalten. Wir mussten / Wir konnten nicht ...
Als Kind durfte ich immer/nie draußen spielen. Ich durfte nicht zu spät kommen. Ich musste viel im Haushalt helfen.

über Biografien und Ausbildung sprechen

Von ... bis ... bin ich zu/auf ... gegangen. Dann habe ich ... besucht.
Meine Noten waren / Mein Zeugnis war sehr gut / schlecht.
Im Jahr ... habe ich das Abitur gemacht / die zehnte Klasse abgeschlossen.
Ich habe eine Ausbildung zu ... gemacht. Im Jahr ... war ich fertig.
Danach bin ich zum/zur ... gewechselt.
Ich habe von ... bis ... ... studiert. Ich habe einen Abschluss / einen Doktor in ...

Erstaunen ausdrücken

Was? Wie bitte? Wirklich? Unglaublich!
Das ist nicht wahr! Das kann doch nicht sein!

Strukturen

Modalverben im Präteritum

Infinitiv	wollen	müssen	können	dürfen	sollen
ich	wollte	musste	konnte	durfte	sollte
du	wolltest	musstest	konntest	durftest	solltest
er/es/sie	wollte	musste	konnte	durfte	sollte
wir	wollten	mussten	konnten	durften	sollten
ihr	wolltet	musstet	konntet	durftet	solltet
sie/Sie	wollten	mussten	konnten	durften	sollten

	Position 2 Modalverb		Satzende Infinitiv
Ich	konnte	damals nicht mit dem Bus	fahren.
Ich	musste	zu Fuß zur Schule	gehen.

Wortbildung: Nomen auf *-heit, -keit, -ung*

immer feminin: die Kindheit, die Süßigkeit, die Ausbildung

▶ Phonetik, S. 146

2 über Biografien und Ausbildung sprechen

Die Texte der TN von Aufgabe 6b liegen gemischt auf dem Tisch. Notieren Sie an der Tafel: *Schule: von wann bis wann? Abschluss: Abitur? wann? Ausbildung/Studium: wann? was?* Jede/Jeder TN erhält einen Text. Die TN lesen und machen sich Notizen. Geben Sie dafür ca. fünf Minuten Zeit. In Form einer Kurskette stellen die TN „ihre Person" in 3 bis 5 Sätzen vor. Weisen Sie die TN darauf hin, nur die wichtigsten Informationen zu den Fragen zu geben. Die TN sprechen frei mithilfe ihrer Notizen.

3 Erstaunen ausdrücken

Kurskette: Eine/Ein TN sagt einen Satz über sich, z. B.: *Ich mag keine Schokolade.* Die/Der nächste TN wiederholt den Satz, reagiert erstaunt und sagt den nächsten Satz, z. B.: *Wie bitte? Du magst keine Schokolade? Ich ...*

Strukturen

4 Modalverben im Präteritum

Konjugationsrennen: Bereiten Sie pro Gruppe ein Kärtchen-Set mit den Modalverben vor. Die TN arbeiten in Gruppen zu fünft, jede Gruppe bekommt ein Kärtchen-Set. Die/Der erste TN aus jeder Gruppe zieht eine Karte und notiert alle Präteritumformen an der Tafel. Dann übergibt sie/er den Stift an die nächste / den nächsten TN usw., bis alle TN dran waren. Es gewinnt die Gruppe mit den wenigsten Fehlern.

Phonetik

! In Band A1 wurden das *ü* und *ö* bereits geübt. Sie werden vom *i* bzw. *e* hergeleitet.

Auf einen Blick

Material: ggf. Kärtchen (6b)

1 Weisen Sie die TN darauf hin, dass sie versuchen sollen, längere Sätze mit mehreren Wörtern zu bilden, um schneller Punkte zu erzielen. Danach arbeiten die TN zu zweit und notieren die Punkte. Jede/Jeder TN darf jedes Wort nur einmal verwenden. Halten Sie sich während der Übung zurück. Die TN sollen selbst entscheiden, ob ein Satz sinnvoll ist oder nicht. Wenn Sie typische Fehler hören, notieren Sie diese und besprechen Sie sie anschließend mit den TN.

2 ▸ Wiederholen Sie zuerst mit den TN die Wechselpräpositionen und schreiben Sie an die Tafel:

> *in, an, auf, vor, hinter, über, unter, neben, zwischen*
>
> *Wo? (Dat.)   Wohin? (Akk.)*

Die TN arbeiten zu zweit, fragen und antworten wie im Beispiel. Sie zeichnen die Möbelstücke ein und bennen die Position: *Okay, das Bett steht jetzt im Schlafzimmer rechts an der Wand.*

Alternative: Nachdem die TN alle Möbelstücke eingezeichnet haben, bilden sie neue Paare, sodass jeweils zwei TN, die mit S. 70 bzw. mit S. 140 gearbeitet haben, ein Paar sind. Sie beschreiben abwechselnd die Position der Möbelstücke und kontrollieren so ihre Lösung.

◐ Stärkere TN sammeln zu zweit weitere Möbelstücke, zeichnen auch diese in den Plan ein und erfragen sie gegenseitig.

7|8 Deutsch aktiv

1 **Wortschatz-Training. Spielen Sie zu zweit. Bilden Sie mit den Wörtern Sätze. Ist der Satz richtig? Dann bekommen Sie für jedes Wort aus dem Schüttelkasten einen Punkt. Wer hat als Erste/r 15 Punkte?**

die Note – erfolgreich – die Kindheit – der Vermieter – die Schule – das Zeugnis – der Strom – der Abschluss – das Abitur – das Studium – die Küche – der Schulweg – die Ausbildung – das Viertel – außerhalb – die Einbauküche – streng – das Erdgeschoss – die Miete – das Wohnzimmer – der Keller – die Klassenfahrt – verkehrsgünstig

Ich nehme zwei Wörter: die Schule und die Note. Mein Satz ist: Ich hatte in der Schule immer gute Noten.

Gut, du hast zwei Punkte. Jetzt ich: Ich nehme …

2 **Wohin kommt …? Arbeiten Sie zu zweit. Ihre Partnerin/Ihr Partner arbeitet auf Seite 140. Fragen und antworten Sie. Zeichnen Sie die Möbel in den Plan.**

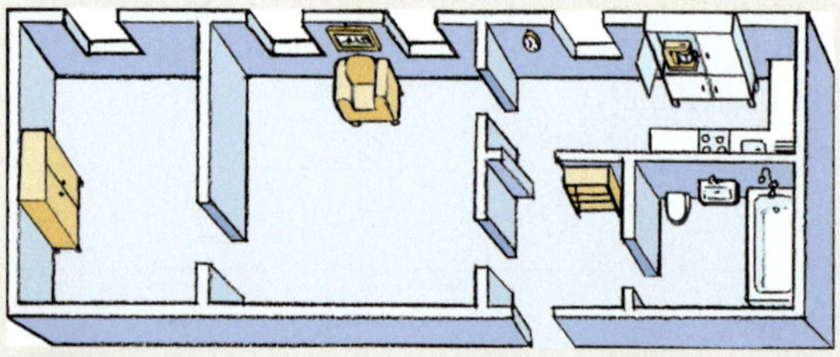

Wohin kommt das Bett?

Das Bett kommt ins Schlafzimmer.

Und wohin genau?

Rechts an die Wand.

3 **Kursspaziergang: Wohin möchten Sie jetzt gern gehen/fahren? Schreiben Sie einen Satz. Gehen Sie dann durch den Kursraum und sprechen Sie wie im Beispiel.**

Ich möchte jetzt gern ins Kino gehen. Kommst du mit?

Nein, ich war gestern im Kino. Ich möchte lieber …

Okay, dann komme ich mit. / Schade, dann gehe ich alleine ins Kino.

*D: auf das Fest – CH: an das Fest

70 siebzig

3 ▸ Automatisierung: Die TN gehen durch den Raum, fragen und antworten und suchen eine/einen TN, die/der zum gleichen Ort gehen/fahren möchte. Dann formulieren sie gemeinsam zwei Sätze mit Akkusativ und Dativ, z. B.: *Wir wollen auf das Volksfest gehen. Auf dem Volksfest wollen wir Karussell fahren.*

◐ Schwächere TN nehmen ihr Buch beim Kursspaziergang mit.

UM: Alternative: Projizieren Sie die Bilder an die Wand. Die TN schreiben keine Sätze und sprechen im Kursspaziergang spontan.

4 Weisen Sie die TN darauf hin, die Modalverben nach Möglichkeit nicht nur in den Fragen, sondern auch in den Antworten zu benutzen.

Alternative: Um auch die Pluralform (*Musstet ihr …?*) zu automatisieren, arbeiten die TN in Gruppen zu dritt.

5 Beim ersten Lesen können die TN nach „ihrem" Satz noch eine deutliche Pause machen, ggf. auch Blickkontakt zur Partnerin / zum Partner aufnehmen. Führen Sie das mit einer/einem TN am Beispiel des ersten Satzwechsels vor. Bei den folgenden Durchgängen werden die Pausen immer kleiner. TN üben so lange, bis sie den Text flüssig lesen. Die Paare nehmen sich mit dem Smartphone auf. Besprechen Sie mit den Paaren einzeln ihre Ergebnisse.

6a+b ▸ ▸ Fragen Sie die TN: *Wer spricht hier? Was ist das Thema?* Die TN hören zuerst den Dialog, ohne den Text mitzulesen, und antworten. Dann hören sie noch einmal und lesen mit, dabei übernimmt jede/ jeder TN eine Rolle. Dann sammeln die TN weitere Fragen, die man bei der Wohnungssuche stellen kann, an der Tafel. Die Gruppen schreiben mithilfe der Fragen an der Tafel den Dialog zu Ende und lesen/spielen ihn im Kurs vor.

◐ Improvisation: In starken Kursen schreiben die TN Fragen der Frau (s. o.) auf Kärtchen. Dann lesen die TN den Dialog zu dritt, die/der TN in der Rolle der „Frau" zieht ein Kärtchen und stellt die Frage. „Der Mann" und „der/die Vermieter/in" reagieren entsprechend spontan.

4 Konntest du oder durftest du früher …? Schreiben Sie Fragen mit *dürfen*, *wollen* und *müssen* im Präteritum zu den Bildern in 3. Fragen und antworten Sie.

Durftest du als Kind ins Kino gehen?

Ja, das durfte ich. Ich bin sehr oft ins Kino gegangen. Und du?

Ich konnte nicht ins Kino gehen. Bei uns in der kleinen Stadt war kein Kino.

5 Eine Geschichte gemeinsam lesen. Ihre Partnerin / Ihr Partner arbeitet auf Seite 140. Lesen Sie die Geschichte zu zweit laut (Partnerin/Partner A fängt an). Können Sie die Geschichte ohne Pausen vorlesen? Üben Sie zu zweit.

Partnerin / Partner A

Fiete ist in Hamburg geboren und …
… sehr schön. Sein Vater war Ingenieur im Hafen und …
… gut gefallen und er wollte später auch als Ingenieur im Hafen arbeiten. Aber …
… der Vater eine Stelle in München bekommen hat. Fiete …
… musste umziehen und seine Freunde verlassen. In München …
… konnte die anderen Schüler in der Schule nicht gut verstehen und …
… er hat Hamburgerisch gesprochen und sie …
… wieder nach Norddeutschland zurückgegangen und …

6 Wohnungssuche

.28 a Hören Sie und lesen Sie den Dialog.

- Eine sehr schöne Wohnung, sehr zentral, sehr verkehrsgünstig.
- Gut.
- Zentral? Das heißt bestimmt laut. Frag mal: Ist die Wohnung ruhig?
- Sie sagen verkehrsgünstig, das ist natürlich gut. Aber ist die Wohnung auch ruhig?
- Na ja, es ist eine Stadtwohnung, aber für eine Stadtwohnung ist sie sehr ruhig.
- Was kostet die Wohnung?
- Und könnten Sie mir sagen: Was kostet die Wohnung?
- Oh, sie ist sehr günstig! Nur 350 Euro.
- Das kann nicht sein. Wie hoch sind die Nebenkosten?
- 350 Euro mit Nebenkosten?
- Oh, nein. Die Nebenkosten sind extra.

…

b Schreiben Sie den Dialog zu Ende und spielen Sie den Dialog zu dritt.

IV Panorama

Auf einen Blick

Material: ggf. Deutschlandkarte (Landeskunde-AR)

Textsorten: Radiointerview (2a+b)

Strategien: Wörter mit Bildern lernen (1a); globales Hören (2a); detailliertes Hören (2b); Notizen machen (2b, 2c); einen Text anhand von Notizen schreiben (2c); Hör-Sehen (Landeskunde-AR)

Einstieg Fragen Sie die TN: *Wo haben Sie in Ihrer Kindheit gelebt? Auf dem Land oder in der Stadt? Wie groß/klein war die Stadt / das Dorf? Was war gut / nicht so gut?* Die TN sprechen im Kurs. Notieren Sie die von den TN genannten Vor- und Nachteile an der Tafel.

1a ▸ Die TN arbeiten in zwei Gruppen. Eine Gruppe ordnet die Wörter zum Foto oben, die andere zum Foto unten zu. Dann beschreiben die Gruppen die Fotos und notieren die Vor- und Nachteile an der Tafel (s. Einstieg). Achten Sie darauf, dass alle TN mind. einen Satz sagen.

1b ▸ Die TN arbeiten in zwei Gruppen: Eine Gruppe bilden die TN, die auf dem Land wohnen / gern wohnen würden; die zweite Gruppe bilden die TN, die in einer Großstadt wohnen / gern wohnen würden. Die Gruppen bündeln die gesammelten Vorteile, ergänzen sie, formulieren Sätze mit den Redemitteln und diskutieren.

2a+b ▸ ▸ Bereiten Sie die TN auf das Hören vor: *Sie hören eine Radiosendung. Zwei Personen erzählen, wo sie heute leben und wo sie früher gelebt haben.* Die TN hören das Interview und kreuzen an. Beim zweiten Hören notieren sie die Vor- und Nachteile, beim dritten Hören überprüfen bzw. ergänzen sie ihre Notizen. Dann vergleichen sie die Vor- und Nachteile mit denen an der Tafel.

Die Fotos zeigen Frankfurt am Main (oben) und die Stadt Büdingen (unten).

1 Frankfurt oder Büdingen?

a Was passt zu den Bildern? Ordnen Sie zu. Sammeln Sie dann weitere Wörter.

schnell – laut – langweilig – leise – hektisch – gesund – langsam – stressig – anstrengend – ruhig – interessant	ausgehen – sich entspannen – essen gehen – spazieren gehen – im Garten arbeiten – ins Kino gehen – in der Natur sein

b Wie ist das Leben in der Stadt? Und auf dem Land? Diskutieren Sie im Kurs.

Ich finde, dass das Leben in der Großstadt interessanter als auf dem Land ist. In der Stadt kann man …

Ich lebe gern auf dem Land, weil ich gern im Garten arbeite.

etwas vergleichen
Auf dem Land / Außerhalb kann man … In der Stadt kann man …
Auf dem Land / In der Stadt gibt es mehr/weniger/keine …
Das Leben in der Stadt ist … als … auf dem Land.
Das Leben auf dem Land ist … als in der Stadt.

Lösung (Beispiel): <u>Stadt: Vorteile:</u> *(neue) Freunde treffen, ausgehen (Konzert, Theater), es ist immer etwas los;* <u>Nachteile:</u> *chaotisch, man fühlt sich allein;* <u>Land: Vorteile:</u> *für Kinder gut, mit dem Fahrrad fahren, reiten, kleine Schulen, alle Kinder kennen sich;* <u>Nachteile:</u> *es passiert nicht viel, der Schulweg ist lang (früh aufstehen, nicht so oft Freunde treffen)*

2c ▸ Die TN formulieren zu zweit vier bis fünf Fragen für das Interview. Dann bilden sie neue Paare, führen die Interviews durch und machen Notizen. Danach schreiben sie anhand ihrer Notizen die Interviews. Geben Sie einen Einstieg an der Tafel vor, z. B.: *Kindheit auf dem Land und in der Stadt. Wir haben Personen nach ihrer Kindheit gefragt. Hier die Ergebnisse.* Die TN sammeln alle Interviews und gestalten eine Kurszeitung.

2 Stadtratte oder Landmaus

29 **a** Wo haben die Personen gelebt? Wo leben sie jetzt? Hören Sie und kreuzen Sie an.

		früher		jetzt	
		Stadt	Land	Stadt	Land
	Ana Freitas-Meier	x	☐	☐	x
	Martin Dönges	☐	x	x	☐

29 **b** Welche Vor- und Nachteile gibt es in der Stadt und auf dem Land? Was sagen die Personen? Hören Sie noch einmal und notieren Sie.

c Wo haben Sie gelebt? Was durften oder konnten Sie (nicht)? Schreiben Sie ein Interview.

> Schreiben Sie fünf Fragen an Ihre Partnerin / Ihren Partner.
> Führen Sie mit Ihrer Partnerin / Ihrem Partner ein Interview. Machen Sie Notizen.
> Schreiben Sie das Interview wie für eine Zeitschrift.

Landeskunde

AR, UM: Das Video erklärt, ab wann eine Stadt eine Großstadt ist und wie viele Großstädte es in Deutschland, Österreich und in der Schweiz gibt. Am Ende wird den TN eine Verständnisfrage zum Video gestellt (*Wie viele Millionenstädte gibt es in Österreich?* Lösung: *Eine*).

▸ ▸ Spielen Sie das Video ab und fragen Sie die TN: *Über welche Themen geht es im Video?* Die TN sammeln Stichwörter an der Tafel. Beim zweiten Sehen notieren die TN die Namen der Städte, die genannt werden, und suchen sie danach auf der Karte vorn im Buch. (Arnis – die kleinste Stadt Deutschlands – ist auf der Karte nicht eingezeichnet.) Beim dritten Sehen notieren die TN Informationen zu den Städten und beantworten die Quizfrage. Bei Interesse spielen Sie weitere Videos vom Umschlag des Buches ab. Die Videos informieren über Sehenswürdigkeiten in Frankfurt, die Frankfurter Börse, wichtige Personen aus Frankfurt und den Rhein sowie andere große Flüsse in DACH.

Frankfurt am Main
- 732.000 Einwohner
- größte Stadt in Hessen; fünftgrößte Stadt in Deutschland

Büdingen
- 21.780 Einwohner
- 35 km nordöstlich von Frankfurt

9 Die lieben Kollegen

Auf einen Blick

Material: 4x großes Papier (4); Kärtchen (4, 6b/Wichtige Sätze 1); KV 9/1 (7d/Wichtige Sätze 2)

Textsorten: Quiz (1); Radio-Interview (3a+b); geschäftliche E-Mail: Terminvereinbarung (7); Statistik (8b)

Strategien: selektives Lesen (1b, 7b); Wörter aus dem Kontext verstehen (1b); detailliertes Lesen (1c+d, 7a); globales Hören (3a); detailliertes Hören (3b); selektives Hören (6a); Hör-Sehen (6a); sich in Textsorten orientieren (7a+b); einen Text anhand von Textbausteinen schreiben (7c)

Einstieg + 1a 👥 Die TN sammeln Wörter zum Thema *Büro* in einem Wortigel. Dann beschreiben sie die Fotos und ergänzen ggf. den Wortigel.

1b 👥 ▸ 👤 ▸ 👥 Fragen Sie: *Was für ein Text ist das? Wo findet man ihn? Was ist das Thema?* Die TN lesen zuerst nur die Überschrift und die Einleitung und sprechen im Kurs. Dann lösen sie die Aufgabe und vergleichen zu zweit.

👤 ▸ 👥 Fragen Sie die TN: *Was für Probleme gibt es hier?* Die TN lesen noch einmal und schreiben einen Satz bzw. eine Überschrift für jede Situation, z. B.: *1. Probleme mit dem Computer; 2. Ein Kollege ist unfreundlich und arbeitet langsam; 3. Man kennt die neuen Kollegen noch nicht.*

1c 👤 ▸ 👥 ▸ 👥 Erklären Sie den TN die Punkte-Auswertung, z. B.: *Einmal A und zweimal B bedeutet, dass man eine angenehme Kollegin / ein angenehmer Kollege ist, aber manchmal zu vorsichtig ist.* Weisen Sie daraufhin, dass man den Test nicht zu ernst nehmen soll. Dann berichten sich die TN in Gruppen gegenseitig über ihr Ergebnis.

1d 👥 ▸ 👥 Fordern Sie die TN auf, auch alternative Antworten zu formulieren, wenn sie keine der Antworten gut finden. Die TN diskutieren ca. fünf Minuten in ihren Gruppen und notieren ihre Meinung (mit Begründung) in Stichpunkten.

9 Die lieben Kollegen

Büroalltag – ein Selbsttest

Ihre Kollegen sind unfreundlich und Ihr Chef versteht Sie nicht? Probleme im Büro kennen alle Menschen, aber wie verhält man sich richtig? Machen Sie unser Job-Quiz. Was machen Sie in den Situationen? Kreuzen Sie an.

Situation 1: Ihr Computer macht seit einigen Tagen Probleme. Jetzt ist er komplett abgestürzt. Der IT-Support hat heute keine Zeit und kann Ihnen erst morgen helfen. Sie müssen aber in zwei Stunden eine wichtige Arbeit fertig machen.

- (A) Sie gehen nach Hause, weil Sie die Arbeit nicht mehr schaffen können.
- (B) Sie fragen eine Kollegin und hoffen, dass Sie an ihrem Computer arbeiten dürfen.
- (C) Sie rufen eine IT-Expertin (= Ihre gute Freundin) an.

Situation 2: In einem Gespräch sagt Ihnen ein Kunde, dass er mit Ihrem Kollegen nicht zufrieden ist. Er beantwortet E-Mails nur sehr langsam und hat oft keine aktuellen Informationen. Außerdem ist er oft unfreundlich.

- (A) Sie sagen nichts. Das macht nur Probleme.
- (B) Sie erzählen Ihrem Kollegen von dem Gespräch.
- (C) Das haben Sie sich schon immer gedacht: Der Kollege ist faul. Sie erzählen es dem Chef.

Situation 3: Sie sind neu in der Firma. Ihr Büro liegt im sechsten Stock, Sie können mit dem Aufzug* fahren oder die Treppe nehmen. Im Aufzug treffen Sie oft Kollegen. Sie kennen ihre Namen nicht und die Situation ist Ihnen peinlich.

- (A) Sie warten und hoffen, dass jemand von den Kollegen Sie anspricht.
- (B) Sie grüßen freundlich und sprechen über das Wetter.
- (C) Sie nehmen lieber die Treppe.

Haben Sie dreimal A angekreuzt?	Sie sind zu vorsichtig. Sie können selbst aktiv werden.
Haben Sie dreimal B angekreuzt?	Sie sind im Büro eine angenehme Kollegin / ein angenehmer Kollege.
Haben Sie dreimal C angekreuzt?	Sie arbeiten nicht so gern im Team. Gründen Sie lieber eine Firma.

LiveStyle 8/16 35

1 Im Büro

a Was machen die Personen auf den Fotos? Sprechen Sie im Kurs.

b Welches Wort passt? Lesen Sie das Quiz und suchen Sie die passenden Wörter.

Situation 1: *Probleme machen* = nicht mehr funktionieren

Situation 2: *unfreundlich* = nicht nett

Situation 3: *peinlich* = unangenehm

c Wie verhalten Sie sich? Lesen Sie noch einmal und kreuzen Sie an. Welcher Typ sind Sie?

d Welche Antworten finden Sie gut? Welche nicht so gut? Warum? Sprechen Sie in Gruppen.

Ich finde 2B nicht gut, weil der Kollege dann vielleicht sauer reagiert.

Ja, aber …

* D: der Aufzug – A+CH (auch): der Lift

Dann stellen sie ihre Ergebnisse im Plenum vor, die anderen Gruppen reagieren zustimmend oder ablehnend.

2a+b Beim Vergleichen im Plenum schreibt eine/ein TN die Lösungssätze an die Tafel und markiert die Verben. Erklären Sie den Grammatikkasten und fragen Sie: *Welcher Satz ist der Nebensatz? Wie erkennt man das?* Die TN wiederholen die Nebensatzstruktur, die sie bereits mit *weil* und *dass* (vgl. Einheit 2+3) kennen. Erklären Sie, dass das Wort *dann* im Hauptsatz die Folge des *wenn*-Satzes betont, aber weggelassen werden kann. Weisen Sie die TN auf die Inversion im Hauptsatz hin (der Hauptsatz beginnt mit dem Verb), wenn der Hauptsatz nach dem Nebensatz steht.

2 Nebensätze mit *wenn*: Wenn …, dann …

a Was passt zusammen? Lesen Sie in 1 noch einmal, ordnen Sie zu und schreiben Sie Sätze.

Wenn der Computer abstürzt, – Wenn sich ein Kunde beschwert, – Wenn ich mit Kollegen im Aufzug fahre, – grüße ich freundlich. – bitte ich Kollegen um Hilfe. – erzähle ich es meinem Kollegen.

1 
Wenn der Computer abstürzt, bitte ich Kollegen um Hilfe.

2 
Wenn sich ein Kunde beschwert, erzähle ich es meinem Kollegen.

3 
Wenn ich mit Kollegen im Aufzug fahre, grüße ich freundlich.

b Lesen Sie den Grammatikkasten und markieren Sie die Verben in den Sätzen in a.

Nebensätze mit *wenn*

	Satzende (Verb)		Position 2 (Verb)	
Wenn der Computer	abstürzt,	(dann)	gehe	ich nach Hause.

c Lesen Sie die Sätze in a zu zweit laut – einmal mit *dann*, einmal ohne *dann*.

d Kursspaziergang: Was machen Sie, wenn Sie das doppelte Gehalt bekommen? Schreiben Sie eine Antwort. Gehen Sie durch den Kursraum. Fragen und antworten Sie.

Was machst du, wenn du das doppelte Gehalt bekommst?

Wenn ich das doppelte Gehalt bekomme, arbeite ich nur einen halben Tag.

Wenn du das doppelte Gehalt bekommst, arbeitest du nur einen halben Tag. Gute Idee!

3 Interview mit dem Psychologen Dr. Seiters

2.02 a Was ist das Thema? Hören Sie und sprechen Sie im Kurs.

2.02 b Was passt zusammen? Hören Sie noch einmal und verbinden Sie.

1. Wenn der Mitarbeiter laut telefoniert hat, – a
2. Immer wenn die Kollegin rausgegangen ist, – b
3. Vielleicht ist es der Kollegin peinlich, – d
4. Man muss mit den Mitarbeitern sprechen, – c

a hat sich der Mitarbeiter gewundert.
b ist die Kollegin immer rausgegangen.
c wenn es ein Problem gibt.
d wenn er sie fragt.

4 Was machen Sie, wenn …? Sammeln Sie Ideen. Antworten Sie dann mit *wenn*-Sätzen.

Was machen Sie, wenn Ihre Kollegin / Ihr Kollege nicht grüßt?
… wenn Ihr Zug Verspätung hat und Sie zu spät zu einem Termin kommen?
… wenn Ihre Chefin / Ihr Chef nicht merkt, dass Sie viel und gut gearbeitet haben?
… wenn im Büro plötzlich Ihre Hose kaputtgeht?

Alternative: Stärkere TN schreiben die Sätze in a, ohne nochmals zu lesen und lesen anschließend zur Kontrolle.

AR, UM: Spielen Sie das Video zu *wenn*-Sätzen ab.

Dann schreiben die TN die Sätze aus a noch einmal mit dem Hauptsatz an erster Stelle.

2c **AR, UM:** Spielen Sie zur Vorbereitung das Phonetik-Video ab. Dort wird die Satzmelodie in langen Sätzen geübt. Die TN sprechen nach.

Alternative: Lesen Sie die Sätze in a laut vor. Gehen Sie dabei beim Komma mit der Stimme nach oben. Die TN sprechen nach und lesen dann die Sätze noch einmal.

3b Die TN vergleichen zu zweit. Dann hören sie noch einmal. Fragen Sie: *Wie hat Herr Dr. Seiters die Situation gelöst?* Die TN sprechen im Kurs und tauschen sich darüber aus, wie man in der Situation in ihrem Land vielleicht reagiert.

4 Die TN sammeln zu zweit Ideen und schreiben *wenn*-Sätze auf Kärtchen. Schreiben Sie jede Frage aus dem Kursbuch in die Mitte von einem großen Papier und hängen Sie sie auf. Die TN hängen ihre Kärtchen zur passenden Frage auf. Kursspaziergang: Die TN lesen die *wenn*-Sätze und wählen die besten aus.

▶ Vertiefung: S. 79/3

5 Die TN sammeln zuerst „Computer-Wörter", die sie schon kennen.

AR, UM: Spielen Sie dann das Video zur Bildleiste ab (Phase 1 und 2). Die TN hören und sprechen nach.

▸ Geben Sie den TN kurz Zeit, um sich zu jeder Situation eine Antwort zu überlegen. Kurskette: Eine/Ein TN liest eine Situation vor. Die/Der nächste TN antwortet, die/der dritte TN reagiert, z. B.: *Ja, das mache ich auch. / Wirklich? Ich …* und sagt ihre/seine Antwort. Nach vier TN wechseln die TN zur nächsten Situation.

AR, UM: Spielen Sie Phase 3 des Videos zur Bildleiste ab. Die TN antworten mit *wenn*-Sätzen.

Stärkere TN schreiben zu jeder Situation einen *wenn*-Satz, z. B. *Wenn ich gerade Zeitung im Internet lese und mein Chef in mein Büro kommt, schließe ich das Fenster.*

6a ▸ ▸ Fragen Sie die TN zuerst: *Was machen Sie, wenn Sie morgens ins Büro / zur Arbeit kommen?* Dann hören die TN und lösen die Aufgabe. Beim zweiten Hören überprüfen sie ihre Lösung.

Video-DVD: Gehen Sie beim Video wie hier beschrieben vor. Die TN sehen das Video zuerst ohne Untertitel und lösen die Aufgabe. Dann sehen sie das Video noch einmal mit Untertiteln und überprüfen ihre Lösung.

6b ▸ Schreiben Sie die folgenden Stichwörter an die Tafel:

- privat? beruflich?
- am Computer? unterwegs auf dem Smartphone?
- E-Mail oder Chat?

Die TN tauschen sich zu viert aus. Ggf. können die Gruppen die Ergebnisse in einer Statistik zusammenfassen (mögliche Leitfragen: *Wer bekommt die wenigsten/meisten E-Mails? Wie lange beantworten wir im Durchschnitt E-Mails? Welches Medium ist beliebter: E-Mail oder Chat? Schreiben wir öfter privat oder beruflich E-Mails?*). Die Gruppen präsentieren anschließend die Statistiken im Kurs.

▸ Vertiefung: S. 79/1 ▸ Phonetik: S. 79

7a ▸ Führen Sie bei der Auswertung die Wörter *der Absender* (*Wer schreibt?*), *der Empfänger* (*An wen?*) und *der Betreff* (*Warum?*) ein. Besprechen Sie dann mit den TN die Textsorte. Fragen Sie: *Woran sieht man, dass die E-Mail formell (geschäftlich) und nicht*

9 Die lieben Kollegen

5 Computersprache. Was machen Sie? Lesen Sie die Situationen und sprechen Sie im Kurs. Die Bildleiste hilft.

1. Sie lesen gerade Zeitung im Internet und Ihr Chef kommt in Ihr Büro.
2. Sie haben einen wichtigen Anhang bekommen. Ihre Kollegin braucht den Anhang und den Kontakt.
3. Ihr E-Mail-Postfach ist voll.
4. Sie haben ein Protokoll für Ihre Kunden zu Ende geschrieben.

Ich schließe das Fenster und …

6 Ein typischer Morgen im Büro

2.03 09

a Was macht Arno Mondal? Hören Sie und ordnen Sie die Aktivitäten. Erzählen Sie dann.

3	E-Mails löschen	7	zu einer Besprechung gehen
4	E-Mails weiterleiten	8	E-Mails beantworten
6	telefonieren	5	einem Kollegen helfen
2	einen Tee kochen	1	den Computer einschalten

Arno Mondal sagt, dass er zuerst den Computer einschaltet.

b Wie viele E-Mails bekommen Sie täglich? Wie lange beantworten Sie Ihre E-Mails? Erzählen Sie.

7 Geschäftliche E-Mails schreiben

a Eine Terminanfrage. Wer hat die E-Mail an wen geschrieben und warum? Lesen Sie und sprechen Sie im Kurs.

Senden An alle Anhang Adressen Schriften Farben

Von: nippes@technik.de
Betreff: Termin für die Software-Präsentation
technische Daten

Sehr geehrter Herr Mondal,

vielen Dank, dass Sie uns Ihre neue Software vorstellen möchten.
Die folgenden Termine kann ich Ihnen vorschlagen: am 15.05. um 10:30 Uhr, am 19.05. um 14:30 Uhr oder am 21.05. um 12:00 Uhr. Wann passt es Ihnen am besten? Geben Sie mir bitte bis zum 10.5. Bescheid.

Herr Almeida und ich freuen uns auf die Präsentation. Im Anhang finden Sie die technischen Daten zu unseren Computerprogrammen.

Mit freundlichen Grüßen
Anna Nippes

Sekretärin IT
Finkenstraße 41
44135 Dortmund
Tel.: +49 (0)231 987 654
E-Mail: nippes@technik.de

76 sechsundsiebzig

privat ist? Auch wenn die Redemittel für die TN neu sind, werden sie doch die formellen Anrede- und Grußformel erkennen. Schreiben Sie die formelle Anrede- und Grußformel an die Tafel und lassen Sie die TN die rechte Seite (informell; vgl. Band A1, S. 90) ergänzen.

geschäftlich/formell	*privat/informell*
Sehr geehrte Frau … / Sehr geehrter Herr …	*Liebe … / Lieber …*
Mit freundlichen Grüßen	*Viele Grüße / Liebe Grüße*

b Einen Termin bestätigen. Herr Mondal sagt zu. Ordnen Sie die Textteile.

5 Mit freundlichen Grüßen	2 vielen Dank für Ihre E-Mail vom 03.05.
1 Sehr geehrte Frau Nippes,	6 Arno Mondal

3 Der 19.05. passt mir sehr gut. Ich komme um 14:30 Uhr zu Ihnen.

4 Ich freue mich auf ein interessantes Gespräch mit Ihnen und Herrn Almeida.

c Einen Termin verschieben. Frau Nippes hat einen Termin und muss die Präsentation verschieben. Schreiben Sie eine E-Mail in Ihr Heft.

Sehr geehrter Herr Mondal,
…

einen Termin vereinbaren

Anrede
Sehr geehrte Frau …, / Sehr geehrter Herr …,
Sehr geehrte Damen und Herren,

Gruß
Mit freundlichen Grüßen

danken
Vielen Dank für … / Vielen Dank, dass …

einen Termin vorschlagen
Die folgenden Termine kann ich Ihnen anbieten/vorschlagen: …
Ich hoffe, dass Ihnen die Termine passen.
Wann passt es Ihnen am besten? Geben Sie mir bitte bis zum … Bescheid.
Passt es Ihnen auch am …?

einen Termin zusagen
Der … passt mir sehr gut. Ich komme um … zu Ihnen.
Ich freue mich auf ein interessantes Gespräch mit Ihnen.

einen Termin absagen/verschieben
Bitte entschuldigen Sie, dass ich den Termin absagen muss.
Ich würde gern kommen, aber …
Ich bin seit gestern krank und muss leider unseren Termin verschieben.

d Welche Gründe sind für eine Absage gut? Sprechen Sie im Kurs.

Ich finde, man kann nicht schreiben, dass man heiratet. Das ist zu privat.

7b Schreiben Sie folgende Begriffe an die Tafel: *die Anrede, danken, einen Termin zusagen, der Schlusssatz, der Gruß, der Name.* Die TN sortieren die Textteile und ordnen Ihnen die Begriffe zu. Sie vergleichen im Kurs und schreiben anschließend die E-Mail in ihr Heft.

7c Zielaufgabe. Die TN lesen die Redemittel laut vor. Weisen Sie die TN darauf hin, dass sie für die Aufgabe evtl. einzelne Sätze ändern müssen, z. B. *Bitte entschuldigen Sie, dass ich die Präsentation verschieben muss. Ich habe leider einen anderen wichtigen Termin.* Die TN schreiben die E-Mail. Dann tauschen sie ihre E-Mails mit einer Partnerin / einem Partner und korrigieren sie gegenseitig.

! In geschäftlichen E-Mails und Briefen sollte in der Anrede auch – wenn vorhanden – der korrekte Titel genannt werden, z. B. *Sehr geehrte Frau Doktor … / Sehr geehrter Herr Professor …*
In E-Mails an Kolleginnen/Kollegen oder Geschäftspartnerinnen/Geschäftspartner, die man gut kennt, können Anrede und Gruß auch weniger formell ausfallen: *Liebe Frau … / Lieber Herr … / Viele Grüße / Herzliche Grüße.*

7d Die TN sammeln zuerst Gründe an der Tafel (ohne sie zu bewerten). Danach äußern sich die TN zu den Gründen. Dabei kann es gern zu (ggf. interkulturellen) Diskussionen kommen. Notieren Sie Redemittel für die Diskussion an der Tafel:

Das finde ich nicht/auch.
Bei uns ist es ganz normal, dass … Das finde ich nicht richtig.
Natürlich kann man …
Nein, das auf keinen Fall!

▶ Vertiefung: S. 79/2

8a Die TN haben die Bücher zuerst geschlossen. Fragen Sie: *Was ist für Sie wichtig im Beruf?* Die TN tauschen sich aus. Sammeln Sie Stichwörter an der Tafel. Dann lesen die TN die sechs Punkte und vergleichen sie mit ihren Stichwörtern an der Tafel.

▸ Die TN arbeiten in Gruppen zu viert und erstellen eine kleine Statistik für die Gruppe. Am Ende fassen sie die Ergebnisse für ihre Gruppe zusammen. Erinnern Sie die TN an die Vergleiche mit Komparativ und Superlativ (vgl. Einheit 3) und notieren Sie als Hilfestellung Satzbeispiele an der Tafel:

> *Für uns ist/sind … am wichtigsten. Das haben … Personen gesagt.*
> *… ist wichtiger als …*
> *… ist für uns nicht so wichtig.*

Die Gruppen präsentieren ihre Statistiken und führen sie zu einer Kursstatistik an der Tafel zusammen.

8b ▸ ▸ Fragen Sie die TN: *Was für eine Situation sieht man auf dem Bild? (Bewerbungsgespräch) Was bedeutet „interessante Arbeit“ und „flexibel“ für die Person? (Spaß mit den Kolleginnen/Kollegen; früh Feierabend machen)* Die TN sehen sich die Karikatur an und tauschen sich aus. Dann lesen sie den Text. Fragen Sie: *Wer hat wen nach seiner Meinung gefragt? Was ist das Thema?* Die TN sprechen im Kurs. (Lösung: *Fachhochschule Köln, 5000 Mitarbeiterinnen/Mitarbeiter; was ist wichtig am Arbeitsplatz)*

▸ ▸ Beim zweiten Lesen ergänzen die TN die Grafik und vergleichen zu zweit. Schreiben Sie einen Beispielsatz an die Tafel: *70% von den Deutschen sind zufrieden, wenn die Arbeit interessant, sinnvoll und abwechslungsreich ist.* Die TN schreiben zu zweit *wenn*-Sätze zu den anderen Punkten und lesen sie im Kurs vor (*Gehalt: …, wenn sie ein gutes Gehalt haben / genug verdienen. Sicherheit: …, wenn ihre Stelle sicher ist. Kolleginnen/Kollegen: …, wenn die Kolleginnen/Kollegen nett sind. Chefin/Chef: …, wenn die Chefin / der Chef nett ist. Ort: …, wenn sie ein schönes Büro haben.*)

8c Die TN sehen sich ihre Kursstatistik in a an und vergleichen sie mit der Grafik.

8 Das ist wichtig im Beruf.

a Was ist für Sie wichtig? Kreuzen Sie drei Punkte an. Machen Sie dann eine Kursstatistik.

- ☐ die Kolleginnen/Kollegen
- ☐ eine interessante Arbeit
- ☐ das Gehalt
- ☐ der Ort
- ☐ die Sicherheit
- ☐ die Chefin / der Chef

Für mich ist wichtig, dass ich …

Am wichtigsten finde ich …

die Kollegen	𝍸 I
eine interessante Arbeit	IIII

b Wie wichtig sind eine interessante Arbeit, das Gehalt und die Sicherheit für die Deutschen? Lesen Sie den Text und ergänzen Sie die Grafik.

Wann sind die Deutschen am Arbeitsplatz zufrieden? Was ist für sie wichtig?

Eine Studie der Fachhochschule Köln hat 5000 Mitarbeiter und Mitarbeiterinnen gefragt: Was ist für Sie am Arbeitsplatz wichtig? Auf dem ersten Platz steht die Arbeit, d.h. die Arbeit soll interessant, sinnvoll und abwechslungsreich sein. Erst auf dem zweiten Platz steht das Gehalt und auf dem dritten Platz die Sicherheit. Die Kollegen und der Chef oder die Chefin sind ca. für ein Drittel von den Mitarbeitern und Mitarbeiterinnen wichtig.

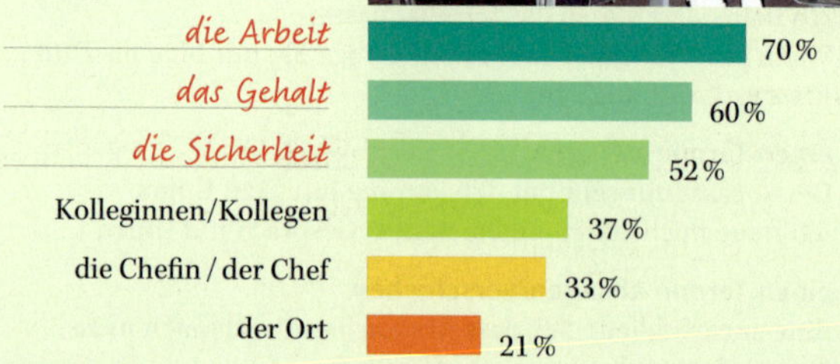

Quelle: Fachhochschule Köln, 2015

c Was ist für die Deutschen wichtig? Und was für Sie? Vergleichen Sie die Grafik mit Ihrer Kursstatistik in a.

Für die Deutschen ist eine interessante Arbeit wichtiger als für uns im Kurs.

Der Ort ist für die Deutschen genauso wichtig wie für uns.

Wichtige Sätze

1 über den Büroalltag sprechen / über Probleme am Arbeitsplatz sprechen

▸ Die TN sammeln mögliche Situationen/Probleme aus dem Arbeitsalltag. Die TN schreiben die Situationen/Probleme einzeln auf Kärtchen und hängen sie im Kursraum auf. Kursspaziergang: Die TN gehen zu dritt durch den Raum, lesen ein Kärtchen und sprechen über die Situation / das Problem, z. B.: *Wenn der Computer abstürzt, gehe ich nach Hause.* Dann gehen sie weiter zum nächsten Kärtchen usw.

Wichtige Sätze

über den Büroalltag sprechen / über Probleme am Arbeitsplatz sprechen

Wenn ich ins Büro komme, schalte ich zuerst den Computer ein.
Ich beantworte E-Mails oder leite sie weiter. Dann gehe ich zu einer Besprechung.
Wenn der Computer abstürzt, kann der IT-Support helfen.
Wenn es ein Problem gibt, muss man mit den Mitarbeitern freundlich sprechen.
Wenn sich ein Kunde beschwert, erzähle ich es meinem Kollegen.

geschäftliche E-Mails schreiben / einen Termin vereinbaren

Anrede
Sehr geehrte Frau ..., / Sehr geehrter Herr ...,
Sehr geehrte Damen und Herren,

Gruß
Mit freundlichen Grüßen

danken
Vielen Dank für ... / Vielen Dank, dass ...

einen Termin vorschlagen
Die folgenden Termine kann ich Ihnen anbieten/vorschlagen: ...
Ich hoffe, dass Ihnen die Termine passen.
Wann passt es Ihnen am besten? Geben Sie mir bitte bis zum ... Bescheid.
Passt es Ihnen auch am ...?

einen Termin zusagen
Der ... passt mir sehr gut. Ich komme um ... zu Ihnen.
Ich freue mich auf ein interessantes Gespräch mit Ihnen.

einen Termin absagen/verschieben
Bitte entschuldigen Sie, dass ich den Termin absagen muss.
Ich würde gern kommen, aber ...
Ich bin seit gestern krank und muss leider unseren Termin verschieben.

Strukturen

Nebensätze mit *wenn*

Position 1 (Nebensatz)		Position 2 (Verb)	
	Satzende (Verb)		
Wenn ich mit Kollegen im Aufzug	fahre,	grüße	ich freundlich.
Wenn der Computer	abstürzt,	gehe	ich nach Hause.
Wenn die Kollegin	rausgegangen ist,	hat	er sich gewundert.
Wenn Sie einen Termin	absagen müssen,	schreiben	Sie eine E-Mail.

Wenn-Sätze können auch am Ende stehen:
Ich grüße freundlich, wenn ich mit Kollegen im Aufzug fahre.

▸ Phonetik, S. 147

2 geschäftliche E-Mails schreiben / einen Termin vereinbaren

Die TN arbeiten zu dritt mit der Kopiervorlage. Eine/Ein TN ist Frau A., eine/ein TN ist Herr B. und die/der dritte ist Frau C. Zerschneiden Sie die Kopiervorlage und verteilen Sie die entsprechenden Teile an die TN. Dann schreiben die TN Terminvorschläge, Zu- und Absagen wie beschrieben. ▸ KV 9/2

Strukturen

3 Nebensätze mit *wenn*

▸ Notieren Sie die folgende Frage an der Tafel: *Was machst du, wenn du warten musst?* Alle TN beantworten die Frage mit einem *wenn*-Satz auf einem leeren Blatt Papier, z. B.: *Wenn ich warten muss, lese ich Zeitung.* Dann falten sie das Blatt so um, dass man die Frage oben nicht sehen kann, und reichen das Blatt an die Nachbarin / den Nachbarn rechts. Sie/Er schreibt eine Frage zu dem *wenn*-Satz, z. B.: *Was machst du, wenn du Zeitung liest?* Dann faltet sie/er das Blatt wieder so um, dass man nur die neue Frage sieht und gibt es weiter. Die/Der nächste TN beantwortet die Frage usw. – bis die Blätter wieder bei den ersten TN angekommen sind. Dann falten die TN die Blätter auf, lesen die Fragen und Antworten, korrigieren sie bei Bedarf und lesen sie im Kurs vor.

Phonetik

! Die Unterscheidung von langen und kurzen Vokalen ist im Deutschen sehr wichtig (s. auch Band A1). Die Länge der Vokale ist in den Wortlisten im Anhang und im Übungsbuch markiert und sollte von den TN bei jedem neuen Wort mitgelernt werden. In Aufgabe 2 werden einige Regeln für lange bzw. kurze Vokale präsentiert.

10 Mein Smartphone & ich

Auf einen Blick

Material: Prospekte/Kataloge von Geschäften (2e/Wichtige Sätze 1); KV 10/1 (3); großes Papier (4b/Strukturen 4, 5b); Kärtchen (6d/Wichtige Sätze 2)

Textsorten: Werbe-Flyer (1c, 2e); Beratungsdialog (1b+c, 2e); Internetseite (4b); Zeitschriftenartikel (6a)

Strategien: selektives Hören (1b); detailliertes Hören (1c+d, 3d); Automatisieren durch wiederholtes, lautes Lesen (2c, 4); Hör-Sehen (3); Bilder als Informationsquelle nutzen (3a); globales Hören (3b); globales Lesen (6a); detailliertes Lesen (6b+c); Wörter aus dem Kontext verstehen (6b)

Einstieg + 1a Fragen Sie die TN: *Was machen Sie mit Ihrem Smartphone? Was ist Ihnen bei einem Smartphone wichtig?* Geben Sie ein Beispiel vor: *Ich fotografiere gern. Deshalb ist eine gute Kamera wichtig für mich.* Die TN sprechen im Kurs. Sammeln Sie Stichpunkte an der Tafel.

AR, UM: Spielen Sie das Video zur Bildleiste ab (Phase 1). Die TN sprechen nach.

▶ Phonetik: S. 85

Ich-Bezug. Die TN beschreiben ihr Smartphone in Gruppen.

1b ▸ ▸ ▸ Die TN sehen sich das Foto an und vermuten, was die Personen sagen. Dann hören sie und kreuzen an. Zu zweit formulieren sie (direkte) Fragen zu den Punkten (*Wie viel Speicherplatz hat das Smartphone? Wie groß ist das Display? / Welche Größe hat das Display? Welche Tarife gibt es? Hat das Smartphone eine Kamera? Wie teuer ist das Smartphone ohne Vertrag? In welchen Farben gibt es das Smartphone?*) und notieren sie an der Tafel.

1c ▸ Die TN lesen den Prospekt. Dann hören sie noch einmal und ergänzen die Informationen. Nach dem Hören sprechen die TN zu zweit: Eine/Ein TN nimmt die Rolle des Verkäufers, die/der andere die Rolle der Kundin ein. „Die Kundin" stellt die Fragen aus 1b, „der Verkäufer" antwortet mithilfe der Informationen aus dem Prospekt. Dann tauschen die TN die Rollen.

10 Mein Smartphone & ich

Jetzt ist es da! Supernova 256 sofort lieferbar.

✓ großes Display
✓ schnelles Surfen
✓ Kamera
✓ günstige Tarife oder Prepaid-Karte

Technische Daten und Preise

64-GB Speicherplatz
12-Megapixel-Kamera
5,5-Zoll-Display
(rosa, silber, weiß und schwarz)

Vertrag für 24 Monate
Infinity-Flatrate: 29,90 €
(telefonieren, SMS, surfen)
Basic-Flatrate: 9,90 €
(telefonieren, SMS, surfen bis zu 500 MB)

Ohne Vertrag: 295,90 €

1 Das neue Smartphone-Modell

a Was ist für Sie bei einem Smartphone wichtig? Sprechen Sie im Kurs. Die Bildleiste hilft.

Was ist für dich wichtig, wenn du ein Smartphone kaufst?

Für mich ist ein günstiger Tarif wichtig. Und für dich?

2.04 **b** Welche Infos braucht die Kundin? Hören Sie und kreuzen Sie an.

1. [x] wie viel Speicherplatz
2. [ ] das Display: welche Größe
3. [x] welche Tarife
4. [ ] eine Kamera: ja/nein
5. [x] welcher Preis (ohne Vertrag)
6. [x] in welchen Farben

2.04 **c** Was sagt der Verkäufer über das Smartphone? Hören Sie noch einmal und ergänzen Sie die Informationen im Prospekt.

2.04 **d** Was fragt die Kundin? Hören Sie noch einmal und verbinden Sie.

1. Könnten Sie mir sagen, wie viel
2. Ich möchte noch wissen, wie teuer
3. Wissen Sie, ob man das Handy
4. Ich möchte noch wissen, ob es

a ein Tarif mit Flatrate ist.
b das Handy auch in anderen Farben gibt.
c Speicherplatz das Handy hat?
d auch ohne Vertrag kaufen kann?

1d Die Auswertung erfolgt als Kurskette: Eine/Ein TN liest die indirekte Frage, die/der nächste antwortet mit der entsprechenden Information aus dem Prospekt und liest die nächste Frage.

2a Die TN vergleichen die Struktur der (direkten) Fragen aus 1b mit den Fragen in 1d. Fragen Sie: *Was ist anders?* Neben der Verbstellung geht es auch darum, dass die TN erkennen, dass die indirekten Fragen höflicher klingen. Sie können das verdeutlichen, indem Sie beide Fragen „übertrieben" sprechen. Dann lösen die TN die Aufgabe. Fragen Sie dann, wann ein Satz mit Fragewort gebildet wird und wann mit *ob* (*W-Frage mit Fragewort, Ja-Nein-Frage mit* ob).

AR, UM: Spielen Sie das Video zu indirekten Fragen ab.

! Thematisieren Sie die Satzzeichen (Punkt/Fragezeichen) in indirekten Fragen nur, wenn die TN Sie danach fragen (*Fragezeichen, wenn der einleitende Hauptsatz eine Frage ist; Punkt bei einer Aussage*). Bei indirekten Fragen ist die Satzmelodie wichtig (*Bei einem Fragezeichen steigt die Melodie an, bei einem Punkt bleibt sie gleich*). Achten Sie daher auf die Intonation der TN.

2b Die TN schreiben zuerst direkte Fragen in ihr Heft, lösen dann die Aufgabe und markieren die Verbposition.

2c Alternative: Sprachschatten: Die TN fragen und antworten nach folgendem Muster: *Wie groß ist das Display? – Wie bitte? – Könnten Sie mir sagen, wie groß das Display ist? – Das Display ist 5,5 Zoll groß.*

AR, UM: Spielen Sie das Video zur Bildleiste ab (Phase 2). Die TN formulieren indirekte Fragen.

▶ Vertiefung: S. 85/3

2d Die TN schreiben zu zweit Fragen. Dann bilden sie neue Paare, fragen und antworten.

Lösung (Beispiel): *..., wie lange der Akku hält? ..., wie groß das Display ist? ..., ob ich das Smartphone mit einer Prepaid-Karte benutzen kann? ..., wie lange der Vertrag läuft? ..., welche Flatrates Sie anbieten? ..., welcher Tarif am günstigsten ist? ..., ob es das Smartphone auch mit mehr Speicherplatz gibt?*

2e Zielaufgabe. Die TN schreiben zuerst Fragen zu den Stichpunkten und üben den Dialog mehrmals.

▶ Vertiefung: S. 85/1

2 Indirekte Fragen: Könnten Sie mir sagen, wie viel ...?

a Lesen Sie die indirekten Fragen in 1d und ergänzen Sie den Grammatikkasten.

Indirekte Fragen

direkte Fragen	Wie viel Speicherplatz hat das Handy? Gibt es das Handy in anderen Farben?		
indirekte Fragen			**Satzende (Verb)**
Könnten Sie mir sagen,	*wie viel*	Speicherplatz das Handy	hat?
Ich möchte wissen,	*ob*	es das Handy in anderen Farben	gibt.

b Was fragt die Kundin? Ergänzen Sie die indirekten Fragen.

Könnten Sie mir sagen, wie *groß das Display ist*?
Das Display ist 5,5-Zoll groß.

Ich möchte wissen, ob *das Handy eine Kamera hat*.
Ja, das Handy hat eine Kamera mit Videofunktion.

Gut. Weiter möchte ich wissen, wie lange *der Akku hält*?
Der Akku hält ca. zehn Stunden.

Wissen Sie, welche *Flatrates es gibt*?
Es gibt die Infinity-Flatrate für 29,90 Euro und die Basic-Flatrate für 9,90 Euro.

Können Sie mir noch sagen, ob *ich mit der Basic-Flatrate viel surfen kann*?
Nein, mit der Basic-Flatrate können Sie nur wenig surfen.

c Lesen Sie den Dialog in b zu zweit laut.

d Was möchten Sie über ein Smartphone wissen? Schreiben Sie indirekte Fragen mit den Wörtern in der Bildleiste. Fragen und antworten Sie.

Kannst du mir sagen, wie viel ...?

e Beratungsdialoge. Wählen Sie ein Gerät und schreiben Sie zu zweit einen Dialog. Spielen Sie den Dialog im Kurs. Machen Sie eine Audioaufnahme oder ein Video.

der Akku, -s

das Display, -s

die Prepaid-Karte, -n

der Vertrag, -ä-e

die Flatrate, -s

der Tarif, -e

der Speicherplatz (Sg.)

3a Fragen Sie die TN: *Wo sind die Personen? Warum warten sie? Alle haben ein Smartphone/Tablet. Was tun sie gerade damit?*

Video-DVD: Alternativ bearbeiten die TN Aufgabe 1 von der Kopiervorlage. ▶ KV 10/1

3b Fragen Sie die TN: *Was denken Sie: Was für Apps sind das? Was macht man damit?* Notieren Sie die Vermutungen an der Tafel. Beim ersten Hören kreuzen die TN an, beim zweiten vergleichen sie mit den Vermutungen an der Tafel.

3c Lösung: *1. Zeitung; 2. Buch; 3. Stadtplan*

Video-DVD: Die TN bearbeiten alternativ Aufgabe 2 von der Kopiervorlage. ▶ KV 10/1

3d Die TN verbinden und hören dann zur Kontrolle.

4a Zwei TN lesen den Dialog laut vor. Notieren Sie an der Tafel:

Mit dieser App kann ich navigieren.
→ Ich habe eine App zum Navigieren.

Mit dieser App kann ich Zeitungen lesen.
→ Ich habe eine App zum Lesen von Zeitungen.

Erklären Sie den Grammatikkasten: *zum* + Nomen/nominalisiertes Verb drückt einen Zweck / eine Funktion aus. Wenn es ein Akkusativobjekt gibt, benutzt man *von*.

! Sie können hier als feste Wendung (Chunk) auch die Frage mit *wozu* einführen: *Wozu benutzt man die App? Zum Navigieren.* Gehen Sie dabei aber nicht auf präpositionale Fragen (Fragen mit *wo* + Präposition) ein. Dies wird Thema in Einheit 16 sein.

Die TN lesen den Dialog zweimal mit wechselnden Rollen.

4b Die TN lesen die Angebote im App-Store und markieren die Verben und ggf. die Akkusativobjekte in den Beschreibungen (s. blaue Unterstreichungen). Dann schreiben sie zu jeder App einen Satz mit *zum* + Nomen, z. B.: *Die App Da-bin-ich ist zum Navigieren. / Die App Business-Kalender ist zum Organisieren von Terminen.* usw. Anschließend vergleichen die TN im Kurs. Kursspaziergang: Die TN gehen mit den Büchern durch den Raum, bei *stopp* bleiben sie stehen und variieren den Dialog mit einer/einem TN. Sie wechseln zwei- bis dreimal die Partnerin / den Partner und variieren so den Dialog mehrmals mit verschiedenen Apps.

10 Mein Smartphone & ich

3 Welche Apps nutzen Sie?

a Was machen die Personen? Beschreiben Sie das Foto.

2.05 10

b Welche App haben die Personen? Hören Sie und kreuzen Sie an.

	Herr Fischer	Herr Schmidt	Frau Ehrlich
1. Aktuelles24	☒	☐	☐
2. eNatur	☐	☐	☒
3. Da-bin-ich	☐	☒	☐

c Was hat man früher benutzt? Ordnen Sie die Fotos den Apps in b zu und sprechen Sie im Kurs.

die Zeitung

der Stadtplan

das Buch

2.05 10

d Was passt zusammen? Hören Sie noch einmal und verbinden Sie.

1. Herr Fischer hat
2. Er nutzt sein Handy
3. Herr Schmidt mag am liebsten
4. Er findet sie
5. Frau Ehrlich hat nur
6. Ihre Lieblingsapp ist

a eine App zum Erkennen von Vogelstimmen.
b zum Lesen von Zeitungen.
c sehr praktisch zum Navigieren.
d 24 Apps.
e viele Apps.
f eine GPS-App.

▶ **UM:** Projizieren Sie den Dialog (4a) und die App-Laden-Internetseite (4b) beim Kursspaziergang an die Wand, damit die TN ohne Buch arbeiten können.

▶ Vertiefung: S. 85/4

5a ▶ ▶ Zielaufgabe/Ich-Bezug. Die TN haben drei Minuten Zeit, um sich Notizen zu den Fragen zu machen. Dann sprechen sie in Gruppen über ihre Apps und notieren Gemeinsamkeiten und Unterschiede in der Gruppe. Die Gruppen präsentieren die Ergebnisse im Kurs. Notieren Sie vor allem die Informationen der TN zu Sprachlern-Apps an der Tafel. Sie können hier gut ein Kursgespräch über Lernstrategien (*Wie lernen Sie Deutsch?*) anschließen.

◐ Alternative: Die TN machen in der Gruppe eine Reportage wie im Video: Eine Reporterin / Ein Reporter befragt drei Personen und – wenn es die technischen Möglichkeiten erlauben – eine Kamerafrau / ein Kameramann filmt die Reportage mit dem Smartphone. Die TN tauschen die Rollen, damit alle TN mindestens einmal Befragte sind. Danach spielen die Gruppen ihre Videos im Kurs vor.

5b ▶ Hängen Sie ein großes Blatt Papier an die Wand und schreiben Sie in die Mitte *Unser App-Laden*. Schreiben Sie Stichworte an die Tafel (*Name? Icon? Für wen? Funktion?*) und geben Sie den Paaren zehn Minuten Zeit zum Entwerfen ihrer App. In der Präsentation stellen sich die TN um das Papier („App-Laden"). Die Paare gehen nacheinander nach vorn, hängen „ihre App" (Icon + Beschreibung) auf und stellen sie vor. Die anderen TN kommentieren, z. B. *Diese App zum … finde ich sehr praktisch.*

---

4 *Zum* + Nomen (Infinitiv): Ich habe eine App zum Navigieren.

a Lesen Sie den Dialog zu zweit laut.

- Was ist deine Lieblingsapp?
- Meine Lieblingsapp ist Da-bin-ich.
- Da-bin-ich? Was für eine App ist das?
- Das ist eine App zum Navigieren.
- Ach, so. Eine App zum Navigieren ist sehr wichtig.
- Und du? Was ist deine Lieblingsapp?
- Meine Lieblingsapp ist eNatur.
- eNatur? Was für eine App ist das?
- Das ist eine App zum Erkennen von Vogelstimmen.
- Wirklich? Eine App zum Erkennen von Vogelstimmen? Das ist interessant.

***zum* + Nomen (Infinitiv)**

Verb	***zum* + Nomen**
navigieren	zum Navigieren Ich habe eine App zum Navigieren.
Zeitungen lesen	zum Lesen von Zeitungen Das ist eine App zum Lesen von Zeitungen.

b Variieren Sie den Dialog mit anderen Apps.

5 Meine Apps, deine Apps

a Welche Apps haben Sie? Welche Apps möchten Sie haben? Nutzen Sie Apps zum Lernen von Sprachen? Sprechen Sie im Kurs.

b Erfinden Sie zu zweit eine neue App. Zeichnen Sie ein Icon für die App und schreiben Sie eine kurze Beschreibung für den App-Laden. Stellen Sie die App im Kurs vor.

6a Fragen Sie die TN zunächst: *Was lesen Sie lieber: Bücher oder E-Books? Und warum?* Die TN sprechen im Kurs und begründen ihre Präferenzen. Machen Sie eine Liste an der Tafel *Vorteile von Büchern – Vorteile von E-Books* und notieren Sie die Argumente der TN. Dann lesen die TN die Überschrift und den Introtext und sehen sich das Foto an. Fragen Sie: *Was ist vielleicht das Thema?* Die TN sammeln Vermutungen. Erst dann lesen die TN den Text schnell und überprüfen ihre Vermutungen.

Lösung: *Vor- und Nachteile von Büchern bzw. E-Books.*

6b Nach der Auswertung im Kurs sammeln die TN weitere unbekannte Wörter (mit der Zeilenzahl) an der Tafel. Die TN überlegen jetzt, was die Wörter vielleicht bedeuten (entweder weil einige TN ein Wort schon kennen oder sie es aus dem Kontext verstehen) und formulieren gemeinsam Umschreibungen. Helfen Sie, aber halten Sie sich zurück. Geben sie nur dann die Erklärung, wenn kein TN das Wort kennt.

6c+d Die TN lesen noch einmal und markieren die Vor- und Nachteile zu E-Books im Text. Sie vergleichen im Kurs und ergänzen ggf. die Liste an der Tafel.

Die TN bilden entsprechend ihrer Meinung zwei Gruppen und sammeln Argumente in Stichpunkten. Sie können dafür auf die Liste an der Tafel zurückgreifen sowie weitere Argumente überlegen. Fordern Sie die TN auf, sich auch zu überlegen, welche Argumente die jeweils andere Gruppe anbringen könnte, und ggf. Gegenargumente vorzubereiten. Die TN diskutieren dann. Übernehmen Sie die Moderation in der Diskussion.

◐ In großen Kursen diskutieren die TN in Gruppen. Stärkere TN moderieren. Notieren Sie dafür Redemittel an der Tafel, z. B.: *Wie ist Ihre Meinung zu …? Was denken Sie über …? Das ist ein interessantes Argument. Was sagen Sie dazu?* usw.

▶ Vertiefung: S. 85/2

7 Zielaufgabe. Fordern Sie die TN auf, nach dem Kurs auf der Straße oder in öffentlichen Verkehrsmitteln darauf zu achten und zu notieren, welche Medien die Leute nutzen. Im Kurs berichten die TN und vergleichen ihre Beobachtungen.

10 Mein Smartphone & ich ■ über Vor- und Nachteile diskutieren – seine Meinung äußern

6 Stirbt das Buch?

a Was ist das Thema? Lesen Sie und sprechen Sie im Kurs.

STIRBT DAS BUCH?

Immer mehr Leserinnen und Leser benutzen E-Books. Stirbt das Buch? Und ist das schlimm?

Jede Bücherfreundin und jeder Bücherfreund kennt das Problem: Das Regal ist eigentlich voll, aber man möchte ein neues Buch kaufen. Bücher sind groß und schwer und brauchen viel Platz. Die digitale Entwicklung bietet eine Lösung. Sie heißt: E-Book. Ein E-Book-Reader, ein Tablet oder auch ein Smartphone können so viele Bücher wie eine ganze Bibliothek enthalten. Das spart Platz. Ein E-Book hat auch andere Vorteile. Es verbraucht kein Papier. Das ist umweltfreundlich, weil keine Bäume sterben müssen. Sie haben Ihr Buch zu Ende gelesen? Kein Problem: Sie bestellen ein neues E-Book im Internet und es ist sofort da. Das ist praktisch und spart Zeit. Es ist also kein Wunder, dass man immer mehr E-Books verkauft und viele Buchhandlungen deshalb schließen müssen.

E-Books haben aber auch Nachteile. Digitale Daten sind nicht so zuverlässig wie Papier. Ein Computervirus – und die ganze Bibliothek ist weg. Der zweite Nachteil: Die digitale Technik ändert sich schnell. Kann die Software in zwanzig Jahren noch die heutigen E-Books lesen? Wenn nicht, ist die elektronische Bibliothek nutzlos. Das erste Buch – die Gutenberg-Bibel – kann man nach 560 Jahren immer noch gut lesen. Bücher auf Papier kann man nach 40, 50, 100 oder sogar 1000 Jahren lesen und man braucht zum Lesen keine Technik. Das ist ein großer Vorteil. Viele Menschen mögen lieber Bücher, weil sie sie anfassen und riechen können. Außerdem: Technik ist teuer und Papier ist billig. Wenn Sie Ihr Buch im Bus vergessen, ist es nicht schlimm. Wenn Sie Ihr teures Tablet verlieren oder wenn Sie im Bad lesen und das Smartphone ins Wasser fällt, ist das nicht so gut …

b Was passt zusammen? Lesen Sie noch einmal. Suchen Sie die Wörter und verbinden Sie.

1. die Lösung (Zeile 7)	a Antwort auf ein Problem
2. verbrauchen (Zeile 10)	b gut für die Natur
3. umweltfreundlich (Zeile 11)	c von heute, von jetzt
4. die Daten (Zeile 18)	d Informationen (oft digital)
5. zuverlässig (Zeile 18)	e nutzen, bis nichts mehr da ist
6. heutig (Zeile 23)	f sicher, es funktioniert immer

c Arbeiten Sie in zwei Gruppen. Lesen Sie noch einmal und sammeln Sie Argumente: Gruppe 1 für E-Books und gegen Bücher, Gruppe 2 für Bücher und gegen E-Books.

d Was ist besser: ein Buch aus Papier oder ein digitales E-Book? Diskutieren Sie im Kurs.

seine Meinung äußern
Ich glaube/finde, dass …
Meiner Meinung nach …

zustimmen	widersprechen	unsicher sein
Ja, ich stimme dir zu.	Ich sehe das anders.	Bist du sicher, dass …?
Ich finde, du hast Recht.	Ich glaube/finde nicht, dass …	Glaubst du wirklich, dass …?
	Das stimmt nicht.	Ich bin nicht sicher, ob …

7 Medien unterwegs: Welche Medien nutzen die Menschen? Sammeln Sie Informationen auf dem Weg zum Deutschkurs und berichten Sie im Kurs.

84 vierundachtzig

Wichtige Sätze

1 Beratungsdialoge führen / technische Informationen über Geräte erfragen

Bringen Sie Prospekte/Kataloge von Elektrogeschäften (oder auch Möbel- oder Kleidungsgeschäften) mit. Die TN wählen ein Geschäft und ein Produkt und notieren Fragen in Stichpunkten. Die TN führen zu zweit Beratungsdialoge mithilfe ihrer Notizen. Dann tauschen sie die Rollen.

2 seine Meinung äußern

Schreiben Sie provokante Sätze einzeln auf Kärtchen, z. B.: *Heute kann man ohne Smartphone nicht leben. / Kinder ab 8 Jahren brauchen ein Smartphone. / Internet-Freunde sind keine echten Freunde.* Die TN arbeiten zu dritt: Jede Gruppe erhält ein Kärtchen-Set. Eine/Ein TN zieht ein Kärtchen und liest den Satz vor. Die anderen TN äußern sich spontan mithilfe der Redemittel. Dann zieht die/der nächste TN ein Kärtchen usw.

Die TN wählen ein Kärtchen und geben ihre Meinung in 4 bis 6 Sätzen schriftlich wieder.

Strukturen

3 indirekte Fragen

Die TN notieren 3 bis 5 direkte Fragen, z. B. *Woher kommst du? Was hast du am Wochenende gemacht? Hast du Geschwister?* Kurskette: Eine/Ein TN stellt eine indirekte Frage, z. B.: *Ich würde gern wissen, woher du kommst.* Die/Der nächste TN antwortet und stellt die nächste Frage. Wenn eine/ein TN nicht antworten kann (weil sie die Information nicht hat), antwortet sie/er mit *Ich weiß leider nicht, ...* (indirekte Frage) und fragt weiter.

4 *zum* + Nomen (Infinitiv)

Die TN arbeiten in Gruppen zu viert. Jede Gruppe bekommt ein Papier mit der gleichen Frage: *Wozu benutzt du deinen Computer?* Die Gruppen haben drei Minuten Zeit, um so viele Antworten wie möglich mit *zum* + Nomen zu notieren. Die Gruppen hängen die Papiere auf. Die Gruppe mit den meisten richtigen Antworten gewinnt.

Phonetik

! Besonders im Bereich der Technik und der neuen digitalen Medien gibt es viele Fremdwörter aus dem Englischen. Sie werden ähnlich wie im Englischen ausgesprochen.

Alles klar! 10

Wichtige Sätze

Beratungsdialoge führen / technische Informationen über Geräte erfragen

Könnten Sie mir sagen, was das Smartphone kostet?	Es kostet 295,50 Euro.
Ich möchte gern wissen, ...	
ob es eine Kamera hat.	Ja, es hat eine Kamera.
wie viel Speicherplatz es hat.	Es hat 64 Gigabyte Speicherplatz.
welche Tarife es gibt.	Die Basic-Flatrate kostet 9,90 Euro im Monat.

Apps beschreiben

Was ist deine Lieblingsapp?	Meine Lieblingsapp ist ...
Was für eine App ist das?	Das ist eine App zum Navigieren / zum Buchen von Flügen / zum Telefonieren / ...

seine Meinung äußern

Ich glaube/finde, dass ...
Meiner Meinung nach ...

zustimmen	widersprechen	unsicher sein
Ja, ich stimme dir zu.	Ich sehe das anders.	Bist du sicher, dass ...?
Ich finde, du hast Recht.	Ich glaube/finde nicht, dass ...	Glaubst du wirklich, dass ...?
	Das stimmt nicht.	Ich bin nicht sicher, ob ...

Strukturen

Indirekte Fragen

direkte Fragen Wie viel Speicherplatz hat das Handy?
Gibt es das Handy in anderen Farben?

indirekte Fragen

		Satzende (Verb)
Könnten Sie mir sagen,	wie viel Speicherplatz das Handy	hat?
Ich möchte wissen,	ob es das Handy in anderen Farben	gibt.

***zum* + Nomen (Infinitiv)**

navigieren	zum Navigieren	Ich habe eine App zum Navigieren.
Zeitungen lesen	zum Lesen von Zeitungen	Das ist eine App zum Lesen von Zeitungen.

▶ Phonetik, S. 147

Deutsch aktiv

Auf einen Blick

Material: großes Papier (1a); Kärtchen (5b)

1a Hängen Sie in zwei Ecken im Kursraum jeweils ein großes Papier auf und notieren Sie darauf ein Thema. Die TN gehen so schnell wie möglich zu ihrem Wunschthema. Falls es ein starkes Ungleichgewicht gibt, müssen die letzten in die andere Gruppe wechseln. Dann sammeln beide Gruppen in fünf Minuten so viele Wörter wie möglich.

Alternative: Wörter-Staffel: Die TN bilden zwei Gruppen und stellen sich jeweils in eine Reihe vor ihrer Tafelseite. Die/Der erste TN in der Reihe notiert ein Wort (bei Nomen mit Artikel) bzw. eine Wortverbindung und gibt dann die Kreide an die/den nächsten TN weiter. Nach Ablauf der Zeit – ca. drei Minuten – bekommen die Gruppen noch zwei Minuten Zeit, um ggf. Fehler zu korrigieren. Dann vergleichen sie im Kurs.

1b Geben Sie den Gruppen fünf Minuten Zeit, um zu fünf Wörtern Lückensätze zu schreiben. Die TN können die Sätze gemeinsam oder auch allein innerhalb ihrer Gruppe schreiben.

◐ In starken Kursen wischen Sie die Wörter aus a vor dem Ratespiel von der Tafel. Die TN ergänzen aus dem Kontext bzw. dem Gedächtnis.

9|10 **Deutsch aktiv**

1 Wörter sammeln

a Bilden Sie zwei Gruppen. Wählen Sie ein Thema und sammeln Sie Wörter an der Tafel.

1 

2 

E-Mails schreiben – *der Büroalltag*

das Smartphone – *viel Speicherplatz*

b Bilden Sie mit den Wörtern Sätze und lassen Sie für das Wort eine Lücke. Die andere Gruppe ergänzt das Wort.

Ich habe viele ... auf meinem Smartphone.

Du hast viele Apps auf deinem Smartphone.

Nein.

Du hast viele ...

2 Wenn ..., dann ...

a Am Computer. Arbeiten Sie zu zweit. Ihre Partnerin/Ihr Partner arbeitet auf Seite 140. Sprechen Sie zu zweit wie im Beispiel.

1. eine Spam-E-Mail bekommen
2. eine E-Mail mit einem wichtigen Anhang bekommen
3. eine E-Mail bekommen und eine Kollegin braucht die E-Mail
4. eine E-Mail zu Ende schreiben

Wenn du eine Spam-E-Mail bekommst, dann ...

..., dann lösche ich die E-Mail.

b Was brauchen Sie, wenn ...? Fragen und antworten Sie.

Sie wollen mit Ihrem Handy viel fotografieren. – Ihr Handy-Display ist kaputt. – Sie wollen im Zug Nachrichten lesen. – Ihr Smartphone ist zu langsam. – Ihr Akku hält nur noch zwei Stunden. – Sie wollen mit Ihrem Handy viel surfen.

Was brauchst du, wenn du mit deinem Handy viel fotografieren willst?

Wenn ich mit meinem Handy viel fotografieren will, brauche ich viel Speicherplatz.

86 sechsundachtzig

2a 👤 ▸ 👥 Die TN überlegen zuerst allein, welches Verb zu ihren Stichpunkten in 1 bis 4 passt (manchmal passen mehrere Verben) und notieren es, z. B. *eine Spam-E-Mail bekommen → löschen.* Dann sprechen sie zu zweit. Automatisierung: Anschließend machen die Paare eine „zweite Runde" und versuchen, die Sätze schneller und flüssiger zu sprechen.

◐ Schwächere TN schreiben zuerst die *wenn*-Sätze, bevor sie zu zweit sprechen.

2b ◐ 👥 Schwächere TN schreiben zuerst die Antworten, bevor sie zu zweit sprechen.

3 Kurskette: Was möchten Sie wissen, wenn Sie von einer neuen Stelle hören? Sprechen Sie im Kurs.

Ich möchte wissen, wie hoch das Gehalt ist.

Aha, du möchtest wissen, wie hoch das Gehalt ist. Ich möchte wissen, ob die Kollegen nett sind.

Hm, du möchtest wissen, ob die Kollegen nett sind. Ich möchte wissen, …

4 Ist … gut zum …?

a Was denken Sie: Sind die Geräte gut zum …? Ergänzen Sie die Tabelle.

✗ schlecht ✓ okay ✓✓ sehr gut

	der Laptop	das Tablet	das Smartphone	die Smartwatch
E-Mails schreiben	✓✓			
E-Books lesen				
fotografieren				
telefonieren				

b Fragen und antworten Sie.

Ich finde, ein Laptop ist sehr gut zum Schreiben von E-Mails. Was meinst du?

5 Eine E-Mail-Anfrage

a Arbeiten Sie zu zweit. Ihre Partnerin/Ihr Partner arbeitet auf Seite 141. Lesen Sie die E-Mail zu zweit laut (Partnerin/Partner A fängt an).

Partnerin/Partner A

Magdalene Moser

Von: Jens Uhlig
Gesendet: Dienstag, 10. Mai
Betreff: Terminanfrage

Sehr geehrte Frau Moser,

vielen Dank f… ail … mit dem Präsentationsangebot. Leider muss ich … ich am 13. und 14. unterwegs bin.

Ich möchte Ihnen … min … Mittwoch, den 25.5. um 10 Uhr oder … um … Ihnen ein Termin passt. Geben Sie mir … B… he … eine interessante Präsentation.

Mit f…
Jens Uhlig

b Schreiben Sie zu zweit eine Antwort.

3 👥 Lesen Sie die Frage aus der Aufgabenstellung: *Was möchten Sie wissen, wenn Sie von einer neuen Stelle hören?* Die TN sammeln Stichwörter an der Tafel, z. B. *Arbeit interessant? Team wie groß?* Streichen Sie während der Kurskette die „benutzten" Stichwörter durch.

4a 👤 Weisen Sie die TN darauf hin, dass sie auch ein Fragezeichen schreiben können: *Sie wissen nicht, ob man mit einer Smartwatch telefonieren kann? Dann schreiben Sie ein „?".*

4b 👥 Die TN arbeiten zu viert. Ein Buch (pro Gruppe) ist auf S. 85 aufgeschlagen, damit die TN die Redemittel zur Meinungsäußerung sehen können.

◐ Stärkere Gruppen sammeln zuerst weitere Aktivitäten, die man mit den Geräten machen kann, z. B. *im Internet surfen, chatten, skypen, Filme sehen* usw.

5a 👥 Die TN lesen mehrmals laut, bis sie die E-Mail zu zweit flüssig lesen können. Sie können sich dabei mit dem Smartphone aufnehmen, um ihre Aussprache und Flüssigkeit zu kontrollieren.

5b 👥 Die TN schreiben die E-Mail in a komplett in ihr Heft, bevor sie die Antwort schreiben. Dann tauschen sie die Antworten mit einem anderen Paar, lesen und korrigieren.

Alternative: Die TN setzen sich mit dem Rücken zueinander. Beide haben ihr Heft mit der E-Mail aus a sowie einige Kärtchen vor sich. Sie diktieren sich abwechselnd jeweils einen Satz, die Partnerin / der Partner schreibt ihn auf ein Kärtchen. Am Ende tauschen sie ihre Kärtchen mit einem anderen Paar und rekonstruieren die E-Mail.

V Panorama

Auf einen Blick

Material: großes Papier (2)

Textsorten: Bildbeschreibung (1b); Gespräche auf der Messe (1c+d)

Strategien: Wörter mit Bildern lernen (1a); globales Hören (1c); detailliertes Hören (1d); Informationen zusammenfassen und präsentieren (2); Hör-Sehen (Landeskunde-AR)

Einstieg Fragen Sie: *Wer geht zu einer Messe? (Firmen, Kunden, Geschäftspartner) Warum? (Produkte präsentieren, sich informieren, Kontakte schließen)* Die TN sehen sich die Fotos an und sammeln Ideen.

1a Bei der Auswertung im Kurs sammeln die TN weitere Wörter zu den Bildern.

1b Die TN wählen zu zweit ein Foto und schreiben dazu zwei Sprechblasen. Dann präsentieren die Paare ihr Foto im Kurs. Schreiben Sie Fragen zur Strukturierung an die Tafel: *Was sieht man auf dem Foto? Wer sind die Personen? Was machen sie? Was sagen sie?* Wenn mehrere Paare das gleiche Foto gewählt haben, beschreibt nur ein Paar das Foto, aber alle Paare lesen ihre Sprechblasen vor.

1c Die TN vergleichen zuerst zu zweit, dann im Kurs und begründen ihre Lösung mit *weil*-Sätzen.

1d Die TN unterstreichen zuerst die Schlüsselwörter (s. blaue Unterstreichung).

1e Die TN arbeiten zu zweit und wählen eine Situation. Sie lesen die Rollenkarten und wählen eine Rolle. Dann spielen die TN einen Dialog und machen dabei Notizen. Sie üben den Dialog mehrmals. Nach ca. zehn Minuten stellen die Paare ihren Dialog im Kurs vor.

◐ Schwächere TN schreiben den Dialog in ganzen Sätzen.

Die Fotos zeigen wichtige Messen in Deutschland.

dmexco, Köln 2015

CeBIT, Hannover 2015

1 Auf der Messe

a Was passt zu den Fotos? Ordnen Sie zu. Vergleichen Sie im Kurs. Sammeln Sie weitere Wörter.

sich treffen – Visitenkarten tauschen – beraten – zuhören – ausstellen – teilnehmen – besprechen

b Was sagen die Personen auf den Fotos? Beschreiben Sie die Fotos und sammeln Sie Ideen.

2.06 c Welche Fotos passen? Hören Sie und ordnen Sie zu.

2.06 d Was ist richtig? Hören Sie noch einmal und kreuzen Sie an.

	richtig	falsch
1. Die Videokamera CT100 ist ein neues Modell.	x	
2. Sie kostet 199 Euro.		x
3. Frau Wolters besucht die Messe privat.		x
4. Herr Schneider stellt ein Computerspiel vor.	x	
5. Herr Lietzenberger hatte gestern keine Zeit.	x	
6. Herr Lietzenberger muss die Präsentation verschieben.	x	

e Arbeiten Sie zu zweit oder zu dritt. Wählen Sie eine Situation und spielen Sie einen Dialog.

Am Messestand

Partnerin/Partner A
Sie haben einen Termin mit einer Geschäftspartnerin / einem Geschäftspartner. Sie möchten mit ihr/ihm einen Termin für eine Präsentation vereinbaren.

Partnerin/Partner B
Sie sind am Messestand und warten auf eine Geschäftspartnerin / einen Geschäftspartner. Sie möchten mit ihr/ihm eine Präsentation in Ihrer Firma vereinbaren.

88 achtundachtzig

2 Die Gruppen präsentieren ihr Plakat im Kursspaziergang: Eine/Ein TN aus jeder Gruppe bleibt bei dem Plakat und stellt es vor. Die anderen TN bilden vier Gruppen, jede Gruppe hört einer Präsentation zu. Dann wechseln sich die TN so ab, dass alle TN alle Präsentationen einmal gehört haben und einmal selber präsentieren.

! IAA Frankfurt: Internationale Automobilausstellung (*www.iaa.de*); Buchmesse Leipzig (*www.leipziger-buchmesse.de*); IFA Berlin: Internationale Funkausstellung (Elektronik-Messe; *ifa-berlin.de*); Gamescom Köln: Computerspiele-Messe (*www.gamescom.de*)

V

3 / 1 Photokina, Köln 2014

4 / 2 ITB, Berlin 2014

Im Messe-Restaurant

Partnerin/Partner A	**Partnerin/Partner B**
Sie sind privat auf der Messe, weil Sie Computerspiele mögen. Sie möchten einen Kaffee trinken, aber alle Tische sind besetzt. Fragen Sie, ob an einem Tisch ein Platz frei ist. Sie kommen mit der Messe-Besucherin / dem Messe-Besucher ins Gespräch.	Sie besuchen die Computer-Messe beruflich und haben eine eigene App-Firma. Sie sitzen im Restaurant und essen zu Mittag. Eine Messe-Besucherin / Ein Messe-Besucher möchte sich zu Ihnen an den Tisch setzen.

f Waren Sie schon einmal auf einer Messe? Was haben Sie dort gemacht? Erzählen Sie im Kurs.

2 Messe-Präsentation. Arbeiten Sie zu viert und wählen Sie eine Messe. Recherchieren Sie Informationen. Machen Sie ein Plakat und präsentieren Sie die Messe im Kurs.

IAA Frankfurt

Buchmesse Leipzig

IFA Berlin

Gamescom Köln

Wann und wo findet die Messe statt? Was für Firmen stellen dort aus? Was für Produkte stellen die Firmen aus? Was kann man auf der Messe machen?

Landeskunde

AR, UM: Das Video gibt Informationen zur Messestadt Hannover. Am Ende wird den TN eine Verständnisfrage gestellt (*Was war früher ein Schloss?* Lösung: *die Universität*).

Fragen Sie vor dem Sehen: *Welche Stadt ist hier das Thema? Welches Foto passt?* Die TN sehen das Video ein- bis zweimal, beantworten die Fragen (*Hannover, das große Foto von der CeBIT*) und die Quizfrage. Schreiben Sie Leitfragen zur *CeBIT* an die Tafel: *Wann? Was (Thema)? Wie groß?* Die TN sehen das Video noch einmal und machen Notizen.

- **CeBIT:** die größte Messe weltweit für IT und Telekommunikation; jährlich im Frühling in Hannover; 2016: 3.300 Aussteller + 200.000 Besucher/innen
- **dmexco:** Messe für digitales Marketing und Werbung; jährlich im Herbst in Köln; 2016: über 1000 Aussteller + 50.000 Besucher/innen
- **Photokina:** Messe für Foto, Video, Imaging; alle zwei Jahre im Herbst in Köln; 2016: fast 1000 Aussteller + 190.000 Besucher/innen
- **ITB:** Messe für Tourismus; jährlich im Frühling in Berlin; 2016: über 10.000 Aussteller aus 187 Ländern + 180.000 Fachbesucher/innen

Auf einen Blick

Material: großes Papier (Einstieg + 1a); Kärtchen (1c/Wichtige Sätze 2); Fotos von Personen/Filmfiguren (2d/Wichtige Sätze 3); KV 11/1 (4a+b)

Textsorten: Zitate (1b+c); Zeitschriftenartikel (2b); Lied (5); Zeitungsartikel (7b)

Strategien: detailliertes Lesen (1b, 2b, 3a, 7c); sich in Textsorten orientieren (2a); hypothesengeleitetes Lesen (2b, 7b); Notizen machen (3a); eine Geschichte nacherzählen (3b, 7e); Hör-Sehen (4a+b); selektives Hören (4a, 5a); detailliertes Hören (4b); globales Lesen (7a)

Einstieg + 1a Fragen Sie: *Woran denken Sie beim Thema „Freundschaft“?* Die TN übertragen das Wörternetz auf ein großes Papier und notieren Wörter. Sie können das Wörterbuch benutzen. Weisen Sie darauf hin, dass sowohl Nomen (mit Artikel) als auch Verben und Adjektive notiert werden können. Kursspaziergang: Die Gruppen hängen ihre Plakate im Kursraum auf und die TN bilden neue Gruppen: je eine/ein TN aus jeder Gruppe. Die Gruppen sehen sich die Plakate an. Die/Der TN aus der jeweiligen Gruppe stellt das Plakat vor. Schreiben Sie dazu Redemittel an die Tafel: *Freundschaft ist für uns … / Für uns bedeutet Freundschaft, dass …* Die anderen TN notieren sich ggf. neue Wörter. Dann gehen die Gruppen weiter zum nächsten Plakat usw.

1b Die TN vergleichen zuerst zu zweit. Fragen Sie dann: *Welche Wörter (in den Zitaten und in den Sätzen) haben Ihnen geholfen?* Die TN nennen die entsprechenden Textstellen.

1c Die TN lesen die Zitate noch einmal und markieren mit Smileys, welches Zitat ihnen gut (☺) bzw. am besten (☺☺) oder nicht (☹) gefällt. Die TN diskutieren in Gruppen: Sie nennen ihre Lieblingszitate und begründen. Die anderen TN stimmen zu oder widersprechen jeweils. Die Gruppen versuchen, sich auf ein

11 Freunde tun gut

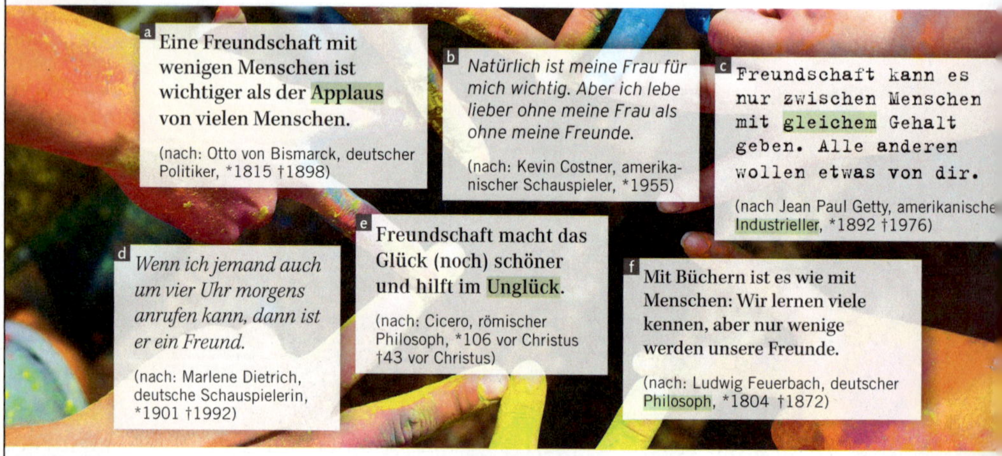

1 Freundschaft – was heißt das eigentlich?

a Woran denken Sie bei dem Wort *Freundschaft?* Ergänzen Sie das Wörternetz.

b Welches Zitat passt? Lesen Sie und ordnen Sie zu.

1. *f* Man trifft (im Leben) viele Menschen, aber man hat nicht so viele gute Freunde.
2. *c* Wenn jemand weniger Geld als Sie verdient, kann er nicht wirklich Ihr Freund sein.
3. *e* Mit Freunden ist alles besser: die guten und die schlechten Dinge.
4. *b* Freundschaft ist wichtiger als Liebe.
5. *d* Ein guter Freund ist immer für mich da.
6. *a* Wenn man berühmt ist, ist es gut. Aber Freundschaft ist wichtiger.

c Welches Zitat finden Sie am besten? Diskutieren Sie zu dritt.

seine Meinung äußern	zustimmen	widersprechen
Ich finde, das Zitat … am besten / am schönsten, weil … Ich denke, dass … (nicht) Recht hat. Das Zitat gefällt mir (nicht), weil … Ich finde besonders wichtig, dass …	Ja genau! Das finde ich auch. Stimmt, das sehe ich auch so.	Nein, das stimmt meiner Meinung nach nicht. Das sehe ich anders. Ich finde, dass …

Zitat zu einigen, das allen gefällt. Sie lesen das Zitat vor und begründen ihre Wahl.

◐ Schwächere TN notieren jeweils 1 bis 2 Sätze zu dem Zitat, das ihnen am besten und am wenigsten gefällt, bevor sie in der Gruppe sprechen.

▶ Vertiefung: S. 95/2

2a Die TN lesen den Text noch nicht, sondern vermuten anhand der Bilder und der Gestaltung der Magazinseite. Im Plenum tauschen sie ihre Ideen aus.

2b ⦿ **AR, UM:** Spielen Sie das Video zur Bildleiste ab (Phase 1 und 2). Die TN sprechen nach bzw. antworten.

2 Wirklich gute Freunde?

a In welcher Zeitschrift kann man den Artikel in b lesen? Kreuzen Sie an.

1. ☐ in einer Frauenzeitschrift
2. ☐ in einer Fernsehzeitung
3. ☒ in einem Kindermagazin

b Wie sind die Figuren? Welche Adjektive aus der Bildleiste passen? Sehen Sie die Bilder an und notieren Sie. Lesen Sie dann und vergleichen Sie.

6/2016 KNUDDEL

Ein Freund, ein guter Freund – das ist das Beste auf der Welt.

Habt ihr gute Freunde? Was ist eigentlich eine gute Freundschaft? Wir haben uns berühmte Freunde aus Film und Fernsehen angesehen und wollen sie hier vorstellen.

Auch ein Mädchen und ein Junge können Freunde sein

Die kluge Biene Maja und ihr Freund Willi mit der lustigen Stimme sind immer zusammen. Sie sind nicht verliebt, sie sind einfach nur sehr gute Freunde. Weil Maja sehr neugierig ist, kommt sie oft in gefährliche Situationen. Das gefällt dem ängstlichen Willi gar nicht. Aber natürlich hilft er seiner Freundin.

Groß und klein passen gut zusammen

Obelix ist groß und stark, hat einen dicken Bauch und manchmal denkt er ein bisschen langsam. Sein Lieblingshobby ist Essen – am liebsten isst er Wildschwein. Asterix ist klein, mutig, schnell und klug. Man denkt, er ist schwach. Wenn er aber das magische Getränk trinkt, kann er gegen jeden kämpfen. Er liebt Abenteuer – und sein Freund Obelix hilft ihm immer.

Sie lachen – andere weinen

Zwei Jungen – und beide sind sehr böse. Max und Moritz sind immer zusammen und machen nur Unsinn: Sie ärgern ihre Nachbarin, den Lehrer und sogar die Hühner. Sie haben viel Spaß und halten immer zusammen. Wilhelm Busch hat vor mehr als 150 Jahren die Geschichten von Max und Moritz geschrieben und man hat sie in 300 Sprachen übersetzt.

Asterix: klein, mutig …

Asterix ist klein, aber er ist mutig und …

c Wählen Sie eine Figur und beschreiben Sie sie in einem Satz. Die anderen raten.

Meine Figur ist eine kleine, mutige und sehr neugierige Figur.

Das ist …

d Welche Freundschaften aus Filmen oder Büchern kennen Sie? Beschreiben Sie.

Schreiben Sie die Namen der Figuren an die Tafel: *Biene Maja + Willi / Asterix + Obelix / Max + Moritz.* Weisen Sie die TN darauf hin, dass es kein Problem ist, wenn sie die Figuren nicht kennen. Sie sollen hier nur anhand der Bilder Ideen sammeln. Notieren Sie Redemittel an der Tafel:

Ich denke/glaube, dass …
… ist vielleicht/wahrscheinlich/bestimmt …

Die TN sprechen zu zweit und notieren Adjektive. Dann lesen sie den Text. Im Kurs vergleichen sie mit ihren Vermutungen. Geben Sie ein Beispiel vor: *Ich habe gedacht, dass Asterix dumm ist, aber er ist klug.*

2c Die TN schreiben einen Satz über eine Figur und machen dann das Ratespiel in Gruppen. Zur Wiederholung der Adjektivdeklination erinnern Sie ggf. an die Tabelle auf S. 37.

◐ Stärkere TN sprechen frei, ohne vorher zu schreiben.

⦿ **AR, UM:** Spielen Sie das Video zur Bildleiste ab (Phase 3). Die TN wiederholen die Adjektivdeklination.

2d Notieren Sie als Hilfe Leitfragen an der Tafel: *Seit wann sind sie Freunde? Woher kennen sie sich? Wie sind die Freunde? Warum ist ihre Freundschaft besonders?* Geben Sie den TN ausreichend Zeit (z. B. auch als Hausaufgabe), sich Gedanken zu machen. Dann machen die TN Notizen zu ihren Ideen und erzählen.

▶ Vertiefung: S. 95/3

3a ▸ ▸ Nach der Gruppenbildung lesen und notieren die TN zunächst allein. Dann vergleichen und korrigieren sie ihre Lösung in der Gruppe.

Lösung (Beispiel): *Rudi: 2. rote Haare, Lachen, lustig; 3. Indianer gespielt und Feuer gemacht, Polizei kam / ist gekommen; 4. Rudi hat sich in Julia verliebt, Thomas auch, Julia wollte sich nicht entscheiden; Thomas: 1. Grundschule, zweite Klasse, 8 Jahre; 2. sympathisch, klug, ziemlich ruhig, hat Thomas oft geholfen; 3. auf dem Spielplatz geraucht, Rudis Vater hat das gesehen; 4. Julia mochte Thomas lieber, Rudi war eifersüchtig*

Die TN lesen den Grammatikkasten. Erklären Sie, dass das Präteritum wie das Perfekt auch eine Vergangenheitsform ist, aber seltener benutzt wird. Die TN suchen und markieren die drei Verben im Präteritum in den Texten.

! Führen Sie an dieser Stelle nicht das Präteritum im Ganzen ein. Das Thema wird im Band B1 behandelt. Hier geht es nur um drei besonders häufige Formen in der 3. Person Sg.

3b ▸ Die TN erzählen gegenseitig die Geschichte mithilfe ihrer Notizen in a und notieren die Unterschiede. Bei der Auswertung stellt jedes Paar einen Unterschied vor.

Lösung: *1. sich kennenlernen: Rudi: erster Schultag, Thomas: zweite Klasse; 2. nach der Schule: Rudi: Hausaufgaben, rausgehen, Thomas: gegessen, dann rausgehen; 3. Geschichte: Rudi: Idianer gespielt und Feuer gemacht, Thomas: auf dem Spielplatz geraucht; 4. Rudi: die Polizei kam, Thomas: Vater von Rudi kam; 5. Julia: Rudi: sie konnte sich nicht entscheiden, Thomas: sie mochte Thomas lieber, Rudi eifersüchtig*

4a ▸ ▸ Lesen Sie die Fragen aus der Aufgabenstellung vor und fordern Sie die TN auf, sich zu überlegen, wie die Geschichte weitergegangen ist. Schreiben Sie den letzten Satz aus den Texten an die Tafel: *Das war nicht einfach, aber am Ende ...* Die TN sammeln Ideen an der Tafel. Die TN hören dann und machen Notizen zu den Fragen.

Lösung: *immer noch Freunde / Julia war bald mit einem anderen Jungen zusammen.*

Video-DVD: Die TN bearbeiten zuerst Aufgabe 1 bis 3 von der Kopiervorlage. Dann sehen sie das Video noch einmal ohne Untertitel und lösen 4a im Buch. ▸ KV 11/1

4b+c ▸ ▸ Beim ersten Hören verbinden die TN die Sätze, beim zweiten Hören

11 Freunde tun gut

3 Mein bester Freund

a Bilden Sie zwei Gruppen. Jede Gruppe liest einen Text. Machen Sie Notizen zu Ihrem Text.

1. Wann und wo haben sich Thomas und Rudi kennengelernt?
2. Wie beschreibt Rudi Thomas und Thomas Rudi?
3. Welches Abenteuer haben sie zusammen erlebt?
4. Beide Freunde waren 15: Was ist passiert?

Rudi:
1. seinen Freund Thomas am ersten Schultag kennengelernt

Rudi

Als ich sechs Jahre alt war, habe ich Thomas kennengelernt. Er war in meiner Klasse. Ich habe ihn sofort gemocht: seine roten Haare, sein Lachen – er war so lustig! Ich war an meinem ersten Schultag sehr nervös, aber er hat neben mir gesessen und wir mussten immer wieder lachen. Wir waren bald jeden Tag zusammen, haben die Hausaufgaben gemacht und sind dann nach draußen gegangen. Einmal haben wir Indianer gespielt und ein Feuer gemacht, das war natürlich verboten. Als das Feuer gebrannt hat, gab es viel Rauch und die Polizei kam. Sie hat uns nach Hause gebracht. Oh Mann, da waren unsere Eltern böse! Als ich 15 war, habe ich mich verliebt – in Julia. Sie hatte lange blonde Haare. Leider war Thomas auch in sie verliebt und Julia konnte oder wollte sich nicht entscheiden. Manchmal ist sie mit mir ins Kino gegangen und manchmal mit Thomas. Das war nicht einfach, aber am Ende ...*

Als ich Rudi kennengelernt habe, war ich noch in der Grundschule – vielleicht in der zweiten Klasse, wir waren acht oder so. Er hat neben mir gesessen. Er war mir sofort sympathisch, er war klug und ziemlich ruhig, aber nicht langweilig. Ich hatte oft Ärger mit den Lehrern oder meinen Eltern, aber Rudi hat mir immer geholfen. Wir waren bald jeden Tag zusammen. Die Schule war zu Ende, wir haben gegessen und sind dann sofort nach draußen gegangen. Einmal haben wir abends auf dem Spielplatz geraucht. Das war natürlich verboten. Da kam sein Vater von der Arbeit und hat uns gesehen ... Klar, unsere Eltern waren sehr böse. Aber Rudi hat nicht gesagt, dass die Zigaretten von mir waren. Als ich 15 war, war ich verliebt – in Julia. Sie war sehr hübsch. Rudi war auch in sie verliebt. Julia mochte mich aber lieber und Rudi war eifersüchtig. Das war nicht einfach, aber am Ende ...

Thomas

Präteritum

er/es/sie kam	▸ er/es/sie ist gekommen
er/es/sie gab	▸ er/es/sie hat gegeben
er/es/sie mochte	▸ er/es/sie hat gemocht

b Was erzählen Rudi und Thomas anders? Arbeiten Sie mit einer Partnerin / einem Partner aus der anderen Gruppe. Erzählen Sie die Geschichte und finden Sie fünf Unterschiede.

Rudi sagt, dass er Thomas am ersten Schultag ...

Thomas sagt, dass er Rudi ...

* D: er hat gesessen – A+CH: er ist gesessen

92 zweiundneunzig

kontrollieren sie ihre Lösung. Dann sortieren sie die Sätze zu zweit chronologisch (4a – 2d – 3b – 5c – 1e) und schreiben sie in ihr Heft. Dann vergleichen die TN im Kurs.

Video-DVD: Gehen Sie wie oben beschrieben vor. Zur vertiefenden inhaltlichen Auswertung lösen die TN Aufgabe 4 von der Kopiervorlage. ▶ KV 11/1

4d Erklären Sie anhand eines Beispiels den Unterschied zwischen *als* und *wenn*.

Als Rudi sich in Julia verliebt hat, war er 15 Jahre alt. (→ einmal)
Wenn Rudi sich verliebt hat, war er sehr glücklich. (→ immer)

4 Als ich 15 war, habe ich …

07 11 **a** Sind Rudi und Thomas heute noch Freunde? Wie ist es mit Julia weitergegangen? Hören Sie und sprechen Sie im Kurs.

07 11 **b** Was passt zusammen? Hören Sie noch einmal und verbinden Sie.

1. Als Thomas keine Arbeit gefunden hat,	a als sie in die Grundschule gekommen sind.
2. Als sie Feuer gemacht haben,	b als die Polizei Rudi nach Hause gebracht hat.
3. Die Eltern waren sehr böse,	c als sie 15 Jahre alt waren.
4. Rudi und Thomas haben sich kennengelernt,	d ist die Polizei gekommen.
5. Beide waren in Julia verliebt,	e ist er nach Australien gegangen.

c Ordnen Sie die Sätze in b und schreiben Sie sie in Ihr Heft.

d Nebensätze mit *als:* Als ich 15 war, habe ich … Markieren Sie die *als*-Sätze in c wie im Grammatikkasten.

Nebensätze mit *als*

		Satzende (Verb)
Rudi war 15 Jahre alt,	als er sich in Julia	verliebt hat.
Es gab viel Rauch,	als das Feuer	gebrannt hat.

Als-*Sätze stehen oft auch am Anfang:*

	Satzende (Verb)	Position 2 (Verb)	
Als Rudi sich in Julia	verliebt hat,	war	er 15 Jahre alt.

5 Ein Freundschaftslied

08 **a** Wie alt war die Person? Hören Sie und notieren Sie.

1. im Sandkasten spielen: *3*
2. die Lehrer ärgern: *6*
3. zum ersten Mal verliebt sein: *15*
4. eine Wohnung zusammen haben: *20*
5. auf deiner Hochzeit sein: *30*

b Bilden Sie *als*-Sätze mit den Wörtern in a.

Als wir drei waren, haben wir zusammen im Sandkasten gespielt.

08 **c** Hören Sie noch einmal und lesen Sie den Text auf Seite 159. Singen Sie mit.

6 Und Ihre beste Freundin / Ihr bester Freund? Beschreiben Sie Ihre Freundschaft.

Wie heißt sie/er? Wie ist sie/er? Wie sieht sie/er aus? Was haben Sie zusammen erlebt?

! *Als* und *wenn* haben eine ähnliche (temporale) Bedeutung. *Als* ist nur für Sätze in der Vergangenheit und bezieht sich auf eine bestimmte Situation (die genau einmal passiert ist). *Wenn* beschreibt Ereignisse, die sich wiederholen oder mehrmals passieren.

Nachdem die TN in ihren Sätzen die Verbposition in den *als*-Sätzen markiert haben, erinnern Sie auch an die Verbposition bei vorangestelltem Nebensatz (vgl. S. 79 Nebensätze mit *wenn*). Üben Sie die Satzmelodie mit den TN, indem Sie alle Sätze noch einmal vorsprechen. Die TN sprechen im Chor nach.

5a–c Die TN hören einmal und notieren das Alter. Dann schreiben sie zu zweit Sätze mit *als*. Die TN lesen die Sätze im Kurs vor. Dann hören die TN und singen leise oder sprechen mit.

Lösung: *2. Als wir sechs waren, haben wir die Lehrer geärgert. 3. Als wir 15 waren, war ich zum ersten Mal verliebt. 4. Als wir 20 waren, hatten wir zusammen eine Wohnung. 5. Als wir dreißig waren, war ich auf deiner Hochzeit.*
▶ Vertiefung: S. 95/4

6 Zielaufgabe/Ich-Bezug. Die TN können zuerst weitere Leitfragen/Stichwörter an der Tafel sammeln, z. B.: *Wie haben Sie sich kennengelernt? Was sind ihre/seine Hobbys? Was macht sie/er heute?* Dann schreiben die TN einen Text und lesen ihn in der Gruppe vor.
▶ Vertiefung: S. 95/1

7a ▸ ▸ Die Bücher der TN sind noch geschlossen. Fragen Sie zuerst: *Mögen Sie Tiere? Haben Sie Haustiere?* Die TN sammeln bei Interesse neue Wörter zum Wortfeld *Tiere* an der Tafel. Dann beantworten die TN in Gruppen die Fragen. Nach fünf Minuten vergleichen sie im Kurs und sammeln ihre Ideen zu Frage 3 an der Tafel.

7b ▸ Die TN lesen den Text schnell und suchen gezielt die Antworten zu den Fragen in a. Schreiben Sie währenddessen die neuen Wörter aus dem Text unsortiert auf eine Tafelhälfte: *ungewöhnlich – jemanden zum Lachen bringen – der Käfig – schreien – leidtun – berichten.* Auf die andere Tafelhälfte schreiben Sie (ebenfalls unsortiert) passende Umschreibungen: *komisch – etwas Lustiges sagen/ machen, dass die andere Person lacht – dort wohnt z. B. ein Bär – laut rufen/weinen – ich bin traurig „für eine andere Person“ – erzählen.* Nachdem die TN im Kurs verglichen haben, ordnen sie die Synonyme zu.

7c+d Die TN lesen zu zweit noch einmal und notieren bei den Sätzen a bis h die Zeilennummer der Textstelle, die die Antwort belegt. Dann ordnen sie die Sätze chronologisch. Anschließend lesen die TN die Sätze in der richtigen Reihenfolge, nennen das Tier und die entsprechende Textstelle zu zweit.

▶ Phonetik: S. 95

7e ▸ Weisen Sie die TN darauf hin, dass die Lösungen in c und d die „Bausteine“ für das Erzählen bilden. Die TN können sich alternativ auch eine Liste mit Stichwörtern machen. Erinnern Sie auch an die Adverbien zur Textstrukturierung: *zuerst, dann, danach, am Ende.*

Geben Sie den TN ca. fünf Minuten Zeit, ihre Erzählung zu üben, indem sie leise vor sich hinmurmeln. Wenn es die Räumlichkeiten zulassen, können die TN auch den Kursraum verlassen und sich eine „ruhige Ecke“ suchen. Nach fünf Minuten nehmen die TN sich selbst mit dem Smartphone auf. Dann bilden die TN Gruppen zu dritt, spielen die eigenen Aufnahmen vor, die anderen beiden TN kommentieren. Weisen Sie darauf hin, dass immer auch positiv kommentiert werden muss.

7 Muschi und Mausi

a Lesen Sie die Überschrift und sehen Sie das Foto an. Beantworten Sie die Fragen.

1. Was ist das Thema?
2. Wo ist das?
3. Was denken Sie: Was ist das Ende von der Geschichte?

b Lesen Sie und überprüfen Sie Ihre Antworten in a.

Vermischtes 37

Eine tierische Geschichte

Eine ungewöhnliche Freundschaft hat viele Menschen zum Lachen, aber auch zum Weinen gebracht. Muschi, die Katze, und Mausi, die Bärin, haben sich im Berliner Zoo kennengelernt. Plötzlich war die schwarze Katze da und hat einfach zusammen mit Mausi gegessen. Die Bärin war ganz lieb, wie eine Mutter zu einem Bärenbaby. Viele Menschen wollten das lustige Paar sehen.

Bärin Mausi und Katze Muschi im Berliner Zoo, 2004

Als man das Zuhause von Mausi renovieren musste, kam sie in einen Käfig. Muschi konnte nicht mehr zu ihr. Sie kam immer wieder vor den Käfig und hat laut geschrien, weil sie zu ihrer Freundin wollte. Die Katze hat vielen Menschen leidgetan und sie haben Briefe an den Zoo geschrieben. Viele Zeitungen und das Fernsehen haben berichtet. Die Katze durfte dann ganz offiziell mit der Bärin zusammenleben. Die beiden hatten noch sieben glückliche Jahre zusammen. Dann ist Mausi im Alter von 42 Jahren gestorben und Muschi hat weiter im Zoo gelebt.

c Die Bärin, die Katze oder beide? Was passt? Lesen Sie noch einmal und notieren Sie.

a	3	Dann musste sie umziehen.	die Bärin
b	6	Sie durften einen Käfig teilen.	beide
c	4	Sie durfte ihre Freundin nicht mehr besuchen.	die Katze
d	1	Sie ist plötzlich in den Zoo gekommen.	die Katze
e	2	Sie war wie eine Mutter und hat ihr Essen geteilt.	die Bärin
f	5	Viele Menschen wollten ihnen helfen.	beide
g	7	Sie ist später gestorben.	die Bärin
h	8	Sie ist im Zoo geblieben.	die Katze

d Ordnen Sie die Sätze in c.

e Sie möchten die Geschichte einer Freundin/einem Freund erzählen. Erzählen Sie frei.

Ich habe eine tolle Geschichte gelesen. Im Berliner Zoo sind eine Bärin und eine Katze gute Freunde geworden. Das war so: Die Katze ist plötzlich …

Wichtige Sätze

1 über Freundschaft und über Vergangenes sprechen

Die Paare tauschen ihre Texte, die sie in Aufgabe 6 geschrieben haben. Sie wählen eine der beiden Geschichten, schreiben einen Dialog zu der Situtation, in der sich die Freunde kennengelernt haben, und spielen ihn vor. Die anderen TN raten, wie alt die Freunde damals waren.

2 seine Meinung äußern, zustimmen und widersprechen

Jedes Paar bekommt ca. acht Kärtchen. Die TN zeichnen darauf vier zustimmende und vier ablehnende Smileys (oder nur Plus- bzw. Minuszeichen). Die Kärtchen liegen verdeckt und gemischt auf dem Tisch. Die/Der erste TN liest einen Satz aus der linken Spalte im Redemittelkasten auf S. 90. Die/Der andere TN zieht ein Kärtchen und reagiert entsprechend – zustimmend oder ablehnend. Die TN wechseln mehrmals die Rollen, bis alle Kärtchen verwendet wurden.

Schwächere TN lesen im ersten Durchgang die Redemittel für die Zustimmung/Ablehnung ab, beim zweiten sprechen sie frei.

3 eine Person beschreiben

Bringen Sie Fotos – z. B. aus Zeitschriften – von Menschen oder (Trick-)Filmfiguren mit. Die TN wählen zu zweit ein Foto und schreiben eine kurze Personenbeschreibung. Dann werden alle Texte und alle („benutzten") Fotos gemischt auf einen Tisch gelegt. Eine/Ein TN liest einen Text vor und alle TN suchen das passende Foto. Die TN, die den jeweiligen Text geschrieben haben, überprüfen die Zuordnung.

Strukturen

4 Nebensätze mit *als*

Ich-Bezug. Schreiben Sie an die Tafel *Als ich klein war, ...* Die TN ergänzen den Satz schriftlich. Kurskette: Die/Der erste TN liest ihren/seinen Satz, z. B.: *Als ich klein war, habe ich viel gespielt.* Die/Der nächste TN wiederholt (*Als du klein warst, hast du viel gespielt.*) und ergänzt ihren/seinen Satz (*Als ich klein war, konnte ich schon lesen.*) usw.

Phonetik

Die Diphtonge bereiten den meisten TN keine großen Schwierigkeiten. Erinnern Sie daran, dass sich *eu* und *äu* in der Aussprache nicht unterscheiden.

11

Alles klar!

Wichtige Sätze

über Freundschaft und über Vergangenes sprechen

Man hat im Leben nicht so viele gute Freunde. Freundschaft ist wichtiger als Liebe/als Geld. Ein guter Freund ist immer für mich da. Mit Freunden ist alles besser: die guten und die schlechten Dinge.

Als ich sechs Jahre alt war, habe ich ... kennengelernt. Sie/Er war mir sofort sympathisch. Sie/Er hat mir immer geholfen. Wir waren fast jeden Tag zusammen. Wir haben viel zusammen erlebt.

seine Meinung äußern

Ich finde, das Zitat ... am besten / am schönsten, weil ...
Ich denke, dass ... (nicht) Recht hat.
Das Zitat gefällt mir (nicht), weil ...
Ich finde besonders wichtig, dass ...

zustimmen und widersprechen

Ja genau! Das finde ich auch.
Stimmt, das sehe ich auch so.
Nein, das stimmt meiner Meinung nach nicht.
Das sehe ich anders. Ich finde, dass ...

eine Person beschreiben

Sie/Er ist ein ruhiger/lustiger/kluger/neugieriger/... Mensch. Sie/Er hat lange/kurze/blonde/schwarze/rote Haare. Sie/Er ist dick/dünn/stark/schwach/...

eine Freundschaftsgeschichte nacherzählen

Ich habe eine tolle Geschichte gelesen. In ... sind ... gute Freunde geworden. Das war so: Zuerst hat ein/e ... Dann ...

Strukturen

Präteritum

er/es/sie kam ▸ er/es/sie ist gekommen
er/es/sie gab ▸ er/es/sie hat gegeben
er/es/sie mochte ▸ er/es/sie hat gemocht

Nebensätze mit *als*

			Satzende (Verb)
Es gab viel Rauch,	als	das Feuer	gebrannt hat.
Die Eltern waren sehr böse,	als	die Polizei Rudi	gebracht hat.
Rudi war 15 Jahre alt,	als	er sich in Julia	verliebt hat.

Als-Sätze stehen oft auch am Anfang:

	Satzende (Verb)	Position 2 (Verb)	
Als Rudi sich in Julia	verliebt hat,	war	er 15 Jahre alt.

▸ Phonetik, S. 147

12 Eins – eins – zwei

Auf einen Blick

Material: Kärtchen (Einstieg, 2b+c/Strukturen 3); rote und blaue Karten (1c); KV 12/1 (3c)

Textsorten: Info-Flyer: Notruf (2b); Formular (3a); Dialog beim Arzt (3b+c); Zeitschriftenartikel (6b)

Strategien: Wörter mit Bildern lernen (1a; 2a); selektives Hören (1b); Hör-Sehen (1b); eine Geschichte mithilfe von Notizen nacherzählen (1c); globales Lesen (2b); detailliertes Hören (3a+b+c); Bilder als Informationsquelle nutzen (6a); hypothesengeleitetes Lesen (6b); detailliertes Lesen (6c)

Einstieg Bereiten Sie Wortkarten mit den folgenden Wörtern vor: *das Fieber, die Kopfschmerzen, die Allergie, die Erkältung, die Tablette* und *wehtun*. Legen Sie die Kärtchen verdeckt auf den Tisch. Die TN spielen in zwei Gruppen. Eine Gruppe zieht ein Kärtchen und erklärt die Bedeutung des Wortes, ohne das Wort zu nennen. Die andere Gruppe versucht, das Wort zu erraten. Dann tauschen die Gruppen ihre Rollen usw.

1a Die TN ordnen zu zweit die Fotos und schreiben zu jedem Foto einen Satz. Weisen Sie auf die Bildleiste hin. Anschließend vergleichen die TN ihre Lösungen im Kurs.

Video-DVD: Alternativ sehen die TN das Video ohne Ton und überprüfen ihre Lösung. Dann beschreiben sie die Fotos.

AR, UM: Spielen Sie das Video zur Bildleiste ab (Phase 1 + 2), die TN sprechen nach.

1b Die TN ordnen die Sätze vor dem Hören und überprüfen ihre Lösung mit dem Hörtext.

Video-DVD: Alternativ sehen die TN das Video mit Ton und überprüfen ihre Lösung. Karaoke: Abschließend sehen die TN das Video noch einmal mit Untertiteln, wählen eine Rolle und und sprechen ihre Rolle laut mit.

1c Notieren Sie die folgenden Wörter an der Tafel: *als, danach, dann, sofort.*

12 Eins – eins – zwei

1 Ein Unfall im Haushalt

a Was passiert auf den Fotos? Ordnen Sie und beschreiben Sie die Fotos. Arbeiten Sie mit der Bildleiste.

Foto Nummer eins ist ganz rechts: Susi sitzt auf dem Sofa und sie blutet. Sie hat sich ...

2.09 12 **b** Hören Sie und ordnen Sie die Sätze.

a 3 Arno geht in die Küche und kühlt Susis Kopf mit Eis.
b 6 Sie gehen zur Notaufnahme, weil Arno sich Sorgen macht.
c 1 Susi wollte das Fenster putzen. Sie hat sich am Kopf gestoßen.
d 5 Dann fahren sie ins Krankenhaus.
e 4 Sie gehen zum Auto.
f 2 Arno kommt nach Hause und sieht, dass Susi blutet.

c Was ist passiert? Erzählen Sie.

Als Susi das Fenster putzen wollte, hat sie sich am Kopf gestoßen. Dann ist ...

2 Einen Notruf machen

a Wann rufen Sie die Nummer 112 an? Sprechen Sie im Kurs.

Ich mache einen Notruf, wenn jemand bewusstlos ist.

◐ Teilen Sie den Kurs in zwei Gruppen: Schwächere TN bekommen eine blaue Karte, stärkere TN eine rote. Die TN bilden Paare (je eine/ein TN mit der blauen und roten Karte) und die TN mit einer blauen Karte erzählen die Geschichte – mithilfe der Sätze in 1b – nach. Achten Sie darauf, dass die TN die Sätze nicht nur ablesen, sondern mit den Wörtern an der Tafel verbinden. Dann bilden die TN neue Paare und diesmal erzählen die TN mit einer roten Karte die Geschichte nach, allerdings frei mit geschlossenen Büchern.

UM: Projizieren Sie die Bilder während der Partnerarbeit an die Wand.

AR, UM: Spielen Sie das Video zur Bildleiste ab (Phase 3). Die TN sprechen und hören zur Kontrolle.

b Die Notruf-Regeln. Welche Fragen passen? Lesen Sie und ordnen Sie zu.

Notruf ✆112

1 **Wer ruft an?**	Sagen Sie Ihren Namen und auch Ihre Telefonnummer. So sind Sie erreichbar.
2 **Wo ist der Unfall?**	Sagen Sie ganz genau: Wo ist der Unfall passiert?
3 **Was ist passiert?**	Beschreiben Sie kurz: Was ist passiert? Zum Beispiel: „Es brennt in der Küche." Oder: „Mein Kollege hat Schmerzen in der Brust."
4 **Wie viele Verletzte?**	Sagen Sie genau: Wie viele Personen haben sich verletzt? Wenn es brennt: Sind noch Personen im Haus? Wie viele?
5 **Welche Verletzungen?**	Beschreiben Sie die Verletzungen. Sind die Verletzten noch ansprechbar oder sind sie bewusstlos?
6 **Warten!**	Legen Sie nicht auf! Warten Sie auf Fragen!

a [2] Wo sind Sie genau? — Auf der Autobahn A2, zwischen Bielefeld und Hannover. Bei Kilometer 270.

b [4] Wie viele Personen haben sich verletzt? — Dem Fahrer aus dem ersten Auto ist nichts passiert, aber im zweiten Auto sind noch zwei Personen.

c [1] Notrufzentrale, guten Tag. Sie sprechen mit Frau Meier. — Hallo? Mein Name ist Anja Weber. Hier ist etwas passiert.
Bitte bleiben Sie ruhig.

d [5] Sind die Personen bewusstlos? — Nein, aber die Fahrerin blutet und der Mann ist hilflos. Er ist kaum ansprechbar. Bitte kommen Sie schnell!

e [3] Was ist genau passiert? — Es gab hier einen Autounfall – mit zwei Autos.

f [6] Ein Krankenwagen kommt sofort. Bitte legen Sie nicht auf.

Wortbildung: Adjektive auf *-los* und *-bar*
bewusstlos = die Person ist **ohne** Bewusstsein
erreichbar = man **kann** die Person erreichen

c Lesen Sie den Dialog in der richtigen Reihenfolge zu zweit laut.

d Wählen Sie eine Situation in a und schreiben Sie zu zweit einen Notruf-Dialog. Spielen Sie den Dialog im Kurs.

*D: das Krankenhaus – A+CH auch: der/das Spital | D: der Krankenwagen – A: die Ambulanz

das Kranken-haus*, -äu-er

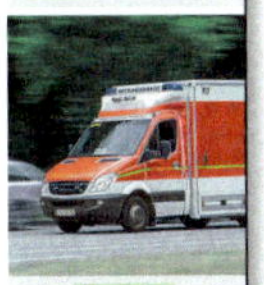
der Kranken-wagen*, -

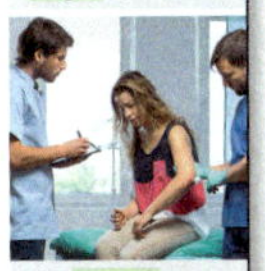
die Notauf-nahme, -n

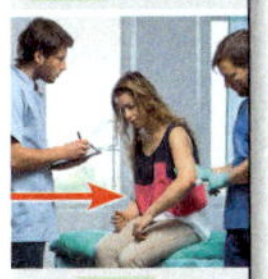
der Patient, -en
die Patientin, -nen

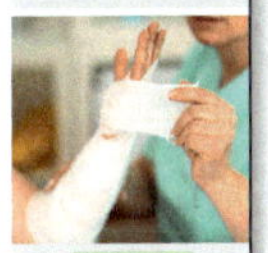
die Verletzung, -en
sich verletzen

sich (am Kopf) stoßen

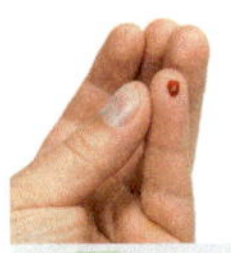
das Blut (Sg.)
bluten

(mit Eis) kühlen

2a Die TN sammeln zuerst weitere Situationen an der Tafel, z. B. *vom Fahrrad fallen, ins Wasser fallen, sich schwer verletzen, Herzprobleme haben, sich verbrennen* usw. Kurskette: Die TN bilden Sätze wie im Kursbuch. Wiederholen Sie bei Bedarf die *wenn*-Nebensätze.

▶ Vertiefung: S. 101/1

2b+c Fragen Sie die TN: *Was muss man sagen, wenn man einen Notruf macht?* Die TN sammeln Stichwörter an der Tafel. Dann lesen die TN zu zweit und ordnen die Stichwörter von der Tafel den W-Fragen zu.

Die TN ordnen die W-Fragen den Dialogteilen zu. Als Auswertung lesen die TN im Chor den geordneten Dialog (Hälfte der TN = Notrufzentrale, Hälfte der TN = Anruferin/Anrufer).

Erklären Sie den Grammatikkasten. Die TN suchen im Text Adjektive auf *-los* und *-bar* (*erreichbar, ansprechbar, bewusstlos, hilflos*) und formulieren gemeinsam eine Erklärung auch für die Adjektive *ansprechbar* und *hilflos*.

▶ Vertiefung: S. 101/3
▶ Phonetik: S. 101

! Bei ein paar wenigen sehr geläufigen Adjektive auf *-bar* ist die Bedeutung von *-bar* verloren gegangen (*furchbar, dankbar, wunderbar*).

2d Zielaufgabe. Die TN greifen ggf. auf die Geschichten in 2a (Vertiefung S. 101/1) zurück und schreiben zu zweit einen zu der Geschichte passenden Notruf-Dialog. Die TN üben den Dialog und spielen ihn anschließend im Kurs vor. Die anderen TN notieren jeweils, was wo passiert ist.

3a ▸ ▸ Die TN sehen sich das Formular und das Foto an. Fragen Sie: *Was ist das? Wann braucht man das?* Klären Sie den neuen Wortschatz, dann hören die TN und ergänzen das Formular. Nach dem Lösen vergleichen sie zu zweit.

3b ▸ Die TN lesen die Sätze und lösen beim ersten Hören die Aufgabe. Beim zweiten Hören notieren sie, was die Ärztin Susi geraten hat (*nach Hause gehen, heute + morgen im Bett bleiben, nicht arbeiten, viel schlafen und sich erholen, wieder kommen, wenn Susi Kopfschmerzen hat oder ihr schlecht wird*). Die TN machen Notizen und erzählen nach, z. B.: *Susi soll nach Hause gehen und im Bett bleiben.* Wiederholen Sie mit den TN die Formen und Bedeutung von *sollen* (s. Band A1, Einheit 15). Auf die Notizen wird in 4c zurückgegriffen.

3c ▸ Nach dem Hören korrigieren die TN ihre Lösung zu zweit mithilfe der Redemittel auf S. 101.

Bereiten Sie pro Paar die Kopiervorlage vor und mischen Sie die Kärtchen. Die TN ordnen passende Kärtchen zu. Auf der Kopiervorlage werden die meisten bisher bekannten Redemittel zum Thema *Arztbesuch* wiederholt.
▸ KV 12/1

3d ▸ Bei der Präsentation der Dialoge im Kurs, notieren die zuschauenden TN Fehler, aber auch das, was ihnen gut gefallen hat. Abschließend, nachdem alle TN ihre Dialoge vorgespielt haben, geben die TN gegenseitig Rückmeldungen. Achten Sie darauf, dass jedesmal etwas Positives erwähnt wird.

4a+b ▸ Erklären Sie den TN zuerst die Situation: Susi ist wieder zu Hause, liegt auf dem Sofa und bekommt einen Anruf. Die TN arbeiten zu viert und ergänzen den Dialog (mehrere Lösungen möglich, Beispiel s. Kursbuchseite). Dann üben je zwei TN in jeder Gruppe den Dialog und ein Paar aus jeder Gruppe spielt ihn im Kurs vor. Die jeweils zwei anderen TN übernehmen die Rolle einer Souffleuse / eines Souffleurs und dürfen den spielenden TN helfen, wenn nötig.

4c ▸ Die TN suchen die Formen. Besprechen Sie mit ihnen den Grammatikkasten und erklären Sie die Formen. Kurskette: Die TN greifen auf ihre Notizen in 3b zurück und bilden damit Ratschläge in Form einer Kurskette, z. B.: *Du solltest nach Hause gehen. – Stimmt, ich sollte nach Hause gehen. Du solltest morgen im Bett bleiben. – Stimmt, ich sollte im Bett bleiben. Du solltest* ... usw.

12 Eins – eins – zwei

3 Im Krankenhaus

2.10 **a** Die Anmeldung. Hören Sie und ergänzen Sie das Formular.

JOSEPH KRANKENHAUS BERLIN	NOTAUFNAHME
Albert Nachname	*Susanne* Vorname
24. Juli 1980 Geburtsdatum	*Langstr. 13, 10962 Berlin* Adresse
Krankenkasse	Gesundheitskarte Nr.

Krankheiten:	nein *X*	ja ☐	welche?
Operationen:	nein *X*	ja ☐	welche?
Medikamente:	nein *X*	ja ☐	welche?
Allergien:	nein *X*	ja ☐	welche?

2.11 **b** Endlich bei der Ärztin. Was ist falsch? Hören Sie und streichen Sie durch.

1. Susis Kopf blutet ~~noch sehr~~ / nicht mehr.
2. Susi war nicht / ~~kurz~~ bewusstlos.
3. Sie hat Kopfschmerzen / ~~Augenschmerzen~~.
4. Sie hat eine leichte / ~~eine schwere~~ Gehirnerschütterung.
5. Sie ~~muss im Krankenhaus bleiben~~ / kann wieder nach Hause fahren.
6. Susi muss morgen ~~arbeiten~~ / viel schlafen.
7. Die Schmerztabletten kann man in der Apotheke ohne / ~~mit~~ Rezept kaufen.

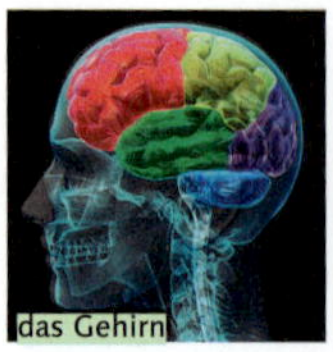
das Gehirn

2.11 **c** Ergänzen Sie die Redemittel. Hören Sie dann noch einmal und überprüfen Sie Ihre Lösung.

Dialoge beim Arzt führen

Ärztin/Arzt	Patientin/Patient
Was fehlt *Ihnen denn* ?	Mir tut der Kopf/... weh. Ich habe Husten/Schnupfen/Fieber/Grippe.
	Ich habe mich *gestoßen* /geschnitten.
Waren Sie *bewusstlos* ?	Nein, aber ich habe *starke* Kopf-/Bauchschmerzen. Ich habe Schmerzen in der Brust.
Ist Ihnen *schlecht* geworden?	
Nehmen Sie maximal drei Tabletten täglich.	Muss ich *Medikamente nehmen* ?

d Dialoge beim Arzt. Wählen Sie eine Situation und schreiben Sie zu zweit einen Dialog. Spielen Sie den Dialog im Kurs.

Sie waren gestern Abend im Restaurant und haben seit gestern starke Bauchschmerzen.

Sie sind seit einer Woche stark erkältet und haben Schnupfen, Husten und Fieber.

98 achtundneunzig

! Auf dem Niveau A2 werden nur wenige Konjunktivformen in konkreten kommunikativen Kontexten eingeführt: um etwas höflich bitten (*könnten Sie, könntest du, könntet ihr*; Band A2, Einheit 2), einen Wunsch äußern (*würde-* + *gern* + Infinitiv; Band A1, Einheit 16) und Ratschläge geben (*sollte-*; hier Band A2, Einheit 12). Eine Vertiefung bzw. die Benennung des Konjunktivs ist hier nicht nötig.

4d ▸ ▸ ▸ Die TN ordnen zuerst zu und vergleichen im Kurs. Weisen Sie darauf hin, dass man einen Ratschlag auch als Imperativ ausdrücken kann, die Form mit *sollte-* aber höflicher ist. Dann liest eine/ein TN ein Problem vor, die/der andere TN gibt einen passenden Ratschlag, z. B. zu 1: *Dann solltest du einen Kamillentee trinken.*

Kurskette: Die TN formulieren die Ratschläge wie im Buch vorgegeben (mit *wenn*-Sätzen). Die/Der erste TN bildet einen *wenn*-Satz, z. B.: *Wenn du Bauchschmerzen hast, ...* Die/Der nächste TN ergänzt den Ratschlag und bildet einen neuen *wenn*-Satz: *... solltest du einen Kamillentee trinken. Wenn dein Mann abnehmen möchte, ...* usw.

◐ ▸ Schwächere TN notieren die Sätze zuerst schriftlich und lesen die Sätze bei der ersten Runde der Kurskette ab. Bei der zweiten Runde versuchen sie, die Sätze auswendig zu formulieren.

Lösung: *1. Wenn du Bauchschmerzen hast, solltest du einen Kamillentee trinken. 2. Wenn dein Mann abnehmen möchte, sollte er mehr Sport machen. 3. Wenn du glaubst, dass sie bewusstlos ist, solltest du 112 anrufen! / Wenn sie bewusstlos ist, solltest du 112 anrufen! 4. Wenn du beim Lesen immer Kopfschmerzen hast, solltest du besser zum Augenarzt gehen. 5. Wenn ihr abends schlecht einschlafen könnt, solltet ihr abends warme Milch trinken.*

5 ▸ Kursspaziergang: Alle TN schreiben auf ein Blatt Papier je ein Problem, alle Probleme werden eingesammelt. Ziehen Sie dann vier Probleme und kleben Sie sie vier TN an den Rücken. Die anderen TN – jeweils zu zweit oder zu dritt (je nach Kursgröße) – gehen zu einer/einem TN mit einem Problem und geben ihr/ihm Ratschläge. Die/Der TN versucht, das Problem zu erraten. Wenn das Problem erraten wurde, kleben Sie einer/einem anderen TN ein neues Problem an den Rücken usw.

▸ Vertiefung: S. 101/2

4 Du solltest ...

a Susis Freundin ruft an. Was sagt Susi? Ergänzen Sie zu zweit.

- Hallo, Susi! Jana hier. Wie geht es dir?
- *Hallo, Jana! Leider nicht so gut. Ich war im Krankenhaus.*
- Was? Aber warum denn? Was ist denn passiert?
- *Ich habe die Fenster geputzt und habe mich am Kopf gestoßen.*
- Am Kopf? Oh je, das tut weh. Du Arme! Hast du eine Gehirnerschütterung?
- *Ja, ich habe eine leichte Gehirnerschütterung.*
- Dann solltest du eine Schmerztablette nehmen. Arno sollte zur Apotheke gehen.
- *Arno ist schon zur Apotheke gegangen.*
- Okay. Gut, dass du Arno hast. Und was hat die Ärztin noch gesagt?
- *Ich muss/soll im Bett bleiben und ich darf/soll nicht arbeiten.*
- Ja, du solltest auf jeden Fall im Bett bleiben. Kannst du fernsehen oder lesen?
- *Nein, das ist nicht gut, dann bekomme ich Kopfschmerzen.*
- Das stimmt. Du solltest viel schlafen, dann geht es dir bestimmt bald besser. Und am Samstag kochen wir etwas zusammen. Was meinst du?
- *Ja, das ist eine gute Idee.*

b Lesen Sie den Dialog zu zweit laut.

c Ratschläge mit *sollte-*.
Suchen Sie in a Ratschläge und ergänzen Sie den Grammatikkasten.

Ratschläge mit *sollte-*

ich	sollte	wir	sollten
du	*solltest*	ihr	solltet
er/es/sie	*sollte*	sie/Sie	sollten

d Was tun? Lesen Sie die Sätze und verbinden Sie. Geben Sie dann Ratschläge mit *sollte-*.

1. Mir ist so schlecht. Ich habe Bauschmerzen.
2. Mein Mann möchte abnehmen.
3. Ich glaube, sie ist bewusstlos!
4. Ich habe beim Lesen immer Kopfschmerzen.
5. Wir können abends schlecht einschlafen.

a Ruf 112 an!
b Trinkt doch abends warme Milch.
c Trink doch einen Kamillentee!
d Dann geh besser zum Augenarzt.
e Warum macht er nicht mehr Sport?

Wenn du Bauchschmerzen hast, solltest du ...

5 Kursspaziergang. Schreiben Sie ein „Problem" wie in 4d auf einen Zettel und kleben Sie ihn auf den Rücken von einer Partnerin/einem Partner. Sie/Er darf das „Problem" nicht sehen. Die anderen geben Ratschläge, er/sie muss das Problem erraten.

6a Zeigen Sie auf einen Clown auf den Fotos und fragen Sie: *Was macht ein Clown? Wo sieht man Clowns normalerweise?* Dann leiten Sie zu den Fragen in 6a über. Die TN beschreiben die Bilder und stellen Vermutungen an. Notieren Sie die Vermutungen an der Tafel.

6b ▸ Die TN lesen den Text und beantworten zu zweit die Fragen aus a (*Wo ist das? Was machen die Kinder und die Erwachsenen?*). Anschließend vergleichen sie ihre Lösungen mit den Vermutungen an der Tafel.

Lösung: *Die Kinder sind im Krankenhaus. Die Erwachsenen (= die Clowndoctors) machen mit den Kindern Späße. Wenn die Kinder lachen, geht es ihnen besser.*

6c ▸ Die TN lösen die Aufgaben und unterstreichen im Text die Stellen, die wichtig für die Lösung sind (*1. Zeile 2–3; 2. Zeile 6–7; 3. Zeile 9–11; 4. Zeile 13–14; 5. Zeile 13; 6. Zeile 15*). Dann vergleichen sie zu zweit und korrigieren die falschen Sätze *(2. Die ROTE NASEN Clowns gibt es auch in Deutschland. 5. Die Clowndoctors arbeiten zu zweit. 6. Die Besucher dürfen im Zimmer sein, ... / Die Besucher dürfen mitmachen, ...).*

▸ Notieren Sie dann die Überschriften aus dem Artikel an der Tafel. Die TN schließen ihre Bücher und schreiben zu jedem Stichwort einen Satz. Im Kurs vergleichen sie ihre Sätze und fassen den Artikel gemeinsam in vier bis fünf Sätzen zusammen.

Fragen Sie anschließend, ob die TN den Verein ROTE NASEN kennen und ob es ihn auch in ihrem Land gibt.

6d ▸ ▸ Ich-Bezug. Fragen Sie die TN, ob sie gern die Clowndoctor-Ausbildung machen würden. Die TN, die mit *ja* antworten, bilden eine Gruppe, die TN, die mit *nein* antworten, eine andere. Geben Sie dann den Gruppen ca. fünf Minuten, Argumente für ihre Entscheidung zu sammeln. Abschließend tauschen sich die Gruppen im Kurs aus.

6 Rote Nasen

a Was denken Sie: Wo ist das? Was machen die Kinder und die Erwachsenen? Sprechen Sie im Kurs.

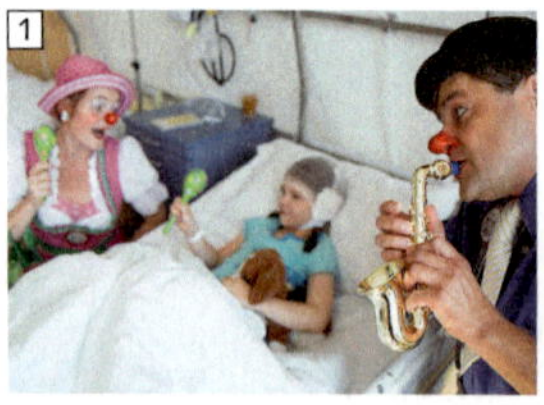
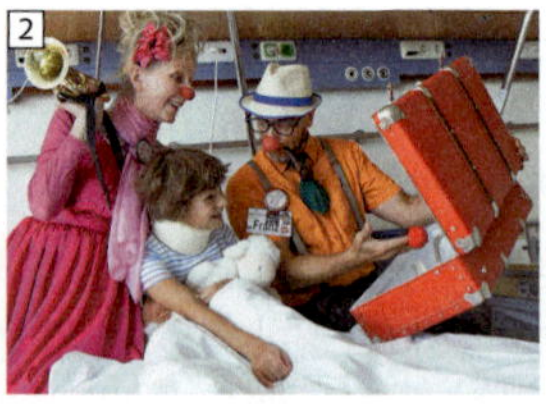
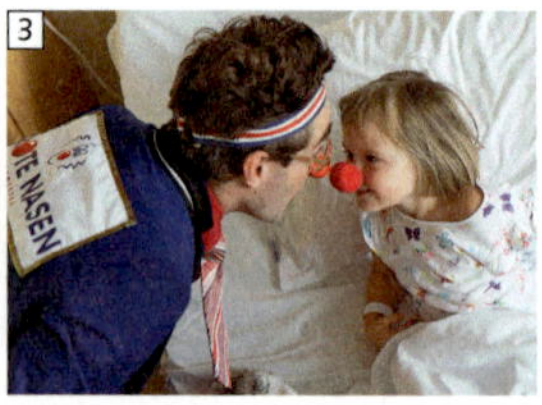

b Lesen Sie den Artikel und überprüfen Sie Ihre Vermutungen in a.

http://www.rotenasen.at

ROTE NASEN CLOWNDOCTORS

ROTE NASEN

Die Idee
Man weiß schon sehr lange, dass Lachen kranken Menschen hilft. Wenn die Menschen lachen, geht es ihnen besser. Sie werden schneller gesund oder sie können besser mit der Krankheit leben.

Der Anfang
Der Universitätsprofessor Dr. Max H. Friedrich, Monica Culen und der Künstler Giora Seeliger haben den Verein *ROTE NASEN Clowndoctors* am 10. Februar 1994 in Österreich gegründet. Heute gibt es Partnerorganisationen in vielen osteuropäischen Ländern, in Deutschland, Palästina und Neuseeland.

Die Ausbildung
ROTE NASEN Clowndoctors sind keine ÄrztInnen. Als Clowns arbeiten KünstlerInnen mit einer speziellen Ausbildung. Der *ROTE NASEN*-Verein hat eine Schule gegründet – die „Internationale Schule für Humor" – und die Clowns machen hier ihre Ausbildung.

Im Krankenhaus
Ins Krankenhaus kommen immer zwei Clowns. Sie bekommen alle wichtigen Informationen über die Patienten von den Krankenpflegern. Danach gehen sie ins Krankenzimmer und müssen schnell reagieren: Ist Besuch da? Kann der Besuch mitmachen? Wie geht es dem Kind oder den Kindern gerade? Die Clowns machen Späße, sie jonglieren oder machen Zaubertricks und natürlich singen sie und machen Musik. Wenn sie gehen, haben die Kinder ein Lächeln im Gesicht und ihre Augen leuchten.

c Was ist richtig? Lesen Sie noch einmal und kreuzen Sie an.

	richtig	falsch
1. Lachen ist gut für die Gesundheit.	X	
2. Die ROTE NASEN Clowns gibt es in Deutschland nicht.		X
3. Ein Clowndoctor muss eine Ausbildung machen.	X	
4. Die Krankenpfleger informieren die Clowndoctors.	X	
5. Jeder Clowndoctor arbeitet allein.		X
6. Die Besucher dürfen nicht im Zimmer sein, wenn die Clowndoctors kommen.		X

d Würden Sie auch gern die Clowndoctor-Ausbildung machen? Warum (nicht)? Sprechen Sie im Kurs.

Wichtige Sätze

1 einen Unfall / eine Verletzung beschreiben

Notieren Sie W-Fragen an der Tafel (*Wer? Wo? Was? Wann?*). Die Gruppen wählen jeweils ein Foto in 2a aus, denken sich dazu eine Geschichte aus und machen Notizen. Dann tragen sie ihre Geschichten im Kurs vor: Jede/Jeder TN sagt zwei Sätze nacheinander. (Die TN greifen ggf. in 2d auf die Geschichten zurück.) Die anderen TN benennen das Foto, das zu der Geschichte passt.

2 Ratschläge geben

Die TN sammeln typische Alltagsprobleme an der Tafel, z. B. *der Bus kommt nicht, es regnet und man hat keinen Regenschirm, den Büroschlüssel wieder zu Hause vergessen, wieder zu spät aufgestanden, weil man den Wecker nicht gehört hat* usw. Pantomime: Eine/Ein TN stellt pantomimisch ein Problem dar, die anderen TN nennen das Problem und geben einen passenden Ratschlag, z. B.: *Der Bus kommt nicht. Du solltest ein Taxi nehmen.* Zu jedem Problem sollen mehrere Ratschläge genannt werden.

Strukturen

3 Adjektive auf *-los* / auf *-bar*

Bereiten Sie pro Gruppe Wortkärtchen mit den folgenden Wörtern vor: *pausenlos, wolkenlos, schlaflos, arbeitslos, kostenlos, sinnlos* sowie *essbar, machbar, bezahlbar, lesbar, haltbar, lieferbar*. Die TN arbeiten in zwei Gruppen. Eine Gruppe formuliert Erklärungen für alle Adjektive auf *-los*, die andere für alle Adjektive auf *-bar*. Die TN dürfen bei Bedarf Wörterbücher benutzen.

Legen Sie die Kärtchen offen auf den Tisch, sodass sie alle TN sehen können. Dann liest eine Gruppe eine Erklärung vor, z. B.: *Man kann die Sache essen, sie ist* ... Die andere Gruppe sucht das passende Adjektiv (*essbar*). Die Gruppen wechseln sich ab.

Phonetik

! Das *s* am Wort- oder Silbenanfang wird normalerweise als [z] ausgesprochen. In einigen Fremdwörtern wird das *s* am Wortanfang auch als [s] ausgesprochen, z. B. *soft, Secondhandladen, Soiree, Sex, Soul, Sound* usw.

12

Alles klar!

Wichtige Sätze

einen Unfall/eine Verletzung beschreiben

Ich habe mich am Kopf gestoßen. Er/Sie hat sich in den Finger geschnitten.
Ich bin gefallen/gestürzt. Ich blute an der Hand / am Kopf. Ich war bewusstlos.

Er hatte einen Autounfall. Er musste ins Krankenhaus / zur Notaufnahme fahren.

einen Notruf machen

Wer?	Mein Name ist Anja Weber. Meine Nummer ist ...
Wo?	In der Müllerstraße 23. / Auf der Autobahn A2, zwischen Bielefeld und Hannover. Bei Kilometer 270.
Was?	Es brennt in der Küche. / Es gab einen Autounfall. / ...
Wie viele Verletzte?	Es gibt drei Verletzte.
Welche Verletzungen?	Eine Person ist bewusstlos und blutet, zwei Verletzte sind ansprechbar.

Dialoge beim Arzt führen

Ärztin/Arzt	Patientin/Patient
Was fehlt Ihnen denn?	Mir tut der Kopf / ... weh. Ich habe Husten/Schnupfen/Fieber/Grippe.
	Ich habe mich gestoßen/geschnitten.
Waren Sie bewusstlos?	Nein, aber ich habe Kopf-/Bauchschmerzen.
Ist Ihnen schlecht geworden?	Ich habe Schmerzen in der Brust.
Nehmen Sie drei Tabletten täglich.	Muss ich Medikamente nehmen?

Ratschläge geben

Du solltest die 112 anrufen.
Ihr solltet abends warme Milch trinken.
Er sollte mehr Sport machen.
Du solltest im Bett bleiben.

Strukturen

Adjektive auf *-los*

bewusstlos = *ohne Bewusstsein*
hilflos = *ohne Hilfe*

Adjektive auf *-bar*

erreichbar = *man kann sie/ihn erreichen*
ansprechbar = *man kann sie/ihn ansprechen*

Ratschläge mit *sollte-*

ich	sollte	wir	sollten
du	solltest	ihr	solltet
er/es/sie	sollte	sie/Sie	sollten

▶ Phonetik, S. 147

Deutsch aktiv

Auf einen Blick

Material: Kärchen (4); pro Paar ein Würfel (5)

1 👥 ▸ 👥👥 Jeweils drei TN schreiben gemeinsam eine Geschichte mit drei Wörtern und lesen sie im Kurs vor. Dann bilden die TN neue Gruppen und schreiben eine neue Geschichte. Die TN wechseln dreimal die Gruppen. Geben Sie den TN jeweils drei Minuten Zeit. Dann sitzen alle TN im Kreis und erfinden Geschichten spontan mündlich. Nachdem die/der dritte TN einen Satz gebildet hat und die Geschichte beendet hat, fängt die/der vierte TN mit einem Wort aus A wieder eine neue Geschichte an. Wenn jemand nicht spontan weiterweiß, darf sie/er *Joker* sagen. Jede/Jeder TN hat einen Joker.

👤 ▸ 👥👥 Alternative: Die TN schreiben eine längere Geschichte und benutzen dabei Wörter aus A, B und C – immer in dieser Reihenfolge, z. B. *Gestern habe ich mich am Kopf gestoßen. Ich war kurz bewusstlos. Dann ist meine Mutter mit mir ins Krankenhaus gefahren. Dort habe ich eine Frau kennengelernt. Sie war sehr klug. Sie ist jetzt mein Glück.* Die TN lesen ihre Geschichten im Kurs vor. Wer hat die längste Geschichte?

2 👥👥 ▸ 👥/👥👥 Die TN sammeln zuerst Adjektive zur Personenbeschreibung und ca. zehn Namen von bekannten Personen, die alle TN kennen. Dann wählt eine/ein TN einen Namen aus, notiert ihn auf einem Zettel und das Ratespiel beginnt.

Deutsch aktiv

1 **Geschichten in drei Sätzen. Arbeiten Sie zu dritt. Wählen Sie aus einer Zeile ein Wort: Partnerin/Partner A aus A, Partnerin/Partner B aus B, Partnerin/Partner C aus C. Bilden Sie mit Ihrem Wort einen Satz und erfinden Sie gemeinsam eine Geschichte. Partnerin/Partner A fängt an.**

A sich stoßen – sich schneiden – sich kennenlernen – bluten – putzen – stürzen – sich verlieben – machen – helfen – Spaß haben – brennen – schreien – weinen – lachen

B stark – ängstlich – klug – neugierig – erreichbar – bewusstlos – dumm – ehrlich – hilflos

C das Krankenhaus – die Liebe – die Freundin / der Freund – der Krankenwagen – das Glück – der Notruf – der Unfall – das Auto – die Notaufnahme – die Freundschaft

*Gestern habe ich mich am Kopf **gestoßen**.*

*Das hat sehr wehgetan und ich war kurz **bewusstlos**.*

*Dann ist meine Mutter mit mir ins **Krankenhaus** gefahren.*

2 **Personen beschreiben. Sammeln Sie Namen von bekannten Personen oder Figuren und schreiben Sie sie auf Zettel. Ziehen Sie einen Namen und kleben Sie den Zettel einer Lernerin/einem Lerner auf die Stirn. Beschreiben Sie die Person/Figur, die Lernerin/der Lerner rät.**

Du bist etwas dick.

Du bist ein bisschen dumm, aber sehr witzig.

Bin ich …?

3 **Eine Freundschaftsgeschichte lesen. Ihre Partnerin/Ihr Partner liest den Text auf Seite 141 laut. Bringen Sie die Bilder in die richtige Reihenfolge. Tauschen Sie dann die Rollen.**

Ihre Partnerin/Ihr Partner (S. 141): …

Sie: … sind beide Lehrerinnen. Sie treffen sich sehr oft. Sie fahren auch immer gemeinsam in den Urlaub. Vor zwei Jahren waren sie zusammen in Argentinien. Dort haben sie die Brüder Emilio und Carlos kennengelernt. Die beiden sehen fast gleich aus, denn sie sind Zwillinge! Annemarie und Lena haben sich sofort verliebt und in zwei Monaten ist die Hochzeit – eine Doppelhochzeit. Wer heiratet wen? Das wissen nur ganz wenige Personen, weil „Annelena“ es nicht sagen.

3 ► Die TN lesen die Texte mindestens zweimal vor. Beim ersten Lesen ordnen sie die Bilder, beim zweiten Lesen kontrollieren sie die Reihenfolge. Achten Sie darauf, dass die TN nur hören und nicht bei der Partnerin / dem Partner mitlesen. Dann schreibt jede/jeder TN zu den eigenen Bildern einen Satz und die TN lesen ihre Sätze (in der richtigen Reihenfolge) im Kurs vor.

4 ► Notieren Sie den Beispielsatz aus den Sprechblasen an der Tafel und markieren Sie *Als* und die Verbstellung. Wiederholen Sie bei Bedarf die *als*-Sätze. Dann arbeiten die TN zu zweit.

Im Anschluss bilden die TN mit den Vorgaben in der linken Spalte *als*-Sätze und schreiben sie auf ein Kärtchen (nur den Nebensatz, z. B. *Als ich nach Hause gefahren bin, ...*). Die Kärtchen werden verdeckt auf den Tisch gelegt. Eine/Ein TN zieht ein Kärtchen, liest den Satzanfang vor und ergänzt den Satz. Dann ist die/der nächste TN an der Reihe usw.

11|12

4 **Ein Unglückstag. Arbeiten Sie zu zweit. Bilden Sie Sätze wie im Beispiel und kontrollieren Sie sich gegenseitig (grüne Sätze). Ihre Partnerin/Ihr Partner arbeitet auf Seite 142.**

1. nach Hause fahren	..., hatte ich einen Unfall.
2. Als ich vom Fahrrad gestürzt bin, ...	sich am Kopf verletzen
3. nach Hause kommen	..., habe ich den Kopf mit Eis gekühlt.
4. Als ich das Abendessen gekocht habe, ...	sich in den Finger schneiden
5. ein Glas in den Schrank stellen	..., habe ich mich am Kopf gestoßen.
6. Als ich einen Freund angerufen habe, ...	das Telefon kaputtgehen

Als ich nach Hause gefahren bin, ...

..., hatte ich einen Unfall.

5 **Ratschläge geben. Arbeiten Sie zu zweit. Geben Sie Ratschläge.**

zum Zahnarzt gehen – ins Bett gehen – einen Regenschirm mitnehmen – zur Notaufnahme fahren – sie/ihn zum Abendessen einladen – einkaufen gehen

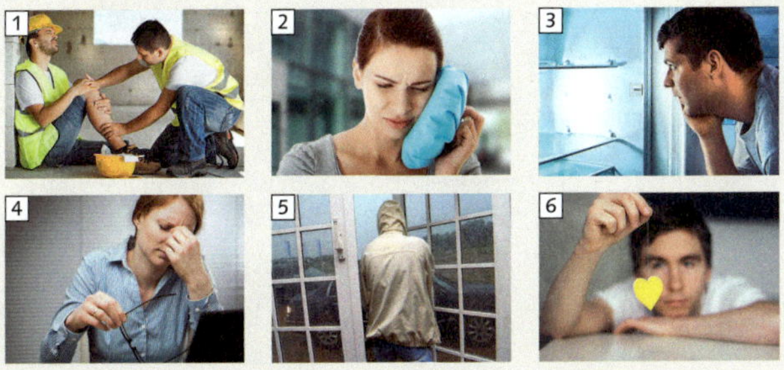

Ich habe mich am Bein verletzt!

Du solltest zur Notaufnahme fahren.

6 **In der Arztpraxis. Lesen Sie den Dialog zu zweit laut. Variieren Sie dann den Dialog.**

der Rücken – der Zahn – das Auge – das Ohr – die Schulter – der Fuß

- Guten Tag, Herr Albrecht. Was fehlt Ihnen denn?
- Ach, mir tut alles weh.
- Was denn genau?
- Der Kopf, ich habe starke Kopfschmerzen.
- Hmm, ich kann Ihnen ein sehr gutes Medikament geben.
- Tabletten? Ach, wissen Sie, eigentlich sind die Kopfschmerzen nicht so schlimm. Aber die Bauchschmerzen ...
- Hmm, wo tut es denn weh? Hier? Ich denke, Sie sollten lieber ins Krankenhaus fahren. Ich ...
- Oh, ich glaube, ich habe vor allem Halsschmerzen.
- Na, dann ...

einhundertdrei 103

5 Eine/Ein TN würfelt und bildet zu dem entsprechenden Bild einen Satz. Die Partnerin / Der Partner reagiert und gibt einen Ratschlag. Die/Der erste TN reagiert (*Ja, das stimmt. / Ja, das ist eine gute Idee. / Oh nein, das möchte ich nicht. / Ach lieber nicht, ich will lieber ... / Warum? Ich ...*).

◐ Schwächere TN notieren zuerst zu den Fotos jeweils einen Satz (*1. Ich habe mich am Bein verletzt. / Ich bin gestürzt. 2. Ich habe Zahnschmerzen. 3. Mein Kühlschrank ist leer. 4. Ich bin müde. / Ich habe Kopfschmerzen. 5. Draußen regnet es. 6. Ich habe mich verliebt.*) und ordnen den Fotos einen Ausdruck aus dem Schüttelkasten zu. Erst dann arbeiten sie zu zweit.

6 Dialogtraining: Die TN lesen den Dialog zweimal mit wechselnden Rollen. Weisen Sie die TN darauf hin, dass sie in entsprechender Stimmung lesen und „schauspielern“. Die TN variieren den Dialog.

◐ Alternative: In stärkeren Kursen spielen zwei TN den Dialog im Kurs vor. Dabei spricht nur die/der TN in der Rolle der Ärztin. Die/Der TN, die/der die Patientin / den Patienten spielt, spricht nicht, sondern deutet pantomimisch nur an, was ihr/ihm fehlt. Die TN, die den Dialog verfolgen, sprechen spontan (im Chor) für sie/ihn.

Auf einen Blick

Material: evtl. Österreichkarte (1b)

Textsorten: Bildbeschreibung (1b); Interview (1c+d+e)

Strategien: Wörter mit Bildern lernen (1a); globales Hören (1c); selektives Hören (1d+e); Hör-Sehen (Landeskunde-AR)

Einstieg Fragen Sie: *Was ist ein Verein? Was macht man dort? Sind Sie Mitglied in einem Verein? Gibt es Vereine in Ihrem Heimatland?* Die TN tauschen sich aus.

! Viele Vereine in DACH arbeiten ehrenamtlich, d. h. die Menschen, die für einen Verein arbeiten, bekommen für ihr Engagement kein Geld.

1a ▸ Die TN ordnen zu und sammeln weitere Wörter in zwei Gruppen: eine Gruppe zu den Bildern links, die andere zu den Bildern rechts. Zum großen Foto sammeln beide Gruppen. Weisen Sie darauf hin, dass manche Ausdrücke zu mehreren Bildern passen. Dann vergleichen die Gruppen ihre Ergebnisse.

1b Beim Beschreiben der Fotos müssen die TN mind. zwei Sätze sagen, bevor geraten werden darf. Paare, die zwei Fotos erraten haben, stehen auf. Wenn alle Paare stehen, tauschen die TN die Partnerin / den Partner und beschreiben wieder neue Fotos.

▸ Alternative: Alle TN beschreiben je ein Foto schriftlich, geben ihren Text an die Nachbarin / den Nachbarn, sie/er liest den Text und ordnet ein passendes Foto zu. Die/Der dritte TN liest den Text und die Zuordnung vor und entscheidet, ob beides passt. Geben Sie bei Interesse Informationen über Salzburg.

1d Die TN unterstreichen zuerst die Schlüsselwörter in den Aussagen (*1. ganze Familie; 2. helfen die anderen; 3. gefährlich; 4. im Verein verliebt*).

Das große Foto zeigt das historische Zentrum von Salzburg mit der Festung Hohensalzburg.

1 Radsportverein Salzburg

a Was passt zu den Bildern? Ordnen Sie zu. Sammeln Sie dann weitere Wörter.

eine Pause machen – einen Unfall haben – zusammen etwas unternehmen – vom Fahrrad fallen – helfen – kaputt sein – den Notruf machen – eine Fahrradtour machen – in der Natur sein – bei einem Wettkampf mitfahren – das Fahrrad reparieren – den Weg suchen

b Arbeiten Sie zu zweit. Beschreiben Sie ein Foto, Ihre Partnerin / Ihr Partner rät das Bild.

2.12 **c** Welche Fotos passen? Hören Sie und ordnen Sie zu. Zwei Fotos passen zu beiden Hörtexten.

2.12 **d** Zu welchem Text passen die Aussagen? Hören Sie noch einmal und kreuzen Sie an.

	Text 1	Text 2
1. Unsere ganze Familie ist Mitglied im Radsportverein.	x	
2. Wenn etwas passiert, helfen die anderen.		x
3. Manchmal kann Fahrradfahren auch gefährlich sein.	x	
4. Ich habe mich im Verein verliebt.		x

104 einhundertvier

1e 👤 ▸ 👥 Die TN notieren zuerst die Antwort auf die Frage. Beim Hören vergleichen sie, indem sie ihre Liste ergänzen bzw. nicht genannte Aktivitäten durchstreichen.

AR, UM: Spielen Sie das Video ab (s. Landeskunde).

2 👥 ▸ 👥 Die TN sammeln weitere Vereine an der Tafel. Dann bereiten sie einen Fragebogen für die Partnerinterviews vor:
Name: *Hobby/s:*
Ich lebe allein / mit Partner/in / in einer WG / mit meiner Familie.
Weisen Sie die TN darauf hin, dass sie Angaben zu ihrer Person auch erfinden können, wenn sie nicht gern viel über sich verraten möchten. Die TN stellen ihre Partnerin / ihren Partner kurz vor und machen Ratschläge für einen Verein. Die anderen TN kommentieren, ob sie den Vorschlag gut finden.

2.12 **e** Was kann man in einem Radsportverein machen? Hören Sie noch einmal und notieren Sie.

2 Einen Verein empfehlen. Geben Sie Ratschläge.

Was machen Sie gern? Fragen Sie Ihre Partnerin / Ihren Partner und machen Sie Notizen. Wechseln Sie die Partnerin / den Partner. Überlegen Sie gemeinsam: Welcher Verein passt für Ihre erste Partnerin / Ihren ersten Partner? Sammeln Sie Ideen. Stellen Sie Ihr Ergebnis im Kurs vor und geben Sie Ratschläge.

Sprachclub – Wanderverein – Kegelverein – Lesegruppe – Kochverein – Sportverein – ...

Alina liebt Bücher. Sie redet gerne mit anderen Menschen. Sie hat nur abends Zeit. Sie lebt allein, deshalb möchte sie Leute kennenlernen. Sie sollte bei einer Lesegruppe mitmachen.

einhundertfünf 105

Landeskunde

AR, UM: Das Video gibt Informationen zum Thema *Vereine in Österreich*. Am Ende wird den TN eine Verständnisfrage zum Video gestellt (*Welcher Verein ist in Österreich am größten?* Lösung: *Der Automobil- und Motorradclub*).

👥 ▸ 👥 Notieren Sie die folgenden Fragen an der Tafel: *1. Wer ist Mitglied? Was macht man in den Vereinen? Woher kommt das Geld? 2. Welche Vereine gibt es? Wie viele Mitglieder haben die Vereine?* Die TN sehen das Video zweimal und machen in Gruppen Notizen zu den Fragen. Dann fassen die Gruppen ihre Notizen zusammen und beantworten die Fragen – zusammen mit der Frage aus dem Video (Antwort s. Frage *Wie viele Mitglieder haben die Vereine?*).

Salzburg
- liegt am Fluss Salzach
- ca. 150.000 Einwohner (viertgrößte Stadt in A)
- Geburtsstadt von Wolfgang Amadeus Mozart (1756–1791)
- Sehenswürdigkeiten: Festung Hohensalzburg, Mozarts Geburtshaus und Wohnhaus, Schloss Heilbrunn, DomQuartier u.v.m.

Die Stadt ist dank der Einnahmen aus Salzgewinnung und -handel reich geworden (daher auch der Name der Stadt). Salzburg hat eine lange Kulturtradition. Die Salzburger Festspiele sind international bekannt.

Auf einen Blick

Material: Kopie von der Foto-Collage (5b); KV 13/1 (5c/Wichtige Sätze 2); ggf. Fotos von Gerichten aus Österreich (6a)

Textsorten: Restaurantanzeigen (1); Blog (3a); Speisekarte (4a, 5b); Restaurantdialoge (4d); Zeitungsartikel (6a)

Strategien: globales Lesen (1a, 3a, 6a); selektives Lesen (1b); globales Hören (1c+d, 4b); detailliertes Lesen (3b, 6b); Wörter mit Bildern lernen (4a); selektives Hören (4c+d); Hör-Sehen (4b+c+d); einen Text anhand von W-Fragen schreiben (6d)

Einstieg Fragen Sie die TN: *Gehen Sie gern essen? Was essen Sie am liebsten? Haben Sie ein Lieblingsrestaurant?* Die TN antworten. Führen Sie die Bezeichnung der Restaurants ein:

der Italiener – zum Italiener gehen/italienisch essen gehen – italienische Küche/Gerichte

1a ▸ ▸ Die TN sehen sich den Restaurant-Führer an und lesen die Namen der Restaurants. Fragen Sie: *Was denken Sie: Was für Restaurants sind es? Welche Küche gibt es dort?* Die TN sammeln Vermutungen an der Tafel. Dann lesen sie die Texte schnell und ordnen zu. Geben Sie den TN drei Minuten Zeit. Die TN vergleichen zu zweit.

1b ▸ Die TN arbeiten zu zweit: Jede/Jeder TN löst eine Spalte. Dann tauschen sie ihre Lösung, lesen noch einmal und überprüfen die Spalte ihrer Partnerin / ihres Partners. Fragen Sie: *In welches Restaurant würden Sie gerne gehen?* Die TN tauschen sich im Kurs aus.

Lösung: *Bangkok: thailändische Gerichte – authentisch, frisch, leicht, lecker, scharf; Eiscafé Adria: 40 Eissorten (auch Fruchteis ohne Milch/Nüsse), Kuchen – selbst gemacht; Bio-Kantine: vegane und vegetarische Suppen, Salate, Snacks – frisch, bio, gesund, aus der Region / regional; Zum alten Fischer: Fischspezialitäten – traditionell, norddeutsch, frisch, lecker*

13 Hat es geschmeckt?

2 Bei uns können Sie authentische thailändische Küche genießen. Unser Motto: Frisch, leicht, lecker! Für unsere Gerichte verwenden wir frische Zutaten und scharfe Gewürze. Samstags ab 18 Uhr: traditionelle Thai-Tänze.

Osterdeich 75,
28205 Bremen
Tel.: 0421/2211 3344

3 Mögen Sie etwas Süßes? Wir bieten über 40 selbst gemachte Eissorten und Kuchen an. Haben Sie eine Milch- oder Nuss-Allergie? Kein Problem! Wir haben auch Fruchteis ohne Milch und ohne Nüsse.

Strandweg 101,
28201 Bremen
Tel.: 0421/1144 2233

4 Wir bieten vegane und vegetarische Suppen, frische Salate und Snacks an. Alle Gerichte sind 100 % bio und kommen aus unserer Region. Essen Sie gesund und umweltbewusst!

Kornstraße 90,
28201 Bremen
Tel.: 0421/3344 1122

1 Mögen Sie die traditionelle, norddeutsche Küche? Unser Fisch kommt täglich frisch vom Markt. Genießen Sie unsere leckeren Fischspezialitäten aus der Nordsee!

Martinistraße 59,
28195 Bremen
Tel.: 0421/44332211

1 Restaurants in Bremen

a Welches Restaurant passt? Lesen Sie und ordnen Sie die Restaurant-Namen zu.
b Was bieten die Restaurants an? Lesen Sie noch einmal und ergänzen Sie die Tabelle.

Restaurant	Was bietet man an?	Wie ist das Essen?
Bangkok	thailändische Gerichte	...

Das Essen im Restaurant Bangkok ist ...

2.13 c In welches Restaurant gehen Anna, Ben und Chris? Hören Sie und sprechen Sie im Kurs.
2.13 d Wer möchte was essen? Hören Sie noch einmal und kreuzen Sie an.

	Anna	Ben	Chris
1. Er/Sie möchte etwas Kleines.	☐	☐	☒
2. Er/Sie möchte nichts Veganes.	☒	☐	☐
3. Er/Sie möchte etwas Scharfes.	☐	☒	☐
4. Er/Sie möchte etwas Süßes.	☐	☐	☒

106 einhundertsechs

1c+d Beim ersten Hören lösen die TN Aufgabe c im Buch. Fragen Sie dann: *Was möchten die Personen essen?* Die TN hören noch einmal und sammeln Informationen zu den einzelnen Personen: eine Gruppe zu Anna, eine zu Ben und eine zu Chris. Dann lösen die Gruppen Aufgabe d für „ihre" Person und berichten abschließend über „ihre" Person im Kurs.

Lösung: *Sie gehen ins Restaurant Bangkok. Anna: Zum alten Fischer, möchte Fleisch, Fisch oder etwas Scharfes essen; Ben: isst keinen Fisch, hat eine Fischallergie, zum Thailänder, mag scharfe Gerichte; Chris: möchte etwas Kleines essen – in die Bio-Kantine, kann nichts Scharfes essen, mag etwas Süßes / mag Mango-Eis*

2 Was essen Sie gern?

a *Etwas/Nichts* + Nomen. Lesen Sie den Grammatikkasten und unterstreichen Sie in 1d *etwas/nichts* + Nomen.

Adjektiv	***etwas/nichts* + Nomen**
klein	Ich möchte etwas Kleines.
scharf	Ich möchte nichts Scharfes.

b Was essen Sie gern, wenn Sie fernsehen? Schreiben Sie einen Satz. Benutzen Sie die Wörter aus der Bildleiste.

c Kursspaziergang. Fragen und antworten Sie.

Wenn ich fernsehe, esse ich etwas Salziges.

Ich esse nichts Salziges. Ich esse lieber ...

3 Restaurant-Empfehlungen

a Welches Restaurant in 1a passt? Lesen Sie und ergänzen Sie das Restaurant.

Gut essen in Bremen

Restaurant Bangkok

★★★★ Wenn man die asiatische Küche mag, empfehle ich dieses Restaurant in der Nähe von der Altstadt. Ich mag nichts Scharfes, aber das grüne Hähnchencurry war perfekt: mild, aromatisch und lecker. Es gibt viele Reis- und Nudelgerichte und das Gemüse ist sehr frisch. Als Nachtisch empfehle ich das Mango-Eis - wunderbar! Achtung, wenn Sie eine Nuss-Allergie haben: In vielen Gerichten gibt es Erdnüsse.

b Lesen Sie noch einmal und beantworten Sie die Fragen.

1. Wie ist das Hähnchencurry?
2. Wie ist das Gemüse?
3. Was kann man als Nachtisch essen?
4. Wann sollte man hier nicht essen?

c Und Sie? Wo gehen Sie gern essen? Welches Restaurant können Sie empfehlen? Schreiben Sie eine Empfehlung für ein Restaurant in Ihrer Stadt.

d Mischen Sie alle Empfehlungen aus c. Arbeiten Sie zu zweit. Nehmen Sie zwei Empfehlungen und entscheiden Sie sich für ein Restaurant.

ein Restaurant vorschlagen/empfehlen
Mein Lieblingsrestaurant heißt ... Wenn man ... mag, empfehle ich ...
Als Hauptgericht/Beilage/Nachtisch empfehle ich ...
Ich würde gern in das Restaurant ... / zum Thailänder gehen. Dort gibt es ...

ablehnen	**zustimmen**
Ich möchte nichts Großes/...	Ja, gern! Das ist eine gute Idee.
Ich möchte lieber ...	Ja, ich möchte auch etwas ...
Ich esse kein Fleisch / keine Nüsse / ...	Das klingt gut. Wir probieren es.
Ich habe eine ...-Allergie.	

2a Fragen Sie: *Was ist mit dem Adjektiv passiert?* (Nach *etwas/nichts* bekommt das Adjektiv die Endung *-es* und wird groß geschrieben.)

AR, UM: Spielen Sie das Video zur Nominalisierung von Adjektiven ab.

Kurskette/Automatisierung: Die TN arbeiten mit der Bildleiste und bilden je einen Satz mit *etwas* (in der zweiten Runde mit *nichts*) und wiederholen alles, was schon vorher gesagt wurde, z. B.: *Ich möchte etwas Süßes. – Irina möchte etwas Süßes. Ich möchte etwas Scharfes. – Irina möchte etwas Süßes und Lei möchte etwas Scharfes. Ich möchte ...*

AR, UM: Alternativ spielen Sie das Video zur Bildleiste ab. Die TN sprechen nach.

2b+c Ich-Bezug. Kursspaziergang: Die TN gehen durch den Raum. Auf ein Signal (z. B. Händeklatschen) hin suchen sie eine Partnerin / einen Partner und führen den Dialog. Dann gehen sie weiter usw.

3a+b Lösung: a *Restaurant Bangkok*; b *1. Perfekt, mild, aromatisch und lecker. 2. Sehr frisch. 3. Ein Mango-Eis. 4. Wenn man eine Nuss-Allergie hat.*

3c+d Zielaufgabe/Ich-Bezug. Schreiben Sie die folgenden Fragen als Hilfe an die Tafel: *Name? Wo? Was? Wie?* Die TN schreiben die Empfehlungen auf lose Blätter.

Nachdem sich die Paare auf ein Restaurant geeinigt haben, stellen sie das Restaurant im Kurs vor und begründen ihre Entscheidung.

AR, UM: Spielen Sie das Phonetik-Video ab. Die TN üben „begeistertes" Sprechen.

▶ Vertiefung: S. 111/1

4a Die TN sehen sich das Foto an und beschriften das Foto (mit bekannten Wörtern und Wörtern aus der Bildleiste). Kurskette: Die TN beschreiben das Foto, indem jede/jeder TN der Reihe nach einen Satz nennt. Fangen Sie an: *Susi und Rudi sind in einem Restaurant.* In großen Kursen beschreiben die TN das Foto in Gruppen.

UM: Alternativ projizieren Sie das Foto für die Bildbeschreibung an die Wand.

4b Die TN lesen zuerst die Speisekarte. Klären Sie bei Bedarf den unbekannten Wortschatz. Die TN dürfen ggf. auch Wörterbücher benutzen. Fragen Sie: *Was würden Sie gern essen?* Die TN antworten.

Spielen Sie dann den Hörtext bis ca. 01:40 ab (das Video bis ca. 01:50).

Schwächere TN markieren auf der Speisekarte, stärkere TN notieren die Bestellung wie eine Kellnerin / ein Kellner – auf einem Zettel. Dann vergleichen sie zu zweit (je eine/ein TN aus der stärkeren und eine/ein TN aus der schwächeren Gruppe).

4c Die TN hören den ganzen Text (ggf. zweimal) und beantworten die Frage im Kurs.

Lösung: *Sie ärgern sich, weil die Kellnerin ihnen einen sehr teuren Wein empfohlen hat.*

4d+e Die TN ordnen die Dialoge. Verteilen Sie dann die Rollen: Kellnerin (blau), Rudi (grün), Susi (orange). Die TN lesen die Dialoge entsprechend ihrer Rollen im Chor laut und überprüfen so ihre Lösung.

Alternative: Jedes Paar wählt einen Dialogteil und lernt ihn auswendig. Dann spielen die Paare ihre Dialoge in der richtigen Reihenfolge vor. Jedes Paar sollte mindestens einmal den Dialog vorspielen.

Video-DVD: Arbeiten Sie mit dem Video wie hier beschrieben. Zum Schluss sprechen die TN die Dialoge als Karaoke (statt Aufgabe e).

5a Die TN ergänzen zu zweit den Grammatikkasten und überprüfen ihre Lösung auf S. 111. Weisen Sie darauf hin, dass die Endungen von *welch-* und *dies-* wie beim bestimmten Artikel sind. Erklären Sie, dass man mit *welch-* nach einer Sache aus einer bestimmten Menge fragt, mit *dies-* (oder dem bestimmten Artikel) antwortet man darauf und bezeichnet einen konkreten Gegenstand.

13 Hat es geschmeckt?

4 Im Restaurant

a Was sehen Sie auf dem Foto? Sammeln Sie Wörter und beschreiben Sie. Die Bildleiste hilft.

2.14 13 b Was haben Susi und Arno bestellt? Hören Sie und markieren Sie auf der Speisekarte.

2.14 c Warum ärgern sich Susi und Arno? Hören Sie noch einmal und sprechen Sie im Kurs.

2.14 13 d Ordnen Sie die Dialoge. Hören Sie dann noch einmal und überprüfen Sie Ihre Lösung.

[2]
- Haben Sie schon gewählt?
- Ja. Ich nehme die Garnelen als Vorspeise und dann das Lammkotelett mit Bohnen.
- Gern, das Lammkotelett. Möchten Sie eine Beilage dazu?
- Ja, vielleicht. Welche Beilage würden Sie mir empfehlen?
- Am besten passen Kartoffeln.

[4]
- Guten Appetit! ... Schmeckt's?
- Na ja, es geht. Dieses Steak ist sehr trocken. Wie findest du dein Lammkotelett?
- Zu salzig. Und diese Bohnen sind bestimmt nicht frisch vom Markt. Aber dieser Wein – wie heißt er noch? – der ist wunderbar. Findest du nicht?

[1]
- Darf ich Ihnen etwas zu trinken bringen?
- Ja, zwei Glas Sekt, bitte.

[6]
- Entschuldigung!
- Ja? Ist etwas nicht in Ordnung?
- Ich glaube, die Rechnung stimmt nicht.
- Oh! Das tut mir aber leid. Darf ich mal sehen?

[3]
- Welchen Rotwein empfehlen Sie dazu?
- Ich empfehle diesen Rotwein hier, den Lemberger. Er passt sehr gut zum Fleisch.

[5]
- So, hat's geschmeckt?
- Ja, sehr gut, danke. Und ich möchte zahlen, bitte.
- Ja, sofort. ... So, bitte schön. Die Rechnung.
- Danke schön.

e Lesen Sie die Dialoge zu dritt laut.

108 einhundertacht

! Mit *welch-* fragt man nach einer Sache aus einer bestimmten Menge, mit *was für ein-* (s. Einheit 4) nach etwas aus einer unbestimmten Menge, z. B.: *Was für einen Rotwein möchtest du trinken? – Einen roten. / Welchen Rotwein möchtest du trinken? – Diesen hier. / Den Lemberger.* Kontrastieren Sie die Verwendung von *was für ein-* und *welch-* an dieser Stelle nicht.

▶ Phonetik: S. 111

5 Welchen Rotwein? – Diesen Rotwein hier.

a Lesen Sie die Dialoge in 4 d noch einmal und unterstreichen Sie *welch-* und *dies-*. Ergänzen Sie den Grammatikkasten.

welch- / dies-

	Nominativ		Akkusativ	
m	welcher / dieser	Wein	welchen / diesen	Wein
n	welches / dieses	Steak	welches / dieses	Steak
f	welche / diese	Beilage	welche / diese	Beilage
Pl.	welche / diese	Bohnen	welche / diese	Bohnen

b Was nehmen Sie? Fragen Sie. Zeigen und antworten Sie.

Welches Hauptgericht nimmst du? — *Dieses hier.* — *Ah, das Hähnchen.*

c Schreiben Sie zu dritt Dialoge im Restaurant. Spielen Sie die Dialoge im Kurs.

im Restaurant bestellen – reklamieren – bezahlen

	Gast	Kellnerin/Kellner
bestellen	Können wir bestellen, bitte? Ich nehme ... Welchen Wein empfehlen Sie? Welche Beilage passt zu ...?	Ja, gern. Was darf es sein? Haben Sie schon gewählt? Ich empfehle Ihnen ... Am besten passt ...
reklamieren	Entschuldigung, ... ist kalt / zu salzig / ...	Das tut mir leid. Oh, Entschuldigung. Ich frage in der Küche.
bezahlen	Zahlen, bitte!	Sofort! Hier, die Rechnung.

*D: das Hähnchen – A: das Huhn / das Hendl – CH: das Poulet | D: die Bohne – A: die Fisole

5b Automatisierung: Schreiben Sie die Nomen an die Tafel: *das Hauptgericht, die Beilage, das Gemüse.* Die TN arbeiten dann zu zweit. Nach der Partnerarbeit kopieren Sie die Collage vergrößert und hängen Sie sie im Kurs auf. Fragen Sie eine/einen TN: *Welches Hauptgericht nehmen Sie / nimmst du?* Sie/Er kommt nach vorne, zeigt auf ein Bild und antwortet mit *dies-*. Sie wiederholen seine Antwort: *Ah, das ...* Dann stellt die/der TN eine neue Frage und bestimmt die nächste / den nächsten TN, die/der nach vorne kommt und antwortet usw. Die TN sprechen so lange, bis alle TN zweimal an der Reihe waren: Einmal haben sie gefragt und einmal geantwortet.

UM: Alternativ projizieren Sie die Collage an die Wand.

▶ Vertiefung: S. 111/3

5c Zielaufgabe. Die Gruppen greifen auf die Speisekarte in 4a zurück, schreiben Dialoge (Begrüßung, Bestellung, Reklamation, Bezahlung) zu dritt und üben sie ein, sodass sie sie auswendig spielen können.

Notieren Sie die folgenden Fragen an der Tafel:

Was haben die Gäste bestellt?
Warum haben sie sich geärgert?
Wie viel haben sie bezahlt?

Die Gruppen spielen ihre Szenen vor, die anderen TN notieren die Antworten und vergleichen dann im Kurs.

▶ Vertiefung: S. 111/2

6a ▸ ▸ Fragen Sie: *Welche Gerichte aus Österreich kennen Sie?* Die TN sammeln im Kurs.

Alternative: Zeigen Sie Fotos von österreichischen Gerichten, z. B. Schnitzel, Backhendl, Knödel, Gulasch, Strudel, Marillenknödel, Germknödel, Sacher-Torte, Kaiserschmarrn usw. Die TN vermuten, was das ist.

Die TN ordnen dann die Überschriften zu und nennen Textstellen, die für die Zuordnung wichtig sind (*1. Absatz: Zeile 2 bis 3; 2. Absatz: Zeile 8 bis 9; 3. Absatz: Zeile 18 bis 20; 4. Absatz: Zeile 23 bis 25*).

6b ▸ Jede Gruppe wählt eine Frage und präsentiert die Antwort im Kurs.

6c ▸ Die Paare schreiben die Fragen und Antworten je auf ein Blatt Papier. Sammeln Sie die Fragen ein und mischen Sie sie. Die Antworten behalten die Paare. Jedes Paar zieht dann eine Frage, liest den Text noch einmal und bereitet die Antwort vor. Abschließend liest jedes Paar die Frage und Antwort vor, das Paar, das die Frage formuliert hat, überprüft die Antwort. Dann ziehen die Paare wieder eine neue Frage usw.

Lösung (Beispiele für Fragen):
1. Absatz: Was lieben die Österreicherinnen und Österreicher? 2. Absatz: Bis wann war Österreich das Zentrum von einer internationalen Monarchie? Woher kommen viele beliebte österreichische Gerichte? Woher kommt das Schnitzel? 3. Absatz: Welche Spezialität kommt aus Wachau? Woher kommen die Marillenknödel? 4. Absatz: Warum kaufen die Österreicherinnen und Österreicher Bio-Produkte ein? Was gehört zu den wichtigsten Bio-Produkten in Österreich?

6d ▸ Ich-Bezug. Die TN dürfen beim Schreiben Wörterbücher benutzen. Sie hängen anschließend ihre Texte – möglichst mit passenden Fotos – im Kurs auf. Sie gehen durch den Kursraum, lesen die Texte und notieren zu jedem Text eine ergänzende Frage. Dann stellt sich die/der erste TN zu ihrem/seinem Text und die anderen TN stellen ihre Fragen, die/der erste TN antwortet usw.

6 Österreich – ein Land für Feinschmecker

a Zu welchen Absätzen passen die Überschriften? Lesen Sie und ordnen Sie zu.

Österreich ist Bio-Land – Gerichte mit Geschichte – Essen ist Identität – Regionale Spezialitäten

Lebensart international | 89

Österreich
ein Land für Feinschmecker

Essen ist Identität

Kennen Sie den Satz „Man ist, was man isst."? Essen sagt viel über die eigene Familie, Kultur und Identität aus. Das gilt auch für Österreich und seine Küche. Die „internationale Küche" gibt es auch dort, aber die Österreicherinnen und Österreicher lieben die gute alte Küche aus dem eigenen Land.

Gerichte mit Geschichte

Bis 1918 war Österreich das Zentrum von einer internationalen Monarchie. Deshalb kommen viele beliebte „österreichische" Gerichte – wie z. B. Gulasch, Knödel und Palatschinken* – aus Tschechien, Ungarn, Kroatien oder anderen Ländern. Auch das berühmte Schnitzel kommt ursprünglich nicht aus Wien. Die ersten Schnitzel hat man in Norditalien gebraten.

Regionale Spezialitäten

Jede Region in Österreich hat ihre typischen Produkte und ihre eigene Küche. In jeder Region können Sie etwas Neues und Spezielles essen. Die Wachau zum Beispiel ist für ihre Marillen* bekannt und Wachauer Marillenknödel gehören zu den beliebtesten Spezialitäten.

Österreich ist Bio-Land

In Österreich gibt es ca. 20.000 Bio-Betriebe. Österreicherinnen und Österreicher kaufen gern Bio-Produkte, weil diese gesund und umweltfreundlich sind, gut schmecken – und die Menschen an ihre Kindheit erinnern. Zu wichtigen Bio-Produkten aus Österreich gehören Brot und Gebäck, Eier, Milchprodukte und Erdäpfel*. Auch Bio-Weine sind sehr beliebt.

b Welche Wörter aus dem Text passen? Lesen Sie noch einmal und unterstreichen Sie.

1. Welche Länder haben zu der österreichischen Monarchie gehört? *Tschechien, Ungarn, Kroatinen, …*
2. Welche drei Wörter benutzt man in Deutschland nicht? *Marille, Erdapfel, Palatschinken*
3. Welche fünf Gerichte sind für Österreich typisch? *Gulasch, Knödel, Palatschinken, Schnitzel, Marillenknödel*

c Arbeiten Sie zu zweit. Schreiben Sie zu jedem Absatz eine W-Frage. Tauschen Sie dann die Fragen und beantworten Sie sie.

d Wie ist die Küche in Ihrem Heimatland? Schreiben Sie einen kurzen Text.

Was ist typisch in Ihrer Region? Was empfehlen Sie? Was mögen Sie?

* A: die Palatschinke – D: der Pfannkuchen/Eierkuchen – CH: die Omelette | A: die Marille – D: die Aprikose | A: der Erdapfel – D: die Kartoffel

Wichtige Sätze

1 ein Restaurant empfehlen/vorschlagen

Die TN arbeiten zu dritt. Die/Der erste TN schlägt ein Restaurant in 1a vor, die/der zweite TN deutet pantomimisch eine Reaktion an (Zustimmung oder Ablehnung) und die/der dritte TN „übersetzt" diese Reaktion mit einem Redemittel aus dem Redemittelkasten. Die TN tauschen mehrmals ihre Rollen.

13

Alles klar!

Wichtige Sätze

über Essgewohnheiten sprechen / Vorlieben ausdrücken

Wenn ich fernsehe, esse ich gern etwas Salziges.	Ich möchte nichts Scharfes.
Mein Lieblingsrestaurant ist ...	Ich esse kein Fleisch / keinen Fisch / keine Nüsse.
	Ich habe eine ...-Allergie.

ein Restaurant empfehlen/vorschlagen

Mein Lieblingsrestaurant heißt ... Wenn man ... mag, empfehle ich ...
Als Hauptgericht/Beilage/Nachtisch empfehle ich ...
Ich würde gern in das Restaurant ... / zum Thailänder gehen. Dort gibt es ...

ablehnen	zustimmen
Ich möchte nichts Großes/...	Ja, gern! Das ist eine gute Idee.
Ich möchte lieber ...	Ja, ich möchte auch etwas ...
Ich esse kein Fleisch / keine Nüsse / ...	Das klingt gut. Wir probieren es.

im Restaurant bestellen – reklamieren – bezahlen

	Gast	Kellnerin/Kellner
bestellen	Können wir bestellen, bitte?	Ja, gern. Was darf es sein?
	Ich nehme ...	Haben Sie schon gewählt?
	Welchen Wein empfehlen Sie?	Ich empfehle Ihnen ...
	Welche Beilage passt zu ...?	Am besten passt ...
reklamieren	Entschuldigung, ... ist kalt / zu salzig / ...	Das tut mir leid.
		Oh, Entschuldigung.
		Ich frage in der Küche.
bezahlen	Zahlen, bitte!	Sofort! Hier, die Rechnung.

Strukturen

***etwas/nichts* + Nomen**

Adjektiv	*etwas/nichts* + Nomen
klein	Ich möchte etwas Kleines.
scharf	Ich möchte nichts Scharfes.

welch- / dies-

	Nominativ	Akkusativ
m	welcher / dieser Wein	welchen / diesen Wein
n	welches / dieses Steak	welches / dieses Steak
f	welche / diese Beilage	welche / diese Beilage
Pl.	welche / diese Bohnen	welche / diese Bohnen

▶ Phonetik, S. 148

2 im Restaurant bestellen – reklamieren – bezahlen

▶ Bereiten Sie die Kopiervorlage pro Paar vor. Die Frage-Karten liegen verdeckt auf dem Tisch, die Antwort-Karten offen. Eine/Ein TN zieht eine Frage-Karte und liest sie vor. Die/Der andere TN sucht eine passende Antwort-Karte und liest sie vor. Dann zieht sie/er eine Frage-Karte usw.

Wenn alle Frage-Karten gezogen wurden, sammeln Sie die Antwort-Karten ein. Die TN ziehen nun jeweils eine Frage-Karte und antworten auswendig.

▶ KV 13/1

Strukturen

3 *welch-/dies-*

Je fünf TN legen einen Bleistift/Kuli, ein Heft, eine Jacke, eine Tasche in Gruppen auf den Tisch. Die TN gehen zu zweit von einer Gruppe/Station mit den Gegenständen zur nächsten und fragen und antworten: *Welcher/Welches/Welche ... gefällt dir? – Dieser/Dieses/Diese hier.* Die TN wechseln bei jeder Station die Rolle.

Phonetik

! Ebenso wie bei den Adjektiven ist es bei *welch-* und *dies-* wichtig, die Endung genau zu hören, um die flüssige Verwendung der korrekten Formen zu lernen. Achten Sie darauf, dass die Endungen nicht betont werden.

14 Einkaufswelt

Auf einen Blick

Material: Kärtchen (2c); Deutschlandkarte (6a)

Textsorten: Zeitschriftenartikel (1a+b, 6a); Leserbrief (2b); Definition (3c); Orientierungstafel (4a)

Strategien: globales Lesen (1a, 2a); detailliertes Lesen (1b, 2b, 6a); einen Begriff erklären (3c); sich im Etagenplan orientieren (4a); globales Hören (4b); selektives Hören (4c); Hör-Sehen (4b+c)

Einstieg Schreiben Sie das Wort *Einkaufswelt* an die Tafel. Die Gruppen sammeln dazu Wörter – zu jedem Buchstaben aus dem deutschen Alphabet ein Wort (Nomen, Verben, Adjektive), *Q*, *Y* werden nicht verwendet. Welche Gruppe findet in fünf Minuten Wörter zu allen Buchstaben?

1a ▸ ▸ Die TN sehen sich das Foto und die Skizze an. Fragen Sie: *Was denken Sie: Was ist das Thema? Wer sind Shopper und Käufer?* Die TN sammeln Vermutungen. Dann lesen sie und ordnen die Wege zu.

Lösung: *blau: Shopper; grün: Käufer*

1b ▸ Die TN arbeiten in zwei Gruppen: Gruppe A macht Notizen zu Käufern, Gruppe B zu Shoppern. Die TN vergleichen ihre Lösungen innerhalb der Gruppe. Dann bilden sie Paare – jeweils eine/ein TN aus Gruppe A und aus Gruppe B – und vergleichen ihre Notizen.

Lösung: *s. Lösung zu 3c*

1c Führen Sie eine Kursraumstatistik durch: *Wie viele von den TN sind Käufer, wie viele Shopper und wie viele sind beides?* Die TN sprechen über das Ergebnis: *Gibt es mehr Shopper oder Käufer im Kurs? Sind die Shopper v.a. Frauen, wie es Herr Schuster beschreibt?*

▸ Vertiefung: S. 117/1

2a+b ▸ ▸ ▸ Beim Lesen markieren die TN Textstellen, die Zustimmung oder Ablehnung ausdrücken (*Das ist*

14 Einkaufswelt

style | 56

Herr Schuster meint ...

Am letzten Samstag war ich wieder einmal in einem Einkaufszentrum, weil ich eine Hose kaufen musste. Danach habe ich gemütlich einen Kaffee getrunken – und die Leute beobachtet. Was machen sie in einem Einkaufszentrum? Wie shoppen sie? Das Ergebnis von meiner kleinen Studie ist klar: In Einkaufszentren gibt es nur zwei Menschentypen.

Zuerst die **Käufer**: Sie kommen vom Parkhaus und gehen mit schnellen Schritten in eine Boutique. Eine Verkäuferin bringt ihnen verschiedene Hosen und Hemden. Sie probieren eine Hose in ihrer Größe an, nehmen dann gleich fünf Stück und gehen zur Kasse. An der Kasse kaufen sie noch zwanzig Paar Socken, bezahlen und gehen mit der großen Einkaufstüte wieder zum Parkhaus. Am wichtigsten ist für die Käufer ein Parkplatz, der in der Nähe vom Geschäft liegt, und eine Verkäuferin, die schnell arbeitet.

Dann gibt es noch die **Shopper** – oder besser die Shopperinnen, denn es sind meistens Frauen. Sie kommen oft zusammen mit einer guten Freundin. Sie brauchen vielleicht eine neue Hose, aber dann sehen sie interessante Schuhe und probieren sie an. Die beiden gehen in jede Boutique und verlassen sie oft – aber nicht immer – mit einer Einkaufstüte. Drei Stunden später waren sie in vielen kleinen Boutiquen und großen Geschäften und gehen mit zwölf Einkaufstüten in ein Café. Die Shopper wollen Verkäuferinnen, die persönlich beraten, und ein Einkaufszentrum, das viele verschiedene Geschäfte anbietet.

1 Kaufen oder shoppen?

a Welcher Weg passt zu Shoppern, welcher zu Käufern? Der blaue oder der grüne Weg? Lesen Sie und sprechen Sie im Kurs.

b Was machen Shopper anders als Käufer? Lesen sie noch einmal und notieren Sie.

c Sind Sie Shopper oder Käufer? Sprechen Sie im Kurs.

2 Leserbriefe

a Stimmen die Leser der Meinung von Herrn Schuster zu? Lesen Sie und kreuzen Sie an.

	stimmt zu	stimmt nicht zu
Markus Tanager	☐	☒
Elisa Nowak	☒	☐
Leyla Bach	☐	☒

b Warum stimmen sie (nicht) zu? Lesen Sie noch einmal und sprechen Sie im Kurs.

112 einhundertzwölf

doch Unsinn! Natürlich gehen Männer auch shoppen ... Ich finde Ihren Artikel sehr gut. Ich denke, Sie haben das Verhalten von ... sehr gut beschrieben. Aber waren Sie schon einmal ...? Dort wird der rationale Käufer zu einem emotionalen Shopper.), kreuzen an und vergleichen zu zweit. Dann lesen sie noch einmal und machen Notizen.

2c ▸ ▸ Fragen Sie die TN: *Stimmen Sie Herrn Schuster zu?* Die TN, die zustimmen, stellen sich in eine Ecke, die TN, die nicht zustimmen, stellen sich in eine andere Ecke. Die Gruppen sammeln Argumente auf Kärtchen und tauschen sich anschließend aus.

◐ Stärkere TN schreiben einen Leserbrief an Hr. Schuster.

57 | style

Und Ihre Meinung? Leserbriefe

Sehr geehrter Herr Schuster,

Männer sind zielorientiert und rational, Frauen kaufen emotional ein und geben Geld sinnlos aus?! Das ist doch Unsinn! Natürlich gehen Männer auch shoppen und geben oft richtig viel Geld aus – für „sinnlose" Dinge. Und ich kenne viele Frauen, die rational einkaufen.

Mit freundlichen Grüßen
Markus Tanager

Sehr geehrter Herr Schuster!

Ich finde Ihren Artikel über die Einkaufstypen sehr gut. Ich denke, Sie haben das Verhalten von Männern und Frauen sehr gut beschrieben. Ich habe den Artikel mit meinem Partner diskutiert. Er war froh, dass er nicht der einzige Mann ist, der Einkaufen langweilig findet.

Viele Grüße
Elisa Nowak

Lieber Herr Schuster,

wenn ein Mann eine Hose kauft, braucht er vielleicht nicht viel Zeit. Aber waren Sie schon einmal mit einem Mann in einem Baumarkt oder einem Elektromarkt? Dort wird der rationale Käufer sehr schnell zu einem emotionalen Shopper.

Mit freundlichen Grüßen
Leyla Bach

c Kaufen Männer rational und Frauen emotional ein? Was ist Ihre Meinung? Sprechen Sie im Kurs.

3 Relativsätze (Nominativ): Ein Parkplatz, der ...

a Lesen Sie den Text in 1a noch einmal und ergänzen Sie die Sätze. Markieren Sie wie im Beispiel.

Relativsätze: Nominativ
Er möchte einen Parkplatz. Der Parkplatz liegt in der Nähe vom Geschäft.

			Satzende (Verb)
Die Käufer möchten einen Parkplatz,	der	in der Nähe vom Geschäft	liegt.
Die Shopper brauchen ein Einkaufszentrum,	das	viele Geschäfte	anbietet.
Die Käufer möchten eine Verkäuferin,	die	schnell	arbeitet.
Die Shopper wollen Verkäuferinnen,	die	persönlich	beraten.

b Und Sie? Was möchten Sie vor allem? Sprechen Sie im Kurs.

Ich möchte vor allem	ein Geschäft, einen Parkplatz, Verkäuferinnen, einen Freund, eine Freundin,	der das die die	gut beraten kann/können. in der Nähe liegt. nicht zu voll ist. auch Spaß am Einkaufen hat. interessante Produkte hat.

c Shopper und Käufer. Wer ist das? Schreiben Sie eine Definition.

Ein Shopper ist ein Mensch, der ...
Er möchte ...

3a ▸ Die TN ergänzen zu zweit den Grammatikkasten. Schreiben Sie die beiden Hauptsätze an die Tafel und erklären Sie die Bildung der Relativsätze:

Er möchte einen Parkplatz.
Der ~~Parkplatz~~ (liegt) in der Nähe.
Parkplatz, der in der Nähe liegt.

Erklären Sie, dass das Relativpronomen von dem Nomen, zu dem der Relativsatz gehört, bestimmt wird. Die TN suchen in den Leserbriefen weitere Relativsätze, notieren sie an der Tafel und schreiben dazu jeweils zwei Hauptsätze.

▶ **AR, UM:** Spielen Sie das Video zu Relativsätzen ab.

3b Automatisierung/Kurskette: Eine/Ein TN fängt an und bildet einen Satz, die/der nächste TN wiederholt den Satz und spricht dann für sich, z. B.: *Ich möchte vor allem einen Freund, der gut beraten kann. – Du möchtest einen Freund, der gut beraten kann. Und ich möchte vor allem ...* usw.

3c ▸ ▸ Zielaufgabe. Die TN benutzen Relativsätze.

Lösung (Beispiel): *Käufer sind Menschen, die meistens nur in ein Geschäft gehen. Sie kaufen von einer Sache, die ihnen passt oder die ihnen gefällt, gleich fünf Stück. Es soll schnell gehen, deshalb brauchen sie einen Parkplatz, der in der Nähe ist. Shopper sind Menschen, die gern zu zweit einkaufen. Sie gehen in viele Geschäfte. Sie kaufen lange ein und gehen am Ende Kaffee trinken. Sie mögen Verkäuferinnen, die gut beraten, und Einkaufszentren, die viele verschiedene Geschäfte haben.*

▶ Vertiefung: S. 117/3

4a Notieren Sie die Ausdrücke *im Erdgeschoss, im ersten Stock* und *das erste/zweite/dritte/... Geschäft von links/rechts* an der Tafel. Kurskette: *Wo ist eine/ein ...?* Die/Der erste TN fragt nach einem Geschäft aus dem Schüttelkasten, die/der nächste TN antwortet, z. B.: *Wo ist eine Boutique? – Im Erdgeschoss, das dritte Geschäft von links.*

AR, UM: Spielen Sie das Video zur Bildleiste ab (Phase 1). Die TN sprechen nach. Alternativ lesen Sie die Wörter vor, die TN sprechen nach.

▶ Phonetik: S. 117

Dann arbeiten die TN in Gruppen wie im Kursbuch beschrieben.

Abschließend wiederholen die TN die Relativsätze mit Nominativ. Die TN fragen nach Geschäften und antworten, z. B.: *Wie heißt das Geschäft, das im Erdgeschoss ganz links ist und Schuhe verkauft? – Das ist ein Schuhgeschäft.*

4b Die TN beschreiben zuerst die Bilder. Fragen Sie: *Wer ist das? Wo ist das? Was machen die Personen?* Dann ordnen die TN beim ersten Hören die Fotos.

Beim zweiten Hören notieren die TN Stichwörter zu den Fotos (*Was machen die Personen?*) und erzählen den Inhalt nach. Beim Erzählen sollen die TN die Wörter *zuerst, dann, danach* benutzen.

4c Lösung: *Tanja und Laura: ein Kleid für Laura, einige Dinge, Schuhe für Laura; Rudi: will kaufen: eine Hose und eine Krawatte, hat gekauft: einen Fernseher*

Video-DVD: Alternativ können Sie mit der Kopiervorlage zum Video arbeiten.

▶ KV 14/1

5a Die TN ergänzen den Grammatikkasten zu zweit. Schreiben Sie dann die beiden Hauptsätze an die Tafel und erklären Sie die Bildung der Relativsätze mit Akkusativ:

Der Laden ist im ersten Stock. Ich habe den ~~Laden~~ gesehen.

Der Laden, den ich gesehen habe, ist ...

Erklären Sie, dass das Genus vom Nomen bestimmt wird (*der Laden*) und der Kasus vom Verb (*sehen + Akk.*). Die Relativpronomen im Akkusativ entsprechen dem Nominativ, nur

4 Im Einkaufszentrum

a Wo kann man die Sachen aus der Bildleiste kaufen? Fragen und antworten Sie.

die Boutique – der Spielzeugladen – die Apotheke – das Schuhgeschäft – die Drogerie – die Weinhandlung – das Schreibwarengeschäft – die Buchhandlung – die Bäckerei – der Elektromarkt – der Optiker – die Kinderkleidung – das Uhrengeschäft – der Möbelladen

Wo kann man Parfüms kaufen? — *In der Drogerie – im ersten Stock links neben dem Uhrengeschäft.*

2.15 **b** Wo sind Tanja, Rudi und Laura? Hören Sie, ordnen Sie die Fotos und sprechen Sie im Kurs.

14

2.15 **c** Was wollen sie kaufen und was hat Rudi gekauft? Hören Sie noch einmal und notieren Sie.

Tanja und Laura: *Rudi:*

bei Maskulina ist das Relativpronomen anders: *der – den*. Dann schreiben die TN Hauptsätze zu den anderen Relativsätzen im Grammatikkasten an die Tafel, erklären die Bildung der Relativsätze und schreiben die Relativsätze dazu.

AR, UM: Spielen Sie das Video zu Relativsätzen ab.

Kurskette: *Wo ist eine/ein …?* Die TN arbeiten mit dem Etagenplan und dem Schüttelkasten in Aufgabe 4a. Die/Der erste TN fragt nach einem Geschäft, die/der nächste TN antwortet und fragt nach einem anderen Geschäft, z. B.: *Wo ist eine Boutique? – Die Boutique, die ich gesehen habe, ist im … Wo ist eine/ein …?* Notieren Sie den Relativsatz an der Tafel, sodass die TN immer nachsehen können: *Der/Das/Die …, den/das/die ich gesehen habe, ist im …*

AR, UM: Spielen Sie das Video zur Bildleiste ab (Phase 2). Die TN antworten mit Relativsätzen.

5b Dialogtraining: Weisen Sie darauf hin, dass die TN zur Variation den Etagenplan und die Bildleiste nutzen können. Nach der ersten Variation wechseln die Paare und variieren noch einmal.

5c ▸ Kursspaziergang: Die TN wählen je drei Geschäfte aus und notieren sie auf einem Blatt Papier. Dann gehen sie durch den Kursraum, fragen und antworten und notieren die genannten Adressen und den Namen der/des TN. Lassen Sie auch die Antwort *Ich kenne keinen/kein/ keine …* zu. Die TN fragen so lange, bis sie drei Adressen bekommen haben. Dann berichten alle im Kurs, z. B.: *Das Hutgeschäft, das mir Paula empfohlen hat, ist in der Schillerstraße.*

Schwächere TN notieren die Aussagen zuerst schriftlich.

5d Zielaufgabe. Die TN beschreiben ihr Lieblingsgeschäft, die anderen machen Notizen. Dann bilden die TN neue Gruppen und jeder TN beschreibt das Lieblingsgeschäft von einer/einem anderen TN.

▸ Vertiefung: S. 117/2

5 Relativsätze (Akkusativ): Wo ist der Laden, den …?

a Lesen Sie den Dialog. Ergänzen Sie den Grammatikkasten und markieren Sie wie im Beispiel.

- Wo ist der Laden, den ich das letzte Mal gesehen habe? Weißt du, der Laden, der alles hat: Hosen, Hemden, Krawatten, Schuhe.
- Der ist im ersten Stock. Aber das tolle Geschäft mit Herrenmode, das ich kenne, ist hier im Erdgeschoss. Die haben immer schöne Sachen.
- Okay, dann gucke* ich hier im Erdgeschoss. Und ihr? Wo gibt es Kleider für Mädchen?
- Hier, Kinderkleidung – im ersten Stock.
- Okay, dann treffen wir uns in zwei Stunden auf der Bank, die wir gerade gesehen haben.
- Gut, bis dann. Viel Spaß!
- Danke. Dir auch!

Relativsätze: Akkusativ

Der Laden ist hier im ersten Stock. Ich habe den Laden gesehen.

			Satzende (Verb)	
Wo ist der Laden,	den	ich	gesehen habe?	
Wir treffen uns auf der Bank,	die	wir gerade	gesehen haben.	
Ich möchte die Schuhe,	die	ich gestern	gefunden habe.	
Das tolle Geschäft,	das	ich	kenne,	ist im EG.

b Lesen Sie den Dialog zu zweit laut. Variieren Sie dann den Dialog.

c Geben Sie Empfehlungen. Fragen und antworten Sie.

das Hutgeschäft – das Schuhgeschäft – die Buchhandlung – die Weinhandlung – das Fischgeschäft – der Teeladen – der Spielzeugladen – der Laden mit Souvenirs

Kannst du mir ein Hutgeschäft empfehlen?

Das beste Hutgeschäft, das ich kenne, ist in der Schillerstraße.

Kannst du mir einen Spielzeugladen empfehlen?

Der beste Spielzeugladen, den ich kenne, ist in Nürnberg.

d Was ist Ihr Lieblingsgeschäft? Was gibt es dort? Wo ist es? Erzählen Sie.

interessant – toll – nah – günstig – hübsch – preiswert – …

Mein Lieblingsgeschäft ist … Dort gibt es …, die preiswert und interessant sind. Ich finde dort immer einen/ein/eine …, der/das/die mir gefällt.

*D: gucken, schauen – A: schauen

das Parfüm, -s

der Fotoapparat, -e

der Reiseführer, -

das Spielzeug (Sg.)

die Zeitschrift, -en

die Creme, -s

die Kosmetik (Sg.)

das Jackett, -s

die Krawatte, -n

die Schere, -n

der Drucker, -

die Seife, -n

6a Fragen Sie bei geschlossenen Kursbüchern: *Wo gehen Sie am liebsten shoppen/einkaufen? Gibt es in Ihrer Heimatsstadt / unserer Stadt eine schöne Einkaufsstraße?* Die TN antworten.

Dann sehen sich die TN die Fotos an und lesen den ersten Absatz (Zeilen 1 bis 7). Fragen Sie: *Was ist das Thema?* Die TN antworten und suchen dann Düsseldorf und Rüdesheim auf der Deutschlandkarte (oder auf der Karte vorne im Kursbuch).

Nachdem die TN den Artikel gelesen und Notizen gemacht haben, tauschen sie ihre Notizen zu zweit und korrigieren sie bei Bedarf. Dann vergleichen die Paare die Notizen und vereinheitlichen sie. Abschließend beantwortet jede/jeder TN jeweils eine Frage mündlich.

Lösung: *Die Königsalle:* 2. *Designer-Boutiquen, 3. teure Cafés und Restaurants, 4. ungewöhnliche Düsseldorfer: Kö-Papageien; Drosselgasse: 1. 3 m breit, 114 m lang, über 3 Mio. Besucher jährlich, 2. traditionelle Produkte (z. B. Kuckucksuhren, Wein-/Biergläser, Dirndl), 3. gemütliche Weinlokale und Restaurants mit deutschen Spezialitäten, 4. Live-Musik in Restaurants, Speisekarten auf Chinesisch oder Japanisch*

6b Wenn die TN keine besondere Einkaufsstraße kennen, erzählen sie über eine andere Straße (mit vielen Sehenswürdigkeiten o. ä.).

Die TN orientieren sich an den Fragen in a und machen sich Notizen. Dann erzählen sie in Gruppen. Abschließend nennen die TN eine Straße von einer/einem anderen TN, die sie interessant finden.

Alternative: Die TN schreiben einen Text über eine Einkaufsstraße oder andere besondere Straße. Dann hängen sie ihre Texte auf, lesen sie und unterschreiben bei dem Text, den sie am interessantesten gefunden haben. Welche Straße hat die meisten Unterschriften?

14 Einkaufswelt — ■ über Einkaufsstraßen sprechen

6 Besondere Einkaufsstraßen in Deutschland

a Was haben die Einkaufsstraßen gemeinsam? Was ist anders? Lesen Sie und notieren Sie Informationen zu den Fragen 1–4.

Mein Leben 08/17 21

Besondere Einkaufsstraßen in Deutschland

Egal, ob der Ku'Damm in Berlin, die Kö in Düsseldorf oder die Drosselgasse in Rüdesheim – fast jede große und kleine Stadt in Deutschland hat ihre Einkaufsstraße mit Kaufhäusern, Designer-Geschäften, aber auch kleinen Läden, die fast jeden Wunsch erfüllen. Wir stellen heute zwei besondere Einkaufsstraßen vor.

Die Königsallee
Die Düsseldorfer nennen ihre Einkaufsstraße, die schon über 200 Jahre alt ist, liebevoll die „Kö". Warum ist die Kö besonders? In der Einkaufsstraße, die nur ca. einen Kilometer lang ist, bummeln täglich mehr als 100.000 Menschen. Neben den Designer-Boutiquen, teuren Restaurants und Cafés trifft man hier auch ungewöhnliche Düsseldorfer, die in den großen Bäumen leben – die „Kö-Papageien". Vor allem abends und morgens versammeln sich die Vögel hier und machen viel Lärm. Ein Besuch auf der Kö ist auf jeden Fall interessant – auch, wenn man dort nichts einkauft.

Die Drosselgasse
Sie ist nur drei Meter breit und 144 Meter lang, aber jedes Jahr bummeln hier über drei Millionen Besucher aus der ganzen Welt. Die Drosselgasse in Rüdesheim am Rhein ist eine besondere Einkaufsstraße. Hier kann man vor allem traditionelle Produkte aus Deutschland kaufen: Weine, Kuckucksuhren, Dirndl, Bier- und Weingläser. Die gemütlichen Weinlokale und Restaurants, die vor allem deutsche Spezialitäten anbieten, laden auch zum Tanzen mit Livemusik ein. Und die Speisekarten kann man hier auch auf Chinesisch oder Japanisch lesen.

1. Wie groß ist die Straße?
2. Was für Geschäfte gibt es? Was kann man dort kaufen?
3. Was für Lokale gibt es?
4. Was gibt es Besonderes?

1. Kö: ca. 1 km lang, 100.000 Menschen täglich

b Welche Einkaufsstraße gibt es in Ihrer Stadt? Was gibt es Besonderes? Sprechen Sie im Kurs.

116 einhundertsechzehn

Wichtige Sätze

1 über Shoppen und Einkaufen sprechen

▸ Die TN schreiben drei bis vier Sätze über ihr Einkaufsverhalten. Schreiben Sie die folgenden Fragen an die Tafel: *Wann und wo kaufen Sie ein? Was kaufen Sie ein? Was ist für Sie wichtig?* Die TN hängen ihre Texte (ohne ihre Namen) im Kurs auf, die anderen TN lesen und raten, wer den Text geschrieben hat.

2 Empfehlungen geben

▸ Die TN schreiben einen Blogeintrag, in dem sie ihr Lieblingsgeschäft empfehlen. Die TN hängen ihre Texte im Kursraum auf und lesen alle anderen Texte: *Welches Geschäft finden Sie interessant?*

Strukturen

3 Relativsätze: Nominativ

▸ Bereiten Sie Kärtchen mit den folgenden Wörtern vor: *die Einkaufstüte, die Verkäuferin, der Verkäufer, das Einkaufszentrum, der Elektromarkt, der Baumarkt, die Boutique, das Parkhaus.* Die Anzahl der Kärtchen soll der Anzahl der TN im Kurs entsprechen. Die TN ziehen je ein Kärtchen und schreiben dazu eine Definition mithilfe von Relativsätzen auf lose Blätter. Dann mischen sie alle Kärtchen und alle Definitionen. Eine Hälfte der TN zieht jetzt ein Kärtchen und eine Hälfte eine Definition (die Kärtchen und Definitionen müssen zusammen passen). Die TN gehen durch den Raum und fragen, z. B.: *Bist du die Person, die Dinge in einem Geschäft verkauft? / Bist du ein Zentrum, das viele Geschäfte anbietet/hat?* usw., bis sie die Partnerin / den Partner mit dem richtigen Wort gefunden haben. Dann tauschen sie die Rollen, ziehen neue Kärtchen und Definitionen usw.

Phonetik

! Die französischen Wörter im Deutschen haben (ebenso wie im Französischen) meist den Wortakzent am Ende des Wortes.

Alles klar! 14

Wichtige Sätze

über Shoppen und Einkaufen sprechen

Käufer kommen vom Parkhaus und gehen direkt in ein Geschäft. Am wichtigsten ist für sie ein Parkplatz, der in der Nähe vom Geschäft liegt, und eine Verkäuferin, die schnell arbeitet.

Shopper kommen oft zusammen mit einer guten Freundin. Sie wollen Verkäuferinnen, die persönlich beraten, und ein Einkaufszentrum, das viele verschiedene Geschäfte anbietet.

sich im Einkaufszentrum orientieren

Wo kann man ... kaufen? Wo ist der Laden, den ich das letzte Mal gesehen habe?	In ... – im Erdgeschoss / ersten Stock rechts. Der ist im Erdgeschoss. Aber das tolle Geschäft mit ... ist hier im ersten Stock.

Empfehlungen geben

Kannst du mir ein Hutgeschäft/... empfehlen?	Das beste Hutgeschäft/..., das ich kenne, ist in Nürnberg / in der Kantstraße.

über Einkaufsstraßen sprechen

Die Einkaufsstraße ist ... Meter breit und ... Meter lang. Hier kann man vor allem ... kaufen. Neben den Boutiquen trifft man hier / gibt es hier aber auch ...

Strukturen

Relativsätze: Nominativ

			Satzende (Verb)
Er möchte einen Parkplatz,	der	in der Nähe vom Geschäft	liegt.
Er braucht ein Einkaufszentrum,	das	viele Geschäfte	anbietet.
Er möchte eine Verkäuferin,	die	schnell	arbeitet.
Er will Verkäuferinnen,	die	persönlich	beraten.

Relativsätze: Akkusativ

			Satzende (Verb)	
Wo ist der Laden,	den	ich	gesehen habe?	
Wir treffen uns auf der Bank,	die	wir gerade	gesehen haben.	
Ich möchte die Schuhe,	die	ich gestern	gefunden habe.	
Das tolle Geschäft,	das	ich	kenne,	ist im EG.

Der Relativsatz steht bei dem Bezugswort, manchmal in der Mitte von einem Satz.

▸ Phonetik, S. 148

Auf einen Blick

Material: großes Papier mit der Tabelle aus 5a (5a+b)

1 Geben Sie den TN ca. drei Minuten Zeit, die Unterschiede zu finden – die TN kreisen die Stellen auf den Bildern ein. Dann beschreiben die TN abwechselnd die Bilder und überprüfen ihre Lösung: Eine/Ein TN sagt z. B.: *An der Wand hängt die Zeitung.* Die Partnerin / Der Partner reagiert: *Auf meinem Bild hängt keine Zeitung an der Wand. Das ist Unterschied Nummer 1.*

Schwächere TN wiederholen zuerst den Wortschatz und nennen alle Dinge, die sie auf dem Bild sehen. Wiederholen Sie bei Bedarf auch die lokalen Präpositionen (*wo?*) + Dativ und schreiben Sie als Hilfe an die Tafel:

an der Wand
auf/unter dem Tisch
vor/hinter dem Stuhl
in der Hand

Dann lösen die TN die Aufgabe.

2 Die TN sollen bei dem Kursspaziergang konkrete Ideen für ein Geschenk vorschlagen. Die TN sammeln vorgeschlagene Ideen und präsentieren sie dann am Ende des Kursspaziergangs, z. B.: *Meine Tante hat Geburstag und ich suche etwas Praktisches. Ich kann ihr eine Kuckucksuhr, ein Kochbuch oder eine Creme schenken.*

Alternative: Die TN stellen sich auf, sodass sie einen Innen- und einen Außenkreis bilden. Die TN im inneren Kreis

13|14 Deutsch aktiv

1 Such-Spiel. Es gibt neun Unterschiede. Suchen Sie und sprechen Sie zu zweit.

2 Kursspaziergang: Ein Geschäft empfehlen. Was suchen Sie? Was empfehlen Sie? Schreiben Sie auf einen Zettel. Gehen Sie dann durch den Kursraum, fragen Sie und empfehlen Sie wie im Beispiel.

schick – günstig – elegant – praktisch – lustig – komisch – interessant

Meine Tante hat Geburtstag und ich brauche ein Geschenk. Ich suche etwas Praktisches. Hast du eine Idee?

Etwas Praktisches? Ja, ich kann dir … empfehlen.

3 Wo ist das Restaurant, das …? Arbeiten Sie zu zweit. Ihre Partnerin / Ihr Partner arbeitet auf Seite 144. Fragen Sie und ergänzen Sie Ihren Plan. Ihre Partnerin / Ihr Partner kontrolliert und antwortet. Tauschen Sie dann die Rollen.

1 *das Restaurant*	2 der Schuhladen	3 die Kneipe	4 *die Boutique*
10 das Fischgeschäft			5 das Einkaufszentrum
9 *das Parkhaus*	8 die Kantine	7 *der Elektromarkt*	6 *das Café*

1. Du hast mir das Restaurant empfohlen.
2. Das Parkhaus liegt in der Nähe vom Einkaufszentrum.
3. Wir haben den Elektromarkt gestern gesehen.
4. Die Boutique hat bis 20 Uhr geöffnet.
5. Das Café hat Fruchteis ohne Milch.

Wo ist das Restaurant, das …?

Das Restaurant ist im Feld …

Ihre Partnerin / Ihr Partner fragt:
1. Wo ist der Schuhladen, der schöne Kinderschuhe hat?
2. Wo ist die Kantine, die vegetarische Suppen anbietet?
3. Wo ist das Fischgeschäft, das du toll findest?
4. Wo ist das Einkaufszentrum, das viele verschiedene Geschäfte hat?
5. Wo ist die Kneipe, die wir ausprobieren wollten?

sagen ihren Satz, die TN im äußeren Kreis geben eine Empfehlung. Dann bewegen sich die TN im äußeren Kreis um eine Position weiter und die gegenüberstehenden TN tauschen sich aus usw., bis die TN im äußeren Kreis wieder an ihrer ursprünglichen Position angekommen sind. Dann wechseln die TN aus dem inneren Kreis in den äußeren und umgekehrt, wechseln ihre Rollen und tauschen sich wieder aus.

3 Schwächere TN schreiben die Relativsätze zuerst auf und kontrollieren sie zu zweit.

Übertragen Sie das Schema zum Schluss an die Tafel und schreiben Sie dazu den Satzanfang: *Im Feld ... ist ..., der/den/das/die ...* Die TN beschreiben mit Relativsätzen, was in das jeweilige Feld gehört, z. B.: *Im Feld 1 ist das Restaurant, das du mir empfohlen hast.* Dann schreiben sie die Relativsätze an die Tafel. Wiederholen Sie bei Bedarf die Bildung der Relativsätze.

UM: Alternativ projizieren Sie das Schema an die Wand und ergänzen dort die Informationen.

4 Die Gruppen legen je ein aufgeschlagenes Kursbuch in die Mitte, sodass alle TN gut sehen und zeigen können. Die/Der erste TN beginnt wie im Beispiel. Die/Der nächste antwortet wie im Beispiel und zeigt dabei auf das ensprechende Foto. Die/Der dritte TN fragt nach: *Welchen Hut nimmt er/sie?* Die/Der vierte TN antwortet und zeigt auf das Foto: *Diesen hier.* Dann fängt die/der zweite TN wieder mit einem neuen Gegenstand/Kleidungsstück an usw.

5 a+b Erklären Sie, dass es wichtig ist, dass zuerst beide Partnerinnen/Partner ihre Informationen in die Tabelle übertragen und sich erst dann austauschen. Geben sie für beide das erste Beispiel vor (*Partnerin/Partner A: Herr Müller – Anzug; Partnerin/Partner B: Herr Müller – Currywurst*). Übertragen Sie die Tabelle auf das große Papier. Wenn drei Paare die Diebin / den Dieb gefunden haben, stoppen Sie das Spiel. Die TN ergänzen zu jeder Person die Informationen auf dem großen Papier und begründen ihre Lösung.

UM: Alternativ projizieren Sie die Tabelle an die Wand und ergänzen dort die Informationen.

Lösung: *Die Diebin ist Frau Fischer. Sie hat Schuhe gekauft (alle anderen Personen haben etwas Anderes gekauft) und sie ist ins Parkhaus gegangen.*

4 **Kurskette: Welcher? Dieser. Arbeiten Sie zu viert. Fragen und antworten Sie.**

Welcher Hut gefällt dir?

Dieser hier, aber der ist zu teuer. Ich nehme diesen Hut.

5 **Detektivspiel: Wer hat die Uhr gestohlen? Wer ist die Diebin/der Dieb?**

a Lesen Sie Ihre Informationen und ergänzen Sie die Tabelle. Ihre Partnerin/Ihr Partner arbeitet auf Seite 142.

Partnerin/Partner A

	Hr. Weber	Fr. Klein	Fr. Becker	Fr. Fischer	Hr. Müller
Was hat sie/er gekauft?	Bücher	Spielzeug	Kosmetik	Schuhe	einen Anzug
Was hat sie/er gegessen?	Eis	nichts	ein Hähnchen	Eis	eine Currywurst
Wie viele Einkaufstüten?	2	3	1	2	1
Wohin ist sie/er gegangen?	zur Toilette	in den ersten Stock	ins Parkhaus	ins Parkhaus	ins Café

Sie haben die folgenden Informationen notiert:

Herr Müller hat einen Anzug gekauft und hatte nur eine Einkaufstüte.
Herr Weber hat Bücher gekauft und ein Eis gegessen.
Frau Klein hat drei Einkaufstüten getragen. Sie hat nichts gegessen.
Frau Becker hat Kosmetik gekauft. Sie hat eine Einkaufstüte getragen.
Die Person, die eine Currywurst gegessen hat, ist ins Café gegangen.
Die Person, die Spielzeug gekauft hat, ist in den ersten Stock gefahren.
Die Diebin/Der Dieb ist ins Parkhaus gegangen.

b Arbeiten Sie zu zweit. Fragen und antworten Sie. Ergänzen Sie die Tabelle zu Ende und überlegen Sie: Wer ist die Diebin/der Dieb?

Wie heißt die Person, die eine Currywurst gegessen hat?

Auf einen Blick

Material: Wortkarten (Einstieg + 1a, 1b); Wörterbücher (1a, 3b+c)

Textsorten: Bildbeschreibung (1); Interview (2b); Rezept (3)

Strategien: Wörter mit Bildern lernen (1a); Personen/Dinge beschreiben (1b); selektives Hören (2b); detailliertes Lesen (3a); ein Rezept schreiben (3b); Hör-Sehen (Landeskunde-AR)

Einstieg + 1a ▸ Die TN sehen sich die Fotocollage an. Fragen Sie die TN: *Wo ist das? Kennen Sie Hamburg? Waren Sie schon mal in Hamburg?*

UM: Projizieren Sie die Fotocollage an die Wand. Die TN arbeiten bei geschlossenen Büchern.

Bereiten Sie Wortkärtchen mit bekannten (*der Hafen, das Schiff, die Brücke, der Bus, das Auto, das Taxi, der Parkplatz, das Gebäude, der Fluss, der Himmel*) und auch unbekannten Wörtern (*der Turm, der Kran, der Ufer, der Marktstand*) vor. Die TN arbeiten zu zweit, ziehen je ein Kärtchen und schreiben eine Definition/Erklärung zu dem Wort. Die TN dürfen Wörterbücher benutzen. Animieren Sie die TN, dabei möglichst Relativsätze zu verwenden. Dann lesen die Paare ihre Definition vor und zeigen das Ding / den Ort auf den Bildern.

1b ▸ Die TN suchen drei Personen/Dinge/Orte und notieren je eine Frage mit einem Relativsatz wie im Beispiel. Geben Sie den TN ca. 5 Minuten Zeit. Dann fragen und raten sie zu dritt. Wenn eine Gruppe alles erraten hat, steht sie auf.

AR, UM: Spielen Sie das Video ab (s. Landeskunde).

2a+b ▸ ▸ Die TN sammeln die Vermutungen zu Aufgabe a an der Tafel. Dann hören die TN und machen Notizen. Zum Schluss vergleichen sie ihre Lösung mit den Stichwörtern an der Tafel.

Das große Foto zeigt die Landungsbrücken in Hamburg und den Hamburger Hafen.

VII Panorama

1 Landungsbrücken, Hamburg

1 Fischmarkt in Hamburg

a Was sehen Sie auf den Fotos? Sammeln Sie Wörter und sprechen Sie im Kurs.

b Ratespiel: Wo ist der/das/die ..., der/das/die ...? Fragen und antworten Sie.

Wo ist die Frau, die mit einer anderen Frau spricht?

Die Frau, die mit einer anderen Frau spricht, ist ganz rechts auf Bild ...

2 Ein Morgen von Herrn Petersen

a Was denken Sie: Wie sieht der Morgen von einem Fischverkäufer aus? Sprechen Sie im Kurs.

2.16 b Was macht Otto Petersen am Sonntagmorgen? Hören Sie und machen Sie Notizen.

3:00 Uhr: ...

9:30 Uhr:

4:00 Uhr:

10:00 Uhr:

120 einhundertzwanzig

Lösung: *3:00 Uhr: aufstehen; 4:00 Uhr: beim Fischer frischen Fisch kaufen; 9:30 Uhr: Fischmarkt zu Ende, den Wagen aufräumen, Fischreste in ein Restaurant bringen; 10:00 Uhr: zu Mittag essen, die Zeitung lesen*

3a ▸ Lösung: *Zutaten für zwei Personen: 2 Brötchen, 2 Matjesfilets, 1 Zwiebel, Salat*

3b+c ▸ ▸ Notieren Sie zuerst die folgenden Wörter an der Tafel: *kochen – braten – backen – grillen*. Klären Sie die Bedeutung. Dann schreiben die TN je ein (einfaches) Rezept auf ein Blatt Papier und benutzen bei Bedarf Wörterbücher. Die TN können auch Rezepte ohne Fisch schreiben. Die TN stellen ihre Rezepte vor. Kopieren Sie die Rezepte, sodass alle ein Kurs-Kochbuch anlegen können.

Die TN veranstalten im Kurs eine „Verkostung" der Gerichte. Alle bringen die Gerichte mit, zu denen sie das Rezept geschrieben haben. Die Rezepte hängen an der Wand. Die TN probieren die Gerichte und ordnen die Rezepte den Gerichten zu.

2

Fischmarkt, Hamburg

3

Fischmarkthalle, Hamburg

4

Fischmarkt, Hamburg

3 Fischrezepte

a Matjesbrötchen: Was braucht man? Lesen Sie das Rezept und schreiben Sie eine Einkaufsliste.
b Haben Sie ein Lieblingsrezept mit Fisch? Schreiben Sie die Zutaten und das Rezept. Arbeiten Sie mit einem Wörterbuch.
c Stellen Sie das Rezept im Kurs vor. Sammeln Sie alle Rezepte im Kurs-Kochbuch.

Zutaten für zwei Personen:
2 Fischfilets
50 ml Chilisoße
Öl für die Form
Man legt die Fischfilets in eine Form mit Öl und gibt die Chilisoße auf den Fisch.
Dann backt man den Fisch im Ofen bei 200 Grad ca. 15 Minuten. Fertig und sehr lecker!

* Matjes – saurer, salziger Hering

Landeskunde

AR, UM: Das Video gibt Informationen zu Hamburg und den Gewässern in Hamburg. Am Ende wird den TN eine Verständnisfrage zum Video gestellt (*Wo liegt der Hamburger Hafen?* Lösung: *An der Elbe.*).

▸ ▸ ▸ Fragen Sie die TN: *Wo gibt es überall in Hamburg Wasser?* Die TN sehen das Video und notieren (*3 Flüsse, 2 Seen, Hafen*). Schreiben Sie bei der Auswertung die Namen der Flüsse und der Seen an die Tafel (*die Bille, die Alster, die Elbe; die Binnen- und die Außenalter*). Dann notieren Sie die folgenden Wörter an der Tafel: *der Hafen – die Speicherstadt*. Klären Sie die Bedeutung. Die TN sehen das Video zum zweiten Mal, machen dazu Notizen und vergleichen dann im Kurs. Nach dem dritten Sehen beantworten die TN die Frage aus dem Video.

Hamburger Fischmarkt
- Adresse: Große Elbstr. 9
- Öffnungszeiten: immer sonntags, im Sommer 5 bis 9:30 Uhr, im Winter 7 bis 9:30 Uhr
- ca. 70.000 Besucher jeden Sonntag

Man kann auf dem Fischmarkt nicht nur Fisch kaufen, sondern auch Obst und Gemüse, Kleidung und Souvenirs.

15 Partylaune

Auf einen Blick

Material: großes Papier (1d, 4c); Kärtchen (2e/Wichtige Sätze 2a); KV 15/1 (3a+b); KV 15/2 (5/Strukturen 4)

Textsorten: Einladungs- und Glückwunschkarten (1a-c); Nachricht auf dem Anrufbeantworter: Zusage/Absage (2); Lied (5b+c, 5g); Zeitschriftenartikel/Interview (6a)

Strategien: globales Lesen (1a, 6a); selektives Lesen (1b); detailliertes Lesen (1c); globales Hören (2a, 3a, 5b); selektives Hören (2b); mithilfe von Notizen eine Nachricht hinterlassen (2c+d); Hör-Sehen (3b); detailliertes Hören (3b, 5c) Automatisieren durch Singen (5g); Wörter aus dem Kontext erschließen (6b)

Einstieg Die TN sehen sich zuerst die Vorderseiten der Karten (a – e) an. Fragen Sie: *Zu welchen Festen/Situationen passen die Karten?* Sammeln Sie die Antworten an der Tafel (*Geburtstag, Hochzeit, Sommer-/Gartenfest, Babyparty, Geburt*). Klären Sie bei Bedarf die Bedeutung von *Geburt* mithilfe des Fotos.

1a+b Die TN ordnen die Karten zu und notieren die Termine.

◐ Stärkere TN lösen beide Schritte gleichzeitig.

Dann vergleichen die TN zu zweit, indem sie gegenseitig fragen und antworten, z. B.: *Welches Fest gibt es am Samstag, dem 19. Juli? – Das Hochzeitsfest von ... Welche Karte passt zu Text 5? – Karte d.* Bei anschließender Auswertung im Plenum wiederholen Sie mit den TN, was man in eine Einladung schreibt (*welches Fest, Ort, Zeit, etwas mitbringen, Antwort bis ...*).

1c Die TN sprechen zu zweit und vergleichen dann ihre Ideen im Kurs. Führen Sie hier das Wort *gratulieren* ein: *Tine, André und Mona gratulieren zur Geburt.*

Lösung: *Karte e passt nicht. Das ist keine Einladung, sondern eine Glückwunschkarte.*

1d Die TN sammeln Feste, die sie feiern, an der Tafel. Dann arbeiten sie in Gruppen und wählen ein Fest. Sie notieren Informationen, wie und wo sie das Fest feiern und

15 Partylaune

1 Einladungs- und Glückwunschkarten

a Welche Kartenseiten passen zusammen? Lesen Sie und ordnen Sie zu.
b Welches Fest? Wann? Wo? Lesen Sie die Karten noch einmal und notieren Sie die Termine.

Juli

Freitag 18.	Samstag 19.	Sonntag 20.
	Hochzeitsfeier Sandra + Peter ab 13 Uhr Waldwirtschaft (Am Pützchen 37)	*Babyparty für Nina 14:30 Uhr Café Apfelbaum (Ermekeilstr. 36)*

Juli

Freitag 25.	Samstag 26.	Sonntag 27.
	Geburtstag von Hartmut 18 Uhr bei ihm	*Sommerfest von Rebekka und Simon ab 16 Uhr im Garten (Blücherstr. 75)*

c Eine Karte passt in b nicht. Warum? Sprechen Sie im Kurs.
d Welche Feste feiern Sie und Ihre Familie? Wie feiern Sie? Wie viele Personen laden Sie ein? Was essen Sie? Wo machen Sie das Fest? Gibt es Geschenke? Erzählen Sie.

2 Zu- und Absagen

2.17 **a** Welche Einladung in 1 passt? Hören Sie und ordnen Sie zu.

Nachricht 1: 4 *(c)* Nachricht 2: 3 *(a)*

ggf. auch unterschiedliche Gewohnheiten und Bräuche innerhalb der Gruppe. Die TN gestalten in der Gruppe ein Plakat mit den wichtigsten Informationen und präsentieren ihr Fest im Kurs.

◐ In heterogenen Kursen ist der interkulturelle Vergleich besonders interessant. Die TN können im Anschluss an die Präsentationen Glückwünsche zu den Festen in verschiedenen Sprachen sammeln.

▶ Vertiefung: S. 127/1

2a 👥 ▸ 👤 ▸ 👥 Fragen Sie die TN zuerst, welcher Einladung sie zusagen würden und warum. Fragen Sie nach dem ersten Hören: *Was hört man zuerst? Wer spricht? Was sagt diese Person?* (*automatische Ansage auf dem Anrufbeantworter/der Mailbox*) Klären Sie bei Bedarf die Bedeutung von *nicht erreichbar* und *eine Nachricht hinterlassen*. Beim zweiten Hören lösen die TN die Aufgabe und entscheiden, ob die Personen zu- oder abgesagt haben.

2b 👤 ▸ 👥 Die TN hören noch einmal und vergleichen zu zweit ihre Lösung.

◐ Stärkere TN lösen die Aufgabe aus dem Gedächtnis und hören zur Kontrolle.

2c 👥 ▸ 👤 Weisen Sie die TN darauf hin, dass sie in ihrer Zu- bzw. Absage nicht erwähnen sollen, auf welche Einladung sie sich beziehen.

◐ 👥 ▸ 👤 ▸ 👥 ▸ 👤 Schwächere TN formulieren die Zu- oder Absage schriftlich und lesen sie ihrer Partnerin / ihrem Partner vor. Dann wählen sie eine andere Karte und machen Notizen für eine andere Zu- oder Absage.

AR, UM: Spielen Sie das Video zur Betonung von Einladungen, Gratulationen, Zusagen ab. Die TN sprechen nach.

2d+e 👥 ▸ 👥 Die TN arbeiten zu zweit: Eine/Ein TN liest eine automatische Ansage vom Hörskript auf S. 162 laut vor, die/der andere TN spricht im Anschluss ihre/seine Nachricht. Dann tauschen die TN die Rollen. Anschließend werden die Nachrichten im Kurs vorgespielt und die TN raten, zu welcher Einladung die Nachricht passt.

👥 Alternative: Wenn Ihre TN keine Smartphones besitzen bzw. der Einsatz im Kurs nicht möglich ist, können die TN auch wie oben beschrieben vorgehen, nur ohne die Nachrichten aufzunehmen. Sie sprechen die Nachrichten laut im Kurs nacheinander vor.

▶ Vertiefung: S. 127/2

b Was ist richtig? Hören Sie noch einmal und kreuzen Sie an.

1. Warum sagt Imke ab? a ☒ Weil sie zu einer Hochzeit fährt. b ☐ Weil sie heiratet.
2. Warum kommt Steffen später? a ☒ Weil er später aus München zurückkommt. b ☐ Weil sie zu dritt kommen.

c Wählen Sie eine Einladung in 1 und machen Sie Notizen für eine Zu- oder Absage am Telefon. Der Redemittelkasten hilft.

sich für eine Einladung bedanken
Danke für deine/eure Einladung! Ich habe mich sehr gefreut!
Ich freue mich sehr, dass du mich eingeladen hast.

zusagen	**absagen**
Ich komme sehr gern / auf jeden Fall.	Ich würde sehr gern kommen, aber ...
Ich komme ein bisschen später zu dem Fest.	Tut mir leid. Ich kann am ... nicht kommen.
Soll ich etwas mitbringen?	Das finde ich sehr schade.
	Ich kann leider nicht mit dir feiern, aber ich gratuliere dir sehr herzlich!

d Sprechen Sie Ihre Nachricht und nehmen Sie sie mit Ihrem Smartphone auf.
e Auf welche Einladung haben Sie reagiert? Spielen Sie Ihre Nachricht im Kurs vor. Die anderen raten.

3a ▶ ▶ Wenn das Thema *Geburtstag* in 1d noch nicht angesprochen wurde, fragen Sie, wie die TN ihren Geburtstag feiern. Dann beschreiben die TN die Fotos: *Was passiert auf den Fotos? Über welche Themen sprechen die Personen?* Anschließend hören die TN, überprüfen ihre Vermutungen und kreuzen an.

3b ▶ Die TN hören noch einmal und kreuzen an. Fragen Sie anschließend: *Was will Rudi an seinem Geburtstag machen? (einen netten Tag haben, mit ein paar Männern/Freunden im Garten grillen, am liebsten nichts)* Die TN hören noch einmal und machen Notizen.

Video-DVD: Alternativ (zu 3a+b) arbeiten Sie mit der Kopiervorlage. ▶ KV 15/1

4a ▶ Die TN sammeln zu zweit Ideen und vergleichen dann im Kurs. Notieren Sie ggf. neuen Wortschatz an der Tafel.

AR, UM: Spielen Sie das Video zur Bildleiste ab. Die TN sprechen nach und antworten.

4c / ▶ Zielaufgabe. Die TN arbeiten zu zweit oder zu dritt. Zuerst beantworten sie die W-Fragen in Stichpunkten und übertragen sie auf ein Plakat. Dann schreiben sie eine Liste, mit den Dingen, die man vorbereiten muss sowie eine Einladung für ihre Party. Kursspaziergang: Hängen Sie die Plakate mit den Stichworten im Kursraum auf. Sammeln Sie und mischen Sie die Einladungen und Listen und verteilen Sie sie an die Gruppen. Die TN gehen in ihren Gruppen durch den Raum, lesen die Plakate und ordnen „ihre" Einladung und Liste zu. Fragen Sie zum Schluss, welche Party-Idee die TN am besten finden.

▶ Vertiefung: S. 127/3

5a ▶ Notieren Sie an der Tafel: *Ein Geburtstagsmuffel ist ein Mensch, der ...* Die TN sehen sich das Foto an, lesen die Sprechblasen und schreiben zu zweit eine kurze Definition, z. B.: *Ein Geburtstagsmuffel ist ein Mensch, der seinen Geburtstag nicht feiern will. / ..., der Geburtstagsfeiern langweilig findet. / ..., der am Geburtstag alleine sein will.* usw. Die TN schreiben ihre Definitionen an die Tafel. Wiederholen Sie bei Bedarf die Relativsätze im Nominativ (auch als Vorbereitung auf die neue Grammatikstruktur in 5d).

5b ▶ ▶ Die TN hören und kreuzen an. Beim zweiten Hören arbeiten die TN in drei Gruppen: Jede Gruppe macht Notizen zu einer Strophe (*Was ist passiert?*). Dann erzählen die Gruppen, die anderen kontrollieren mit dem Liedtext auf S. 163.

15 Partylaune

3 Wie feierst du deinen Geburtstag?

2.18 **a** Welche zwei Fotos passen? Hören Sie und kreuzen Sie an.

2.18 15 **b** Welche Ideen gibt es für Rudis Geburtstagsfeier? Hören Sie noch einmal und kreuzen Sie an.

1. [x] mit Kakao und Kuchen feiern
2. [x] im Garten grillen
3. [ ] eine Stadt besichtigen
4. [x] ins Schwimmbad gehen
5. [x] Bowling spielen
6. [ ] ins Kino gehen
7. [x] ein Picknick machen
8. [x] eine Party in einer Kneipe machen
9. [ ] mit der Familie Spiele spielen
10. [x] einen Ausflug mit einem Schiff machen

4 Eine Feier planen

a Was muss man für eine Party vorbereiten? Sammeln Sie. Die Bildleiste hilft.

Man muss einen Raum mieten und ...

b Was denken Sie: Wie feiert Rudi seinen Geburtstag? Sammeln Sie Ideen im Kurs.

c Planen Sie zu zweit eine Überraschungsparty für Rudi. Erzählen Sie im Kurs.

Wo? Wann? Wie viele Gäste? Welche Gerichte und Getränke? Welches Programm?

5 Das Geburtstagsmuffel-Lied

a Was ist ein Geburtstagsmuffel? Lesen Sie und sprechen Sie im Kurs.

Warum soll ich feiern?

Die Musik war viel zu laut.

Was soll das Feiern? Das ist mir nicht klar.

Mir geben die vielen Gäste den Rest.

Die letzte Party war schrecklich öde. Wo ist da der Sinn?

2.19 **b** Welches Bild passt zu welcher Strophe? Hören Sie das Lied und ordnen Sie die Bilder.

124 einhundertvierundzwanzig

5c+d Die TN ordnen zu, ohne zu hören. Vier TN schreiben die kompletten Sätze an die Tafel. Dann hören die TN noch einmal zur Kontrolle. Stoppen Sie das Lied an den entsprechenden Stellen, damit die TN ggf. ihre Lösungen korrigieren können. Notieren Sie an der Tafel:

> Meine Schwester macht ein Fest, ~~zu dem~~ sie viele Gäste einlädt.
> Sie lädt zu dem ~~Fest~~ viele Gäste ein.

Streichen Sie das Bezugsnomen *Fest* im Hauptsatz und unterstreichen Sie das Relativpronomen mit der Präposition im Relativsatz. Ergänzen Sie Pfeile wie im Kursbuch und erklären sie, dass die Relativsätze mit Präposition im Prinzip wie Relativsätze ohne Präposition funktionieren:
→ Genus + Numerus (m, n, f, Pl) des Relativpronomens wird vom (Bezugs)Nomen im Hauptsatz bestimmt (*das Fest*).
→ Die Präposition hängt vom Verb im Nebensatz (*einladen zu*) ab.
→ Die Präposition bestimmt den Kasus des Relativpronomens (*zu* + Dativ).
Weisen Sie auf die besondere Form im Dativ Plural hin (*denen*).

Die TN ergänzen den Grammatikkasten. Anschließend notieren Sie zu jedem Relativsatz einen passenden Hauptsatz und markieren wie im Tafelbild.

5e+f Automatisierung: Die TN schreiben Sätze und sprechen dann wie im Beispiel in f.

Kurskette: Schwächere TN sprechen ihre Sätze zusätzlich in Form einer Kursekette: Die/Der erste TN liest seinen Satz vor, die/der nächste wiederholt ihn und liest ihren/seinen Satz vor. Die/Der dritte TN wiederholt wieder usw.

▶ Vertiefung: S. 127/4

5g Wenn die TN nicht gern singen, können sie den Text beim Hören auch leise mitsprechen.

2.19 **c** Hören Sie noch einmal und ergänzen Sie die Sätze.

zu der ich gefahren bin – mit denen sie feiert – von dem sie träumt – zu dem sie viele Gäste einlädt

1. Meine Schwester macht fast jedes Jahr ein großes Fest, *zu dem sie viele Gäste einlädt*.
2. Sie hat für die Gäste, *mit denen sie feiert*, nicht wirklich Zeit.
3. Noch nie war eine Party wie das Fest, *von dem sie träumt*.
4. Ihre letzte große Party, *zu der ich gefahren bin*, war schrecklich öde.

d Relativsätze mit Präposition. Unterstreichen Sie in c die Relativpronomen und ergänzen Sie den Grammatikkasten.

Relativsätze mit Präposition

			Satzende (Verb)
Meine Schwester macht ein Fest,	zu dem	sie viele Gäste	einlädt.
Sie hat keine Zeit für die Gäste,	mit denen	sie	feiert.

Relativpronomen im Dativ

m der Geburtstag, bei *dem* ...	f die Party, zu *der* ...
n das Fest, von *dem* ...	Pl. die Gäste, mit *denen* ...

e Ergänzen Sie die Sätze und schreiben Sie sie in Ihr Heft.

1. Das Fest, bei dem ich mich nie langweile, ...
2. Der Geburtstag, von dem ich träume, ...
3. Die Musik, zu der ich gern tanze, ...
4. Die Freunde, mit denen ich gern feiere, ...

Das Fest, bei dem ich mich nie langweile, ist unser Gartenfest.

f Sprachschatten. Fragen und antworten Sie wie im Beispiel.

Das Fest, bei dem ich mich nie langweile, ist unser Gartenfest.

Ach so! Das Fest, bei dem du dich nie langweilst, ist euer Gartenfest? Das Fest, bei dem ich mich nie langweile, ist meine Geburtstagsparty.

2.19 **g** Hören Sie das Lied noch einmal, lesen Sie auf Seite 163 und singen Sie mit.

in einer Kneipe* feiern

eine Musikanlage mieten

einen DJ buchen

den Raum dekorieren

den Tisch decken

das Geschirr (Sg.)

das Besteck (Sg.)

die Band, -s

*D: die Kneipe – A: das Lokal – CH: die Bar, die Beiz

6a Die TN sehen sich die Fotos an. Fragen Sie: *Was ist das Thema?* (*Hochzeit, Heiraten*) Dann lesen die TN die Überschriften. Stellen Sie sicher, dass die TN die Überschriften verstehen. Dann lesen die TN den Text schnell (ca. eine Minute) und kreuzen an.

Notieren Sie folgende Fragen aus dem Interview an der Tafel: *1. Wie sehen die Hochzeiten aus, die Sie organisieren? 2. Was organisieren Sie alles? 3. Mit Ihnen kann bei einer Hochzeit nichts mehr schiefgehen, oder?* Die TN lesen noch einmal und beantworten die Fragen in je ein bis zwei Sätzen. Dann vergleichen sie zu zweit.

Besprechen Sie mit den TN den Grammatikkasten und erklären Sie die Wortbildung. Weisen Sie darauf hin, dass es oft einen Umlaut gibt.

! Die TN sollen die Formen nicht aktiv bilden, sondern nur die Bedeutung der Suffixe *-chen* und *-lein* verstehen. Verkleinerungsformen werden v. a. in der „Kindersprache" verwendet. Ob die Verkleinerungsform mit *-chen* oder *-lein* gebildet wird, ist teilweise regional abhängig, oft gibt es beide Formen. Bei Nomen, die auf *-ch* enden (wie z. B. *das Buch*), wird die Verkleinerungsform mit *-lein* gebildet (*das Büchlein*).

6b Teilen Sie den Kurs in zwei Gruppen: Schwächere TN lösen die Aufgabe im Buch. Stärkere TN decken die Erklärungen ab, lesen noch einmal den Text und schreiben kurze Erklärungen zu den gelb markierten Wörtern. Sie können dazu auch das Wörterbuch zu Hilfe nehmen. Dann bilden die TN Paare (jeweils eine/ein TN aus beiden Gruppen) und vergleichen ihre Lösungen.

▶ Phonetik: S. 127

6c Ich-Bezug. Notieren Sie ggf. weitere steuernde Fragen/Stichwörter an der Tafel, z. B. *wie viele Gäste? Geschenke? wer bezahlt? typische Bräuche? Pannen?* Die TN tauschen sich im Kurs aus. Bei Interesse können die TN auch erzählen, wie sie selbst heiraten möchten oder geheiratet haben.

6 Der perfekte Plan für einen großen Tag

a Welche zwei Überschriften passen? Lesen Sie und kreuzen Sie an.

1. ☐ Heiraten wie die großen Stars
2. ☒ Sie heiraten? Ein Profi hilft.
3. ☒ Beruf: Hochzeitsplanerin
4. ☐ Meine Hochzeit

Wir stellen vor ...

Anna Siebert hat einen ungewöhnlichen Beruf. Sie organisiert den schönsten Tag im Leben für andere. Sie ist Hochzeitsplanerin, aber sie selbst ist noch nicht verheiratet.

Frau Siebert, Sie arbeiten seit zehn Jahren als Hochzeitsplanerin. Wie sehen die Hochzeiten aus, die Sie organisieren?

Oh, das ist sehr unterschiedlich. Die Paare, mit denen ich die Hochzeit zusammen plane, haben natürlich ihre eigenen Wünsche und Ideen. Es gibt Feiern mit 200 Gästen, aber auch kleine Partys nur für die Familie und die besten Freunde. Einige heiraten ganz traditionell – in der Kirche. Andere heiraten in einem Luftballon oder in einer alten Straßenbahn.

Was organisieren Sie denn alles? Bestellen Sie den Brautstrauß? Organisieren Sie die Limousine, mit der das Paar zum Standesamt fährt? Schmücken Sie die Tische?

Schreiben Sie Kärtchen? Dekorieren Sie mit Blumen und Herzchen?

Ja, das alles – und noch vieles mehr. Ich spreche mit dem Brautpaar und dann schlage ich ein Thema für die Hochzeit vor. Ich kann alle Aufgaben übernehmen: Ich suche den richtigen Ort zum Feiern. Ich wähle das Essen, die Getränke, die Musik und die Dekoration aus.

Und manchmal mache ich auch Vorschläge für die Kleidung – für die Braut und für den Bräutigam. In den letzten Jahren heiraten weniger Paare in einem langen, weißen Kleid oder einem schwarzen Anzug. Heute gibt es viel mehr Möglichkeiten.

Mit Ihnen kann bei einer Hochzeit nichts mehr schiefgehen, oder?

Na ja, es gibt immer wieder mal eine Panne. Am letzten Samstag hat ein Bräutigam die Ringe vergessen. Einmal war der Wein nicht kalt, weil der Strom in der Nacht ausgefallen ist. Vor zwei Wochen hat ein Gewitter das Festzelt am Abend vor der Feier kaputtgemacht. Aber für das Wetter bin ich zum Glück nicht verantwortlich!

Wortbildung: Nomen auf *-chen* und *-lein*

das Herz	das Herzchen / das Herzlein = ein kleines Herz
die Karte	das Kärtchen / das Kärtlein = eine kleine Karte

b Welche Wörter aus dem Text passen? Ordnen Sie die markierten Wörter zu.

1. das Brautpaar = der *Bräutigam* und die *Braut*; sie heiraten
2. der *Brautstrauß* = die Blumen, die die Braut am Hochzeitstag trägt
3. das *Standesamt* = die Behörde, bei der man heiratet
4. der *Ring* = Schmuck, den das Brautpaar an der Hand trägt
5. die *Panne* = ein Problem; wenn etwas nicht so läuft, wie man es geplant hat

c Wie feiert man in Ihrem Land Hochzeiten? Erzählen Sie.

Wichtige Sätze

1 Einladungen/Glückwünsche aussprechen

Die TN wählen ein Fest von der Tafel (s. 1d) und schreiben eine Einladung dazu. Hängen Sie die Einladungen im Kurs auf, um später darauf zurückgreifen zu können (s. 2e).

2 sich für eine Einladung bedanken

a Kursspaziergang. Die TN notieren Stichpunkte (*Was? Wann? Wo?*) zu verschiedenen Festen auf Kärtchen. Jede/Jeder TN bekommt ein Kärtchen. Dann gehen die TN durch den Kursraum und laden eine/einen TN zu ihrem Fest ein. Die/Der TN reagiert in zwei Sätzen (bedankt sich und sagt zu bzw. ab). Dann tauschen die TN ihre Kärtchen und gehen weiter zu einer/einem anderen TN usw.

b ▸ Die TN wählen eine Einladung, die im Kurs aufgehängt wurde (s. 1d), und schreiben eine Zu- oder Absage. Dann tauschen die TN ihre Zu- oder Absagen mit einer Partnerin / einem Partner. Sie sprechen ihre Antwort frei, die Partnerin / der Partner kontrolliert.

3 ein Fest / eine Feier planen

Alternativ zu 4c können die TN eine Kursparty planen, zu der sie auch TN aus anderen Kursen einladen können. Sie überlegen ein Thema für die Party, bestimmen den Termin, machen eine Aufgaben-Liste, verteilen die Aufgaben und schreiben eine Einladung zu der Party und – wenn möglich – verteilen sie an TN aus anderen Kursen.

Strukturen

4 Relativsätze mit Präposition

Bereiten Sie die Kopiervorlage pro Paar vor. Die TN fragen und antworten. ▸ KV 15/2

Phonetik

! Im Deutschen spricht man das *r* als Zäpfchen-*r*, als Reibelaut-*r* oder als ein leichtes, wenig gerolltes Zungen-*r*. Beim *l* achten Sie darauf, dass man das deutsche *l* vorn im Mund mit nicht eingerollter Zunge spricht.

Die TN hören und sprechen den Zungenbrecher mit, erst langsam und sehr deutlich, dann immer schneller. Wer kann es am schnellsten und ohne Fehler?

Alles klar! 15

Wichtige Sätze

Einladungen/Glückwünsche aussprechen

Liebe/r ...,
ich feiere bald meinen Geburtstag und möchte dich gern einladen. Ich feiere am ... um ... in ... Bring gute Laune mit!
Bitte sag bis zum ... Bescheid, ob du kommst.
Ich freue mich auf dich!
Liebe Grüße
...

Liebe/r ... / Ihr Lieben,
herzlichen Glückwunsch zur/zum ...
Ich wünsche dir/euch alles Gute / ...
Alles Liebe von ...

sich für eine Einladung bedanken

Danke für deine/eure Einladung! Ich habe mich sehr gefreut!
Ich freue mich sehr, dass du mich eingeladen hast.

zusagen
Ich komme sehr gern / auf jeden Fall zu dem Fest.
Ich komme ein bisschen später.
Soll ich etwas mitbringen?

absagen
Ich würde sehr gern kommen, aber ...
Tut mir leid. Ich kann am ... nicht kommen.
Das finde ich sehr schade.
Ich kann leider nicht mit dir feiern, aber ich gratuliere dir sehr herzlich!

ein Fest/eine Feier planen

Was willst du an deinem Geburtstag machen? Du kannst Freunde einladen und machst eine Party in einer Kneipe. Wir mieten einen Raum und du buchst einen DJ.

Strukturen

Relativsätze mit Präposition

			Satzende (Verb)
Meine Schwester macht ein großes Fest,	zu dem	sie viele Gäste	einlädt.
Sie hat keine Zeit für die Gäste,	mit denen	sie	feiert.

Relativpronomen im Dativ

m	der Geburtstag, bei dem ich war	*(Ich war bei dem Geburtstag.)*
n	das Fest, von dem sie träumt	*(Sie träumt von dem Fest.)*
f	die Party, zu der ich gefahren bin	*(Ich bin zu der Party gefahren.)*
Pl.	die Gäste, mit denen sie redet	*(Sie redet mit den Gästen.)*

Wortbildung: Nomen auf *-chen* und *-lein*

das Herz — das Herzchen / das Herzlein = ein kleines Herz
die Karte — das Kärtchen / das Kärtlein = eine kleine Karte

▸ Phonetik, S. 148

16 Kulturwelten

Auf einen Blick

Material: KV 16/1 (2d/Strukturen 3, 4a); Kärtchen (4b+c); ggf. Fotos von Lieblingssängern/-bands der TN (5/Wichtige Sätze 2); großes Papier (6c)

Textsorten: Bildbeschreibung (1a); Veranstaltungsprogramm (1b, 3a); Interview (2a+b); Gedicht (6)

Strategien: Wörter mit Bildern lernen (1a); selektives Lesen (1b, 3a); Notizen machen (1b, 3c, 5); selektives Hören (2a); Hör-Sehen (2a+b); detailliertes Hören (2b, 3c); einen Text anhand von W-Fragen schreiben (2e); globales Hören (3b); detailliertes Lesen (6a+b)

Einstieg Fragen Sie: *Was ist ein Straßenfest? Waren Sie schon einmal bei einem Straßenfest? Was gibt es dort?* Die TN erzählen.

1a ► Die TN arbeiten in Gruppen zu viert. Sie wählen ein Foto und notieren dazu Wörter auf einem Papier, sodass alle TN in der Gruppe die Wörter gut lesen können. Die Bildbeschreibung erfolgt als Kurskette: Die/Der erste TN sagt einen Satz mit einem Wort vom Papier und streicht das Wort. Die/Der nächste TN wiederholt den Satz und fügt einen neuen hinzu usw. Die TN bilden Sätze, bis alle Wörter verwendet wurden. Am Ende schreiben sie eine kurze Bildbeschreibung (3 bis 5 Sätze) und lesen sie im Kurs vor.

1b ► ► Die TN antworten in ganzen Sätzen.

◐ Alternative: Nachdem die TN Notizen zu ihren Fragen gemacht haben, formulieren sie die Antworten in Sätzen schriftlich und vergleichen ihre Lösungen mit einer/einem TN, die/der dieselben Fragen beantwortet hat. Dann bilden die TN neue Paare (A + B), fragen und antworten gegenseitig.

Fragen Sie: *Wie finden Sie das Pflasterspektakel? Welche Veranstaltungen würden Sie gern besuchen?* Alle TN antworten und geben auch eine Begründung für ihre Wahl (mit *weil*).

16 Kulturwelten

1 der Umzug
der Künstler/die Künstlerin

2 das Feuer
jonglieren

3 die Band
der Sänger/die Sängerin

4 die Bühne
der Zuschauer/die Zuschauerin

1 Das Pflasterspektakel

a Was passiert auf den Fotos? Sammeln Sie Wörter und beschreiben Sie die Fotos.

1. der Umzug: im Umzug mitlaufen
das Kostüm: ein Kostüm ...

Auf Foto 1 gibt es einen Umzug, in dem Künstler mitlaufen. Sie tragen ...

b Was? Wo? Wie? Arbeiten Sie zu zweit. Lesen Sie den Text und notieren Sie Informationen zu Ihren Fragen. Fragen und antworten Sie dann.

Willkommen beim 29. Pflasterspektakel!

300 KünstlerInnen aus über 30 Nationen kommen nach Linz – zum Straßenkunst-Festival mit Theater, Musik, Tanz, Zirkusartistik und Akrobatik. Wir freuen uns auf Ihren Besuch!

Warum gibt es keine Bühnen?

Wie der Name schon sagt: Straßenkunst ist Kunst, die direkt auf der Straße stattfindet. Die Vorstellungen finden an 40 Orten im Zentrum von Linz statt.

Hutgeld nicht vergessen!

Sie zahlen keinen Eintritt und die KünstlerInnen bekommen kein Honorar! Klatschen Sie deshalb viel. Und wenn Ihnen die Vorstellung gut gefallen hat, werfen Sie Geld in den Hut.

Programm

Aktuelle Tagesprogramme bekommen Sie an fünf Infoständen oder online unter www.pflasterspektakel.at. Das Pflasterspektakel beginnt am Donnerstag mit einem großen Umzug.
Für Tanzfans: Am Freitag und Samstag gibt es auch Samba-Umzüge. **Für Musikfans:** An zwei Orten präsentieren MusikerInnen ein buntes Musikprogramm. **Die Theaterfans** können viele Artistik- und Straßentheater-Vorstellungen besuchen. **Für Familien:** Wir haben ein tolles Straßentheaterprogramm mit Clowns und AkrobatInnen. Das Zirkuszelt lädt zum Spiel, Spaß und Kindertheater ein.

Partnerin/Partner A

1. Wo findet das Pflasterspektakel in Linz statt?
2. Wo kann ich mich über das Festival informieren?
3. Was gibt es für die Leute, die sich für Theater interessieren?

Partnerin/Partner B

1. Wie viele Künstler nehmen teil?
2. Was kostet der Eintritt?
3. Was kann man machen, wenn man lateinamerikanische Musik mag?

Was kostet der Eintritt?

Nichts. Man soll ...

Oh, das finde ich gut.

Lösung: *Partnerin/Partner A: 1. Das Pflasterspektakel findet an 40 Orten im Zentrum statt. 2. Man kann sich an fünf Infoständen oder online informieren. 3. Es gibt viele Artistik- und Straßentheater-Vorstellungen. Partnerin/Partner B: 1. 300 Künstlerinnen und Künstler nehmen teil. 2. Der Eintritt ist kostenlos, aber man bezahlt Hutgeld. 3. Man kann (am Freitag und Samstag) zu den Samba-Umzügen gehen.*

2a+b ▸ ▸ Fragen Sie zuerst die TN: *Wo ist das? Wer ist das?* Die TN sehen das Foto und vermuten. Beim ersten Hören überprüfen sie ihre Vermutungen. Dann hören sie zum zweiten Mal, ordnen die Fragen und vergleichen zu zweit. Beim dritten Hören lösen die TN Aufgabe b.

2 Interview mit Felix, einem Straßenkünstler

2.20 16

a Was fragen Susi und Rudi? Hören Sie und ordnen Sie die Fragen.

a [3] Was machst du bei schlechtem Wetter?
b [5] Warum ärgerst du dich?
c [7] Was ist wichtig für den Erfolg, wenn man Straßenkünstler ist?
d [6] Bist du vor einer Vorstellung nervös?
e [1] Ist die Straßenkunst für dich ein Hobby oder ein Beruf?
f [2] Wie oft trittst du auf?
g [4] Was magst du an deinem Beruf am liebsten?

2.20 16

b Welche Fragen aus a passen? Ordnen Sie zu. Hören Sie dann noch einmal und überprüfen Sie Ihre Lösung.

1. [e] Am Anfang war die Straßenkunst ein Hobby, dann ist das Hobby zum Beruf geworden.
2. [c] Man muss gute Laune zeigen und freundlich sein. Gute Laune gehört auch zur Straßenkunst.
3. [b] Ich ärgere mich nicht oft. Hmm, über einen leeren Kühlschrank, vielleicht?
4. [g] Ich freue mich über Erfolge von Kindern, die ich trainiere. Und ich träume von einem eigenen kleinen Kinderzirkus.

c Verben mit Präpositionen: Ich freue mich über … Unterstreichen Sie die Verben mit Präpositionen in b und ergänzen Sie den Grammatikkasten.

Verben mit Präpositionen

sich ärgern *über* (Akk.)	warten auf (Akk.)	träumen *von* (Dat.)
sich freuen *über* (Akk.)	sich freuen auf (Akk.)	gehören *zu* (Dat.)
sich informieren über (Akk.)	denken an (Akk.)	einladen zu (Dat.)
sich interessieren für (Akk.)		

d Sprachschatten: Ärgern oder freuen Sie sich über …? Sprechen Sie wie im Beispiel.

die laute Musik in der Disko – die vielen Zuschauer bei Karnevalsumzügen – das kalte Wetter – das Programm – die Straßenkünstler beim Pflasterspektakel

Ich ärgere mich über die laute Musik in der Disko.

Echt? Du ärgerst dich über die laute Musik in der Disko? Ich freue mich über die laute Musik.

e Blogeintrag: Straßenkunst. Welche Straßenkünstlerin / Welchen Straßenkünstler haben Sie in der letzten Zeit gesehen? Schreiben Sie einen Blogeintrag.

Wo war das? Was hat sie/er gemacht? Hat Ihnen die Vorstellung gefallen?

sich auf (den Film) freuen

sich über (das Geld) freuen

sich über (die Musik) ärgern

an (Musik) denken

sich für (Kunst) interessieren

auf (die Vorstellung) warten

von (einem Oscar) träumen

◐ Stärkere TN fassen die Antworten von Felix zusammen und beantworten alle Fragen.

▶ **Video-DVD:** Spielen Sie das Video bis ca. 0:15 ab. Fragen Sie: *Wo sind Susi und Rudi? Mit wem sprechen sie?* Dann arbeiten Sie mit dem Video (ohne Untertitel) wie hier beschrieben.

2c ▸ Erklären Sie den TN, dass sie die Verben mit Präpositionen auswendig lernen müssen, da es keine Regeln gibt. Weisen Sie auf den Unterschied zwischen *sich freuen auf* (Vorfreude auf etwas in der Zukunft) und *sich freuen über* (Freude über etwas in der Vergangenheit/ Gegenwart) hin.

▶ **AR, UM:** Spielen Sie das Video zur Bildleiste ab (Phase 1+2). Die TN sprechen nach und ergänzen.

2d ▸ Die TN markieren im Schüttelkasten mit Smileys, ob sie sich freuen oder ärgern. Dann sprechen sie zu zweit.

▸ Alternative: Die TN schreiben die Alternativen aus dem Schüttelkasten auf ein Papier. Die TN fragen und antworten gegenseitig, notieren die Meinung der anderen TN und versuchen dabei, eine Partnerin / einen Partner zu finden, die/der mindestens bei drei Alternativen die gleiche Meinung hat.

▶ Vertiefung: S. 133/3

2e ▸ Zielaufgabe/ Ich-Bezug. Fordern Sie die TN auf, Verben mit Präpositionen aus der Bildleiste zu benutzen. Alternativ können die TN auch von einer anderen Kunst-/Kulturveranstaltung berichten. Die TN hängen die Texte auf, lesen sie und unterschreiben bei der Straßenkünstlerin / dem Straßenkünstler oder der Veranstaltung, die/den sie auch gern sehen würden.

▶ Vertiefung: S. 133/1

3a Die TN beschreiben zuerst die Fotos. Fragen Sie die TN: *Wo ist das? Was für eine Veranstaltung ist das? Welche Musik kann man dort hören? Kennen Sie die Veranstaltung / den Ort?* Die TN überfliegen die Texte und tauschen sich aus. Kursspaziergang: Die TN gehen durch den Kursraum, fragen, wer gern wohin gehen würde, und bilden Gruppen entsprechend den Antworten (den Veranstaltungen, die sie besuchen möchten). Die TN sammeln in den Gruppen Gründe für die Veranstaltung und berichten im Kurs.

3b+c Beim ersten Hören lösen die TN Aufgabe b und vergleichen dann im Kurs. Vor dem zweiten Hören lesen die TN zuerst die Fragen. Beim Hören machen sie Notizen und beantworten dann die Fragen in ganzen Sätzen. Sie vergleichen zu zweit, indem abwechselnd eine/ein TN eine Frage vorliest und die/der andere antwortet. Die/Der erste TN wiederholt die Antwort, wenn sie richtig ist bzw. korrigiert, wenn sie falsch ist.

! Gehen Sie hier noch nicht auf die Fragewörter mit *wo(r)-* + Präposition ein. Die Bewusstmachung erfolgt in 4a.

4a Die TN ergänzen den Grammatikkasten. Erklären Sie die Regel zur Bildung der Fragewörter (Man ergänzt ein *r*, wenn die Präposition mit einem Vokal beginnt.). Die TN sammeln die Verben mit Präpositionen von S. 129 an der Tafel und notieren dazu die passenden Fragewörter:

sich ärgern über (A) → worüber
träumen von (D) → wovon

Dann übertragen die TN die Liste in ihr Heft.

AR, UM: Spielen Sie das Video zur Bildleiste auf S. 129 ab (Phase 3). Die TN antworten.

Automatisierung: Bereiten Sie pro Gruppe eine Kopie von der Kopiervorlage vor. Schneiden Sie die Kärtchen so aus, dass auf jedem Kärtchen das Verb mit der passenden Präposition steht. (Alternativ können die TN selbst die Verben mit Präposition auf Kärtchen schreiben.) Die Kärtchen liegen auf dem Tisch verdeckt. Eine/Ein TN zieht ein Kärtchen und bildet mit dem Verb eine Frage. Die Nachbarin / Der Nachbar antwortet, zieht ein neues Kärtchen, fragt die nächste / den nächsten TN usw. Wenn die TN bei der Verwendung der Fragewörter unsicher sind, dürfen sie an der Tafel nachsehen. Anschließend machen die TN eine Kurskette im Plenum nach dem gleichen

16 Kulturwelten

3 Musikfestivals

a Wohin würden Sie gern gehen? Warum? Sprechen Sie im Kurs.

www.meinfestivalguide.de

Festivals | News | Tickets

Festivalguide

Musikprojekt GusGus am 31.05.2015 beim Berlin Festival im Arena Park

Berlin Festival ☐
Tanzen, tanzen, tanzen …
29. bis 31.5.
Techno, HipHop, Folk und mehr
ARENA PARK, Eichenstraße 4, 12435 Berlin
Tickets buchen

OpenAir St. Gallen, Schweiz

40. OpenAir St. Gallen ☐
Musik hören, feiern, zelten.
30.6. bis 3.7.
Indie, World Music, Folk
Sittertobel in St. Gallen
Tickets buchen

Waldbühne im Olympiapark, Berlin

Waldbühne Berlin ☒
26.7. Berliner Philharmoniker: Das Sommerkonzert
Ein tschechischer Abend mit klassischer Musik (Smetana und Dvořák)
Glockenturmstr. 1, 14053 Berlin
Tickets buchen

Ich würde gern zum OpenAir-Festival in Sankt Gallen fahren, weil …

Ich mag … Deshalb würde ich gern …

2.21 **b** Zu welchem Festival gehen Max und Saskia? Hören Sie und kreuzen Sie in a an.

2.21 **c** Hören Sie noch einmal und schreiben Sie dann die Antworten.

1. Woran denkt Max?
   Er denkt an den Sommer.
2. Worüber ärgert sich Saskia?
   Sie ärgert sich über die laute Musik.
3. Wovon träumt Max?
   Er träumt vom OpenAir St. Gallen.
4. Worüber hat er sich informiert?
   Er hat sich über die Preise informiert.
5. Wofür interessiert sich Saskia?
   Sie interessiert sich für Mozart und Beethoven.
6. Worauf freut sie sich?
   Sie freut sich auf das Konzert.

130 einhundertdreißig

Prinzip, bis alle Verben mindestens einmal benutzt wurden und jede/jeder TN mindestens einmal an der Reihe war. ▶ KV 16/1

4b+c Die TN schreiben ihre Frage und Antwort auf ein Kärtchen und kontrollieren zu zweit. Achten Sie darauf, dass alle Verben mindestens einmal vertreten sind. Kursspaziergang: Die TN halten die Kärtchen so, dass die Partnerin / der Partner nur die Antwort sieht. Wenn zwei TN sich gegenseitig gefragt und geantwortet haben, tauschen sie ihre Kärtchen und gehen weiter zur nächsten Person.

Alternative: Schreiben Sie vier Fragen an die Tafel:

Worüber ärgerst du dich?
Worüber freust du dich?
Wofür interessierst du dich?
Wovon träumst du?

Die TN befragen sich gegenseitig und notieren die Antworten. Danach schreiben sie kurze Texte (mit je vier Sätzen) über ihre Partnerin / ihren Partner, ohne den Namen zu nennen, z. B.: *Sie/Er ärgert sich über …* Ratespiel: Die Texte werden gemischt, neu verteilt und von den TN im Kurs vorgelesen. Die TN raten, um wen es geht. Weisen Sie die TN darauf hin, dass sich die/der betroffene TN sowie die Partnerin / der Partner beim Raten zurückhalten sollen.

5 Achten Sie darauf, dass die TN nur Notizen anfertigen und anschließend frei sprechen. Es sollten alle TN die Möglichkeit bekommen, über sich zu sprechen.

Die TN formulieren zu zweit Fragen zu den Redemitteln, z. B.: *Was für Musik hörst du gern? Wofür / Für welche Musik interessierst du dich? Wer ist dein / Hast du einen Lieblingssänger / …? Wie oft gehst du zu …? Würdest du gern …? Spielst du ein Instrument? / Machst du selbst Musik?*

Dann interviewen sich die TN gegenseitig und notieren die Antworten. Sie sammeln Gemeinsamkeiten und Unterschiede und stellen diese im Anschluss im Plenum vor.

▶ Vertiefung: S. 133/2
▶ Phonetik: S. 133

---

4 Fragewörter mit *wo(r)-*: Worauf freut sie sich?

a Unterstreichen Sie die Fragewörter in 3c. Ergänzen Sie den Grammatikkasten.

Fragewörter mit *wo(r)-*
Ich denke an den Sommer. Woran denkst du?
Ich lade dich zum Festival ein. Wozu lädst du mich ein?

***wo-* + Präposition**	***wor-* + Präposition**
wozu?	woran?
wovon?	worüber?
wofür?	worauf?

b Schreiben Sie eine Frage und eine Antwort auf die Vorder- und die Rückseite von einem Zettel.

sich freuen auf – sich freuen über – denken an – sich ärgern über – träumen von – sich interessieren für – warten auf – sich informieren über

Worauf freust du dich?

Ich freue mich auf das Wochenende.

c Kursspaziergang. Gehen Sie durch den Kursraum. Zeigen Sie Ihrer Partnerin/Ihrem Partner nur die Antwort. Ihre Partnerin/Ihr Partner fragt, Sie antworten. Kontrollieren Sie sich gegenseitig.

5 Meine Musikinteressen. Wofür interessieren Sie sich? Machen Sie Notizen und erzählen Sie im Kurs.

seine Musikinteressen beschreiben
Ich höre gern … Ich interessiere mich für …
Mein Lieblingssänger/-musiker/-orchester ist …
Meine Lieblingssängerin/-musikerin/-band ist …
Ich gehe oft/manchmal/selten/nie zu Festivals* / ins Konzert.
Ich würde gern zum …-Festival gehen/fahren.
Ich spiele selbst … Ich singe auch in einer Band.

*D: zum/auf das Festival gehen – CH: an das Festival gehen

6a ▸ Die TN ergänzen die Gedichte zu zweit. Dann lesen alle TN die beiden Gedichte im Chor und überprüfen dabei ihre Lösungen.

Lösung: *Gedicht 1: … wir kaufen frischen Fisch … – … und für mich … – … und das an einem Sonntag? … – … geh doch lieber allein … – … ich bleibe im Bett …; Gedicht 2: Unser hübscher Garten … – … Stück Natur … – … Blumen gießen … – … das Gemüse wächst … – Satellitenschüssel auf dem Haus …*

6b ▸ Die TN suchen die passenden Panorama-Seiten und notieren zu jedem Gedicht mindestens zwei Gründe für ihre Lösung. Dann vergleichen die TN im Kurs.

UM: Projizieren Sie bei der Auswertung im Kurs die entsprechenden Panorama-Seiten an die Wand, sodass die TN bei der Begründung ihrer Lösung darauf Bezug nehmen können.

Lösung: *Gedicht 1: Panorama VII – Gedicht 2: Panorama II*

6c ▸ Die Gruppen wählen je eine Panorama-Seite und schneiden die passenden Wort- und Silbenkarten auf S. 164 bis 171 aus. (Alternativ können Sie auch für die Gruppen Kopien anfertigen.) Die TN können auch weitere Kärtchen mit Wörtern, die sie benötigen, anfertigen.

Geben Sie einen Umfang (mindestens zwei Strophen mit jeweils vier Zeilen) und ein Zeitlimit (15 bis 20 Minuten) vor. Die TN entscheiden selbst, ob sich ihr Gedicht reimen muss, oder nicht. Sie können auch Hilfsmittel wie Wörterbücher oder ein Reimlexikon (z. B. *www.reimlexikon.net*) benutzen.

Wenn die Gruppen ihr Gedicht fertig „zusammengelegt" haben, kleben sie es auf ein Plakat. Sie präsentieren die ausgewählte Panorama-Seite und tragen ihr Gedicht im Kurs vor.

Alternative: Wenn Ihre TN Spaß am Wettbewerb haben, können sie einen *Poetry Slam* im Kurs veranstalten: Während der Gruppenpräsentation der Gedichte vergeben (notieren) die anderen TN ein bis drei Punkte, je nachdem, wie gut ihnen das Gedicht und die Präsentation gefallen haben. Die Gruppe mit den meisten Punkten gewinnt und trägt ihr Gedicht noch einmal vor.

UM: Projizieren Sie während der Gedichtpräsentationen die entsprechende Panorama-Seite an die Wand.

16 Kulturwelten ■ ein Gedicht verstehen und schreiben

6 Kühlschrankpoesie: zwei Gedichte

a Wohin gehören die Wörter? Lesen Sie und ergänzen Sie.

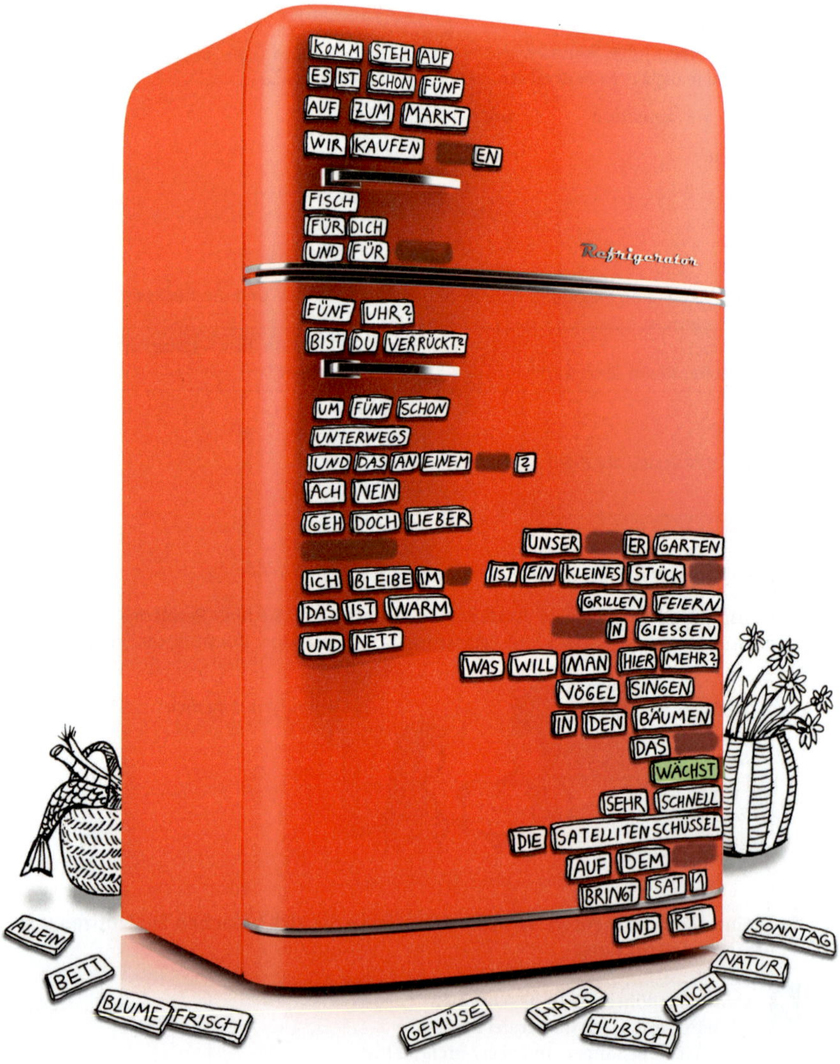

b Zu welchen Panorama-Seiten passen die Gedichte? Suchen Sie im Kursbuch.

c Und jetzt Sie! Wählen Sie eine Panorama-Seite und schneiden Sie auf Seiten 164 bis 171 passende Wörter aus. Schreiben Sie zu viert ein Kühlschrankgedicht. Hängen Sie die Gedichte im Kursraum auf und lesen Sie sie laut vor.

132 einhundertzweiunddreißig

Wichtige Sätze

1 ein Veranstaltungsprogramm verstehen / von einer Veranstaltung erzählen

▶ Die TN recherchieren im Internet Informationen zu einer Kulturveranstaltung, die sie interessiert, und stellen die Veranstaltung im Kurs vor.

/ ▶ Alternative: Wenn sich die TN gut verstehen, können sie sich in Gruppen (oder als ganzer Kurs) zum Besuch einer kulturellen Veranstaltung verabreden. Danach berichten sie im Kurs darüber: *Was haben sie gesehen? Wo war das? Was haben die Künstler/innen gemacht? Hat ihnen die Vorstellung gefallen? Was fanden sie (nicht so) gut?*

2 seine Musikinteressen beschreiben

▶ Die TN schreiben einen Steckbrief über sich und ihre Musikinteressen, ohne ihren Namen zu nennen. Wenn möglich, kleben sie Fotos von Lieblingssängern/-bands oder Eintrittskarten, Flyern von Konzerten usw. dazu. Kursspaziergang: Die TN hängen die Texte im Kursraum auf, gehen zu zweit umher, lesen sie und raten, wer welchen Text geschrieben hat.

Strukturen

3 Verben mit Präpositionen

Domino: Die TN spielen zu zweit. Jedes Paar bekommt ein Set Dominokarten aus der Kopiervorlage. Eine Karte liegt auf dem Tisch und beide TN ziehen je vier Karten, die anderen liegen auf dem Tisch verdeckt. Die TN versuchen abwechselnd, eine passende Karte anzulegen. Wer eine Karte anlegt, bildet mit dem Verb und der Präposition einen Satz. Wenn eine/ein TN keine passende Karte hat, muss sie/er eine neue ziehen. Wer zuerst keine Karten mehr hat, hat gewonnen. ▶ KV 16/1

Phonetik

! Bei den Lauten *ä* [ɛː] / [ɛ] und *e* [eː] / [e] ist für viele TN meist das lange *e* [eː] besonders schwierig. Es wird geschlossener als das lange *ä* [ɛː] gesprochen. Oft hilft es, sich beim langen [eː] ein Lächeln vorzustellen. Sie können auch gern etwas übertreiben und beim Vorsprechen der Wörter ein breites Lächeln aufsetzen.

Alles klar! 16

Wichtige Sätze

ein Veranstaltungsprogramm verstehen

Das Festival findet vom ... bis zum ... in ... statt.
Man kann sich über das Festival an Infoständen informieren. Künstlerinnen und Künstler aus 30 Nationen nehmen teil und es gibt viele Bühnen. Man muss keinen Eintritt bezahlen. Man kann den Künstlern Geld in einen Hut werfen.

von einer Veranstaltung erzählen

Ich habe am Wochenende einen Straßenkünstler gesehen, der mit Feuer jongliert hat. Das war toll und spannend! Nur über das schlechte Wetter habe ich mich ein bisschen geärgert, es hat fast die ganze Zeit geregnet.

seine Musikinteressen beschreiben

Ich höre gern ... Ich interessiere mich für ...
Mein Lieblingssänger/-musiker/-orchester ist ...
Meine Lieblingssängerin/-musikerin/-band ist ...
Ich gehe oft/manchmal/selten/nie zu Festivals / ins Konzert.
Ich würde gern zum ...-Festival gehen/fahren.
Ich spiele selbst ... Ich singe auch in einer Band.

Strukturen

Verben mit Präpositionen

sich ärgern über (Akk.)	warten auf (Akk.)	träumen von (Dat.)
sich freuen über (Akk.)	sich freuen auf (Akk.)	einladen zu (Dat.)
sich informieren über (Akk.)	denken an (Akk.)	gehören zu (Dat.)
sich interessieren für (Akk.)		

Fragewörter mit *wo(r)-*

Ich denke an den Sommer. Woran denkst du?
Ich lade dich zum Festival ein. Wozu lädst du mich ein?

wo- + Präposition	*wor-* + Präposition
wozu?	woran?
wovon?	worüber?
wofür?	worauf?

Wenn die Präposition mit einem Vokal beginnt, ergänzt man ein r.

▶ Phonetik, S. 148

Auf einen Blick

Material: Würfel (2); Kärtchen (2, 4)

1 ▸ Wiederholen Sie mit den TN noch einmal, welche Informationen eine Einladung enthält. Die TN sammeln dazu passende Fragen an der Tafel (*Für wen ist die Einladung? Welches Fest findet statt? / Was feiert …? Wo findet das Fest statt? Wann ist das Fest? Bis wann muss man eine Antwort schicken / Bescheid sagen, ob man kommt?*). Dann arbeiten die TN zu zweit.

2 ▸ Weisen Sie die TN darauf hin, dass sie nach verschiedenen Festen/Feiern, nach Uhrzeiten und Tagen fragen können. Fragen Sie als Erste/Erster und geben Sie ein Beispiel (ein anderes als im Kursbuch, z. B.: *Kommst du am Freitag zum Sommerfest?*). Die TN führen anschließend die Kurskette in Gruppen durch.

◐ ▸ Schwächere TN schreiben zuerst jeweils eine Frage auf Kärtchen. Die TN ziehen dann ein Kärtchen und stellen die Frage. Bei der Formulierung der Zu- oder Absagen können die TN bei der ersten Runde auf S. 127 nachsehen. Bei der zweiten Runde arbeiten die TN frei – ohne Kärtchen und ohne Kursbücher.

▸ Alternative: Kursspaziergang: Die TN schreiben eine Zu- oder Absage auf ein Kärtchen. Dann gehen sie durch den Kursraum, fragen, antworten und tauschen ihre Kärtchen. Anschließend suchen sie eine neue Partnerin / einen neuen Partner usw.

15|16 Deutsch aktiv

1 Einladungen. Arbeiten Sie zu zweit. Ihre Partnerin / Ihr Partner arbeitet auf Seite 143. Fragen Sie, Ihre Partnerin / Ihr Partner antwortet. Ergänzen Sie Ihre Einladung. Tauschen Sie dann die Rollen.

Senden An alle Anhang Adressen Schriften Farben

Von: chrismarx@post.de
Betreff: Geburtstagsparty!

Liebe *Susanne*, lieber *Paul*,

ich habe schon wieder *Geburtstag* und das möchte ich mit euch feiern.

Die Party ist am *Samstag*, dem *23. April*, ab *19* Uhr.

Ich feiere im *Restaurant* „Kleines Bootshaus" (Rheinweg *29*).

Bitte sagt bis zum *1. April* Bescheid, ob ihr kommt. Ich freue mich auf euch.

Liebe Grüße
Christoph

Lieber Marco,

wir heiraten! Und das möchten wir mit dir feiern:
am Samstag, dem 9. Juli, um 15 Uhr am Alten Rathaus (Am Markt) in Bonn.
Bitte sag uns bis Ende Juni Bescheid, ob du kommst.
Wir freuen uns schon!

Liebe Grüße
Kathy und Jens

Für wen ist die Einladung?
Die Einladung ist für …
Was feiert …?
Er feiert / Sie feiern …
Wann ist die Party?
Die Party ist am …

2 Kurskette: zu- oder absagen. Arbeiten Sie zu dritt. Fragen und antworten Sie. Person 1 stellt die Frage, Person 2 würfelt, antwortet und fragt Person 3 usw. Die Antwort muss mindestens drei Wörter lang sein.

⚀ ⚁ ⚂ = zusagen

⚃ ⚄ ⚅ = absagen

Kommst du zu meiner Geburtstagsparty?
Ja, …

134 einhundertvierunddreißig

3 Erklären Sie den TN, dass sie die Bilder nicht beschreiben, sondern aus der Perspektive einer Person sprechen sollen, die ihren Geburtstag gefeiert hat, z. B. bei Bild 1: *Die Party gestern Abend war toll. Es waren viele Leute da. Wir haben in einer Kneipe gefeiert und ich habe einen DJ gebucht. Alle haben getanzt, die Musik war toll.*
◐ Stärkere TN machen nur Notizen, schwächere TN schreiben ganze Sätze.

4 ◐ In stärkeren Gruppen schreiben alle TN nur Notizen zu den Fragen und sprechen frei. In schwächeren Gruppen formulieren alle die Fragen in ganzen Sätzen.

5a Die TN ergänzen zuerst den Kasus, der nach den Präpositionen folgt. Dann schreiben sie Sätze.
Automatisierung: Die TN arbeiten mit geschlossenen Büchern zu zweit. Sie tauschen ihre Zettel mit den Sätzen. Eine/Ein TN fängt an und liest die Satzanfänge vom Zettel nacheinander vor, z. B.: *Ich ärgere mich …* Die/Der andere TN ergänzt ihre/seine Sätze, z. B.: *… über meinen Chef.* Die Partnerin / Der Partner vergleicht mit den Sätzen auf dem Zettel. Dann tauschen die TN die Rollen.

5b ◐ Sprachschatten: Wiederholen Sie bei Bedarf mit den TN die Fragewörter *wo(r-)*. Die TN lesen die Präpositionen in a laut vor und nennen dazu das passende Fragewort. Dann arbeiten die TN zu zweit. Jede/Jeder TN hat wieder ihren/seinen eigenen Zettel und liest die Sätze vor. Die Partnerin / Der Partner hört zu und stellt die passende Frage usw.

6 Kurskette: Wenn einer/einem TN kein passender Anschlusssatz einfällt, kann sie/er *Joker* sagen und ist später nochmals an der Reihe. Jede/Jeder TN hat einen Joker. Wenn alle TN einen Satz gesagt haben, ist die Kurskette zu Ende und die TN überlegen gemeinsam einen passenden Schlusssatz.

Alternative: Die TN schreiben jeweils den ersten Satz auf ein Blatt Papier. Dann geben sie das Blatt im Uhrzeigersinn an die nächste Person weiter, die/der einen zweiten Satz schreibt. Dann faltet sie/er das Blatt so, dass man nur den zweiten Satz sehen kann, und gibt es weiter. Die/Der dritte TN liest den zweiten Satz, ergänzt einen dritten und faltet das Blatt wieder, sodass man wieder nur den letzten Satz lesen kann usw. Die TN schreiben so lange, bis „ihre“ Blätter wieder bei ihnen angekommen sind. Dann liest jeder seine Geschichte vor.

15|16

3 **Wählen Sie ein Bild. Was erzählt eine Person über die Geburtstagsfeier? Machen Sie Notizen und erzählen Sie im Kurs. Die anderen raten: Welches Bild haben Sie gewählt?**

1

2

3

4 **Kursspaziergang**

a Schreiben Sie eine Frage zum Thema Musik auf einen Zettel.

Welche Musik …?

Wie heißt dein/e Lieblings…?

b Gehen Sie durch den Raum. Fragen und antworten Sie. Tauschen Sie dann Ihre Zettel. Suchen Sie eine neue Partnerin/einen neuen Partner.

5 **Wie, bitte? Wo(r)…?**

a Schreiben Sie Sätze mit *ich*.

sich ärgern über – denken an – sich freuen auf – sich freuen über – sich interessieren für – sich informieren über – träumen von – warten auf

Ich ärgere mich über das Wetter.

b Arbeiten Sie zu zweit. Sprechen Sie wie im Beispiel.

Ich ärgere mich über das Wetter.

Wie, bitte? Worüber ärgerst du dich?

Über das Wetter.

6 **Das war total verrückt! Erzählen Sie im Kurs zusammen die Geschichte von einer verrückten Veranstaltung. Jede Person sagt nur einen Satz und wählt dann die nächste Person, die weitererzählt. Die jüngste Person im Kurs beginnt.**

Wir waren gestern auf einem Straßenfest.

Ja, wir haben …

Auf einen Blick

Material: zwei Kopien von der Foto-Collage (1a)

Textsorten: Bildbeschreibung (1b); Info-Text (1d)

Strategien: Wörter mit Bildern lernen (1a+b); Bilder als Informationsquelle nutzen (1c); hypothesengeleitetes Lesen (1d); detailliertes Lesen (1e); Fragen formulieren (1e); einen Text anhand von Fragen schreiben (2); Hör-Sehen (Landeskunde-AR)

1a ▸ Kopieren Sie die Foto-Collage (möglichst farbig und vergrößert) zweimal. Die TN arbeiten in zwei Gruppen und ordnen die Wörter den Fotos zu, indem sie die Wörter direkt zu den Fotos schreiben. Dann notieren die TN weitere bekannte Wörter. Anschließend vergleichen beide Gruppen ihre Ergebnisse.

UM: Projizieren Sie für die Auswertung die Foto-Collage an die Wand. Die TN nennen die Wörter und zeigen sie.

Alternative: Schreiben Sie jeweils die Hälfte der Wörter aus dem Schüttelkasten auf je eine Seite an der Tafel. Ergänzen Sie auf beiden Seiten auch schon bekannte Wörter, z. B. *der Hut, das Kostüm, das Haus, der Platz, der Baum, die Zuschauer, das Publikum, die Blume, das Feuer,* sodass es auf beiden Tafelseiten jeweils ca. acht bis zehn unterschiedliche Wörter gibt. Die Gruppen bekommen je eine Foto-Collage und ordnen ihre Wörter zu. Stellen Sie sicher, dass die Zuordnung richtig ist. Dann fragen die Gruppen gegenseitig nach den anderen Wörtern und antworten mit Relativsätzen, z. B.: *Was heißt „der Hut"? – Der Hut ist ein Kleidungsstück, das man auf dem Kopf trägt. / Was bedeutet „das Pferd"? – Das Pferd ist ein Tier, das vier Beine hat und auf dem man sitzen/reiten kann.* usw. Die Gruppen ergänzen die erfragten Wörter auf ihren Fotos. Zum Schluss vergleichen sie ihre Ergebnisse.

Das große Foto zeigt das Fest Sächsilüüte in Zürich.

1 Sechseläuten in Zürich

1 Sechseläuten – Sächsilüüte

a Welche Wörter kennen Sie schon? Ordnen Sie zu und sammeln Sie zu zweit weitere Wörter zu den Fotos. Vergleichen Sie dann im Kurs.

verbrennen – das Pferd – reiten – der Reiter – der Schneemann – die Uniform – die Kutsche – die Fahne – die Trommel

Foto 1: das Kostüm – ein Kostüm tragen, das Feuer, …
Foto 2: der Umzug – im Umzug mitlaufen, …

Das Wort verbrennen passt zu Foto …

b Was passiert auf den Fotos? Beschreiben Sie die Fotos.

c Was denken Sie: Was für ein Fest ist das Sechseläuten? Lesen Sie und kreuzen Sie an.

1. ☐ Das Sechseläuten (schweiz. Sächsilüüte) ist ein schweizerisches Musikfest, bei dem sich viele Bands in Zürich treffen und ab 18 Uhr bis in die Nacht auf den Straßen spielen.
2. ☒ Das Sechseläuten (schweiz. Sächsilüüte) ist ein Frühlingsfest in Zürich, bei dem sich die Zürcher vom Winter verabschieden.

1b Kurskette: Die TN formulieren nacheinander je einen Satz zu einem der Fotos, wobei sie den Satz von der/dem TN davor wiederholen, z. B.: *Auf Foto 1 gibt es viele Reiter. – Stimmt, dort gibt es viele Reiter. Und in der Mitte steht ein Schneemann. – Stimmt, in der Mitte steht ein Schneemann. Die Menschen verbrennen den Schneemann.* usw.

1c+d ▸ ▸ Die TN tauschen sich zu zweit über ihre Lösung in c aus und begründen sie. Nach dem Lesen berichten sie im Kurs, ob sie Recht hatten.

1e ▸ ▸ Die TN vergleichen zu zweit. Sie stellen abwechselnd eine W-Frage, die/der andere antwortet mithilfe ihrer/seiner Notizen. Dann vergleichen sie im Kurs.

4

der Böögg

d Lesen Sie den Text und überprüfen Sie Ihre Vermutung in c.

www.feiertage.ch

Was ist das Sechseläuten? | Wo findet es statt? | Daten bis 2033

Was ist das Sechseläuten?

Seit 1902 verbrennen die Zürcher jedes Jahr an einem Montag im April den Böögg – einen Schneemann aus Holzwolle. Der Böögg ist ein Symbol für den Winter. Wenn um 18 Uhr die Glocke von einer großen Kirche läutet, macht man das Feuer am Sechseläutenplatz an. Die Tradition sagt: Wenn der Böögg schnell verbrennt, wird das Wetter im nächsten Sommer gut. Im Jahr 2003 hat es nur rund 6 Minuten gedauert, 2013 waren es aber über 35 Minuten!

Schon vorher am Nachmittag gibt es einen großen Umzug, in dem verschiedene Gruppen in Kostümen, Trachten und Uniformen durch die Stadt gehen. Auch Pferde, Kutschen und Reiter sind dabei. Sie gehen mit Musik über die Bahnhofstrasse zum Sechseläutenplatz.

e Wann? Wo? Was? Lesen Sie noch einmal und machen Sie Notizen. Berichten Sie dann im Kurs.

2 Kennen Sie ein Frühlingsfest? Wann und wo findet es statt? Was passiert da? Schreiben Sie einen Text und recherchieren Sie ein Foto dazu. Stellen Sie das Fest im Kurs vor.

2 ▸ ▸ Die TN sammeln an der Tafel Frühlingsfeste und -bräuche und stellen sie kurz vor. Wiederholen Sie ggf. das Thema Ostern (s. Band A1). Dann schreiben die TN einen Text über ein Fest. Bei Bedarf verwenden sie ein Wörterbuch. Die TN hängen ihre Texte auf und lesen die anderen Texte. Welches Fest finden sie am interessantesten?

Landeskunde

AR, UM: Das Video gibt Informationen zu weiteren Festen in der Schweiz (*Basler Fasnacht, Silvesterklausen, das Alphorn- und Jodelfestival, Nationalfeiertag*). Am Ende wird den TN eine Verständnisfrage zum Video gestellt (*Was ist eine Larve?* Lösung: *Eine Maske*).

▸ ▸ Notieren Sie die o. g. Feste sowie *Weihnachten, Ostern, Weinfest* und *Sommerfest* an der Tafel. Beim ersten Sehen notieren die TN, über welche Feste gesprochen wird. Dann arbeiten die TN in vier Gruppen. Sie sehen das Video noch einmal. Jede Gruppe macht zu einem Fest Notizen und berichtet dann. Nach dem dritten Sehen beantworten die TN die Frage aus dem Video.

Frühjahrsfeuer in DACH

Im Frühjahr wird an vielen Orten ein Feuer abgebrannt, womit symbolisch der Winter vertrieben wird, z. B. an *Funken-* oder *Hutzelsonntagen*.

Zu den bekanntesten Frühjahrsfeuern gehört auch das *Mai-* oder *Hexenfeuer* am Abend des 30. 4. Mit dem Feuer werden manchmal auch „Hexen“ aus Holz verbrannt. Wenn das Feuer etwas kleiner ist, springen die Menschen über das Maifeuer.

Einheit 1, Übung 5b

5 Lokale Präpositionen

b Wo stehen/fahren die Autos? Ergänzen Sie bei den Nomen die Artikel. Beschreiben Sie dann Ihr Bild, Ihre Partnerin/Ihr Partner zeichnet die Autos in ihr/sein Bild ein. Tauschen Sie dann die Rollen.

Mein Auto Nummer 1 fährt an ...

Deutsch aktiv 1|2, Übung 4b

4 Eine Geschichte erzählen

b Was hat Alexander Brunner gemacht? Bringen Sie die Bilder in die richtige Reihenfolge. Ihre Partnerin/Ihr Partner erzählt dann ihre/seine Geschichte im Perfekt und Sie kontrollieren. Tauschen Sie dann die Rollen.

Alexander Brunner hat als Deutschlehrer in Deutschland gearbeitet. Dann hat er die Stelle verloren. Vor vier Jahren hat er eine Stelle als Deutschlehrer in Finnland bekommen und ist nach Finnland gegangen. Am Anfang hatte er Probleme mit der Sprache, weil er nur wenig verstanden hat. Ein Freund hat ihm einen Sprachkurs empfohlen.

einen Finnischkurs besuchen; der Sprachkurs gut gefallen – im Kurs viel sprechen

nach drei Monaten zusammen in eine Wohnung umziehen

im Sprachkurs Hella kennenlernen; viel mit ihr telefonieren

Hella die Grammatik gut verstehen und ihm erklären

Deutsch aktiv 5|6, Übung 3

3 Fragen und antworten Sie.

Kindergarten
Mo–Do 8:30–18:00
Fr 8:30–16:00

Hallenbad
Mo–Do 6:00–22:00
Fr geschlossen
Sa + So 10:00–20:00

Jugendherberge Rezeption
täglich 7:00–22:00

Bio-Supermarkt
Mo-Fr 8:00–20:00
Sa 8:00–18:00

Apotheke
Mo-Fr 9:00–18:00
Sa 9:00–14:00

Hostel Rezeption
täglich 6:00–23:00

Ab wann hat der Bio-Supermarkt am Montag geöffnet?

Ab …

Und bis wann hat er geöffnet?

Bis …

Einheit 7, Übung 6d

6 Wechselpräpositionen mit Akkusativ: Wohin?

d Fragen und antworten Sie.

Wohin kommt die Katzenbox?

Die Katzenbox kommt in den Keller.

Deutsch aktiv 7/8, Übung 2

2 Wohin kommt ...? Fragen und antworten Sie. Zeichnen Sie die Möbel in den Plan.

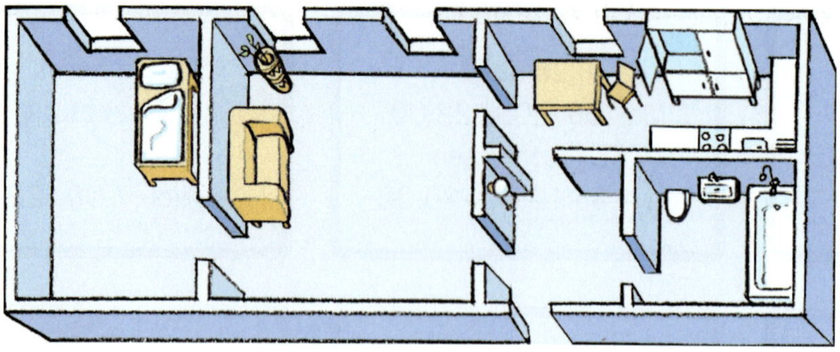

Wohin kommt der Schrank?

Der Schrank kommt ins Schlafzimmer.

Und wohin genau?

Links an die Wand.

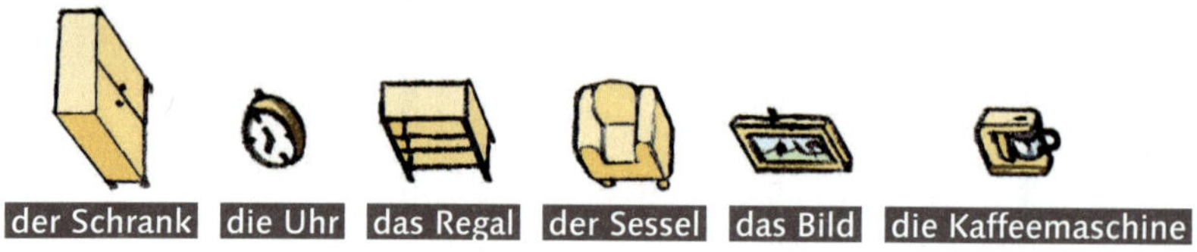

Deutsch aktiv 7/8, Übung 5

5 Eine Geschichte gemeinsam lesen. Lesen Sie die Geschichte zu zweit laut (Partnerin/Partner A fängt an). Können Sie die Geschichte ohne Pausen vorlesen?

Partnerin / Partner B

... ist dort auch zur Schule gegangen. Seine Kindheit war ...
... er durfte oft mit ihm auf die großen Schiffe gehen. Das hat ihm ...
... nach der dritten Klasse musste die Familie nach München ziehen, weil ...
... wollte gern in Hamburg bleiben, aber das war nicht möglich. Er ...
... konnte er nicht so schnell neue Freunde finden. Er ...
... sie konnten ihn nicht gut verstehen, denn ...
... haben Bayrisch gesprochen. Deshalb ist er nach dem Abitur ...
... hat in Bremen studiert.

Deutsch aktiv 9/10, Übung 2

2 Wenn ..., dann ...

a Am Computer. Sprechen Sie zu zweit wie im Beispiel.

1. eine E-Mail zu Ende lesen
2. eine E-Mail mit vielen wichtigen Informationen bekommen
3. eine E-Mail von einer unbekannten Person bekommen
4. eine E-Mail nicht fertig haben und zu einem Termin gehen

Wenn du eine E-Mail zu Ende gelesen hast, ...

..., dann schließe ich die E-Mail.

Deutsch aktiv 9/10, Übung 5a

5 Eine E-Mail-Anfrage

a Arbeiten Sie zu zweit. Lesen Sie die E-Mail zu zweit laut (Partnerin/Partner A fängt an).

Partnerin/Partner B

Magdalene Moser

Von: Jens Uhlig
Gesendet: Dienstag, 10. Mai
Betreff: Terminanfrage

für Ihre E-Mail vom 6.5
den Termin am 14.5. absagen, da
die folgenden Termine für die Präsentation bei uns anbieten:
Dienstag, den 31.5. um 14 Uhr. Ich hoffe, dass I
bitte zum 17.5. Bescheid. Wir freuen uns auf

freundlichen Grüßen
Jens Uhlig

Deutsch aktiv 11/12, Übung 3

3 Eine Freundschaftsgeschichte lesen. Lesen Sie den Text laut. Ihre Partnerin/Ihr Partner bringt die Bilder in die richtige Reihenfolge. Tauschen Sie dann die Rollen.

Sie: Annemarie und Lena haben sich schon im Kindergarten kennengelernt. Sie haben immer zusammen gespielt und sind später auch zusammen zur Schule gegangen. Die anderen Kinder haben sie immer „Annelena“ gerufen, weil sie immer zu zweit waren. Nach dem Abitur hat Annemarie Englisch und Sport studiert, Lena hat Spanisch und Kunst studiert. Heute ...

Ihre Partnerin / Ihr Partner (S. 102): ...

Deutsch aktiv 11/12, Übung 4

4 **Ein Unglückstag. Bilden Sie Sätze wie im Beispiel und kontrollieren Sie sich gegenseitig (grüne Sätze).**

1. Als ich nach Hause gefahren bin, ...
2. vom Fahrrad stürzen
3. Als ich nach Hause gekommen bin, ...
4. das Abendessen kochen
5. Als ich ein Glas in den Schrank gestellt habe, ...
6. einen Freund anrufen

einen Unfall haben
..., habe ich mich am Kopf verletzt.
den Kopf mit Eis kühlen
..., habe ich mich in den Finger geschnitten.
sich am Kopf stoßen
..., ist das Telefon kaputtgegangen.

Als ich nach Hause gefahren bin, ...

..., hatte ich einen Unfall.

Deutsch aktiv 13/14, Übung 5a + b

5 **Detektivspiel: Wer hat die Uhr gestohlen? Wer ist die Diebin/der Dieb?**

a Lesen Sie Ihre Informationen und ergänzen Sie die Tabelle.

Partnerin/Partner B

	Hr. Weber	Fr. Klein	Fr. Becker	Fr. Fischer	Hr. Müller
Was hat sie/er gekauft?	Bücher	Spielzeug	Kosmetik	Schuhe	einen Anzug
Was hat sie/er gegessen?	Eis	nichts	ein Hähnchen	Eis	eine Currywurst
Wie viele Einkaufstüten?	2	3	1	2	1
Wohin ist sie/er gegangen?	zur Toilette	in den ersten Stock	ins Parkhaus	ins Parkhaus	ins Café

Sie haben die folgenden Informationen notiert:

Herr Müller hat eine Currywurst gegessen.
Frau Becker und eine andere Person sind ins Parkhaus gegangen.
Zwei Personen haben ein Eis gegessen, aber Frau Becker hat ein Hähnchen gegessen.
Herr Weber und Frau Fischer hatten zwei Einkaufstüten.
Die Person, die Bücher gekauft hat, ist zur Toilette gegangen.
Frau Klein hat Spielzeug gekauft.
Die Diebin/Der Dieb hat Schuhe gekauft.

b Arbeiten Sie zu zweit. Fragen und antworten Sie. Ergänzen Sie die Tabelle zu Ende und überlegen Sie: Wer ist die Diebin/der Dieb?

Wie heißt die Person, die Bücher gekauft hat?

Deutsch aktiv 15/16, Übung 1

1 Einladungen. Arbeiten Sie zu zweit. Ihre Partnerin/Ihr Partner fragt, Sie antworten. Tauschen Sie dann die Rollen und ergänzen Sie Ihre Einladung.

Senden | An alle | Anhang | Adressen | Schriften | Farben

Von: chrismarx@post.de
Betreff: Geburtstagsparty!

Liebe Susanne, lieber Paul,

ich habe schon wieder Geburtstag und das möchte ich mit euch feiern.
Die Party ist am Samstag, dem 23. April, ab 19 Uhr.
Ich feiere im Restaurant „Kleines Bootshaus" (Rheinweg 29).
Bitte sagt bis zum 1. April Bescheid, ob ihr kommt. Ich freue mich auf euch.

Liebe Grüße
Christoph

Lieber Marco *,*

wir heiraten*! Und das möchten wir mit dir feiern:*
am Samstag *, dem* 09. Juli *, um* 15 Uhr
am Alten Rathaus *(Am* Markt *) in Bonn.*
Bitte sag uns bis Ende Juni *Bescheid, ob du kommst.*
Wir freuen uns schon!

Liebe Grüße
Kathy und Jens

Für wen ist die Einladung? — *Die Einladung ist für ...*

Was feiert ...? — *Er feiert / Sie feiern ...*

Wann ist die Party? — *Die Party ist am ...*

Deutsch aktiv 13/14, Übung 3

3 Wo ist das Restaurant, das …? Arbeiten Sie zu zweit. Ihre Partnerin / Ihr Partner fragt und ergänzt den Plan. Sie kontrollieren und antworten. Tauschen Sie dann die Rollen.

1 das Restaurant	2 der Schuhladen	3 die Kneipe	4 die Boutique
10 das Fischgeschäft			5 das Einkaufszentrum
9 das Parkhaus	8 die Kantine	7 der Elektromarkt	6 das Café

1. Der Schuhladen hat schöne Kinderschuhe.
2. Die Kantine bietet vegetarische Suppen an.
3. Du findest das Fischgeschäft toll.
4. Das Einkaufszentrum hat viele verschiedene Geschäfte.
5. Wir wollten die Kneipe ausprobieren.

Wo ist der Schuhladen, der …?

Der Schuhladen ist im Feld …

Ihre Partnerin / Ihr Partner fragt:
1. Wo ist das Restaurant, das du mir empfohlen hast?
2. Wo ist das Parkhaus, das in der Nähe vom Einkaufszentrum liegt?
3. Wo ist der Elektromarkt, den wir gestern gesehen haben?
4. Wo ist die Boutique, die bis 20 Uhr geöffnet hat?
5. Wo ist das Café, das Fruchteis ohne Milch hat?

Phonetik

Einheit 1: Wortakzent bei Verben mit Vorsilben

1.30 **1 Kurz oder lang? Hören Sie und markieren Sie den Wortakzent mit . oder _.**
angefangen – eingekauft – abgeflogen – vorbeigegangen – zurückgegangen – bekommen – vergessen – verloren – gefallen – empfohlen – besichtigt – verstanden

1.30 **2 Hören Sie noch einmal und sprechen Sie nach.**

3 *Betont* oder *unbetont*? Lesen Sie und ergänzen Sie die Regel.

Die Präfixe von untrennbaren Verben (*be-*, *emp-*, *ent-*, *er-*, *ge-*, *ver-*) sind unbetont.

Die Präfixe von trennbaren Verben (zum Beispiel *an-*, *ein-*, *ab-* ...) sind betont.

Einheit 2: Wortakzent bei Komposita

1.31 **1 Kurz oder lang? Hören Sie und markieren Sie den Wortakzent mit . oder _.**
die Heimatstadt – die Umwelttechnik – die Fremdsprache – der Sprachkurs – der Intensivkurs – der Abendkurs

2 Was ist falsch? Lesen Sie und streichen Sie durch.
Der Wortakzent ist bei Komposita auf dem *ersten*/~~*zweiten*~~ Wort.

Einheit 3: Dreimal *y*

1.32 **1 Hören Sie und sprechen Sie nach.**
y = [i]: das Hobby – die Party – das Handy
y = [y]: die Pyramide – der Rhythmus – die Gymnastik – der Typ – typisch – sympathisch
y = [j]: das Yoga

1.33 **2 *y* in Fremdwörtern. Hören Sie und sprechen Sie nach.**
okay – Volleyball spielen – skypen
In englischen Fremdwörtern spricht man das *y* oft wie auf Englisch.

Einheit 4: Englische Wörter im Deutschen

1.34 **1 Hören Sie und sprechen Sie nach.**
die Show – die Late Night Show – die Castingshow – der Song – der Eurovision Song Contest – der Actionfilm – der Star – der Superstar – live – der Fan

Einheit 5: Wiederholung *ch*

1.35 **1 Hören Sie und sprechen Sie nach.**
Ach-Laut: die Woche – das Wochenende – machen – auch – der Besuch – brauchen – kochen – lachen – nach Hause – die Sportsachen – einfach – die Tochter
Ich-Laut: ich – mich – dich – sich – euch – nicht – leicht – gleich – manchmal – echt – pünktlich
-ig = [-iç]*: richtig – wichtig – eilig – fertig – lustig

* A + CH + süddt.: *-ig* = [-ik]

2 **Ich-Laut oder Ach-Laut? Markieren Sie (Ich-Laut = grün, Ach-Laut = blau) und lesen Sie laut.**
Ich wasche mich und ziehe mich an, ich kämme mich noch nicht, ich koche Kaffee.
Die Tochter braucht ihre Sportsachen. Sie ist echt sauer. Nicht so wichtig.
Einfach lachen!

Einheit 6: Endungen hören

1.36 **1** **Hören Sie und sprechen Sie nach. Achten Sie auf die Endungen.**
-er: ein weißer Tisch – ein schwarzer Schrank – ein alter Teppich
-e: schöne Dinge – eine neue Tasche – grüne Stühle – eine helle Lampe
-es: ein großes Regal – ein bequemes Sofa – ein kleines Zimmer
-en: einen kleinen Tisch – einen großen Schrank – einen weichen Teppich

1.37 **2** **Welche Endung hören Sie? Hören Sie und kreuzen Sie an.**

1.	☐ eine weiße	☒ ein weißer
2.	☒ eine praktische	☐ ein praktisches
3.	☒ ein altes	☐ einen alten
4.	☐ ein altmodischer	☒ eine altmodische
5.	☒ einen modernen	☐ eine moderne
6.	☐ ein elegantes	☒ ein eleganter

Einheit 7: *qu*

1.38 **1** **Hören Sie und sprechen Sie nach.**
qu = [kv]: der Quadratmeter – das Quiz – bequem – der Quatsch

Einheit 8: Wiederholung *i – ü* und *e – ö*

1.39 **1** **Hören Sie und sprechen Sie nach.**
iii – üüü das Tier – die Tür sich fühlen – typisch – die Brücke – glücklich
eee – ööö kennen – können fröhlich – der Ingenieur – plötzlich – nördlich

1.40 **2** ***u*** **oder** ***ü***, ***o*** **oder** ***ö***? **Welches Wort hören Sie? Kreuzen Sie an.**

u – ü			**o – ö**		
1.	☒ die Tour	☐ die Tür	5.	☐ schon	☒ schön
2.	☐ cool	☒ kühl	6.	☐ sie ist groß	☒ er ist größer
3.	☐ drucken	☒ drücken	7.	☒ offen	☐ öffnen
4.	☒ eine Schule	☐ ein Schüler	8.	☒ die Sonne	☐ die Söhne

1.41 **3** **Punktediktat. Hören Sie und ergänzen Sie die fehlenden Punkte.**
Früher hatten sie viele Wünsche. Sie konnten gut singen und wollten ins Ausland gehen und berühmt werden. Aber sie durften nicht. Sie mussten in Österreich bleiben, im Möbelgeschäft von ihren Eltern arbeiten und Stühle und Tische und andere Möbel verkaufen.
Sie müssen jetzt viel arbeiten und können nur in der Freizeit singen. Aber ihre Kinder, zwei Söhne und eine Tochter, konnen auch gut singen. Vielleicht werden sie Popstars und werden glücklich?

Einheit 9: Wiederholung lange und kurze Vokale

2.22 **1 Kurz oder lang? Hören Sie, sprechen Sie nach und markieren Sie den Wortakzent mit . oder _.**
verschieben – nehmen – die Treppe – die Uhr – doppelt – drucken – aktuell – erzählen – kaputt – öffnen – schließen – ohne – grüßen – bezahlen

2 Lesen Sie und ergänzen Sie die Regel.

kurz – lang – lang

Einen Vokal + *h* (*ah, eh, ieh, oh, uh, äh, öh, üh*) spricht man lang.

Einen Vokal vor einem *ß* spricht man lang.

Einen Vokal vor einem Doppelkonsonanten (*ck, tt, pp, nn, ss* ...) spricht man kurz.

Für viele Wörter gibt es keine Regel. Man muss das Wort mit dem Wortakzent und mit der Vokallänge lernen.

2.23 **3 Hören Sie und sprechen Sie nach.**
der Termin – das Problem – das Büro – abstürzen – löschen – der Kollege – der Kunde – die Hilfe – das Gehalt – sich wundern – die Verspätung

Einheit 10: Englische Wörter im Deutschen

2.24 **1 Hören Sie und sprechen Sie nach.**
das Smartphone – das Display – die Prepaid-Karte – die Flatrate – surfen – die GPS-Funktion – die Smartwatch – die App – das E-Book

Einheit 11: *ei, eu/äu* und *au*

2.25 **1 Hören Sie und sprechen Sie nach.**

ei = [ai]: die Zeitschrift – weinen – schreien – leidtun – teilen
eu/äu = [ɔy]: der Freund – die Freundschaft – neugierig – heute
er läuft – die Verkäuferin – die Häuser
au = [au]: das Zuhause – der Applaus – der Schauspieler – auch – draußen

Einheit 12: *s*

2.26 **1 Hören Sie und sprechen Sie nach.**

s = [z]: Susi – sie – sollten – sind – sechs – sofort – gesund
Sie sollten fernsehen oder lesen.
s/ss = [s]: das Eis – bewusstlos – müssen – passieren
Was ist passiert?

2 Was ist falsch? Lesen Sie und streichen Sie durch.
Das *s* spricht man am Silbenanfang *als* [z] / *als* [s].

Einheit 13: Endungen hören

2.27 **1 Hören Sie und sprechen Sie nach. Achten Sie auf die Endungen.**
etwas Scharfes – etwas Kleines – etwas Asiatisches

Welchen Wein möchten Sie? – Diesen.
Welches Gericht möchten Sie? – Dieses.
Welche Beilage möchten Sie? – Diese.

2.28 **2 Welche Antwort passt? Hören Sie und kreuzen Sie an.**

1. [x] dieser [ ] diese
2. [ ] dieser [x] diesen
3. [x] diese [ ] dieses
4. [ ] dieser [x] dieses

Einheit 14: Französische Wörter im Deutschen

2.29 **1 Hören Sie und sprechen Sie nach.**
die Boutique – das Café – die Toilette – das Jackett – das Parfüm – das Souvenir

Einheit 15: Wiederholung *r* und *l*

2.30 **1 Hören Sie und sprechen Sie nach.**
r = [r]: die Braut – der Bräutigam – der Brautstrauß – träumen – die Freunde
r = [ɐ]: der Geburtstag – feiern – die Party – dauern – leider

l: sich wohlfühlen – laut – lange – das Kleid – der Glückwunsch – auf jeden Fall

2.31 **2 Ein Zungenbrecher. Hören Sie. Sprechen Sie dann langsam und schnell.**
Brautkleid bleibt Brautkleid und
Blaukraut bleibt Blaukraut.

Einheit 16: *ä* und *e*

2.32 **1 Hören Sie und sprechen Sie nach.**
ä/e kurz = [ɛ]: der Sänger – sich ärgern – das Festival – das Geld – das Wetter
ä lang = [ɛː]: erzählen – wählen – später – das Mädchen
e lang = [eː]: regnen – gehen – leer – unterwegs

2.33 **2 Lang oder kurz? Hören Sie, sprechen Sie nach und markieren Sie mit . oder _.**
selten – das Konzert – lesen – selbst – verstehen – geben

Buchstaben und Laute

Buchstabe(n)	Laut	Beispiel
a, aa, ah	[aː], [a]	der Abend, ein paar, fahren, wann
ä	[ɛː], [ɛ]	der Käse, die Städte
ai	[ai̯]	der Mai
au	[au̯]	kaufen
äu	[ɔy̯]	die Häuser
b, bb -b	[b] [p]	bleiben, das Hobby der Urlaub
ch chs	[ç] [x] [ks]	ich, er möchte das Buch, kochen sechs
d -d, -dt	[d] [t]	danke, die Länder das Land, die Stadt
e, ee, eh e -e	[eː] [ɛ] [ə]	leben, das Meer, sehr der Mensch bitte, hören
ei	[ai]	mein
eu	[ɔy̯]	neu
f, ff	[f]	fahren, kaufen, treffen
g, gg -g -ig	[g] [k] [iç]	groß, die Tage, joggen der Tag billig
h -h	[h] -	heute der Busfahrer, sehen, wohnen
i, ie, ieh i	[iː] [ɪ]	das Kino , sie, sie sieht das Kind
j	[j]	die Jacke
k, ck	[k]	das Kind, dick
l, ll	[l]	lesen, der Ball
m, mm	[m]	der Morgen, der Name, kommen
n, nn ng nk	[n] [ŋ] [ŋk]	neu, mein, der Mann die Wohnung, bringen die Bank
o, oo, oh o	[oː] [ɔ]	wo, das Boot, wohnen noch
ö, öh ö	[øː] [œ]	schön, fröhlich er möchte

Buchstabe(n)	Laut	Beispiel
p, pp	[p]	die **P**izza, der A**pp**etit
ph	[f]	das Al**ph**abet
qu	[kv]	be**qu**em
r, rr, rh	[r]	**r**ichtig, Öste**rr**eich, der **Rh**ythmus
-er	[ɐ]	der Musik**er**
s	[z]	der **S**ohn
s, ss, ß	[s]	tschü**s**, e**ss**en, hei**ß**en
sch	[ʃ]	die **Sch**okolade
sp-	[ʃp]	der **Sp**ort
st-	[ʃt]	die **St**adt
t, tt, th	[t]	der **T**ag, bi**tt**e, das **Th**eater
-tion	[tsioːn]	die Präsenta**tion**
u, uh	[u]	g**u**t, die **Uh**r
u	[ʊ]	der B**u**s
ü, üh	[yː]	f**ü**r, der Fr**üh**ling
ü	[y]	das Gl**ü**ck
v	[f]	**v**iel, akti**v**
v	[v]	Ser**v**us!
w	[v]	die **W**oche
x	[ks]	das Ta**x**i
y	[yː]	t**y**pisch
y	[y]	die P**y**ramide
-y	[i]	das Hand**y**
z, tz	[ts]	tan**z**en, der Pla**tz**

Hörtexte

Hier finden Sie alle Hörtexte, die nicht oder nicht komplett in den Einheiten abgedruckt sind.

Deutsch in Bildern

2a + b + c

1. Moin! Ich bin Leni Bachmann und ich komme aus Hamburg. Ich arbeite als Ingenieurin im Hamburger Hafen.
2. Grüß Gott! Ich heiße Karl-Heinz Stadelmann. Ich wohne in München. Ich habe hier eine Firma.
3. Guten Tag! Mein Name ist Ronald Uhlig und ich wohne in Leipzig. Ich arbeite bei Porsche. Ich mag meine Arbeit – und Autos!
4. Guten Tag! Ich heiße Daniel Ziemann. Ich lebe seit zwölf Jahren in Köln, aber ich komme aus Düsseldorf. Ich arbeite hier an der Uni, ich bin Dozent.
5. Servus aus Wien! Ich heiße Susanne Gründler und bin Studentin und gehe hier an die Uni.
6. Grüezi, mein Name ist Lisa Keller und ich bin Schweizerin. Ich lebe mit meinen Eltern in Bern. Ich bin Trainerin in einem Fitnessstudio.

1 Auf Reisen

4c

Susi! Da bist du ja endlich! Ist etwas passiert?

Hallo, Rudi! Ich bin zu spät, ich weiß, es tut mir leid! Ich war mit einer Freundin shoppen und habe meine Handtasche verloren!

Was? Das ist ja schlimm! Wann denn?

Heute Mittag.

Und? Habt ihr die Tasche wiedergefunden?

Nein, leider nicht. Aber ich habe bei der Polizei eine Verlustanzeige gemacht.

Wirklich? Erzähl: Was ist denn genau passiert?

Also ...

(s. Seite 12)

Na hoffentlich bekommst du deine Handtasche zurück ...

Ja, das hoffe ich auch ...

6a

Guten Tag.

Guten Tag. Was kann ich für Sie tun?

Ich habe meine Handtasche verloren und möchte eine Verlustanzeige machen.

Na, dann müssen wir zusammen ein Formular ausfüllen. So, hier ist es. Wann und wo haben Sie denn die Handtasche verloren? Wissen Sie das?

Wir waren heute am Nachmittag in der Friedrichstraße shoppen.

Haben Sie schon in den Geschäften gefragt? Hat dort vielleicht jemand die Handtasche abgegeben?

Ja, wir haben gefragt, aber wir haben die Tasche leider nicht gefunden.

Gut, also: Wo waren Sie genau?

Wir sind zuerst am Brandenburger Tor aus der U-Bahn ausgestiegen. Dann sind wir durch das Tor bis zur Friedrichstraße gegangen und haben dort ein Eis gegessen. Danach sind wir zu einer Boutique gegangen. Da hat mein Freund angerufen und ich habe vor dem Geschäft mit ihm telefoniert.

Und da hatten Sie Ihre Handtasche noch?

Ja, ich glaube ja. Wir sind dann in eine Buchhandlung gegangen und ich habe ein Buch gekauft. Auch dort hatte ich meine Tasche noch.

Gut. Und wo war Ihre Handtasche weg?

Na, wir waren dann noch in dem Schuhgeschäft gegenüber von der Buchhandlung und dann sind wir zum Café gegangen. Dort habe ich gesehen: Meine Handtasche ist weg.

Gut, war das das Schuhgeschäft in der Friedrichstraße?

Ja.

Hmm ... und in welchem Café waren Sie?

Im Café Kaiser.

Café Kaiser ... Gut, dann müssen Sie hier noch Ihre Adresse schreiben und das Formular unterschreiben. Und wir rufen Sie an.

Vielen Dank!

7d

1. Ich lebe seit zehn Jahren in Wien. Ich liebe Wien und ich möchte in keiner anderen Stadt leben! Ich mag immer noch das Zentrum. Dort gibt es für jede Person etwas: Sehenswürdigkeiten für Touristen, klar, den Stephansdom und die Hofburg. Aber auch wir Wiener mögen das Zentrum. Ich gehe hier sehr gern spazieren. Und was macht der Wiener am liebsten? Natürlich eine Melange trinken, also einen Kaffee mit viel Milch. Ich gehe gern in das Palmenhaus, die Atmosphäre ist dort – mit den vielen Pflanzen – wirklich sehr schön!
2. Ich war am Anfang, wie sehr viele Wiener, gegen das MuseumsQuartier. Ich habe gedacht: Das geht doch nicht! Modern und alt, das passt nicht zusammen. Ja und heute? Ich liebe das „Muqua“. Es gibt hier viele Museen: das Leopold Museum, die Kunsthalle Wien, das MUMOK – Museum für moderne Kunst, das Kindermuseum, aber auch Kinos und tolle Cafés! Im Winter gibt es einen Weihnachtsmarkt. Und im Sommer? Dann sind die „Enzis“ die Attraktion und fast immer voll. Die Sofas sind riesig und man kann auf ihnen liegen, sitzen und so richtig chillen!

2 Ziele und Wünsche

3b

1. Willkommen beim Sprachinstitut Babylon. Möchten Sie einen Sprachkurs machen? Dann drücken Sie die Eins. Brauchen Sie eine

Übersetzung? Dann drücken Sie die Zwei. Haben Sie Fragen zu Ihrer Rechnung? Dann drücken Sie die Drei. Für alle anderen Fragen drücken Sie bitte die Vier.
- Okay, also die Eins.
- Sprachinstitut Babylon, Menzel, guten Tag.
- Guten Tag, mein Name ist Touhami, ich möchte gern mit Frau Erzurum sprechen.
- Frau Erzurum, ja, einen Moment, ich verbinde. ... Hören Sie? Frau Erzurum ist leider nicht mehr da. Bitte rufen Sie morgen noch einmal an. Von 9 bis 15 Uhr ist Frau Erzurum da.

2.
- So, jetzt ist es 9 Uhr. Frau Erzurum ist jetzt da. Also ...
- Sprachinstitut Babylon, Menzel, guten Tag.
- Guten Tag, mein Name ist Touhami, ich möchte mit Frau Erzurum sprechen.
- Einen Moment, ich verbinde. ... Tut mir leid. Bei Frau Erzurum ist besetzt.
- Könnten Sie mir die Durchwahl geben?
- Gern, das ist die 777 88 und dann die Durchwahl: 333.
- 777 88 333, danke. Auf Wiederhören.
- Auf Wiederhören.

6b + c

- Entschuldigung, wir machen eine Sendung für Deutsch-Lerner und möchten gern über Tandem-Lernen sprechen. Dürfen wir mit Ihnen ein Interview machen?
- Ach, wie interessant. Ja, gern. Warum nicht?
- Vielen Dank. Wie heißen Sie?
- Ich heiße Ibrahim Touhami.
- Und ich bin Max Sandig.
- Herr Sandig und Herr Touhami, Sie sind Tandempartner. Das heißt, Sie lernen Sprachen zusammen – im Tandem. Welche Sprachen lernen Sie?
- Ibrahim lernt seit einem Jahr Deutsch, weil er Deutsch für seine Arbeit braucht.
- Und Max ist Ingenieur und arbeitet oft in arabischen Ländern. Er möchte die Menschen dort besser verstehen. Deshalb lernt er jetzt Arabisch.
- Und wie funktioniert das im Tandem?
- Wir treffen uns einmal pro Woche. Manchmal bei mir, manchmal bei Ibrahim oder manchmal hier im Café. Und dann sprechen wir eine Stunde zusammen Deutsch und dann eine Stunde zusammen Arabisch. So lernt man sehr viel, weil man viel spricht. In einem Sprachkurs kann man nicht so viel sprechen.
- Herr Sandig, brauchen Sie die Fremdsprache für den Beruf?
- Nein, bei der Arbeit spreche ich Deutsch oder Englisch. Aber ich liebe Fremdsprachen. Und das letzte Mal in Ägypten war ich einsam und alleine, weil ich ohne Sprache keinen Kontakt bekommen habe. Das war sehr schade.
- Und wie ist es bei Ihnen, Herr Touhami?
- Für mich ist Deutsch sehr wichtig. Ich bin Arzt und möchte hier in Deutschland auch als Arzt arbeiten. Aber ich muss zuerst eine Prüfung machen. Und für die Prüfung muss ich sehr gut Deutsch sprechen können.
- Dann wünschen wir Ihnen noch viel Erfolg. Vielen Dank für das Gespräch.

Panorama I: Am Bodensee

2a

1. Also ich heiße Verena Weber und komme aus der Schweiz – aus Genf. Ich mache das erste Mal hier am Bodensee Urlaub. Ich war noch nie hier. Heute war ich auf der Insel Mainau – fantastisch! Zuerst habe ich das Schloss besichtigt. Das war schön, aber am besten hat mir der Garten auf der Insel gefallen. So viele Pflanzen und Blumen! Wunderschön! Ich finde Gärten immer interessant, weil ich auch einen Garten habe. Ich glaube, ich habe hier auf der Insel Mainau ein paar Ideen für meinen Garten bekommen.
2. Guten Tag, ich bin Stefan Thurnher aus Dornbirn. Meine Freundin und ich machen hier in Unteruhldingen einen Ausflug und haben heute die Pfahlhäuser besichtigt. Wir finden die Pfahlhäuser toll, weil wir beide Geschichtslehrer sind. Na ja, da findet man alte Dinge immer toll ... Zuerst haben wir ein Video gesehen und dann haben wir die Häuser besichtigt.
3. Ich war heute in Bregenz. Ich komme aus Ungarn und mache hier am Bodensee Urlaub. Ach, Filip Kovács ist mein Name. Bregenz ist interessant, aber heute hat es nur geregnet, deshalb waren wir – also meine Frau und ich – die ganze Zeit im Kaffeehaus. Das war langweilig. Man kann hier auch nicht gut einkaufen, weil Bregenz zu klein ist. Am Ende haben wir doch die Seebühne besichtigt. Die ist schön, aber wir können keine Oper besuchen, weil es keine Karten gibt ... Na ja, vielleicht ist das Wetter morgen besser.

3 Hoch, höher, am höchsten

3a

- Hörst du das? Was ist das?
- Ha, ich weiß ... Komm mit!
- Mist!
- Gewonnen!
- Hallo. Ihr spielt aber gut! Spielt ihr oft?
- Ja, wir trainieren zweimal pro Woche. Und vor einem Wettbewerb spielen wir auch noch am Wochenende hier im Park. Oder einfach, weil das Wetter schön ist. Das macht Spaß.

Genau, und es hält fit!
Wisst ihr, wir sammeln Hobbys für unsere Reportage ... Findet ihr, dass Tischtennis nur Spaß macht oder gefällt euch etwas auch nicht so gut?
Na ja. Ich bin vor Wettbewerben sehr nervös. Deshalb spiele ich nicht so gut und verliere oft. Ich weiß, dass ich es gut kann, aber man braucht gute Nerven.
Aber gewinnen – das ist cool. Aber man kann Tischtennis auch einfach nur mit Freunden spielen. Wollt ihr auch mal?
Heute geht es leider nicht. Wir müssen jetzt weiter. Tschüs und viel Spaß noch!
Los, noch ein Spiel!
Märchenstunde. Unsere Märchentante Vera liest vor. Jeden Freitag, um 15 Uhr. Freitag, den 28. August: Der Froschkönig, Freitag, den 4. September: Dornröschen – hey – das ist doch heute! Komm, wir gehen mal rein.
Aber es ist schon 16 Uhr! Es ist bestimmt schon zu Ende.
Und wenn sie nicht gestorben sind, dann leben sie noch heute.
Oh schade, dass das Märchen schon zu Ende ist. Sie sind Vera, die Märchentante?
Ja, das bin ich.
Warum lesen Sie Kindern vor?
Ich liebe Märchen und meine Kinder sind schon groß. Aber hier gibt es viele Kinder. Da hatte ich die Idee für die Märchenstunde. Die Kinder mögen Märchen und kommen fast jede Woche.
Für Märchen ist man nie zu alt! Am nächsten Freitag komme ich pünktlich. Kommst du mit, Rudi?
Äh, am Freitag kann ich leider nicht. Märchen finde ich langweilig!

9a

Also, ich war das erste Mal bei einem Poetry-Slam – das ist ja richtig spannend!
Ja, Lars Ruppel ist genial.
Wirklich super. Und seine Texte ... ich habe so gelacht ... lustig und intelligent.
Ja! Gut, dass er auch am Ende noch ein Gedicht gesprochen hat – das war super.
Stimmt, aber einige Leute von hier waren auch nicht schlecht.
Stimmt, das Mädchen mit dem Gedicht über ihre Eltern – super gut.
Und ihre Stimme! Mir hat auch der ... äh, wie heißt er noch? Thomas?
Wen meinst du?
Er hat das Gedicht über *Chatten heute, für alle Leute* gesprochen.
Ach so, nee, das war Tobias. Ich kenne ihn, er ist mit mir zur Schule gegangen. Er war in Deutsch immer super.
Aber das Sport-Gedicht ... na ja ...
Furchtbar! Sehr schlecht! Das kann sogar ich besser ... pass auf ...

9b

Das kann sogar ich besser ... pass auf:
Ich bin ein Sportler, schön und fit,
die Mädels meinen, wow, ist der hip,
drum trainier' ich jeden Tag,
weil ich die Mädels so gern mag ...

4 Ein toller Fernsehabend

4a + b + c

Hallo, Susi, wie war dein Wochenende?
Ach, okay. Ruhig und gemütlich. Arno und ich haben am Samstag einen Fernsehabend gemacht. Natürlich möchte Arno immer etwas anderes als ich sehen ... Also, Arno hatte die Fernsehzeitung. Dann habe ich sie genommen und habe gefragt: „Was kommt denn? Oh, auf ARTE kommt *Hochzeiten und andere Katastrophen* – ein Liebesfilm!"
Oh nein! Bitte nicht. Das ist doch langweilig! Sieh mal, auf Pro 7 kommt Fußball – die Europa League! Das ist doch interessant!
Fußball – und nicht einmal Champions League – also sorry, aber das finde ich total uninteressant.
Und der Film auf RTL II?
Shrek ... hmm, nicht schlecht, aber den kenne ich schon. Oh, sieh mal: Heute kommt im Ersten das Finale vom *Eurovision Song Contest*. Weißt du noch ... 2010?
Stimmt – Lena in Oslo – das war toll.
Na ja, sie singt gut, aber ich finde sie ein bisschen unsympathisch.
Also, ich finde sie sympathisch. Sie hat eine tolle Stimme und ich glaube, sie ist intelligent ... und hübsch. Aber egal. Die Show ist spannend und manche Lieder sind echt cool.
Gut, ich hole noch schnell die Getränke.

Panorama II: Freizeit im Schrebergarten

2a + b

1. Meine Freundin und ich wohnen zusammen in der Stadt. Wir leben gern in der Großstadt, aber manchmal fehlt uns die Natur. Meine Freundin hatte eine tolle Idee: Wir suchen einen Schrebergarten. Jetzt sind wir sehr oft hier, manchmal machen wir hier auch Urlaub. Wir arbeiten im Garten oder entspannen einfach mit einem guten Buch. Die erste Party haben wir auch schon gefeiert. Manche Freunde haben gesagt, dass ein Schrebergarten etwas für alte Leute oder Familien ist. Aber nach der Party wollen sie jetzt auch einen Schrebergarten haben!
2. Wir haben unseren Garten schon über 20 Jahre und sind fast jeden Tag hier. Auch bei Regen. Wir haben – wie alle hier im Schrebergarten – auch ein kleines Häuschen. Es ist sehr gemütlich und wir können hier auch fernsehen, weil wir eine Satellitenschüssel

haben. Am schönsten ist der Frühling. Meine Frau pflanzt die Blumen und ich dekoriere unseren Garten. Unser Max mit seiner schönen roten Mütze ist immer da – ein Gartenzwerg darf einfach nicht fehlen.

3. Ich bin sehr froh, dass wir den Schrebergarten haben. Hier ist es wie im Urlaub. Unsere Tochter Luise findet den Garten cool und spannend, sie kann hier spielen und sieht, wie Erdbeeren oder Gurken wachsen. Sie hilft mir bei der Gartenarbeit. Am liebsten gießt sie die Pflanzen. Mein Mann liebt das Grillen – da laden wir auch gern die Nachbarn ein. Das Gemüse zu dem Fleisch kommt aus dem Garten und ist garantiert bio!

5 Alltag oder Wahnsinn?

4b + c

Mann, Martin! Das war heute wirklich Stress! Tanja war den ganzen Tag weg. Sie hatte einen wichtigen Termin im Büro. Sie hatte es morgens schon so eilig, dass sie keine Zeit für das Frühstück hatte. Also habe ich alles gemacht: Tisch gedeckt, Kakao gekocht, Brote für die Kinder gemacht. Morgens ist das ein bisschen zu viel für mich. Laura ist fast zu spät zur Schule gekommen. Warum kann sie nicht pünktlich aus dem Haus gehen? Das verstehe ich nicht. Dann habe ich Niels mit dem Fahrrad in den Kindergarten gebracht. Das war auch hektisch. Am Nachmittag hat Laura gesagt, dass sie am nächsten Tag Sport hat. Also habe ich ihre Sportsachen gewaschen. Ich war sauer. Warum hat Tanja das nicht am Wochenende gemacht? Sie ist erst um sieben Uhr nach Hause gekommen und war total müde. Also habe ich auch noch etwas gekocht und die Kinder dann ins Bett gebracht. Ich bin froh, dass ich das alles nicht jeden Tag machen muss!

4d

Heute war ein schöner Tag. Mama ist heute Morgen schon früh ins Büro gefahren. Also hat Papa das Frühstück gemacht. Das war super. Der Kakao von ihm schmeckt am besten. Papa hatte dann Angst, dass ich zu spät zur Schule komme, und plötzlich hat er Stress gemacht. Das war blöd. Ich hatte doch noch zehn Minuten Zeit. Nach der Schule habe ich Hausaufgaben gemacht. Aber Niels will immer mit mir spielen und ich hatte keine Lust. Papa hat am Nachmittag meine Sportsachen gewaschen. Keine Ahnung, warum. Sie waren ja noch okay und nicht schmutzig. Mama ist abends nach Hause gekommen. Sie hat gesagt, dass sie müde ist. Dann hat Papa gesagt, dass das kein Problem ist und dass er kochen kann. Im Bett hat er uns noch ein Märchen vorgelesen. Das war lustig. Ich glaube, Papa hat der Tag mit uns gut gefallen.

6 Die schwarzen oder die bunten Stühle?

1b

Freitagabend – endlich Wochenende! Was machen wir morgen?
Ich möchte gern ins Möbelhaus gehen.
Möbel kaufen? Warum das denn?
(s. Seite 48)
Ok, aber zuerst gehen wir gemütlich frühstücken – in dem kleinen Café neben dem Möbelhaus.
Gut, machen wir.

5c

Lampen im Internet, mein Name ist Strunz, was kann ich für Sie tun?
Guten Tag, mein Name ist Obermeier. Ich habe eine Frage zu einer Lampe – zu der Tischleuchte für 49,90 Euro.
Ja, das ist die Tischleuchte Luna, richtig?
Ja, genau. Ich hätte die Lampe gern in Weiß. Kostet sie auch 49,90 Euro?
Einen Moment, ich sehe nach. Ja, in Weiß kostet sie auch 49,90 Euro. Aber wir können sie im Moment leider nicht liefern. Sie können sie jetzt bestellen, aber Sie bekommen die Lampe erst im November.
Hmm, bis November möchte ich nicht warten. Dann nehme ich die Lampe in Schwarz.
Schön. Die Lampe in Schwarz ist im Moment im Angebot. Sie kostet nur 39,90 Euro.
Oh, das ist toll! Dann nehme ich gleich zwei Stück.
Sehr gern. Das macht dann zusammen 79,80 Euro.
Wie lange dauert die Lieferung?
Ich kann die Lampen jetzt gleich bestellen, dann haben Sie die Lampen in drei Tagen.
Ja, das machen wir.
Gut, dann sagen Sie mir bitte Ihren Namen ...

4b

Meine schwarzen Stühle an dem blauen Tisch und
dann das grüne Regal, die kleinen Bilder neben
der großen Uhr sind wirklich schön gemalt.
Das Bett ist praktisch und das Sofa ist bequem,
der Schrank ist hässlich und modern.
Aus dem kaputten Telefon auf dem Boden
kommen keine Geräusche mehr.

Zwischen den alten, alten Möbeln sitze ich auf
dem blauen Tisch, liege auf dem weißen Sofa und
denke, wie schön das Leben ist.
Zwischen den alten, alten Möbeln sitze ich auf
dem blauen Tisch, schaue durch das offene Fenster
und denke, wie schön das Leben ist.

Auf dem schmutzigen Teppich steht eine rote
Lampe, aber sie funktioniert nicht mehr.
Du sagst, dass die Möbeln in meinem Haus
schon alt sind, gefallen sie mir auch sehr.

Zwischen den alten, alten Möbeln ... *(s. o.)*

Panorama III: In Bern

2a + b

1. Sie möchten zahlen?
   Ja, ich hatte einen Kaffee und ein Croissant.
   Einen Kaffee und ein Gipferl? Das macht 7,50 Franken.
   Entschuldigung, ich habe keine Franken, ich bin erst gestern in die Schweiz gekommen. Nehmen Sie auch Euro?
   Ja, kein Problem. Aber ich kann Ihnen keine Euro zurückgeben.
   Das ist kein Problem. Dann kann ich das nächste Mal mit Franken bezahlen.
   Das sind dann 6,90 Euro.
   Machen Sie 7,50.
   Danke. Dann bekommen Sie 2,50 Franken zurück.
   Danke sehr.
2. Hallo, Tina, hier ist Lijing, ich bin in Bern.
   Du bist in Bern? Echt? Super! Wo bist du?
   Jetzt bin ich gerade in der Innenstadt. Ich weiß nicht, wie die Straße heißt.
   Ich bin auch in der Innenstadt. Gehen wir zusammen essen?
   Ja, gern. Wo treffen wir uns?
   Am besten an der Zytglogge. Das ist die große Sehenswürdigkeit von Bern, die ist wirklich interessant. Und jeder kann dir den Weg erklären. Ich bin in zehn Minuten da.
   Okay, bis gleich.
3. Grüezi, Adi, wie geht es dir?
   Hi, Lukas. Na, geht so. Und dir?
   Bei mir ist alles gut. Ich will gleich ins Westside, ein bisschen shoppen, einen Kaffee trinken. Vielleicht ein bisschen Wellness in der Sauna. Kommst du mit?
   Schade, nein, das geht nicht. Ich muss um 11 im Bundeshaus sein. Ich habe einen Termin.
   So wichtig? Na ja, Journalisten haben ja nie Zeit.
   Ich darf nicht zu spät kommen. Und es ist schon kurz vor 11. Adieu. Vielleicht sehen wir uns am Wochenende?

7 Wohin kommt das Sofa?

6a + c

Tja. Da sind wir mit Ihren Sachen. Wohin kommt das alles?
Also ... die Kiste mit den Büchern, sie kommt ins Arbeitszimmer ...
Und der Tisch, kommt der auch ins Arbeitszimmer?
Ähh, ja. Das heißt – nein. Er kommt ins Wohnzimmer.
Und die Kiste mit dem Spielzeug, sie kommt ins Kinderzimmer?
Ähh, ja ...
Und die Lampe, kommt sie ins Arbeitszimmer oder ins Wohnzimmer?
Sie kommt ins Schlafzimmer.
Ins Schlafzimmer ... oder lieber ins Wohnzimmer?
Ins Schlafzimmer.
Die Kaffeemaschine kommt in die Küche ...
Ja, hinter die Tür, in den Schrank, bitte.
Und der Fernseher, kommt er ins Wohnzimmer oder ins Kinderzimmer?
Ins Wohnzimmer natürlich! Ein Fernseher gehört doch nicht in ein Kinderzimmer, Herr Meier! Der Fernseher kommt auf das kleine Regal, zwischen das Sofa und die Tür.
Ach ja. Dann müssen wir wohl anfangen, nicht?
Da bleiben noch die Fahrräder ...
Ich bringe sie in den Keller.
Na, Mitzi? So ein Stress für dich heute ... Mitzi!!??

7a

Herr Meier! Haben Sie unsere Katze gesehen?
Ja, sie war in der Katzenbox.
Ja, dort war sie. Jetzt ist sie dort aber nicht mehr ... Die Tür ist auf, sehen Sie?
Na, dann ist sie wohl weggelaufen.
Mitzi! Mitzi! Wo bist du?
Suchen Sie Ihre Katze?
Ja. Haben Sie sie gesehen?
Ja, sie ist in die Wohnung gelaufen. Lustiges Tier ...
In die Wohnung? Wohin?
Ich denke – ins Wohnzimmer.
Mitzi! Mitzi! ... Nein, hier ist sie nicht. Sie ist nicht im Wohnzimmer.
Vielleicht ist sie auf den Balkon gelaufen, die Balkontür ist auf.
Oh je! Mitzi!!
Du, Tanja, ich habe gerade Mitzi gesehen. Warum hast du sie rausgelassen?
Das habe ich nicht. Sie ist weggelaufen!
Ach so ... Sie ist ins Kinderzimmer von Laura gelaufen. Ich denke, sie ist auf den Schrank gesprungen. Mitzi, bist du da? Nein, hier ist sie doch nicht.
Ach nein! Wo ist sie denn nur?
Machen Sie sich keine Sorgen! Ihre Katze ist ins Schlafzimmer gelaufen, ist auf das Bett gesprungen und jetzt schläft sie dort – unter der Decke. Sehen Sie!
Mitzi! Da bist du ja!

8 Lebenslinien

2c + d

Liebe Zuschauer, heute feiert die Goethe-Schule ihren 100. Geburtstag.
Ja genau, einhundert Jahre – das ist ganz schön lange!

Ja, und wir möchten wissen, wie es früher in der Schule war. Deshalb sprechen wir mit Frau Gruber über ihre Schulzeit.

Frau Gruber ist hier zur Schule gegangen, vor mehr als 60 Jahren!

Frau Gruber, wie war das damals? Können Sie sich noch an Ihre Schulzeit erinnern?

Aber natürlich kann ich das.

Fangen wir doch mit dem Schulweg an. Wie sind Sie zur Schule gekommen?

Ja, einen Schulbus hatten wir damals nicht. Mein Bruder und ich mussten zu Fuß laufen – eine halbe Stunde. Im Sommer war das schön. Aber im Winter war es furchtbar kalt und oft noch dunkel.

Oh je. Aber in der Schule war es dann schön warm, oder?

Na ja, die Schule hatte keine Heizung so wie heute. Wir mussten mit Holz heizen.

Wir? Sie meinen die Schule?

Nein, nein. Das mussten die Schüler selbst machen. Im Winter hat jedes Kind ein Stück Holz zur Schule mitgebracht.

Und wie waren die Lehrer? Waren sie nett?

Ach, manche Lehrer waren schon sehr nett, aber viele waren sehr streng. Wir durften uns nicht unterhalten und bei einer Antwort mussten wir aufstehen. Bei manchen Lehrern mussten auch immer die Hände auf dem Tisch liegen.

Oh, das war wirklich viel strenger als heute!

Na ja, ich hatte noch Glück, mein Lehrer – der Herr Klagenbüttel – war sehr nett. Aber auch er konnte böse werden. Dann musste man in die Ecke gehen oder im Winter auch mal in der letzten Bank sitzen und da war es besonders kalt.

Und was für Schulsachen hatten Sie? Ich denke, Sie haben noch nicht mit einem Computer gelernt?

Oh nein, die meisten Kinder hatten keine Bücher, weil die so teuer waren. Aber die Schule hat ihnen die Bücher geliehen. Manchmal war das Schulbuch dann schon ganz alt und kaputt. Wir hatten auch keine Hefte. Wir haben auf Tafeln geschrieben – das war praktisch, man konnte Fehler einfach wegwischen.

Ich glaube, ich bin ganz froh, dass ich viel später zur Schule gegangen bin ...

Ja, vieles ist heute sicher besser. Aber wir hatten auch schöne Zeiten. Ich glaube, wir mussten nicht so viel lernen wie die Kinder heute. In der Pause konnten wir im Hof spielen und diese Spiele haben sehr viel Spaß gemacht. Ich glaube, heute kennen die Kinder die gar nicht mehr. Heute schauen sie doch immer nur auf ihre Handys oder wie das heißt.

Panorama IV: Frankfurt oder Büdingen?

2a + b

Guten Abend, liebe Hörerinnen und Hörer, und willkommen zu unserer heutigen Ausgabe von *Lifestyle*, der Sendung für junge Leute – heute mit dem Thema Stadtratte oder Landmaus? Wo lebt man besser – in der Stadt oder auf dem Land? Zu Gast im Studio sind Martin Dönges und Ana Freitas-Meier. Frau Freitas-Meier, Sie leben in Büdingen, das ist eine sehr kleine Stadt in Hessen. Sind Sie eine Landmaus?

Na ja, jetzt schon. Ich muss ja! Nein, nein, ich finde es wirklich schön in Büdingen. Ich komme aus Rio ...

Aus Rio de Janeiro?

Ja, genau. Das ist eine tolle und interessante Stadt, aber auch ziemlich chaotisch. Ich konnte mich mit meinen Freundinnen jeden Nachmittag treffen. Später sind wir fast jeden Abend ausgegangen und hatten viel Spaß. Ich habe gern in Rio gelebt, aber jetzt wohne ich in Büdingen und das ist auch nicht schlecht. Wir haben zwei kleine Kinder und für die ist es sehr schön hier. Sie können mit dem Fahrrad zur Schule oder zu Freunden fahren, meine Tochter mag Pferde und reitet. Das konnte ich nicht, das ist in einer Großstadt wie Rio nicht so einfach. Na ja, und nach Frankfurt ist es nicht so weit, mit dem Auto nur eine Stunde. Wir fahren immer wieder ins Konzert oder ins Theater nach Frankfurt.

Ja, Büdingen ist wirklich nicht weit. Was denken Sie, Herr Dönges? Sie leben doch in Frankfurt, haben aber früher auf dem Land gewohnt.

Ja, das ist richtig. Ich bin in einem kleinen Dorf in Hessen geboren und als Kind habe ich dort sehr gern gelebt. Dort passiert nicht viel, aber für kleine Kinder ist es sehr schön. Wir hatten eine kleine Schule, man hat alle Schüler gekannt. Wir hatten auch nur zwei Lehrer, d.h. eine Lehrerin für die Klassen 1 und 2 und einen Lehrer für die Klassen 3 und 4. Ich musste jeden Tag sehr früh aufstehen. Und nach der Schule musste ich immer mit dem Bus ins Dorf zurückfahren, ich konnte mit meinen Freunden aus der Schule nichts machen. Das war nicht so schön für mich. Deshalb bin ich nach dem Abitur sofort nach Frankfurt umgezogen. Frankfurt ist nicht sehr groß, aber es ist schon eine richtige Großstadt. Das war ein ganz anderes Leben. Am Anfang war ich manchmal sehr allein, aber schon nach ein paar Monaten war es toll. In Frankfurt ist abends immer etwas los und ich habe neue Freunde kennengelernt. Ich gehe oft ins Konzert oder ins Theater. Das Angebot ist groß. Ich möchte nicht wieder zurück.

Das waren zwei interessante Wohnbiografien: aus der Großstadt aufs Land und vom Land in die Großstadt. Die Meinungen sind unterschiedlich – und das ist auch gut so. Wir hören uns wieder nächste Woche, dann wollen wir über das Thema ...

9 Die lieben Kollegen

3a + b

- Herr Dr. Seiters, guten Morgen und herzlich willkommen bei *Fit im Alltag* – unserer Ratgebersendung am Montagmorgen.
- Guten Morgen, Frau Thomas.
- Herr Seiters, wir möchten heute über den Büroalltag und die normalen Situationen in einem Büro sprechen. Einige Menschen sind erfolgreich und im Büro sehr beliebt. Viele Menschen haben aber immer wieder Probleme mit den Kollegen oder mit dem Chef. Das ist natürlich unangenehm und stressig. Können Sie diesen Menschen helfen?
- Jein, also ja und nein. Manchmal gibt es in Büros sehr schwierige Situationen. Dann brauchen die Mitarbeiter Hilfe. Aber diese Situationen sind selten. Häufiger gibt es kleine Probleme.
- Können Sie ein Beispiel sagen?
- Ja, gern. Zum Beispiel habe ich letzte Woche mit einer Firma gearbeitet. Die Mitarbeiter dort sitzen zu zweit oder zu dritt in einem Büro und sie müssen auch telefonieren. Ein Mitarbeiter hat am Telefon immer sehr laut gesprochen. Für seine Kollegin war das sehr stressig, sie konnte nicht arbeiten. Sie hat aber nichts gesagt, sie ist immer aus dem Büro gegangen, wenn der Mitarbeiter telefoniert hat. Der Mitarbeiter hat es komisch gefunden, dass sie so oft aus dem Büro geht. Er hat gedacht, dass sie vielleicht oft auf die Toilette muss. Und das fragt man nicht, das ist peinlich.
- Also eine klassische Situation: Man spricht nicht über das Problem und die Personen verstehen die Situation anders.
- Ja, genau. Hier war es aber einfach: In der Abteilung müssen alle Mitarbeiter sehr viel telefonieren, deshalb arbeiten jetzt alle mit einem Headset. Bei allen Problemen ist es sehr wichtig, dass man mit den Mitarbeitern spricht, wenn es ein Problem gibt. Und man muss zusammen an dem Problem arbeiten. Wenn man nicht spricht, wird die Situation meistens nur schlimmer.
- Vielen Dank, Herr Dr. Seiters. Wir spielen jetzt erst einmal Musik und dann ...

6a

- So, jetzt den Computer einschalten und dann mache ich mir erst einmal einen Tee. ... Gut, dann geht's los. Das ist eine Spam-E-Mail, das auch, hmm, diese Informationen brauche ich nicht, also: E-Mail löschen ... schon wieder eine Spam-E-Mail – auch löschen. Gut, hier die E-Mail ist für Herrn Kretschmar, die ist für Frau Dieckmann und für Frau Albrecht, die leite ich weiter.
- Hallo, Arno, kannst du mir kurz helfen? Ich habe eine wichtige E-Mail und kann den Anhang nicht öffnen.
- Geht das nicht später?
- Nein, bitte, ich muss die Dateien dringend ausdrucken. Die Chefin ist schon sauer.
- Okay, ich komme. ... Okay, jetzt weiter. Ah, Frau Nippes hat schon geschrieben. Welche Termine hat sie vorgeschlagen? Hmm, ach ja, der 19.5. passt. Schön. So, wo war ich gerade? Ach ja, diese E-Mail war für Frau Dieckmann und für Frau Albrecht, da muss ich noch das Foto anhängen. Wo ist denn das Foto? *(am Telefon:)* Mondal, ja, ja, das tut mir leid, ja. Gut, ich rufe Herrn Schmitt an. ... Herr Schmitt, hier ist Mondal. Frau Schreiber von DesigNetz hat den Termin um 11 Uhr abgesagt, sie ist krank. Ja, wir müssen den Termin auf nächste Woche verschieben. Sie schreibt mir, wenn sie wieder gesund ist. Ja, ja, gut. Bis dann. *(am Computer:)* So, und jetzt ... ähm, diese anderen E-Mails muss ich selbst beantworten. Liebe Frau Meier, bitte ...
- Arno, kommst du nicht zur Besprechung?
- Wie? Jetzt?
- Ja, es ist zehn Uhr, komm, hast du den Prospekt?
- Ok, dann beantworte ich die E-Mails nach der Besprechung.

10 Mein Smartphone & ich

1b + c + d

- Guten Tag, kann ich Ihnen helfen?
- Ja. Ich möchte mehr über das Supernova 256 wissen.
- Ja, gern. Das ist das letzte Modell, ein tolles Smartphone! Was möchten Sie gern wissen?
- Könnten Sie mir sagen, wie viel Speicherplatz das Handy hat?
- 64 Gigabyte. Sie haben also viel Platz für Apps, Fotos oder Musik.
- Okay. Ich möchte noch wissen, wie teuer ein Tarif mit Flatrate zum Telefonieren ist.
- Also, da kann ich Ihnen die Infinity-Flatrate anbieten. Sie können telefonieren, SMS schreiben und surfen – so viel, wie Sie wollen.
- Super! Und was kostet der Tarif?
- Die Infinity-Flatrate kostet 29,90 Euro im Monat.
- Hmm, das ist ziemlich teuer.
- Wir haben auch die Basic-Flatrate – für 9,90 Euro im Monat. Mit der Basic-Flatrate können Sie telefonieren und SMS schreiben. Und Sie können im Internet bis zu 500 MB im Monat surfen.
- Aha, ich surfe ziemlich viel ... Das ist leider nichts für mich. Wissen Sie, ob man das Handy auch ohne Vertrag kaufen kann?
- Ohne Vertrag kostet das Smartphone 295,50 Euro. Sie können dann eine Prepaid-Karte kaufen.
- Schön. Dann möchte ich noch wissen, ob es das Handy auch in anderen Farben gibt.
- Ja, das Smartphone gibt es in Rosa, Silber, Weiß und Schwarz. Hier sehen Sie die anderen Modelle.

Oh, Silber sieht schön aus. Gut, ich schaue dann noch, vielen Dank für Ihre Hilfe.
Gern geschehen.

3 b + d

Guten Morgen. Wir machen eine Reportage über digitale Medien. Darf ich Sie etwas fragen?
Ja, gern.
Sie haben ein modernes Smartphone. Haben Sie auch viele Apps?
Ja, sehr viele!
Was ist Ihre Lieblings-App?
Diese Nachrichten-App – „Aktuelles 24" heißt sie. Mit der App kann ich Zeitungen lesen.
Aktuelles 24 – zum Lesen von Zeitungen, aha. Vielen Dank!
Gern!
Entschuldigung, und Sie, haben Sie auch eine Lieblings-App?
Ja, meine Lieblings-App ist „Da-bin-ich".
Aha, „Da-bin-ich" – das ist wohl eine GPS-App?
Ja, ich benutze sie zum Navigieren, wenn ich in einer fremden Stadt bin.
Ja, die brauche ich auch immer ... Entschuldigung, darf ich Sie auch fragen, welche Medien Sie gern nutzen? Entschuldigung!
Hä? Was? Oh!
Ich möchte Sie nur kurz etwas fragen. Wir machen eine Reportage über digitale Medien – für das Fernsehen ...
Oh ja, natürlich!
Haben Sie viele Apps auf Ihrem Handy?
Nein, nicht so viele. Vielleicht 24 Apps ...
24 Apps – das ist schon viel. Und was ist Ihre Lieblings-App?
Meine Lieblings-App ist „eNatur" – zum Erkennen von Vogelstimmen.
Wie bitte?
Zum Erkennen von Vogelstimmen. Hören Sie mal ...

Panorama V: Auf der Messe

1 c + d

1. Guten Tag. Kann ich Ihnen helfen?
Ja, gern. Ist das die neue Videokamera mit Autofokus?
Ja, das ist die CT100, das letzte Modell.
Hmm, sie sieht schön aus. Können Sie mir sagen, wie lange der Akku hält?
Ca. 160 Minuten. Die Kamera hat ein 3-Zoll-Display und die Bildqualität ist sehr gut. Alle Kunden sind mit der Kamera sehr zufrieden.
Das klingt toll. Und was kostet sie?
Sie kostet 399 Euro.
Hmm, das ist ziemlich teuer.
Das ältere Modell CT90 kostet jetzt nur 199 Euro. Das hat aber nur ein 2,5-Zoll-Display.
2,5 Zoll – das ist zu klein. Aber vielen Dank für Ihre Hilfe.
Gern geschehen.

2. Entschuldigung. Ist hier noch frei?
Wie bitte?
Ist der Platz noch frei?
Ja, ja. Bitte schön.
Danke. Heute ist hier viel los, mehr als gestern.
Ja, das stimmt. Die Messe ist heute ganz voll ... Mein Name ist Herbert Schneider.
Clara Wolters. Angenehm.
Sind Sie beruflich hier oder privat, Frau Wolters?
Beruflich. Unsere Kunden stellen hier ihre Produkte aus und ich will hier vielleicht noch neue Kunden kennenlernen. Und Sie?
Ich bin auch beruflich hier. Ich stelle ein neues Computerspiel von unserer Firma vor.
Ach ja? Das klingt interessant.
Ja, wir machen eine kleine Spiele-Show. Vielleicht können Sie zu der Show kommen? Sie fängt in einer halben Stunde an, in Halle 7, Stand C6.
Ja, gern! Heute Nachmittag habe ich Zeit.
Schön. Ich muss jetzt gehen und alles vorbereiten. Auf Wiedersehen und vielleicht bis später.
Ja, bis dann.

3. Ach, Herr Lietzenberger! Wunderbar, dass Ihnen der Termin heute gepasst hat und Sie kommen konnten.
Hallo, Frau Barig. Ja, heute passt es sehr gut. Es tut mir leid, dass ich den Termin gestern absagen musste, aber unser Flugzeug hatte Verspätung. Frau Barig, das sind Frau Arens und Herr Boldt.
Freut mich. Und das sind Frau Hilger und Herr Matthes.
Angenehm.
Guten Tag.
Freut mich.
So, dann können wir gleich zu unserem Thema kommen. Wir würden gern mit Ihnen die Termine für die neue Produktion besprechen. Ich habe hier einen Zeitplan gemacht, wir können uns den Zeitplan hier am Laptop ansehen, und ich möchte ein paar Termine vorschlagen. Also, zuerst muss die Präsentation bei den neuen Kunden stattfinden – am besten schon am 20.7.
Hmm, den Termin müssen wir leider verschieben. Das ist schade und es tut mir leid, aber viele Kunden haben im Juli Firmenferien.
Oh, das habe ich nicht gewusst. Dann ...

11 Freunde tun gut

4a + b

Sag mal, hast du eigentlich schon immer hier gewohnt?

Ja, fast. Als ich drei Jahre alt war, sind meine Eltern aus Bayern nach Berlin gezogen. Aber das weiß ich nicht mehr. Ich bin Berliner.

Dann hast du hier alle deine Freunde?

Ja, aber leider wohnt mein bester Freund nicht mehr hier. Als er hier keine Arbeit gefunden hat, ist er nach Australien gegangen.

Dein bester Freund? Wer war das? Erzähl mal.

Na ja ... Oh schau mal, genau hier haben wir Indianer gespielt und ein Feuer gemacht. Das war natürlich verboten. Es gab sehr viel Rauch und die Polizei kam dann auch noch ...

Oh je ... und was ist dann passiert?

Als ich mit der Polizei nach Hause gekommen bin, waren meine Eltern natürlich sehr böse. Die Eltern von Thomas auch, aber wir haben nicht gesagt, wer die Idee hatte. Das war natürlich Thomas ...

Wie alt wart ihr, als ihr euch kennengelernt habt?

Sechs. Wir haben uns kennengelernt, als wir in die Schule kamen. Er war in meiner Klasse. Ich mochte ihn sofort, seine roten Haare, sein Lachen – er war so lustig! Oh sieh mal hier, die Bank ...

Ja?

Hier war ich ganz oft. Aber nicht mit Thomas ...

Mit wem denn?

Mit Julia ... Sie war so süß. Ich habe mich in sie verliebt, als ich 15 war. Thomas leider auch ... Da war unsere Freundschaft fast zu Ende.

Und dann?

Nach vier Wochen war Julia dann mit dem langweiligen Holger zusammen. Und Thomas und ich waren wieder gute Freunde. Wir haben dann auch zusammen studiert und viel erlebt. Heute sehe ich Thomas nur selten. Aber wenn wir uns sehen, ist es wieder wie immer. Er ist immer noch mein bester Freund. Ich weiß, dass er immer für mich da ist.

5a + c

Als ich drei war, waren wir hier
und haben im Sandkasten gespielt.
Als ich sechs war, waren wir zusammen in der Schule,
haben die Lehrer tyrannisiert.
Als ich zum ersten mal verliebt war,
war ich gerade 15,
du hast es einfach nicht kapiert.
Und dann mit 20 Jahren,
als wir aus der Schule kamen,
wollten wir zusammen in der Stadt die erste Wohnung haben.
Unsere Freundschaft gibt es
seit unserer Kindheit,
ich wünsche mir, dass es auch so bleibt.
Wenn wir Freunde bleiben,
ist alles andere nicht wichtig,
wir bleiben niemals allein,
wir sind zu zweit.
Jetzt sind wir 30 und ich bin auf deiner Hochzeit,
du siehst gut aus in deinem Kleid
und ich hab keine Angst, dass du für mich nicht da bist,
denn ich weiß, dass unsere Freundschaft immer bleibt.
Unsere Freundschaft gibt es ... *(s. o., 2x)*

12 Eins – eins – zwei

1b

Susi, was ist denn passiert? Mein Gott. Du blutest ja!

Ja, ich weiß auch nicht. Ich habe die Fenster geputzt und dann ... Au!

Oh je – das sieht schlimm aus. Warte, ich hole Eis ... Das gefällt mir nicht. Bei einer Kopfverletzung muss man vorsichtig sein ... Komm, ich bringe dich ins Krankenhaus.

Ach nein, so schlimm ist es doch nicht ...

Nee, nee – wir fahren. Komm, ich helfe dir. ... Ah, hier ist der Eingang, komm ...

3a

Guten Tag, meine Freundin hatte einen Unfall. Wir brauchen einen Arzt.

Guten Tag. Gut, ich brauche zuerst die Gesundheitskarte.

Die Gesundheitskarte?

Ja, die Gesundheitskarte ... von der Krankenkasse ...

Ja klar, aber – die ist zu Hause. Wir sind sofort losgefahren und ...

Na gut, Sie können die Karte später holen. Dann den Namen bitte.

Albert, Susanne Albert.

Albert ... Susanne. Und Ihr Geburtsdatum?

24. Juli 1980.

1980 ... Und die Adresse?

Langstr. 13 in 10962 Berlin.

10962. Gut, haben Sie Krankheiten? Oder hatten Sie schon einmal eine Operation?

Nein, ich habe keine Krankheiten.Und ich hatte auch noch nie eine Operation.

Nehmen Sie Medikamente?

Nein. Ich nehme keine Medikamente.

Haben Sie Allergien?

Nein.

Auch keine Allergie gegen Medikamente?

Ich glaube nicht. Nein.

Das ist alles. Bitte nehmen Sie Platz im Wartezimmer. Wir rufen Sie dann.

3b + c

Guten Tag, Frau Albert. Was fehlt Ihnen denn?

Ich habe mich gestoßen – hier am Kopf. Es hat sehr geblutet, aber es hat jetzt aufgehört.

- Zeigen Sie mal ... Ja, das muss ich nur sauber machen. Achtung – jetzt tut es ein bisschen weh.
- Au!
- Als Sie sich gestoßen haben, waren Sie bewusstlos oder ist Ihnen schlecht geworden?
- Nein, aber ich habe starke Kopfschmerzen.
- Das glaube ich. Ich möchte Ihnen einmal in die Augen sehen ... Okay, also, ich denke, Sie haben eine leichte Gehirnerschütterung. Sie dürfen nach Hause gehen, aber Sie sollten heute und morgen auf jeden Fall im Bett bleiben und nicht arbeiten. Und Sie sollten viel schlafen und sich erholen. Kommen Sie wieder, wenn die Kopfschmerzen nicht besser werden oder wenn Ihnen schlecht wird.
- Muss ich Medikamente nehmen?
- Nein, aber Sie können Schmerztabletten nehmen. Die bekommen Sie ohne Rezept in der Apotheke. Aber nehmen Sie maximal drei Tabletten täglich.
- Okay, vielen Dank und hoffentlich nicht „Auf Wiedersehen".

Panorama VI: Radsportverein Salzburg

1c + d + e

1. Mein Mann und ich sind schon seit vielen Jahren in einem Radsportverein in Salzburg und seit zwei Jahren ist auch unser Sohn dabei. Mein Mann hat früher im Verein richtig viel Sport gemacht: Er ist bei Wettkämpfen mitgefahren und hat lange Fahrradtouren durch die Berge gemacht. Ich wollte aber Mitglied im Verein sein, weil man dort neue Leute kennenlernen kann. Wir haben alle viel Spaß zusammen: Man macht Ausflüge, gibt Tipps, trainiert mit Kindern und manchmal feiert man auch zusammen. Beim letzten Ausflug hatten wir aber leider kein Glück: Die Gruppe hat sich in Salzburg getroffen und dann – gleich hinter Salzburg – hatte unser Sohn einen kleinen Unfall. Er hat sich das Bein verletzt und ich musste die Ambulanz rufen. Das war nicht so schön. Jetzt ist er aber wieder fit.
2. Ich liebe die Natur. Früher bin ich viel gewandert, aber dann habe ich im Internet das Programm vom Radsportverein in Salzburg gefunden. Der Verein bietet tolle Fahrradtouren an. Jetzt bin ich Mitglied und mache fast jedes Wochenende eine Tour. Weil alle Leute gerne draußen sind und sich gerne bewegen, verstehen wir uns gut. Ich finde es toll, dass alle zusammenhalten. Einmal ist mein Fahrrad bei einer Tour kaputtgegangen. Ich konnte das Fahrrad nicht reparieren und dachte, ich muss mit dem Zug nach Hause fahren. Aber Toni, eine Freundin, hat mir geholfen und hat das Fahrrad repariert. Dann sind wir zusammen weitergefahren, die Gruppe war schon weg und wir haben den Weg nicht gefunden. Wir hatten aber Glück: Ein anderer Fahrradfahrer hat uns den Weg gezeigt, so war die Fahrradtour doch sehr schön ... Tja und jetzt sind Toni und ich ein Paar!

13 Hat es geschmeckt?

1c + d

- Na, ihr beiden? Wollen wir heute Abend essen gehen?
- Ja, gern! Aber wohin?
- Ich würde gern Zum alten Fischer gehen. Das ist ein gutes Fischrestaurant. Chris, du warst auch schon mal da. Was meinst du?
- Hmm, ich weiß nicht, ich möchte heute lieber etwas Kleines essen. Kennt ihr die Bio-Kantine? Dort gibt es vegane und vegetarische Gerichte. Alles bio – lecker, gesund und gut für die Umwelt.
- Oh je, nur Gemüse ...! Chris, muss das sein? Ich möchte Fleisch oder Fisch essen.
- Also, ich esse keinen Fisch. Ich habe eine Fisch-Allergie.
- Entschuldigung, Ben, das habe ich vergessen. Dann vielleicht etwas Scharfes? Curry?
- Oh ja! Wir können zum Thailänder gehen – ins Bangkok Restaurant. Dort gibt es gute thailändische Küche. Scharf und lecker!
- Also, ich weiß nicht, Ben. Das ist bestimmt zu scharf für mich. Ich kann nichts Scharfes essen.
- Ach, mach dir keine Sorgen, Chris. Die Speisekarte dort ist groß und nicht alles ist scharf. Dort gibt es auch viele vegetarische Gerichte. Und wenn wir auch noch etwas Süßes wollen, haben sie viele leckere Sachen: Mango-Eis oder ...
- Hmm, Mango-Eis – das klingt gut ... Okay, wir probieren es. Müssen wir einen Tisch reservieren?
- Nein, dort gibt es immer einen freien Tisch.
- Also, dann gehen wir.

4b + c + d

- Darf ich Ihnen etwas zu trinken bringen?
- Ja, zwei Glas Sekt, bitte. Wir feiern heute unseren ersten Jahrestag.
- Oh, wie schön! Herzlichen Glückwunsch und einen schönen Abend!
- Danke.
- Ach ja, eine Flasche Mineralwasser und zwei Gläser, bitte.
- Gern.
- Das sieht alles lecker aus. Was meinst du?
- Ja! Also, zum Wohl, mein Schatz!
- Haben Sie schon gewählt?
- Ja. Ich nehme die Garnelen als Vorspeise und dann das Lammkotelett mit Bohnen.
- Gern, das Lammkotelett. Möchten Sie eine Beilage dazu?
- Ja, vielleicht. Welche Beilage würden Sie mir empfehlen?
- Am besten passen Kartoffeln.

Gut, dann nehme ich die Kartoffeln.
Und für den Herrn?
Für mich die Tomatensuppe und als Hauptgericht das Steak mit Pommes frites.
Gern. Und als Getränk?
Ich denke, Rotwein. Was meinst du, Arno?
Ja, gute Idee. Welchen Rotwein empfehlen Sie dazu?
Ich empfehle diesen Rotwein hier, den Lemberger. Er passt sehr gut zum Fleisch.
Guten Appetit!
Guten Appetit! ... Schmeckt's?
Na ja, es geht. Dieses Steak ist sehr trocken. Wie findest du dein Lammkotelett?
Zu salzig. Und diese Bohnen sind bestimmt nicht frisch vom Markt. Aber dieser Wein – wie heißt er noch? – der ist wunderbar. Findest du nicht?
Ja, der Wein ist wirklich gut.
So, hat's geschmeckt?
Ja, sehr gut, danke. Und ich möchte zahlen, bitte.
Ja, sofort ... So, bitte schön, die Rechnung.
Danke schön.
Was? 180,90 Euro? Das kann nicht stimmen ...
Entschuldigung!
Ja? Ist etwas nicht in Ordnung?
Ich glaube, die Rechnung stimmt nicht.
Oh! Das tut mir aber leid. Darf ich mal sehen? Sie hatten die Garnelen, die Tomatensuppe, das Lammkotelett, das Steak und zwei Beilagen, zwei Glas Sekt, eine Flasche Mineralwasser und eine Flasche Lemberger, richtig?
Hmm, das ist richtig.
Dann stimmt die Rechnung. Das macht zusammen 180,90 Euro. Der Lemberger ist ein sehr guter Wein, der kostet 99 Euro die Flasche.
Susi, ich glaube, wir müssen zu Fuß nach Hause gehen. Wir haben nicht mehr genug Geld für ein Taxi!
Nein, und für das Trinkgeld leider auch nicht!

14 Einkaufswelt

4b + c

1. Kommt, beeilt euch!
Warum?
Wir wollen doch heute einkaufen, Laura braucht ein Kleid für die Hochzeit von Deniz und Jana.
Ach, stimmt. Und ich brauche noch eine neue Hose und eine Krawatte.
Ich brauche auch noch ein paar Dinge. Das Einkaufszentrum ist ab halb zehn geöffnet, ich möchte nicht zu spät losfahren.
Und Niels?
Niels bringen wir zu meiner Mutter. Sie freut sich schon. Kinder, beeilt euch!

2. Wo ist der Laden, den ich das letzte Mal gesehen habe? Weißt du, der Laden, der alles hat: Hosen, Hemden, Krawatten, Schuhe.
Der ist im ersten Stock. Aber das tolle Geschäft mit Herrenmode, das ich kenne, ist hier im Erdgeschoss. Die haben immer schöne Sachen.
Okay, dann gucke ich hier im Erdgeschoss. Und ihr? Wo gibt es Kleider für Mädchen?
Hier, Kinderkleidung, im ersten Stock.
Okay, dann treffen wir uns in zwei Stunden auf der Bank, die wir gerade gesehen haben.
Okay.
Gut, bis dann. Viel Spaß!
Danke, dir auch!
Mama, ich möchte noch die Schuhe, die ich im Internet gesehen habe. Du hast „ja" gesagt!
Stimmt, wir können auch noch gucken gehen, aber zuerst kaufen wir ein Kleid für dich.
Na gut. Mama, ich muss mal ...
Ah ja, wo sind die Toiletten? Warte ... Hier im Erdgeschoss. Dann los.

3. Ich will ein Eis. Warum kommt Papa nicht?
Keine Ahnung, er wollte nur eine Hose und eine Krawatte kaufen. Vielleicht ...
Hallo, ihr beiden!
Was ist das denn?
War super günstig!
Aha.
Und drei Jahre Garantie! Four k, also UHD, 55 Zoll und curved!
Wow! Der ist ja cool!
Wie? Was ist das denn?
Mama! Ein Fernseher!
Und die Krawatte, die du kaufen wolltest?

Panorama VII: Fischmarkt in Hamburg

2b

Garnelen! Matjes! Aal! Meine Damen und Herren, der Fisch ist frisch, frischer, am frischesten! Und unsere Preise sind am billigsten!
Liebe Zuhörerinnen und Zuhörer, willkommen im Morgenprogramm. Es ist sechs Uhr morgens und ich bin auf dem Hamburger Fischmarkt, der schon seit fünf Uhr geöffnet ist. Der Markt wird immer voller, die Menschen kommen und wollen nicht nur einkaufen. Neben Fisch, Obst und Blumen gibt es auch Livemusik.
Meine Damen und Herren, kommen Sie näher! Aal – Matjes – alles frisch! Die Saison hat angefangen!
Hinter mir hören Sie Herrn Otto Petersen. Er arbeitet seit dreißig Jahren auf dem Hamburger Fischmarkt und ich möchte ihn fragen, wie seine Sonntage aussehen. Herr Petersen, sechs Uhr, das ist sehr früh, die meisten Menschen schlafen noch.
Sechs Uhr und früh? Wenn man auf dem Markt Fisch verkaufen will, muss man um drei Uhr aufstehen.
Um drei Uhr? Das ist ja mitten in der Nacht.

Wissen Sie, ich muss den frischen Fisch direkt vom Fischer kaufen, da muss ich um vier Uhr beim Fischer sein. Wenn ich um fünf komme, ist kein guter Fisch mehr da – alles weg!
Das ist kein Job für Leute, die am Sonntag spät aufstehen wollen.
Nein, da haben Sie recht.
Was werden Sie ...?
Entschuldigen Sie ... Was darf es sein, mein Herr?
Welchen Fisch haben Sie denn heute? Ich möchte nur etwas Kleines.
Der Matjes ist ganz frisch, die Saison hat gerade angefangen. Ich gebe Ihnen zwei Stück für 6 Euro.
Sechs Euro?
Und dazu ein Stück Aal. Mein Herr, da haben Sie Mittag- und Abendessen für sechs Euro! Billiger bekommen Sie keinen Fisch.
Ja, ja, ich nehme den Fisch. Ist gut.
Zehn Euro und vier zurück, bitte schön. Und guten Appetit!
Danke schön.
So, wo waren wir?
Um halb zehn macht der Fischmarkt zu. Was machen Sie dann?
Na, zuerst muss man den Wagen aufräumen. Die Fischreste, also den Fisch, den ich nicht verkauft habe, bringe ich in ein Restaurant. Und dann gehe ich nach Hause und esse zu Mittag.
Um zehn? Da frühstückt man am Sonntag doch.
Frühstück oder Mittag – das ist egal. Ich esse zuerst ein Fischbrötchen und lese Zeitung.
Ah, die nächsten Kunden kommen. Vielen Dank für das Gespräch!
Bitte, bitte. Frischer Fisch, meine Damen und Herren ...

15 Partylaune

2a + b

1. Der gewünschte Gesprächsteilnehmer ist zurzeit nicht erreichbar. Bitte hinterlassen Sie eine Nachricht.
   Hallo, hier ist Imke. Wir haben heute deine Einladung zur Babyparty bekommen. Danke! Das ist ja eine tolle Idee. Und eine schöne Überraschung für Nina. Sie freut sich bestimmt sehr. Ich würde sehr gern kommen, aber leider bin ich am 20. nicht da. Ich bin auf einer Hochzeit – meine Tante heiratet in Berlin. Ich kann also leider nicht kommen. Tut mir leid. Wenn ich dir bei der Organisation helfen kann, gib Bescheid. Ruf einfach an. Ciao.
2. Dies ist die Mailbox von 0172 46 52 52 51. Bitte hinterlassen Sie eine Nachricht nach dem Ton.
   Hallo, hier ist Steffen. Danke für deine Einladung! Wir haben sie heute bekommen und haben uns sehr gefreut! Mensch, jetzt wirst du schon 70. Das ist wirklich unglaublich! Wir kommen sehr gern. Leider können wir aber erst ein bisschen später da sein, weil mein Zug aus München erst um 18 Uhr ankommt. Wir kommen zu dritt – Thilo möchte doch auch mitfeiern! Stell dir vor: Heute ist er schon zwei Monate alt. Wir hoffen, es ist okay, wenn wir alle drei kommen. Also, bis Samstag!

3a + b

1. Was willst du eigentlich an deinem Geburtstag machen?
   Wieso? Muss ich was machen?
   Wenn du magst?
   Rudi, du wirst 40!
   Wir feiern! Und du kannst alle deine Freunde einladen und wir spielen Spiele und halten eine Rede für dich und ...
   Au ja! Wir trinken Kakao und essen Schokoladenkuchen.
   Moment. Vielleicht will ich gar nicht feiern!? Vielleicht will ich mir einfach nur einen netten Tag machen.
   Mit uns oder allein?
   Wir können mit einem Schiff einen Ausflug machen oder wir gehen ins Schwimmbad oder wir machen ein Picknick oder ...
2. Sag mal, feierst du eigentlich deinen Geburtstag?
   Warum? Weil es ein runder Geburtstag ist?
   Ja, zum Beispiel. Und weil es nett ist. Du kannst doch Kollegen und Freunde einladen und wir gehen zusammen Bowling spielen ...
   Das klingt eher nach Kindergeburtstag ...
   Oder mach doch eine große Party in einer Kneipe – mit einer Band. Du bekommst viele schöne Geschenke und ...
   In einer Kneipe? Das ist aber sehr teuer.
   Oder du mietest einen Raum und machst alles selbst.
   Weiß du, wie viel Arbeit das ist? Wann soll ich das denn organisieren? Wir brauchen einen Raum. Dann muss ich das Essen besorgen – Geschirr, Besteck, Gläser, Getränke. Ich muss eine Musikanlage mieten oder einen DJ buchen. Nein, wirklich nicht.
   Oder du grillst mit ein paar Männern im Garten.
   Das ist schon besser.
   Du kaufst ein paar Würstchen und Brot, machst einen großen Salat, dekorierst die Terrasse mit Herzchen und ...
   Susi!
   Jaaa?
   Ich finde Geburtstage doof.
   Ja, ich weiß. Ich aber nicht.
   Warum muss man immer feiern? So ein Quatsch! Ich würde gern einfach nur ...

5 b + c + g

Jeder hat jedes Jahr Geburtstag.
Geburtstag hat jeder jedes Jahr.
Sag mir, warum soll ich das feiern?
Was soll das Feiern? Das ist mir nicht klar. *(2x)*

Meine Schwester macht fast jedes Jahr ein großes Fest, zu dem sie viele Gäste einlädt. Mir gibt das den Rest. Für keinen Gast, mit dem sie redet, hat sie wirklich Zeit. Vor lauter Stress gibt's dann am Ende meistens auch noch Streit.

Jeder hat jedes Jahr Geburtstag. ... *(s. o.)*

Ihre letzte große Party, zu der ich hingefahren bin, war schrecklich öde. Und ich frag mich: Wo ist da der Sinn?
Alle haben nur gegessen, die Musik war viel zu laut. Die Frau, mit der ich tanzen wollte, hat mich nicht angeschaut.

Jeder hat jedes Jahr Geburtstag. ... *(s. o.)*

Noch nie war eine Party wie ein Fest, von dem sie träumt.
Meine Schwester hat ihre Wohnung noch Tage später aufgeräumt.
Noch wochenlang hat sie von ihrem Feierstress erzählt und dabei hat sie das doch alles selbst so ausgewählt.

Jeder hat jedes Jahr Geburtstag. ... *(s. o.)*

16 Kulturwelten

2 a + b

- Auf dem Straßenfest „Sommer in Berlin" haben wir Felix vom Zirkus Jux kennengelernt. Man kann ihn in ganz Berlin und Umgebung auf vielen Festen sehen, denn er ist Straßenkünstler.
- Felix, du bist seit einigen Jahren Straßenkünstler. Ist die Straßenkunst für dich ein Hobby oder ein Beruf?
- Ich habe mich schon als Kind für Jonglieren und Akrobatik interessiert. Am Anfang war die Straßenkunst nur ein Hobby, danach ist das Hobby zum Beruf geworden.
- Toll. Wie oft trittst du auf?
- Früher war ich fast jedes Wochenende unterwegs. Heute trete ich nicht mehr so oft auf. Jetzt arbeite ich viel mit Kindern und biete Kurse an.
- Aha. Was machst du bei schlechtem Wetter, wenn du einen Auftritt hast?
- Ich mache weiter. Schlechtes Wetter gibt es nicht, nur schlechte Laune!
- Gute Antwort! Was magst du an deinem Beruf am liebsten?
- Ich freue mich über Erfolge von Kindern, die ich trainiere. Wenn ich sehe, wie sie immer schneller, besser und geschickter werden, bin ich glücklich. Und ich träume von einem eigenen kleinen Kinderzirkus. Aber das Geld ist noch ein Problem.
- Ja, das glaube ich. Und worüber ärgerst du dich?
- Das ist eine schwierige Frage! Ich ärgere mich nicht oft. Hmm, über einen leeren Kühlschrank, vielleicht?
- Klar, ein leerer Kühlschrank ist nicht schön. Wie ist es eigentlich vor einer Vorstellung? Bist du sehr nervös?
- Ja, das bin ich. Aber es ist nicht so schlimm wie früher. Ich kann jetzt mit der Nervosität besser umgehen.
- Unsere letzte Frage: Was ist wichtig für den Erfolg, wenn man Straßenkünstler ist?
- Man muss immer gute Laune zeigen und freundlich sein. Gute Laune gehört auch zur Straßenkunst. Deshalb darf man selber den Spaß an dem, was man macht, nicht verlieren.
- Felix, vielen Dank für das Gespräch.

3 b + c

- Woran denkst du?
- Ach, ich denke an den Sommer. Der Sommer kommt und wir haben nichts geplant. Das ist blöd!
- Tja, das stimmt. Was möchtest du gern machen?
- Hmm ... Ich möchte zu einem Konzert oder noch besser: zu einem Musikfestival gehen!
- Ach, ich weiß nicht ... Ich mag keine Musikfestivals. Ich ärgere mich immer über die laute Musik. Und die Eintrittskarten sind so teuer!
- Hmm, wollen wir dann in die Schweiz zum OpenAir St. Gallen fahren? Ich habe schon immer von diesem Festival geträumt. Dort gibt es Indie, Rock, World Music – alles! Wir können dort zelten, das ist nicht so teuer. Ich habe mich schon im Internet über die Preise informiert.
- Zelten?! Nein, danke! Ich will nicht zelten, das ist kalt und unbequem.
- Okay, also nicht zelten ... Oder es gibt doch bald das Berlin Festival. Wenn wir zu Hause bleiben, müssen wir nicht zelten.
- Techno, HipHop, Folk ... oh, nein. Das ist keine Musik für mich. Ich höre gern klassische Musik. Ich interessiere mich für Mozart oder Beethoven.
- Klassik! Wenn es sein muss. Vielleicht gibt es etwas in der Waldbühne? Warte, hier im Internet steht ... Ja: Im Juli treten die Berliner Philharmoniker auf. „Das traditionelle Sommerkonzert, ein tschechischer Abend mit klassischer Musik von Smetana und Dvořák". Was denkst du?
- Oh, schön! Gibt es noch Karten?
- Ja, ich glaube, ja.
- Super! Dann bestellen wir gleich zwei. Das wird ein toller Abend: Picknick mit klassischer Musik! Ich freue mich auf das Konzert!
- Ja, ich auch.

Wortkarten zu Einheit 16, Übung 6c

Panorama I (Seite 24 und 25)

ÖSTERREICH	DEUTSCHLAND	SCHWEIZ	LÄNDER
SEE	BODENSEE	INSEL	FLUSS
FLÜSSE	WASSERFALL	SCHIFF	STADT
THEATER	DÖRFER	ORT	BOOT
SCHLOSS	BÜHNE	HAFEN	TOURIST
OPER	REISE	MUSEUM	URLAUB
OSTEN	NÖRDLICH	SÜDLICH	WESTEN
MACH	FAHREN	FIND	KOMM
SEHEN	BESICHTIG	GEH	BESUCH
MÖCHTE	KÖNNEN	RUHIG	SEHR
TOLL	SCHÖN	VOLL	VIEL

BIN	BIN	BIST	SEID	IST	IST	SIND
HAB	HAB	HAST	HAT	HAT	WIR	IHR
-E	-EN	SIE	SIE	ICH	DU	ER
-E	-EN	-N	-ST	-ST	-T	-T
UND	UND	NICHT	ODER	ODER	ABER	ABER
UND	NUR	DESHALB	AUCH	WEIL	JA	NEIN
AUF	AN	VON	VON	IN	IN	IM
AUS	ZU	ZUM	AM	EIN	EIN	KEIN
DER	DER	DAS	DEM	DEN	DIE	DIE

Panorama II (Seite 40 und 41)

PARK	GARTENZWERG	HÄUSER	BÄUME
NATUR	SOMMER	STADT	LEUTE
FEST	FRÜHLING	URLAUB	PARTY
BUCH	IDEE	FREUND	REGEN
BLUME	GEMÜSE	FLEISCH	GARTEN
FEIER	ENTSPANN	GIESS	PFLANZ
ARBEIT	DEKORIER	MACH	LESEN
SPIEL	GRILL	FIND	KOMM
KÖNNEN	MACH	SEHEN	MÖCHTE
ALT	JUNG	RUHIG	SEHR
TOLL	SCHÖN	GRÜN	VIEL

SIND	BIN	BIST	SEID	IST	IST	WIR
HAST	HAB	HAT	HAT	SIE	SIE	IHR
-E	-EN	-EM	-ST	-T	DU	ER
-IN	-N	-ER	-S	-T	ICH	WIE
UND	UND	GENAUSO	ODER	ABER	MIT	ALS
NICHT	NUR	DESHALB	AUCH	WEIL	AM	LIEBER
FÜR	AN	LIEBSTEN	IM	IN	AUS	VON
ZU	ZUM	UNSER	MEIN	DEIN	EIN	KEIN
DER	DER	DAS	DEM	DEN	DIE	DIE

Panorama III (Seite 56 und 57)

UHR	GELD	GESCHÄFT	MÜNZE
CAFÉ	BRUNNEN	STADT	TOURIST
POLITIKER	HAUS	PARLAMENT	STRASSE
ZENTRUM	HAUPTSTADT	MENSCH	GEBÄUDE
SCHWEIZ	EURO	FRANKEN	ZEIT
ARBEIT	KAFFEE	PROBLEM	SPASS
TREFFEN	BESUCH	MÜSSEN	TRINK
SEHEN	MÖCHTE	ZAHL	KOMM
SHOPP	FREU	BERÜHMT	HISTORISCH
ALT	WENIG	GROSS	SEHR
TOLL	INTERESSANT	WICHTIG	VIEL
MODERN	GEMÜTLICH	TEUER	GÜNSTIG

SIND	BIN	BIST	SEID	IST	IST	WIR
MUSS	HAB	HAST	HAT	SIE	SIE	IHR
KANN	-S	-EM	-ST	-E	DU	ER
-IN	-N	-ER	-EN	-T	-T	ICH
WIE	UND	GENAUSO	ODER	ABER	MIT	SICH
NICHT	NUR	DESHALB	AUCH	WEIL	AM	SICH
FÜR	AN	UNS	IM	IN	AUS	VON
ZU	ZUM	EUCH	DICH	MICH	EIN	KEIN
DER	DER	DAS	DEM	DEN	DIE	DIE

Panorama IV (Seite 72 und 73)

STADT	GARTEN	LAND	AUTO
KINO	LEBEN	FRÜHER	JETZT
FAHRRAD	NATUR	LAUT	BUS
INTERESSANT	HEKTISCH	SCHÖN	GRÜN
AUSSERHALB	GESUND	STRESSIG	LANGSAM
LANGWEILIG	TREFFEN	RUHIG	GEH
SPAZIEREN	ENTSPANN	ARBEIT	WOHNUNG
LEUTE	MÜSSEN	MÖCHTE	WOHN
MAG	KÖNNEN	GROSS	KLEIN
ZEIT	LIEB	GUT	SCHLECHT
ALT	MEHR	WENIG	JUNG
FAHREN	AUSGEHEN	KONZERT	HAUS

KANN	BIN	BIST	SEID	IST	SIND	WIR
MUSS	HAB	HAST	HAT	SIE	DU	IHR
-T	-N	-EM	-ST	-E	ER	ICH
-S	-ER	-EN	-IN	-T	OHNE	AUF
WIE	UND	GENAUSO	ODER	ABER	MIT	ALS
NICHT	NUR	DESHALB	AUCH	WEIL	AM	SICH
FÜR	AN	UNS	IM	IN	AUS	VON
ZU	ZUM	EUCH	DICH	MICH	EIN	KEIN
DER	DER	DAS	DEM	DEN	DIE	DIE

Panorama V (Seite 88 und 89)

VISITENKARTE	MESSE	MODELL	PARTNER
PRÄSENTATION	RESTAURANT	ZEIT	TERMIN
COMPUTER	SPIELE	STAND	FIRMA
PROGRAMM	PRODUKT	BUCH	TECHNIK
HEKTISCH	INTERESSANT	STRESSIG	LAUT
BERUFLICH	LANGWEILIG	MODERN	PRIVAT
WISSEN	VEREINBAR	KAUF	NEU
TREFFEN	VERSCHIEB	TAUSCH	BERATEN
LEUTE	MÜSSEN	MÖCHTE	ZUHÖREN
AUSSTELLEN	KÖNNEN	GROSS	VIEL
TEILNEHMEN	ARBEIT	KOMM	BESUCH
TEUER	GÜNSTIG	WENIG	MEHR

KANN	BIN	BIST	SIND	IST	ER	WIR
MUSS	HAB	HAST	HAT	SIE	DU	ES
-T	-N	-EM	-ST	-E	DORT	ICH
-IN	-S	-EN	-ER	-T	OHNE	AUF
WIE	UND	GENAUSO	ODER	ABER	MIT	ALS
NICHT	NUR	DESHALB	AUCH	WEIL	AM	SICH
FÜR	AN	UNS	IM	IN	BEI	VON
ZU	ZUM	WENN	DANN	OB	EIN	KEIN
DA	DER	DAS	DER	DEN	DIE	DIE

Panorama VI (Seite 104 und 105)

FAHRRAD	UNFALL	PAUSE	NATUR	TOUR
WETTKAMPF	BERG	NOTRUF	WEG	ZEIT
MITGLIED	SPORT	FAMILIE	VEREIN	MENSCH
LANGSAM	KAPUTT	MÜDE	MANN	CLUB
ZUSAMMEN	FRAU	KINDER	GRUPPE	FREUND
GEFÄHRLICH	STÜRZ	LESEN	REPARIER	MACH
PASSIERT	HELFEN	LERN	TREFFEN	FALLEN
FAHREN	SUCH	LIEB	ANDER-	GANZ
MÖCHTE	SOLLTE	SCHNELL	GERN	ALLEIN
VERLETZ	KENN	KÜHL	SOFORT	MEHR

KANN	BIN	BIST	SIND	IST	ER	WIR
MUSS	HAB	HAST	HAT	SIE	DU	ES
-T	-N	-EM	-ST	-E	ALLE	ICH
-IN	-S	-EN	-ER	WAS	WO	WIE
VIEL	UND	JEMAND	ODER	ABER	MIT	ALS
NICHT	NUR	DESHALB	AUCH	WEIL	AM	SICH
FÜR	AN	DANN	IM	IN	BEI	VON
ZU	ZUM	WENN	MEIN	DEIN	EIN	KEIN
DEM	DER	DAS	DER	DEN	DIE	DIE
MAN	AUF	UNTER	UNSER	ÜBER	DA	DORT
MICH	DICH	OHNE	HIER	BEIM	SEHR	OFT

Panorama VII (Seite 120 und 121)

FISCH	MARKT	MANN	FRAU	SONNTAG
HAFEN	REZEPT	MORGEN	STAND	WASSER
VERKÄUFER	SALAT	ZWIEBEL	GURKE	MENSCH
BRÖTCHEN	ZUTAT	SOSSE	OFEN	FORM
BEILAGE	PFEFFER	TOMATE	UHR	FILET
NACHTISCH	KOSTET	KAUF	LEGEN	KOCH
BACKEN	ESSEN	GEH	MACH	VIEL
MÖCHTE	FINDE	FRISCH	SCHARF	LECKER
BRAUCH	NEHME	FRÜH	GERN	LAUT
VEGETARISCH	VEGAN	BITTER	SÜSS	TEUER
PREISWERT	NAH	BESTE	SALZIG	LIEB

SIND	BIN	BIST	IST	ICH	ER	WIR
MUSS	HAB	HAST	HAT	SIE	DU	WAS
WILL	BEIM	WELCH-	DIES-	-E	-EM	-EN
WIE	UND	OHNE	-S	-T	-N	-ER
ALS	MIT	JEMAND	ODER	ABER	-ST	-IN
NICHT	NUR	DESHALB	AUCH	WEIL	AM	SICH
FÜR	AN	ETWAS	IM	IN	BEI	VON
ZU	ZUM	NICHTS	WIE	SEIN	EIN	KEIN
DEM	DER	DORT	DER	DEN	DIE	WO
MAN	AUF	ÜBER	UM	AUS	DA	DAS

Panorama VIII (Seite 136 und 137)

SCHNEEMANN	PFERD	MENSCH	KUTSCHE	UNIFORM
KOSTÜM	FAHNE	FEUER	UMZUG	FEST
FRÜHLING	WINTER	SYMBOL	GLOCKE	KIRCHE
TRADITION	PLATZ	JAHR	WETTER	SOMMER
TROMMEL	MUSIK	STRASSE	TRACHT	GRUPPE
VERBRENN	UHR	RAUCH	FARBE	TRAGEN
VERABSCHIED	HUT	MÖCHTE	TREFFEN	MÜSSEN
MITLAUFEN	REIT	GEH	FINDE	LAUT
SCHNELL	MACH	WARTE	FREU	STEH
GROSS	GUT	SCHÖN	VIEL	GANZ
NÄCHST-	LETZT-	JED-	BESTE	BUNT

SIND	BIN	BIST	IST	WIRD	ICH	WIR
HAT	HAB	HAST	SEHR	SIE	WO	WAS
WILL	BEIM	WORÜBER	WORAUF	-E	-EM	-EN
WIE	UND	OHNE	DURCH	-T	-N	-ER
ALS	MIT	JEMAND	ABER	-S	-ST	-IN
NICHT	NUR	DESHALB	AUCH	WEIL	AM	SICH
FÜR	AN	WENN	IM	IN	BEI	VON
ZU	ZUM	DANN	WIE	SEIN	EIN	KEIN
DEM	DER	DENEN	DAS	DEN	DIE	DORT
MAN	AUF	ÜBER	UM	AUS	DA	DABEI

Wortliste

Die alphabetische Wortliste enthält den Wortschatz der Einheiten. Zahlen, grammatische Begriffe sowie Namen von Personen, Städten und Ländern sind in der Liste nicht enthalten.
Für das *Goethe-Zertifikat A2* relevante Wörter sind fett markiert.

Die Zahlen geben an, wo die Wörter zum ersten Mal vorkommen – zum Beispiel 1, 1a bedeutet Einheit 1, Übung 1a.
Ein . oder ein _ unter dem Wort zeigt den Wortakzent: ạ = kurzer Vokal, a̲ = langer Vokal.
Ein | markiert ein trennbares Verb: **ạb|fliegen**.
Bei den Verben ist immer der Infinitiv aufgenommen. Eine Liste der unregelmäßigen Verben finden Sie im Übungsbuch.
Bei den Nomen finden Sie immer den Artikel und die Pluralform: der **Ạbflug**, -ü-e.
Sg. = dieses Wort gibt es (meistens) nur im Singular.
Pl. = dieses Wort gibt es (meistens) nur im Plural.

A

	ab	5, 1a
das	Abenteuer, -	11, 2b
	ab|fliegen	1, 1a
der	Abflug, -ü-e	1, 1a
	ab|geben	4, 6c
	ab|sagen	9, 7c
	ab|schicken	6, 6c
	ab|schließen	8, 6a
der	Abschluss, -ü-e	8, 6a
der	Absender, -	6, 6c
	ab|stürzen	9, 1b
	abwechslungsreich	9, 8b
	Achtung!	7, 9a
der	Akku, -s	10, 1a
der	Akrobat, -en	16, 1b
die	Akrobatik (Sg.)	16, 1b
die	Akrobatin, -nen	16, 1b
	aktuell	9, 1b
	akzeptieren	2, 1a
der	Alltag (Sg.)	5, 1a
das	Alpenpanorama, -panoramen	5, 7a
	als	11, 3a
die	Altbauwohnung, -en	7, 2a
das	**Alter** (Sg.)	11, 7b
	altmodisch	6, 1a
die	Altstadt, -ä-e	13, 3a
	an ... vorbei	1, 4d
der	**Anfang**, -ä-e	1, 1b
der	Anfänger, -	2, 8b
die	Anfängerin, -nen	2, 8b
	an|fassen	10, 6a
	angemeldet sein	4, 8c
	ängstlich	11, 2b
	an|halten	3, 7
der	Anhang, -ä-e	9, 5
der	Animationsfilm, -e	4, 1
die	Animationsserie, -n	4, 1
	an|kommen	1, 1a
	an|machen	Panorama 8, 1d
	an|sehen (sich)	5, 2a
	ansprechbar	12, 2b
	anstrengend	3, 2c
die	**Anzeige**, -n	7, 3c
	an|ziehen (sich)	5, 2a
die	**Apotheke**, -n	5, 1a
die	App, -s	5, 1a
der	**Apparat**, -e	Dt. akt. 5/6, 6a
der	Applaus (Sg.)	11, 1b
der	App-Store, -s	5, 1a
die	Aprikose, -n	13, 6a
die	Architektur, -en	1, 7a
der	Ärger (Sg.)	11, 3a
	ärgern (sich)	5, 5a
	aromatisch	13, 3a
der	**Artikel**, -	6, 5c
	auf jeden Fall	12, 4a
	auf|hängen	5, 4a
	auf|legen	12, 2b
	auf|machen	2, 1a
der	Auftrag, -ä-e	6, 5c
	auf|treten	4, 5a
der	**Aufzug**, -ü-e	9, 1b
	aus (+Material)	6, 5a
die	**Ausbildung**, -en	8, 4b
	aus|drucken	9, 5
	außerdem	9, 1b
	außerhalb	7, 2a
	aus|fallen	15, 6a
	aus|füllen	6, 6b
	aus|geben	14, 2a
	aus|probieren	3, 1b
	aus|stellen	Panorama 5, 1a
	aus|wählen	5, 1a
	aus|wandern	2, 1a
	auswendig	3, 8a
	aus|ziehen (sich)	5, 2a
	authentisch	13, 1a
die	**Autobahn**, -en	12, 2b
der	**Autor**, -en	8, 4b
die	**Autorin**, -nen	8, 4b
der	Autosalon, -s	Dt. in Bildern, 1a

B

	backen	Panorama 7, 3b
die	**Band**, -s	8, 4b
die	**Bank**, -en	Dt. in Bildern, 1a
das	Bankenviertel, -	7, 1
die	Bar, -s	1, 7a
der	Bär, -en	11, 7b
die	Bärin, -nen	11, 7b
	basteln	15, 1a
	bauen	Dt. akt. 3/4, 5
der	Baumarkt, -ä-e	14, 2a
	beantworten	9, 1b
das	Becherstapeln (Sg.)	3, 5b
	beeilen sich	5, 5a
	beenden	9, 5
	begleiten	4, 5a
	behalten	6, 3a
die	Behörde, -n	15, 6b
	beide	6, 6b
die	Beilage, -n	13, 3d
	benutzen	6, 7b
	beobachten	14, 1a
	beraten	Panorama 5, 1a

berichten 11, 7b
Bescheid geben 9, 7a
Bescheid sagen 15, 1a
beschreiben 14, 2a
die Beschreibung, -en 6, 6c
beschweren sich 9, 2a
besetzt sein 2, 3b
besichtigen 1, 1b
besonder- 4, 6c
besorgen 7, 9a
besprechen Panorama 5, 1a
die Besprechung, -en 9, 6a
das Beste (Sg.) 11, 2b
das Besteck (Sg.) 15, 4a
bestellen Dt. akt. 1/2, 1a
bestimmen 6, 6c
der Betrieb, -e 13, 6a
bewusstlos 12, 2a
das Bewusstsein (Sg.) 12, 2b
die **Bibliothek**, -en 10, 6a
die Biene, -n 11, 2b
bieten 1, 7a
bio 5, 7a
bis zu ... (+ Menge) 10, 1c
bitten 7, 9a
bitter 13, 2b
der Blick, -e 5, 7a
blöd 3, 2c
blond 11, 2b
das Blut (Sg.) 12, 1a
bluten 12, 1a
die **Bohne**, -n 13, 4b
böse 8, 1b
die Boutique, -n 1, 4c
das Bowling (Sg.) 15, 3b
die Brasserie, -n 1, 7a
braten 13, 6a
die Braut, -äu-e 15, 6a
der Bräutigam, -e 15, 6a
das Brautpaar, -e 15, 6a
der Brautstrauß, -äu-e 15, 6a
breit 14, 6a
brennen 11, 3a
die **Brücke**, -n 2, 1a
der Brunnen, - Panorama 3, 1a
die Brust, -ü-e 12, 2b
buchen 1, 1b
die Buchhandlung, -en 1, 4c
die Bühne, -n Panorama 1, 1a
der Bundespräsident, -en 1, 7a
die Bundespräsidentin, -nen 1, 7a
die Burg, -en Dt. in Bildern, 1a

C

der Champignon, -s 13, 4b
die Chance, -n 2, 1a
chatten 2, 1a
die Chilisoße, -n Panorama 7, 3c
der Chor, -ö-e 2, 8a
der Clown, -s 12, 6b
der Computervirus, -viren 10, 6a
die **Creme**, -s 14, 4a
die Currywurst, -ü-e Dt. akt. 13/14, 5a

D

d.h. (das heißt) 9, 8b
da sein 1, 1b
dabei sein 3, 5b
das Dachgeschoss (DG), -e 7, 3a
damals 8, 1b
dass 3, 2a
die **Datei**, -en 9, 5
die **Daten** (Pl.) 9, 7a
decken (den Tisch) 15, 4a
der Dekorateur, -e 8, 4b
die Dekorateurin, -nen 8, 4b
die Dekoration, -en 15, 6a
dekorieren Panorama 2, 2b
das Denkmal, -ä-er Dt. in Bildern, 1a
denn 3, 5b
deutschsprachig 4, 5a
der Dieb, -e Dt. akt. 13/14, 5a
die Diebin, -nen Dt. akt. 13/14, 5a
diesmal 4, 5a
digital 10, 6a
diskutieren 1, 1b
das Display, -s 10, 1a
der DJ, -s 15, 4a
die Dokumentation (Doku), -en 4, 1
der Dom, -e 7, 1
doppelt- 9, 2d
dringend 10, 4b
das Drittel, - 9, 8b
die Drogerie, -n 14, 4a
drücken 2, 3b
der **Drucker**, - 14, 4a
dumm 11, 2b
dünn 11, 2b
durch (lokal) 1, 4d
die Durchwahl, -en 2, 3b
duschen (sich) 5, 3a

E

die **Ecke**, -n 8, 1b
egal 6, 1c
ehemalig 8, 1b
ehrlich 11, 1a
der Eierkuchen, - 13, 6a
eifersüchtig 11, 3a
eigen- 3, 8a
eigentlich 10, 6a
die Einbauküche (EBK), -n 7, 3a
das Einchecken (Sg.) Dt. akt. 1/2, 1c
einig- 9, 1b
der **Einkauf**, -äu-e 5, 1a
das **Einkaufszentrum**, -zentren Panorama 3, 1a
ein|schalten 9, 6a
ein|schlafen 12, 4d
der Einstufungstest, -s 2, 3d
die Eintrittskarte, -n 1, 1a
der Einwanderer, - 8, 4b
die Einwanderin, -nen 8, 4b
einzeln 4, 6c
einzig- 14, 2a
die Eisdiele, -n 1, 4c
der Elektromarkt, -ä-e 14, 2a
elektronisch 10, 6a
emotional 14, 2a
der **Enkel**, - 3, 1a
die **Enkelin**, -nen 3, 1a
enthalten 10, 6a
entscheiden 4, 8b
die Entscheidung, -en 1, 1b
entschuldigen (sich) 5, 5a
entspannt 5, 7b
die Entspannung (Sg.) 1, 7a
entstehen 6, 7b
die Entwicklung, -en 10, 6a
der Erdapfel, -ä- 13, 6a
die Erdnuss, -ü-e 13, 3a
der Erfolg, -e 4, 5a

	erfüllen	14, 6a
	ergänzen	6, 6c
	erholen sich	5, 7b
die	Erholung (Sg.)	5, 7a
	erinnern (sich)	8, 1b
	erkennen	10, 3d
	erreichbar	12, 2b
	erreichen	12, 2b
	ersetzen	4, 8b
der	**Erwachsene**, -n	3, 5b
die	**Erwachsene**, -n	3, 5b
der	Essig (Sg.)	13, 4a
	exotisch	1, 7a
	extern	10, 2e
	extra	Dt. akt. 7/8, 6a

F

die	Fachhochschule, -n	9, 8b
die	Fahne, -n	Panorama 8, 1a
der	**Fahrplan**, -ä-e	5, 1a
die	Farbberatung, -en	2, 8b
das	Fass, -ä-er	6, 7b
	fehlen	6, 6c
der	Feinschmecker, -	13, 6a
das	**Fernsehen** (Sg.)	3, 5b
das	**Festival**, -s	1, 1a
die	**Figur**, -en	11, 2c
der	Filmemacher, -	8, 7b
das	Filmfestival, -s	8, 7b
der	Finderlohn, -ö-e	7, 9a
der	Finger, -	12, 2a
die	Flatrate, -s	10, 1a
der	**Flug**, -ü-e	1, 1b
der	Flugbegleiter, -	6, 7b
die	Flugbegleiterin, -nen	6, 7b
der	**Flughafen**, -ä-	1, 1a
der	Fluglärm (Sg.)	7, 2a
das	Flugticket, -s	1, 1a
die	Forelle, -n	13, 4b
die	Form, -en	Panorama 7, 3c
das	**Formular**, -e	6, 6b
der	**Franken**, -	Panorama 3, 1a
	fremd	7, 9b
die	Fremdsprache, -n	2, 3a
	freuen sich	5, 5a
die	Freundschaft, -en	11, 1a
	frisch	13, 1a
	froh	5, 4c
das	Fruchteis (Sg.)	13, 1a
	fühlen (sich)	5, 5a
	furchtbar	3, 9a

G

die	**Gabel**, -n	13, 4a
die	Garnele, -n	13, 4b
der	Gartenzwerg, -e	Dt. in Bildern, 1a
das	Gebäck, -e	13, 6a
das	Gebäude, -	Panorama 3, 1c
	geboren sein	8, 4b
das	Geburtsdatum, -daten	12, 3a
das	Geburtshaus, -äu-er	Dt. in Bildern, 1a
das	Gedicht, -e	3, 8a
	gegen (lokal)	1, 4d
	gegenüber (lokal)	1, 4d
das	**Gehalt**, -ä-er	9, 2d
das	Gehirn, -e	12, 3b
die	Gehirnerschütterung, -en	12, 3b
die	**Geldbörse**, -n	1, 6b
	gelten	4, 8b
	gemeinsam	5, 1a
	genauso	3, 5b
	genießen	1, 7a
das	**Gepäck** (Sg.)	1, 1a
	gerade	5, 5a
das	**Gericht**, -e	13, 1a
	gesamt	6, 5c
das	**Geschirr** (Sg.)	15, 4a
die	Gesundheitskarte, -n	12, 3a
das	Gewicht (Sg.)	6, 5a
	gewinnen	3, 6c
das	**Gewitter**, -	15, 6a
das	Gewürz, -e	13, 1a
	gießen	Panorama 2, 2b
	gleich-	11, 1b
die	Glocke, -n	Panorama 8, 1d
die	GPS-App, -s	10, 2e
	gratulieren	15, 2c
der	Grill, -s	13, 4b
die	**Grippe**, -n	12, 3c
die	**Größe**, -n	6, 5a
der	Grund, -ü-e	6, 6c
	gründen	9, 1b
die	Grundschule, -n	8, 6a
	grüßen	9, 1b
das	Gucken (Sg.)	6, 1c
der	Gulasch, -e	13, 6a
das	Gymnasium, Gymnasien	8, 4b

H

das	**Haar**, -e	Dt. akt. 3/4, 3b
das	Hähnchencurry, -s	13, 3a
	halb-	4, 8b
die	**Halle**, -n	3, 8a
das	Hallenbad, -ä-er	5, 7a
	halten	10, 2b
die	Hand-Augen-Koordination (Sg.)	3, 5b
die	Handtasche, -n	1, 4d
	häufig	3, 6c
das	Hauptgericht, -e	13, 3d
die	Hauptrolle, -n	8, 4b
die	Hauptschule, -n	8, 4b
die	**Hauptstadt**, -ä-e	8, 7c
der	**Haushalt**, -e	5, 5a
das	Haustier, -e	3, 1a
	hektisch	5, 5a
	herunter|laden	10, 4b
das	Herz, -en	15, 6a
	heutig	10, 6a
die	**Hilfe**, -n	9, 2a
	hilflos	12, 2b
	historisch	Panorama 3, 1a
der	Hochzeitsplaner, -	15, 6a
die	Hochzeitsplanerin, -nen	15, 6a
der	Hof, -ö-e	7, 9a
	hoffentlich	1, 1b
die	Hoffnung, -en	2, 1a
die	Höhe, -n	6, 5a
das	Holz (Sg.)	6, 7b
das	Honorar, -e	16, 1b
das	Hostel, -s	5, 7a
	hübsch	4, 4c
das	Huhn, -ü-er	11, 2b
der	Humor (Sg.)	12, 6b
	Hurra!	1, 1b
der	Husten (Sg.)	12, 3c

I

die	**Idee**, -n	5, 7b
die	Identität, -en	13, 6a
	Ihr Lieben!	15, 1a
	im Angebot (sein)	6, 3a
	in der Nähe	5, 1a

mehrer- 1, 7a
die **Meinung**, -en 10, 6d
meist 4, 5a
die Meisterschaft, -en 3, 5b
die **Menge**, -n 6, 5c
merken 3, 5b
die **Messe**, -n Dt. in Bildern, 1a
das **Messer**, - 13, 4a
das Metall (Sg.) 6, 5a
die **Miete**, -n 7, 2a
der Mieter, - 7, 3a
die Mieterin, -nen 7, 3a
das Mietshaus, -äu-er Panorama 2, 1
die Migration (Sg.) 2, 1a
mild 13, 3a
die Minibar, -s 6, 7b
Mit freundlichen Grüßen ... 9, 7a
der **Mitarbeiter**, - 5, 7a
die **Mitarbeiterin**, -nen 5, 7a
der Mitbewohner, - 7, 9a
die Mitbewohnerin, -nen 7, 9a
die **Möbel** (Pl.) 6, 1c
das Modell, -e Panorama 5, 1d
der Moderator, -en 4, 5a
die Moderatorin, -nen 4, 5a
moderieren 4, 5a
möglich 8, 7b
die Möglichkeit, -en 15, 6a
Moin! Dt. in Bildern, 2b
die Monarchie, -n 13, 6a
monatlich 7, 3c
das Motto, -s 13, 1a
die Münze, -n Panorama 3, 1a
die Musikanlage, -n 15, 4a
der Muslim, -e 8, 4b
die Muslimin, -nen 8, 4b
mutig 11, 2b
der Muttersprachler, - 2, 6a
die Muttersprachlerin, -nen 2, 6a

N

die **Nachricht**, -en 4, 1
nächst- 3, 5b
der Nachtisch (Sg.) 13, 3a
die **Nähe** (Sg.) 5, 1a
die Nation, -en 16, 1b
die **Natur** (Sg.) 1, 7a
navigieren 10, 3d
die Nebenkosten (NK) (Pl.) 7, 3a
nennen 14, 6a
nervös 3, 3a
das Neue (etwas Neues) 6, 7b
nie 5, 2a
nördlich Panorama 1, 1b
normal 4, 8b
die Notaufnahme, -n 12, 1a
die **Note**, -n 8, 6a
der Notruf, -e 12, 2a
die Notrufzentrale, -n 12, 2b
die Nuss, -ü-e 13, 1a
nutzen 4, 8b
nutzlos 10, 6a

O

ob 10, 1d
das Obergeschoss (OG), -e 7, 3a
öde 15, 5a
der Ofen, Ö- Panorama 7, 3c
öffentlich 5, 1a
offiziell 11, 7b
die Öffnungszeit, -en 1, 7a
die Olive, -n 13, 4b
olympisch 8, 4b
der **Onkel**, - 3, 1b
online 4, 8b
der Online-Shop, -s 6, 7b
die Online-Videothek, -en 4, 8b
das OpenAir, -s 16, 3a
die **Operation**, -en 12, 3a
der Optiker, - 14, 4a
der Ordner, - 9, 5
die Organisation, -en 5, 1a
der **Osten** (Sg.) Panorama 1, 1b
österreichisch 8, 7b
östlich Panorama 1, 1b

P

das **Paar**, -e 4, 6c
das **Paket**, -e 6, 6c
die Palatschinke, -n (A) 13, 6a
die Panne, -n 15, 6a
der Papagei, -en 3, 1b
das **Papier**, -e 8, 1b
das **Parfüm**, -s 14, 4a
der **Park**, -s 1, 5b
das Parkhaus, -äu-er 14, 1a
der Parkplatz, -ä-e 1, 5b
das Parlament, -e Panorama 3, 1a
der Patient, -en 12, 1a
die Patientin, -nen 12, 1a
peinlich 9, 1b
perfekt 13, 3a
persönlich 14, 1a
das Pfahlhaus, -äu-er Panorama 1, 1a
der Pfannkuchen, - 13, 6a
der **Pfeffer** (Sg.) 13, 4a
pfeifen 3, 7
das **Pferd**, -e Panorama 8, 1a
der Pfiff, -e 3, 5b
pflanzen Panorama 2, 2b
das Picknick, -e 15, 3b
planen 5, 1a
das Plastik (Sg.) 6, 7b
plötzlich 4, 5a
der Poet, -en 3, 8a
der Poetry-Slam, -s 3, 8a
die Politik (Sg.) 2, 8a
der Politiker, - Panorama 3, 1a
die Politikerin, -nen Panorama 3, 1a
das Postfach, -ä-er 9, 5
die **Postkarte**, -n 1, 1a
der **Preis**, -e 4, 5a
preiswert 14, 5d
die Prepaid-Karte, -n 10, 1a
privat 9, 7d
die Produktion, -en Dt. in Bildern, 1a
der Profi, -s 15, 6a
das Protokoll, -e 9, 5
das Publikum (Sg.) 3, 8a
der **Punkt**, -e 5, 5a
pünktlich 5, 4c
pur 6, 5a
putzen 12, 1b

Q

der Quadratmeter (qm), - 5, 7a
der Quatsch (Sg.): So ein Quatsch! 3, 1b
das **Quiz**, - 4, 2a

der Strandkorb, -ö-e — Dt. in Bildern, 1a
streiten sich — 5, 4a
streng — 8, 1b
der **Stress** (Sg.) — 5, 4c
stressig — 1, 1b
der Strom (Sg.) — 7, 3a
die Studie, -n — 9, 8b
das **Studium**, Studien — 8, 4b
stürzen — 12, 2a
der **Süden** (Sg.) — Panorama 1, 1b
südlich — Panorama 1, 1b
der **Supermarkt**, -ä-e — 5, 1a
die **Suppe**, -n — 13, 1a
surfen — 2, 1a
die Surfschule, -n — 2, 1a
der Sushi-Kurs, -e — 3, 1b
das Symbol, -e — Panorama 8, 1d

T

das Tandem (Sg.) — 2, 6a
die **Tante**, -n — 3, 1a
der Tanz, -ä-e — 2, 8b
der Tarif, -e — 10, 1a
die Tastatur, -en — 10, 2e
die Taste, -n — 2, 3b
das **Team**, -s — 9, 1b
technisch — 9, 7a
der **Teil**, -e — 4, 6c
teilen — 11, 7c
teil|nehmen — 8, 4b
der Teppich, -e — 6, 1c
das **Thema**, Themen — 11, 7a
tief — Dt. akt. 3/4, 5
tierisch — 11, 7b
die Tischleuchte, -n — 6, 5a
das **Tischtennis** (Sg.) — 3, 1a
das Tor, -e — 1, 4d
die Tracht, -en — Panorama 8, 1d
träumen — 15, 5c
treffen (sich) — 5, 5a
die **Treppe**, -n — 9, 1b
trocken — 13, 4d
der Trolley, -s — 6, 7a
die Trommel, -n — Panorama 8, 1a
das Turmspringen (Sg.) — 3, 1a

U

üben — 3, 5b
übernehmen — 15, 6a
die Überraschung, -en — 15, 1a
übersetzen — 11, 2b
der Übersetzer, - — 2, 1a
die Übersetzerin, -nen — 2, 1a
die **Übersetzung**, -en — 2, 3a
das Uhrwerk, -e — Dt. in Bildern, 1a
umsonst — 10, 4b
umweltbewusst — 6, 7b
umweltfreundlich — 10, 6a
die Umwelttechnik, -en — 2, 1a
der Umwelttechniker, - — 2, 1a
die Umwelttechnikerin, -nen — 2, 1a
unbedingt — 1, 8
unfreundlich — 9, 1b
ungewöhnlich — 11, 7b
unglaublich — 8, 3b
das Unglück (Sg.) — 11, 1b
die Uniform, -en — Panorama 8, 1a
unsicher — 10, 6d
der Unsinn (Sg.) — 11, 2b
unterhalten (sich) — 8, 1b
unternehmen — Panorama 6, 1a
unterwegs sein — 5, 1a
das Upcycling (Sg.) — 6, 7b
ursprünglich — 13, 6a

V

die Vase, -n — 7, 6d
vegan — 13, 1a
vegetarisch — 13, 1a
verabschieden — Panorama 8, 1c
verantwortlich — 15, 6a
verbinden — 2, 3b
verbrauchen — 10, 6a
verbrennen — Panorama 8, 1a
der **Verein**, -e — 12, 6b
das Verhalten (Sg.) — 14, 2a
verhalten sich — 9, 1b
verkehrsgünstig — 7, 2a
verlassen — 2, 1a
verletzen (sich) — 12, 1a
der Verletzte, -n — 12, 2b
die Verletzte, -n — 12, 2b
die Verletzung, -en — 12, 1a
verlieben sich — 11, 3a
verliebt (sein) — 11, 2b
verlieren — 1, 1b
die Verlustanzeige, -n — 1, 4d
der **Vermieter**, - — 7, 3a
die **Vermieterin**, -nen — 7, 3a
versammeln (sich) — 14, 6a
verschenken — 7, 9a
verschieben — 9, 7c
verschieden- — 2, 3d
verschlafen — 5, 2a
das Verständnis (Sg.) — 7, 9a
der **Vertrag**, -ä-e — 10, 1a
verwenden — 13, 1a
die Videofunktion, -en — 10, 2b
vierköpfig — 4, 6c
virtuell — 8, 7c
die Visitenkarte, -n — Panorama 5, 1a
die Vogelstimme, -n — 10, 3d
die Volkshochschule (VHS), -n — 2, 8a
vor allem — 3, 5b
vorbei|kommen — 7, 9a
vorher — 4, 5a
vor|lesen — 3, 1a
der **Vorschlag**, -ä-e — 15, 6a
vor|schlagen — 9, 7a
vorsichtig — 9, 1b
die Vorspeise, -n — 13, 4b
vor|sprechen — 3, 8a
vor|stellen — 5, 1a
die Vorstellung, -en — 16, 1b

W

wachsen — 16, 6a
wählen — 2, 3b
wahr — 8, 3b
der Wanderverein, -e — Panorama 6, 2
das Warenhaus, -äu-er — Panorama 3, 1a
was für ein — 4, 2a
die **Wäsche** (Sg.) — 5, 4a
waschen (sich) — 5, 2a
der Wasserfall, -ä-e — Panorama 1, 1a
wechseln — 8, 4b
weg sein — 1, 4d
weg|fliegen — 7, 9b
weg|laufen — 7, 9a
weg|werfen — 6, 1c

	weich	6, 5a
	weil	2, 1a
	weinen	11, 2b
die	Weinhandlung, -en	14, 4a
das	Weinlokal, -e	14, 6a
	weiter|leiten	9, 5
die	Wellness (Sg.)	5, 5a
der	Wellnessbereich, -e	5, 7a
	wenn	9, 2a
	werden	2, 8b
der	**Westen** (Sg.)	Panorama 1, 1b
	westlich	Panorama 1, 1b
der	**Wettbewerb**, -e	3, 1b
der	Wettkampf, -ä-e	Panorama 6, 1a
der	Whirlpool, -s	5, 7a
	widersprechen	10, 6d
	wieder|kommen	5, 7b
das	Wildschwein, -e	11, 2b
	wissen	8, 1b
	witzig	4, 5a
	wohl|fühlen sich	Dt. akt. 5/6, 2
das	Wohnhaus, -äu-er	1, 1b
das	**Wort**, -ö-er	3, 8a
	Wow!	5, 7b
das	Wunder, -	10, 6a
	wundern sich	9, 3b
der	**Wunsch**, -ü-e	2, 1a
	wüschen (sich)	15, 1a
das	**Würstchen**, -	7, 9a

Z

	z. B. (zum Beispiel)	1, 7a
der	Zaubertrick, -s	12, 6b
	zeichnen	10, 4b
die	**Zeitschrift**, -en	11, 2a
das	**Zeugnis**, -se	8, 4b
	zielorientiert	14, 2a
die	Zigarette, -n	11, 3a
die	Zirkusartistik (Sg.)	16, 1b
das	Zitat, -e	11, 1c
der	Zoll (Sg.)	10, 1c
der	**Zoo**, -s	7, 1
der	Zufall, -ä-e	8, 4b
das	Zuhause (Sg.)	11, 7b
	zu|hören	Panorama 5, 1a
	zum ... bringen	11, 7b
	zurück|bekommen	Panorama 3, 2b
	zurück|gehen	1, 4d
	zurück|kommen	15, 2b
	zurück|liegen	4, 5a
	zurück|schicken	6, 6b
	zusammen|halten	11, 2b
	zusammen|leben	11, 7b
der	Zuschauer, -	16, 1a
die	Zuschauerin, -nen	16, 1a
	zu|stimmen	10, 6d
die	Zutat, -en	13, 1a
	zuverlässig	10, 6a
der	Zwilling, -e	Dt. akt. 11/12, 3

Konzept

PANORAMA ist ein Lehrwerk für erwachsene Lernende ohne Vorkenntnisse, die im In- und Ausland Deutsch lernen. Es führt in drei Gesamt- bzw. in sechs Teilbänden zu den Niveaustufen A1, A2 und B1 des Gemeinsamen europäischen Referenzrahmens und bereitet auf die entsprechenden Prüfungen des Goethe-Instituts sowie die telc-Prüfungen vor.

Mit dem vorliegenden Band A2 erreicht man das Niveau in 90 bis 120 Unterrichtseinheiten.

1 Was uns wichtig war

Die folgenden Ziele und Schwerpunkte waren uns bei der Entwicklung des Lehrwerks wichtig:

Authentisches Sprachhandeln

Das grundlegende Ziel eines modernen Fremdsprachenunterrichts ist es, in der Fremdsprache den Situationen entsprechend angemessen und differenziert sprachlich handeln zu können. Um das zu erreichen, ist – neben der Erarbeitung von Wortschatz und Strukturen – die Förderung aller fünf Fertigkeiten (Hören, Sprechen, Lesen, Schreiben und Hör-Sehen) wichtig. Dies geschieht in PANORAMA in integrativer Form, d. h. in vielen Aufgaben werden mehrere Fertigkeiten in direktem Bezug zueinander gefördert. Dabei werden das (Welt-)Wissen und die Erfahrungen der TN einbezogen. Den Abschluss einer Lernsequenz bilden die Zielaufgaben mit Ich-Bezug, in denen die TN in authentischen Kontexten selbstständig produktiv in der Fremdsprache handeln.

Mehrkanaliges Lernen

Es gibt unterschiedliche Lernertypen, die einen lernen mit Visualisierungen am besten, andere wollen alles hören. Alle Typen haben gemeinsam, dass eine Kombination der Wahrnehmungskanäle am nachhaltigsten ist. Die visuelle und akustische Präsentation der Lerninhalte über Bilder, Lese- und Hörtexte ist Standard. Darüber hinaus bieten wir die Lerninhalte in verschiedenen medialen Formen an. So ist die Arbeit mit dem Video – und damit die Förderung des Hör-Sehens – in den Verlauf der Einheiten und direkt ins Unterrichtsgeschehen integriert. Die Videoarbeit hat außerdem auch ein hohes Motivationspotential, da die Video-Clips empathisches Verstehen erleichtern und so ein lebendiges, direktes und attraktives Erleben der Sprache ermöglichen.

Die Augmented-Reality-Materialien (= Video-Clips und Video-Slideshows) ermöglichen ein selbstgesteuertes, individuelles Lernen. Sie sind aber auch im Unterricht einsetzbar. Hinweise dazu finden Sie in den Kommentaren zu den Einheiten.

Das Unterrichten mit PANORAMA ist allerdings auch ohne Video und Augmented-Reality-Materialien möglich, ohne dass die Progression Schaden nimmt. Die Dialoge aus den Video-Clips liegen Ihnen auch als Hörtexte vor.

Inhalt vor Form

Die kommunikativen Lernziele werden in den Kann-Bestimmungen des Gemeinsamen europäischen Referenzrahmens dargestellt und dienten uns als Grundlage für die Entwicklung der Progression. Damit die TN diese Kompetenzen erwerben können, sind bestimmte „Werkzeuge“ nötig: Dazu gehören neben Wortschatz und Redemitteln auch grammatische Strukturen. Für das Konzept von PANORAMA bedeutet das, dass eine Form nicht um ihrer selbst willen eingeführt wird, sondern immer zunächst im Rahmen eines inhaltlich relevanten Kontextes präsentiert wird. Es folgt die Bewusstmachung, dann das Üben und das gesteuerte Anwenden als Vorbereitung zum möglichst eigenständigen Transfer.

Sicheres und flüssiges Sprechen

Das Sprechen im Fremdsprachen-Unterricht (und ganz besonders im Anfangsunterricht) hat weit mehr Funktionen als „nur“ den mündlichen Austausch. Es hilft beim Einprägen des Wortschatzes, sorgt durch Automatisierung dafür, dass grammatische Strukturen nicht nur verstanden, sondern auch flüssig angewendet werden, und ist natürlich unerlässlich für das Erlangen einer adäquaten, d. h. verständlichen Aussprache. Wir legen deshalb viel Wert auf Aufgaben- und Arbeitsformen, die die Sprechanteile der TN gezielt erhöhen, sei es durch wechselnde Sozialformen wie Partner- und Gruppenarbeit oder auch durch kooperative Aufgaben.

Sinnvolles Üben

Beim Üben – im Gegensatz zum Testen – soll es nicht darum gehen, Wissen abzufragen, sondern die sprachlichen Kompetenzen zu trainieren und zu festigen, möglichst anhand für die TN persönlicher, bedeutungsvoller Aussagen. Je emotional ansprechender eine Aufgabe oder Übung ist – sei es durch die Arbeitsform oder durch den Inhalt –, desto wirkungsvoller ist sie. Deshalb finden Sie in PANORAMA regelmäßig Lieder, Spiele und Rätsel sowie Aufgaben, bei denen sich die TN bewegen und kooperieren.

Die Deutsch-aktiv-Doppelseiten erweitern das Übungsangebot, fördern die Lernerautonomie anhand von spielerischen Aufgaben mit der Möglichkeit gegenseitiger Kontrolle und können auch binnendifferenzierend im Unterricht eingesetzt werden.

Wichtig ist uns auch, dass den TN ausreichende und vielfältige Möglichkeiten zum selbstständigen Üben vorliegen. Dazu gehört neben den Augmented-Reality-Materialien auch das Übungsbuch, das ein eigenständiges Arbeiten zu Hause erlaubt (dazu s. S. 189).

Spannende Einblicke in die deutschsprachige Lebenswelt

In den Einheiten wie auch auf den Panorama-Doppelseiten werden zahlreiche Informationen über die DACH-Länder und deren Kultur vermittelt. Die TN werden zum Vergleich mit der eigenen Kultur angeregt und damit wird das interkulturelle Lernen gefördert.

Schnelle Erfolgserlebnisse

Wenn man Erfolg hat, macht das Lernen besonders viel Spaß. Kurze Einheiten, Lernphasen, die mit einem vorzeigbaren Ergebnis enden, Aufgaben, die gegenseitiges Helfen fördern, sowie schnelle Fortschritte beim Sprechen motivieren die TN beim Lernen und machen Lust auf mehr.

2 Das Kursbuch

Die Gesamtbände umfassen 16 klar strukturierte Einheiten mit jeweils sechs Seiten. Die Teilbände haben dementsprechend jeweils acht Einheiten. Im zweiten Teilband entsprechen die Seitenzahlen denen im Gesamtband, sodass beide Ausgaben parallel im Unterricht verwendet werden können.

Nach jeweils zwei Einheiten folgt eine Deutsch-aktiv-Doppelseite. Diese Seiten bieten zusammenfassende Wiederholungsaufgaben für den Kursraum. Die anschließenden Panorama-Doppelseiten sind in die Progression eingebunden und präsentieren einen landeskundlichen Schwerpunkt aus den deutschsprachigen Ländern. Das Gelernte aus den vorherigen Einheiten wird hier zusammengefasst und erweitert, wobei die großzügige Bebilderung zahlreiche Sprechanlässe bietet.

Im Anhang des Kursbuchs befinden sich die Partnerseiten, Phonetik zu den Einheiten 1 bis 16, Transkripte der in den Einheiten nicht oder nicht vollständig abgedruckten Hörtexte sowie die alphabetische Wortliste.

3 Aufbau einer Einheit

Alle Einheiten folgen einem einheitlichen und linearen Aufbau, d.h. die Präsentation und Vermittlung der Lerninhalte sowie die Reihenfolge der Aufgaben ist chronologisch aufgebaut. Das betrifft auch den Schwierigkeitsgrad der Übungen und Aufgaben.

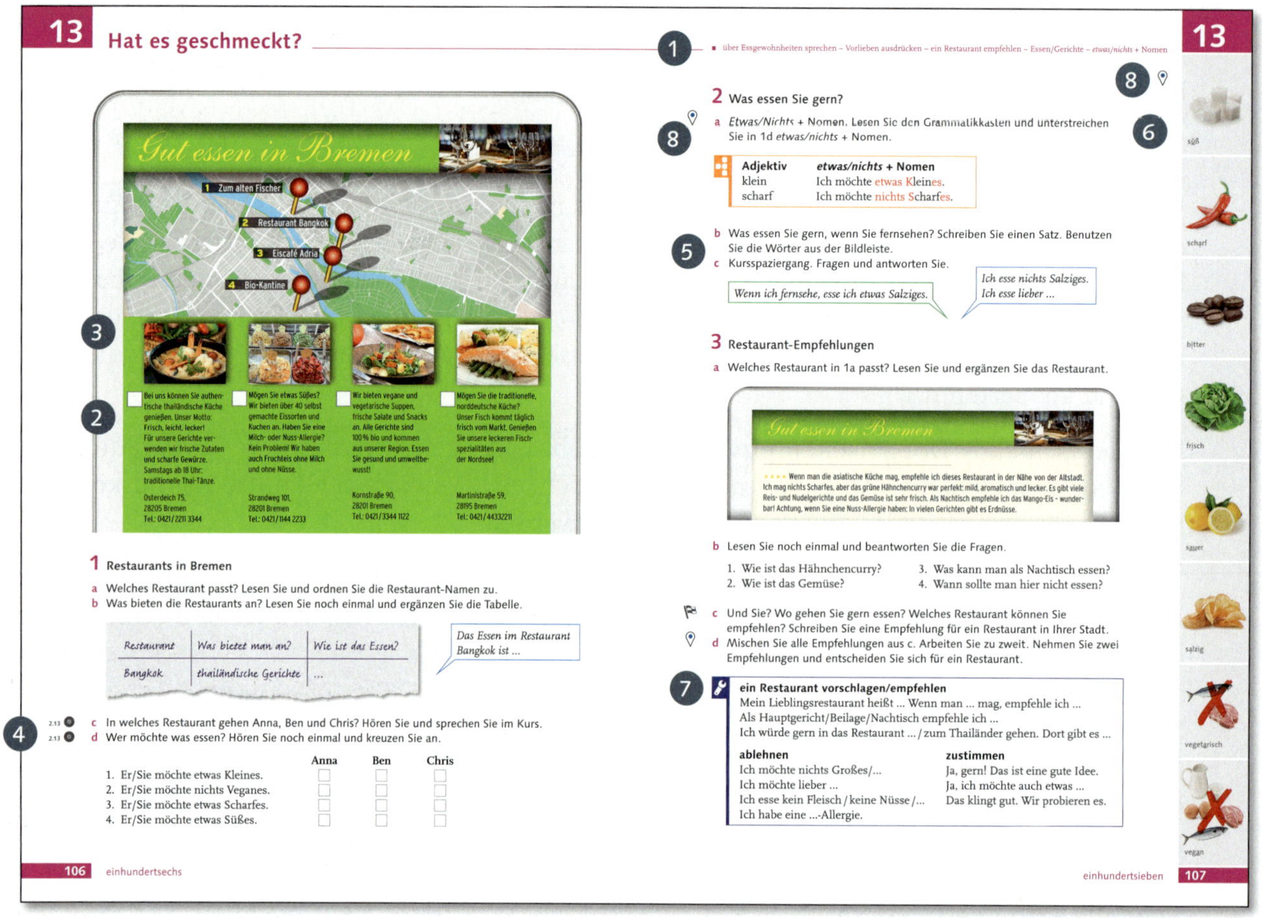

Um Ihnen und den TN die Orientierung innerhalb der Einheiten zu erleichtern, sind die Lerninhalte und -ziele ❶ in der Kopfzeile auf jeder Doppelseite ausgewiesen.

Präsentation der Lerninhalte

Jede Einheit beginnt mit einem Input zu dem neuen Thema – anhand von authentischen Lese- oder Hörtexten ❷. Im ersten Schritt erfolgt eine Vorentlastung durch einen visuellen Impuls in Form von Abbildungen ❸. Beim Austausch darüber wird das Vorwissen der TN abgefragt, bekannte Inhalte und Formen werden wiederholt und angewendet und einfache neue Strukturen mitgegeben.

Alle Fertigkeiten werden in sinnvollen Lernsequenzen systematisch und integrativ trainiert. Dazu gehört auch die Vermittlung von Lese- und Hörstrategien ❹, die das globale, selektive und detaillierte Verstehen unterstützen.

Automatisierung

Damit die TN schnell und sicher flüssig sprechen können, reicht es nicht aus, neue Wörter zu erlernen oder eine grammatische Struktur verstanden zu haben. Deshalb werden sowohl die neue Lexik, aber v. a. auch neue Strukturen in Automatisierungsaufgaben ❺ geübt und gefestigt. Das geschieht durch die mehrfache Wiederholung einer Struktur mit einer logisch sinnvollen Variation, die die Konzentration auf den Inhalt lenkt und bei der die Form quasi nebenbei mitgegeben wird. Die Automatisierungsaufgaben sind so gesteuert, dass die TN möglichst keine Fehler machen.

Visualisierung von Wortschatz

Die Themen und der Wortschatz in PANORAMA orientieren sich am Gemeinsamen europäischen Referenzrahmen und den entsprechenden Prüfungen des Goethe-Instituts. Bei der Vermittlung von Wortschatz wird großer Wert auf Wortverbindungen gelegt, die z.T. das grammatische Niveau übersteigen und von den TN als Ganzes gelernt werden sollen, ohne analysiert zu werden.

Zur Unterstützung des Lernprozesses werden die wichtigsten Wörter eines Wortfelds in einer Bildleiste ⑥ präsentiert. Bevor die TN sie produktiv anwenden, haben sie die Möglichkeit, die Wörter zunächst „in den Mund zu nehmen", d.h. sie zu lesen und nachzusprechen und dabei die Aussprache und den Wortakzent zu lernen. Der Wortschatz wird dabei durch mehrere Kanäle (Sehen, Hören, Sprechen) vermittelt, sodass er nachhaltig gespeichert werden kann.

Neben den Bildleisten (und den Grammatikkästen) haben auch die Redemittelkästen ⑦ Werkzeugfunktion, das heißt, sie sind eine direkt zur Verfügung stehende Hilfe zur Realisierung der Sprachhandlungen. Gleichzeitig dienen sie als Lernhilfe zum systematischen Lernen von Redemitteln in ihrer kommunikativen Funktion.

Die Augmented-Reality-Materialien: Selbstständiges Üben und Visualisierung

Durch die kostenlose App *PagePlayer* haben die Lerner Zugang zu Video-Clips, die sie auf ihr Smartphone oder Tablet laden können. Das Icon weist auf die Augmented-Reality-Materialien hin ⑧.

Folgende Augmented-Reality-Materialien gibt es zu PANORAMA:

- Wortschatz-Slideshows zu den Bildleisten: Der dort präsentierte Wortschatz kann mithilfe der Videos in zwei bis drei Phasen trainiert werden. Die Wörter werden gehört und nachgesprochen und/oder sie werden abgefragt und können zur Kontrolle gehört werden. Eine dritte Phase ermöglicht das Lernen im Kontext: Die TN beantworten Fragen mit dem Wortschatz, ergänzen Wortverbindungen u. ä.
- Grammatik-Animationen: Ausgewählte Grammatikstrukturen werden in den Clips visualisiert und bieten somit eine andere Art der Erklärung des Grammatikthemas.
- Phonetik-Videos: Hier werden das flüssige Sprechen sowie die Melodie und der Rhytmus der deutschen Sprache unter professioneller Anleitung gezielt geübt.
- Quiz-Videos zu den Panorama-Doppelseiten: Das Thema der jeweiligen Panorama-Doppelseite wird anhand von weiteren Fotos und einem erklärenden Text auf dem sprachlichen Niveau der TN um interessante landeskundliche Informationen erweitert. Am Ende wird den TN eine Frage zur Verständnissicherung gestellt.

Der Vorteil aller Augmented-Reality-Materialien: Sie können beliebig oft – im Unterricht, zu Hause oder auch unterwegs – genutzt werden. Die TN können somit überall selbstständig üben. Die häufige Wiederholung und die visuellen Verknüpfungen führen zu einer effektiven Verbesserung der Sprechfähigkeit und helfen, das Gelernte im Gedächtnis zu verankern.

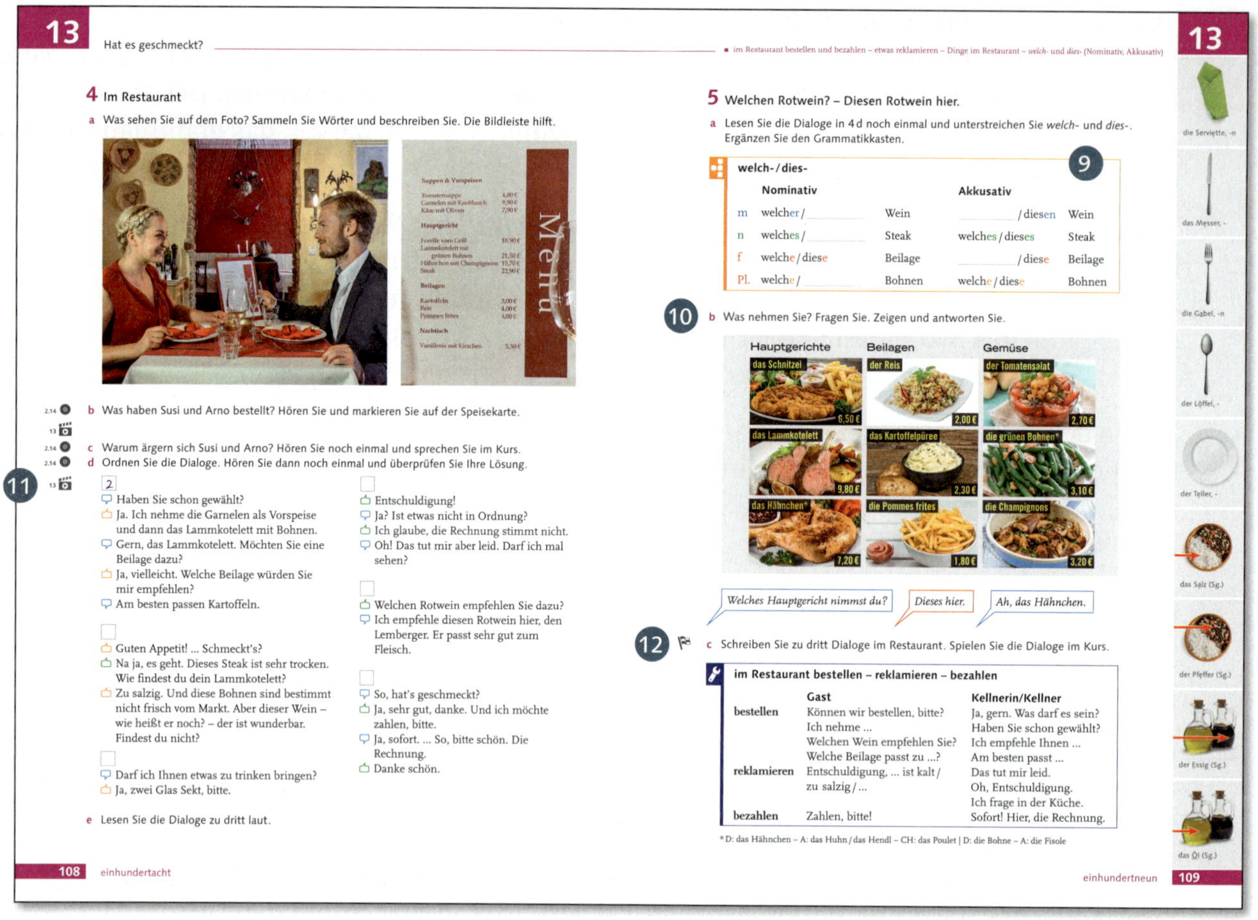
13 Hat es geschmeckt?

■ im Restaurant bestellen und bezahlen – etwas reklamieren – Dinge im Restaurant – *welch-* und *dies-* (Nominativ, Akkusativ) 13

4 Im Restaurant

a Was sehen Sie auf dem Foto? Sammeln Sie Wörter und beschreiben Sie. Die Bildleiste hilft.

Menu

Suppen & Vorspeisen
Tomatensuppe 4,80 €
Garnelen mit Knoblauch 9,90 €
Käse mit Oliven 7,90 €

Hauptgericht
Forelle vom Grill 18,90 €
Lammkotelett mit grünen Bohnen 21,50 €
Hähnchen mit Champignons 15,70 €
Steak 22,90 €

Beilagen
Kartoffeln 3,00 €
Reis 4,00 €
Pommes frites 4,00 €

Nachtisch
Vanilleeis mit Kirschen 5,50 €

2.14 b Was haben Susi und Arno bestellt? Hören Sie und markieren Sie auf der Speisekarte.

13

2.14 c Warum ärgern sich Susi und Arno? Hören Sie noch einmal und sprechen Sie im Kurs.

2.14 d Ordnen Sie die Dialoge. Hören Sie dann noch einmal und überprüfen Sie Ihre Lösung.

11 13

2
- Haben Sie schon gewählt?
- Ja. Ich nehme die Garnelen als Vorspeise und dann das Lammkotelett mit Bohnen.
- Gern, das Lammkotelett. Möchten Sie eine Beilage dazu?
- Ja, vielleicht. Welche Beilage würden Sie mir empfehlen?
- Am besten passen Kartoffeln.

☐
- Guten Appetit! ... Schmeckt's?
- Na ja, es geht. Dieses Steak ist sehr trocken. Wie findest du dein Lammkotelett?
- Zu salzig. Und diese Bohnen sind bestimmt nicht frisch vom Markt. Aber dieser Wein – wie heißt er noch? – der ist wunderbar. Findest du nicht?

☐
- Darf ich Ihnen etwas zu trinken bringen?
- Ja, zwei Glas Sekt, bitte.

☐
- Entschuldigung!
- Ja? Ist etwas nicht in Ordnung?
- Ich glaube, die Rechnung stimmt nicht.
- Oh! Das tut mir aber leid. Darf ich mal sehen?

☐
- Welchen Rotwein empfehlen Sie dazu?
- Ich empfehle diesen Rotwein hier, den Lemberger. Er passt sehr gut zum Fleisch.

☐
- So, hat's geschmeckt?
- Ja, sehr gut, danke. Und ich möchte zahlen, bitte.
- Ja, sofort. ... So, bitte schön. Die Rechnung.
- Danke schön.

e Lesen Sie die Dialoge zu dritt laut.

5 Welchen Rotwein? – Diesen Rotwein hier.

a Lesen Sie die Dialoge in 4 d noch einmal und unterstreichen Sie *welch-* und *dies-*. Ergänzen Sie den Grammatikkasten.

welch- / dies- 9

	Nominativ		Akkusativ	
m	welcher / ______	Wein	______ / diesen	Wein
n	welches / ______	Steak	welches / dieses	Steak
f	welche / diese	Beilage	______ / diese	Beilage
Pl.	welche / ______	Bohnen	welche / diese	Bohnen

10 b Was nehmen Sie? Fragen Sie. Zeigen und antworten Sie.

12 c Schreiben Sie zu dritt Dialoge im Restaurant. Spielen Sie die Dialoge im Kurs.

im Restaurant bestellen – reklamieren – bezahlen

	Gast	Kellnerin/Kellner
bestellen	Können wir bestellen, bitte?	Ja, gern. Was darf es sein?
	Ich nehme ...	Haben Sie schon gewählt?
	Welchen Wein empfehlen Sie?	Ich empfehle Ihnen ...
	Welche Beilage passt zu ...?	Am besten passt ...
reklamieren	Entschuldigung, ... ist kalt / zu salzig / ...	Das tut mir leid.
		Oh, Entschuldigung.
		Ich frage in der Küche.
bezahlen	Zahlen, bitte!	Sofort! Hier, die Rechnung.

* D: das Hähnchen – A: das Huhn / das Hendl – CH: das Poulet | D: die Bohne – A: die Fisole

108 einhundertacht

einhundertneun 109

Grammatik: Mittel zum Zweck

Bevor eine neue grammatische Struktur mithilfe eines anschaulichen Grammatikkastens 9 kognitiviert wird, steht die Vermittlung des Inhalts und der Bedeutung der jeweiligen Struktur im Mittelpunkt (Inhalt vor Form). Die Erarbeitung der Formen folgt meistens dem induktiven (entdeckenden) Vorgehen, d. h. die TN finden die Formen selbstständig im Text und ordnen sie, indem sie den Grammatikkasten ergänzen oder sie systematisch erfassen. Die aktive Erschließung der grammatischen Strukturen beim induktiven Vorgehen ist in vielen Fällen nachhaltiger als eine deduktive Vermittlung, also die reine Präsentation des Paradigmas oder der Regelhaftigkeit. Trotzdem kann ein deduktives Vorgehen in enger Verbindung mit einer Anwendungsaufgabe manchmal ökonomischer sein, sodass in PANORAMA beide Methoden – das induktive und das deduktive Vorgehen – angewendet werden. Nach der Bewusstmachung einer Struktur folgt zunächst eine gelenkte Anwendung 10. Die Lernsequenzen münden schließlich in einer freien, produktiven Aufgabe, in der das Gelernte umgesetzt wird (s. weiter Zielaufgaben).

Grundsätzlich folgt die Einführung der Strukturen dem Prinzip der Funktion und nicht dem der Vollständigkeit. Das heißt, dass grammatische Strukturen dann eingeführt werden, wenn sie für eine Sprachhandlung gebraucht werden. Deshalb werden bestimmte Strukturen nicht von Anfang an vollständig eingeführt, z. B. bei der Verbkonjugation oder den Präpositionen.

Arbeit mit dem Video: Hör-Sehen statt nur Hören

In jeder Einheit gibt es einen wichtigen Dialog (oder Text), der nicht nur als Audio-Datei, sondern auch als Video-Clip (11) verfügbar ist. Das ermöglicht Ihnen, das sonst übliche Hörverstehen zu einem Hör-Sehverstehen zu erweitern und die vielfältigen Möglichkeiten der Videoarbeit in das Unterrichtsgeschehen zu integrieren.

Die Lernenden begegnen in den 16 Clips zwei Reportern (Susi und Rudi), ihren Familien und Interviewpartnern und erleben die Lehrwerksdialoge so in einem natürlichen, alltäglichen Umfeld. Der Einsatz des Videos ist sehr zu empfehlen, da er eine Reihe von Vorteilen bietet, die einen modernen Unterricht gemäß neuer fremdsprachendidaktischer Erkenntnisse erleichtern:

- Anschaulichkeit: Die Visualisierung sowohl der eigentlichen Textinhalte als auch der handelnden Personen und ihres Umfelds ermöglichen ein besseres Verständnis. Zudem liefert das Video durch die Pausenfunktion praktisch unbegrenzt zusätzliches Bildmaterial, das zur Bildbeschreibung und zur Erarbeitung oder Wiederholung eines Wortfelds genutzt werden kann.
- Binnendifferenzierung: Die zusätzlichen visuellen Impulse sowie die zu den Video-Clips gehörigen Kopiervorlagen ermöglichen Ihnen, besser auf die unterschiedlichen Bedürfnisse heterogener Lernergruppen einzugehen.
- Lebendige und authentische Lernumwelten: Besonders für TN im Ausland sind die landeskundlichen Zusatzinformationen, die ein Video beinhaltet, interessant.
- Mehrkanaliges Lernen: Je mehr unterschiedliche Lernimpulse es gibt, desto besser werden die unterschiedlichen Lernertypen angesprochen.
- Unterstützung des Dialogtrainings: Durch die Untertitelfunktion kann flüssiges (Mit-)Sprechen in Dialogsituationen gezielt trainiert werden.

Zielaufgaben: das Gelernte umsetzen

Die Lernsequenzen schließen mit einer Transfer- oder Zielaufgabe (12) ab, die das Gelernte in einen neuen, etwas komplexeren Kontext setzt. Die TN wenden hier sowohl die Lexik als auch die Strukturen in einer für den Alltag relevanten Situation produktiv an. Dabei werden oft kooperative Arbeitsformen gewählt, die sowohl das selbstständige Arbeiten fördern wie auch den Sprechanteil der TN im Kurs erhöhen.

Das Produkt – oft in Form eines „Ich-Textes" – bringt den TN ein Erfolgserlebnis und dient Ihnen zur (indirekten oder direkten) Leistungskontrolle bzw. den TN zur Dokumentation des Lernfortschritts (z. B. als Bestandteil ihres Sprachportfolios). Die Texte können zur Durchführung einer kommunikativen Kursraumaktivität genutzt werden. Die schriftliche Produktion wird als Sprechanlass genutzt, um „echte" Äußerungen über sich und die anderen TN zu produzieren.

(13) **6 Österreich – ein Land für Feinschmecker**

a Zu welchen Absätzen passen die Überschriften? Lesen Sie und ordnen Sie zu.

Österreich ist Bio-Land – Gerichte mit Geschichte – Essen ist Identität – Regionale Spezialitäten

Österreich
ein Land für Feinschmecker

Kennen Sie den Satz „Man ist, was man isst."? Essen sagt viel über die eigene Familie, Kultur und Identität aus. Das gilt auch für Österreich und seine Küche. Die „internationale Küche" gibt es auch dort, aber die Österreicherinnen und Österreicher lieben die gute alte Küche aus dem eigenen Land.

Bis 1918 war Österreich das Zentrum von einer internationalen Monarchie. Deshalb kommen viele beliebte „österreichische" Gerichte – wie z. B. Gulasch, Knödel und Palatschinken* – aus Tschechien, Ungarn, Kroatien oder anderen Ländern. Auch das berühmte Schnitzel kommt ursprünglich nicht aus Wien. Die ersten Schnitzel hat man in Norditalien gebraten.

Jede Region in Österreich hat ihre typischen Produkte und ihre eigene Küche. In jeder Region können Sie etwas Neues und Spezielles essen. Die Wachau zum Beispiel ist für ihre Marillen* bekannt und Wachauer Marillenknödel gehören zu den beliebtesten Spezialitäten.

In Österreich gibt es ca. 20.000 Bio-Betriebe. Österreicherinnen und Österreicher kaufen gern Bio-Produkte, weil diese gesund und umweltfreundlich sind, gut schmecken – und die Menschen an ihre Kindheit erinnern. Zu wichtigen Bio-Produkten aus Österreich gehören Brot und Gebäck, Eier, Milchprodukte und Erdäpfel*. Auch Bio-Weine sind sehr beliebt.

b Welche Wörter aus dem Text passen? Lesen Sie noch einmal und unterstreichen Sie.

1. Welche Länder haben zu der österreichischen Monarchie gehört?
2. Welche drei Wörter benutzt man in Deutschland nicht?
3. Welche fünf Gerichte sind für Österreich typisch?

c Arbeiten Sie zu zweit. Schreiben Sie zu jedem Absatz eine W-Frage. Tauschen Sie dann die Fragen und beantworten Sie sie.

(14) d Wie ist die Küche in Ihrem Heimatland? Schreiben Sie einen kurzen Text.

Was ist typisch in Ihrer Region? Was empfehlen Sie? Was mögen Sie?

* A: die Palatschinke – D: der Pfannkuchen/Eierkuchen – CH: die Omelette | A: die Marille – D: die Aprikose | A: der Erdapfel – D: die Kartoffel

Wichtige Sätze (15)

über Essgewohnheiten sprechen / Vorlieben ausdrücken

Wenn ich fernsehe, esse ich gern etwas Salziges.	Ich möchte nichts Scharfes.
	Ich esse kein Fleisch / keinen Fisch / keine Nüsse.
Mein Lieblingsrestaurant ist ...	Ich habe eine ...-Allergie.

ein Restaurant empfehlen/vorschlagen

Mein Lieblingsrestaurant heißt ... Wenn man ... mag, empfehle ich ...
Als Hauptgericht/Beilage/Nachtisch empfehle ich ...
Ich würde gern in das Restaurant ... / zum Thailänder gehen. Dort gibt es ...

ablehnen	zustimmen
Ich möchte nichts Großes/...	Ja, gern! Das ist eine gute Idee.
Ich möchte lieber ...	Ja, ich möchte auch etwas ...
Ich esse kein Fleisch / keine Nüsse /...	Das klingt gut. Wir probieren es.

im Restaurant bestellen – reklamieren – bezahlen

	Gast	Kellnerin/Kellner
bestellen	Können wir bestellen, bitte?	Ja, gern. Was darf es sein?
	Ich nehme ...	Haben Sie schon gewählt?
	Welchen Wein empfehlen Sie?	Ich empfehle Ihnen ...
	Welche Beilage passt zu ...?	Am besten passt ...
reklamieren	Entschuldigung, ... ist kalt / zu salzig / ...	Das tut mir leid.
		Oh, Entschuldigung.
		Ich frage in der Küche.
bezahlen	Zahlen, bitte!	Sofort! Hier, die Rechnung.

Strukturen

***etwas/nichts* + Nomen**

Adjektiv	*etwas/nichts* + Nomen
klein	Ich möchte etwas Kleines.
scharf	Ich möchte nichts Scharfes.

welch- / dies-

	Nominativ	Akkusativ
m	welcher / dieser Wein	welchen / diesen Wein
n	welches / dieses Steak	welches / dieses Steak
f	welche / diese Beilage	welche / diese Beilage
Pl.	welche / diese Bohnen	welche / diese Bohnen

► Phonetik, S. 148 (16)

Einblicke in die deutschsprachige Lebenswelt

Die jeweils fünfte Seite bietet authentische Lese- und Hörtexte mit einem landeskundlichen Schwerpunkt (13). Neben der Vermittlung von Strategien zur Texterschließung regen abschließende Aufgaben zum interkulturellen Austausch (14) an.

Alles klar! Das Gelernte auf einem Blick

Auf der letzten Seite der Einheit fasst eine in die Bereiche *Wichtige Sätze* und *Strukturen* gegliederte Übersicht (15) die zentralen Lerninhalte und -ziele zusammen. Sie kann zum Nachschlagen im Unterricht und zu Hause benutzt werden. Im Übungsbuch findet sich in jeder Einheit zu dieser Seite ein Test, der die selbstständige Überprüfung des Lernerfolgs ermöglicht.

Phonetik

Die Aussprache – vom Wort- und Satzakzent bis zur Aussprache von Einzellauten – wird in PANORAMA von Anfang an gezielt geübt: Zu jeder Einheit stehen im Anhang Phonetikaufgaben (16). Dabei werden der Wortakzent und die Aussprache von einigen wichtigen Lauten wiederholt und neue Phonetik-Themen wie z. B. die Aussprache von Fremdwörtern vorgestellt und geübt.

4 Wichtige Aufgabentypen

Kursspaziergang

> **3** Und Sie? Was durften, konnten, mussten Sie früher (nicht)?
>
> a Schreiben Sie einen Satz und hängen Sie ihn im Kurs auf.
>
> keine Prüfungen machen – Eis essen – nie/viel lernen – draußen spielen – im Haushalt helfen – meinem kleinen Bruder helfen – ...
>
> b Kursspaziergang. Gehen Sie durch den Kursraum. Lesen Sie einen Satz vor, die Partnerin/der Partner reagiert.
>
> *Ich durfte kein Eis essen.*
>
> *Was? Du durftest kein Eis essen!?*
>
> **Erstaunen ausdrücken**
> Was? Wie bitte? Wirklich? Unglaublich!
> Das ist nicht wahr! Das kann doch nicht sein!

Dieser Aufgabentyp wird meistens zur ersten freien Anwendung einer neuen Sprachhandlung genutzt, die vorher gelenkt vorbereitet wird, um Fehler der TN zu vermeiden. Der Kursspaziergang dient manchmal aber auch dazu, eine Transferaufgabe zu steuern. Dieser Aufgabentyp hat zwei wichtige Vorteile: Die TN bewegen sich frei im Kursraum. Nach Erkenntnissen der Spracherwerbsforschung hat die Verknüpfung von Bewegung und der Produktion sprachlicher Elemente einen besonders nachhaltigen Effekt. Zum anderen agieren die TN vor allem miteinander und nicht mit Ihnen, der Kursleiterin / dem Kursleiter. Dies erhöht nicht nur die Sprechanteile der TN, sondern fördert auch das kooperative Lernen und schafft eine entspannte Lernatmosphäre. Sie sollten sich eher zurückziehen und währenddessen keine Fehler korrigieren. Dokumentieren Sie gravierende, sich wiederholende Fehler und thematisieren Sie sie im Anschluss.

Zur Binnendifferenzierung: Stärkere TN agieren frei, schwächere können vorbereitete Sätze (z. B. auf Lernkarten oder als Tafelbild oder Lernplakat) als Unterstützung verwenden. Die TN werden auch immer wieder dazu aufgefordert, sich gegenseitig zu korrigieren. Dabei muss darauf geachtet werden, dass das Lernklima nicht negativ beeinträchtigt wird.

Kurskette

> **3** Kurskette: Was möchten Sie wissen, wenn Sie von einer neuen Stelle hören? Sprechen Sie im Kurs.
>
> *Ich möchte wissen, wie hoch das Gehalt ist.*
>
> *Aha, du möchtest wissen, wie hoch das Gehalt ist. Ich möchte wissen, ob die Kollegen nett sind.*
>
> *Hm, du möchtest wissen, ob die Kollegen nett sind. Ich möchte wissen, ...*

Dieser Übungstyp dient meistens zur Automatisierung und damit zur ersten gelenkten Anwendung einer neuen Struktur. Dabei sitzen die TN möglichst in einem Kreis. Die/Der erste TN gibt einen Input, die/der nächste antwortet, wiederholt oder ergänzt die Aussage und erweitert sie anschließend bzw. stellt der/dem nächsten TN eine Frage usw.

Wie alle Aufgabentypen zur Automatisierung funktioniert die Kurskette am besten, wenn sie zur Routine wird. Das heißt, die Durchführung sollte anfangs gründlich besprochen und die Kurskette danach so oft wie möglich eingesetzt werden. Je nach Lernziel bzw. Zahl der TN kann die Kette entweder im Plenum (= ganzer Kurs) oder in Gruppen durchgeführt werden.

Sprachschatten

d Sprachschatten: Ärgern oder freuen Sie sich über ...? Sprechen Sie wie im Beispiel.

die laute Musik in der Disko – die vielen Zuschauer bei Karnevalsumzügen – das kalte Wetter – das Programm – die Straßenkünstler beim Pflasterspektakel

Ich ärgere mich über die laute Musik in der Disko.

Echt? Du ärgerst dich über die laute Musik in der Disko? Ich freue mich über die laute Musik.

sich für
interessi

auf (die
stellung

Wie bei der Kurskette handelt es sich auch hier um eine Automatisierungsübung als erste gelenkte Anwendung einer neuen Struktur. Die Übung wird in Partnerarbeit oder zu dritt durchgeführt. Das Prinzip ist immer gleich: Die/Der erste TN formuliert eine Aussage oder stellt eine Frage, die/der andere TN wiederholt – oft mit einer leichten Variation – und formuliert eine neue Aussage. Es empfiehlt sich, mehrere Runden mit jeweils wechselnden Partnerinnen/Partnern durchzuführen.

Aufgaben mit Ich-Bezug

6 Und Ihre beste Freundin / Ihr bester Freund? Beschreiben Sie Ihre Freundschaft.

Wie heißt sie/er? Wie ist sie/er? Wie sieht sie/er aus? Was haben Sie zusammen erlebt?

Gerade im gesteuerten Spracherwerb ist es wichtig, dass die TN lernen, „echte" Aussagen über sich selbst in der Fremdsprache zu formulieren. Wirklich etwas zu sagen, also nicht nur Übungssätze zu reproduzieren, sondern tatsächlich relevante Aussagen zu machen, ist für die TN besonders motivierend, aber auch besonders schwer. Diese Aufgaben schließen deshalb eine Lernsequenz ab und bilden den Transfer. Dieser Aufgabentyp kann je nach Lernziel bzw. Sprachhandlung mündlich oder schriftlich bearbeitet werden. Manchmal wird auch ein schriftlicher Teil lediglich zur Vorbereitung einer komplexeren mündlichen Äußerung verwendet. Wird jedoch ein schriftlicher Text produziert, kann er im Rahmen eines Portfolios auch zur Dokumentation des Lernfortschritts dienen. Mit der Zeit (und über alle Niveaustufen hinweg) erhalten die TN so eine Textsammlung über sich selbst, die das steigende Sprachniveau verdeutlicht.

Zielaufgabe

8 Die Star-Galerie. Wählen Sie einen Star und recherchieren Sie Informationen. Schreiben Sie einen Text mit einem Foto. Hängen Sie die Texte im Kursraum auf.

1. Wann und wo ist er/sie geboren?
2. Wo hat er/sie / von ... bis ... gelebt?
3. Hat er/sie einen Oskar bekommen?
4. Wo lebt er/sie heute? Wo/Wann ist er/sie gestorben?

Zielaufgaben sind eine Form des sprachlichen Transfers und fassen die in einer Lernsequenz erarbeiteten und gelernten Sprachhandlungen zusammen, wobei diese in eine komplexere kommunikative Handlung übertragen werden müssen. Das heißt, die Lerninhalte werden produktiv umgesetzt. Eine Zielaufgabe sollte ein dokumentierbares Produkt zum Ergebnis haben.

5 Übungsbuch

Das separate Übungsbuch gibt es in zwei Ausgaben:

- für Inlandskurse das *Übungsbuch – Leben in Deutschland. Deutsch als Zweitsprache,*
- für Auslandskurse das *Übungsbuch. Deutsch als Fremdsprache.*

In beiden Ausgaben ist der Übungsteil zu den Kursbuch-Einheiten identisch. Die Ausgabe für Inlandskurse enthält zudem nach je zwei Einheiten vier Seiten *Leben in Deutschland*, die die für Integrationskurse wichtigen Inhalte vermitteln und auf das Rahmencurriculum für Integrationskurse abgestimmt sind.

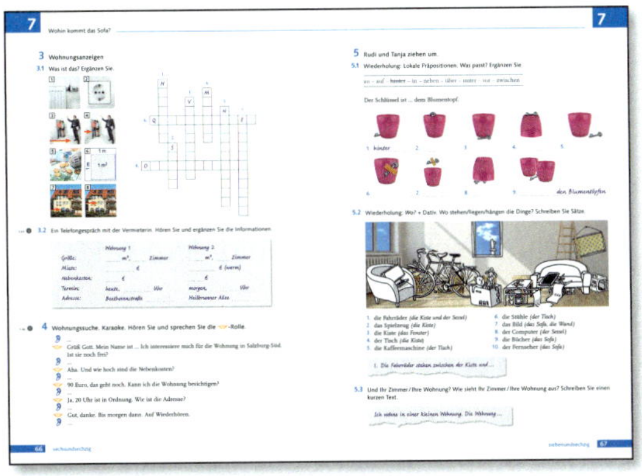

Das Übungsbuch enthält zu jeder Einheit acht Seiten mit abwechslungsreichen Übungen, in denen der relevante Wortschatz, wichtige Redemittel und Strukturen geübt und wiederholt sowie die Fertigkeiten Hören, Lesen und Schreiben trainiert werden. Die Nummerierung der Übungen spiegeln die Aufgaben des Kursbuchs wider, d.h. zu Aufgabe 1 im Kursbuch gibt es eine Übung 1 (z.T. mit Untergliederung 1.1, 1.2, 1.3 usw.). Dies erleichtert die Orientierung und Zuordnung der Übungen zum Kursbuch.

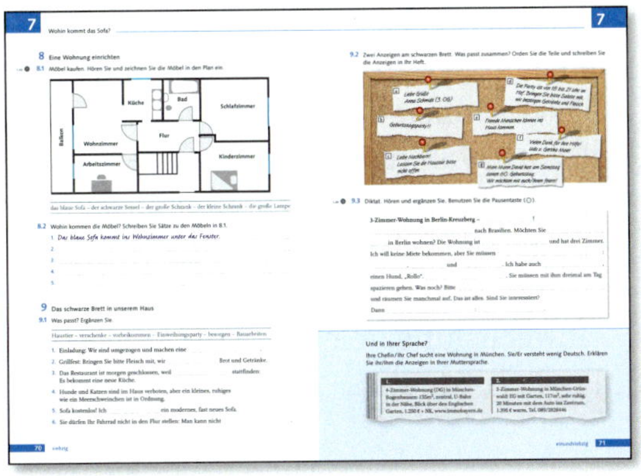

Darüber hinaus gibt es regelmäßig wiederkehrende Übungsformate wie Diktate, die neben der Rechtschreibung das Hörverstehen üben, Karaoke sowie Übungen im Prüfungsformat *(Goethe-Zertifikat A2)*.

Jede Übungseinheit wird von einer Übung zur Sprachmittlung abgeschlossen. Die TN übertragen hier sinngemäß Inhalte aus der Fremdsprache in die eigene Muttersprache. Die Übungen sollten – nicht nur in homogenen Kursen – im Unterricht besprochen werden.

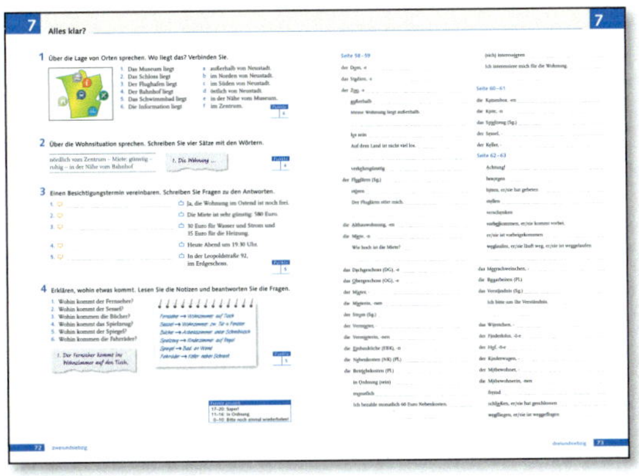

Am Ende der Einheiten finden die TN zusätzlich einen Test zur Selbstevaluation und den Lernwortschatz der jeweiligen Kursbuch-Einheit in chronologischer Reihenfolge mit Schreibzeilen zum Übersetzen in die eigene Muttersprache.

Im Anhang befindet sich ein Modelltest *Goethe-Zertifikat A2* zur Prüfungssimulation, eine übersichtliche Lernergrammatik zum Nachschlagen sowie der Lösungsschlüssel zu allen Übungen und den Tests, der das selbstständige Arbeiten mit dem Übungsbuch erleichtert. Die Hörtexte und Lösungen zum Modelltest sowie die Hörtexte zu den Übungseinheiten im MP3-Format stehen als kostenloser Download unter www.cornelsen.de/panorama zur Verfügung.

Materialien für die Lernenden

Übungsbuch (DaF)
- 1:1 Bezug zum Kursbuch
- abwechslungsreiche Übungen zu Strukturen, Wortschatz und wichtigen Redemitteln
- Karaoke-Dialoge für flüssiges Sprechen
- Übungen im Prüfungsformat
- Diktate und Phonetik-Übungen
- Übungen zur Sprachmittlung
- am Ende jeder Einheit Tests zur Selbstevaluation und Lernwortschatz
- Modelltest, Lösungen und Grammatikübersicht im Anhang
- eingelegte Audio-CDs mit allen Hörtexten

Übungsbuch (DaZ)
Leben in Deutschland
- s. Übungsbuch DaF
- acht Einheiten *Leben in Deutschland* mit den Themen des Rahmencurriculums für Integrationskurse

www.cornelsen.de/panorama
- interaktive Übungen zu jeder Einheit (Wortschatz, Strukturen)
- interaktive Einstufungstests
- Kursbuch als E-Book auf www.scook.de
- Hörtexte zum Übungsbuch im MP3-Format (kostenlos)
- Hörtexte zum Modelltest im MP3-Format (kostenlos)

Kursbuch mit Augmented Reality

- kurze, klar strukturierte Einheiten
- authentische Dialoge, Lese- und Hörtexte
- Förderung aller Fertigkeiten: Hören, Sprechen, Lesen, Schreiben und Hör-Sehen
- Augmented-Reality-Materialien und integrierte Videoarbeit
- klare, kleinschrittige Progression
- authentisches Sprachhandeln und Zielaufgaben
- Bildlexikon und Redemittelkästen
- Einblicke in die deutschsprachige Lebenswelt und Möglichkeiten zum interkulturellen Vergleich
- übersichtliche Zusammenfassung der Redemittel und Strukturen am Ende jeder Einheit
- Deutsch-aktiv-Doppelseiten mit spielerischen Automatisierungsaufgaben
- vielfältige kooperative Aufgaben
- Panorama-Doppelseiten mit abwechslungsreichen Sprechanlässen

zweisprachige Glossare
- der komplette Wortschatz aller Einheiten in chronologischer Reihenfolge

Vokabeltrainer-App
- Lernwortschatz zu jeder Einheit
- Lern- und Spiel-Modus
- Wiederholung der Vokabeln in Zyklen

Materialien für die Lehrenden

Kursleiterfassung mit Augmented Reality
- das komplette Kursbuch
- praktische Hinweise und Tipps für den Unterricht und für die Einbindung der digitalen Medien
- Tipps für die Binnendifferenzierung
- Vorschläge für alternative und vertiefende Aufgaben
- Lösungen zu Kursbuch-Aufgaben
- Markierung von neuem Wortschatz und neuen Strukturen
- zusätzliche landeskundliche Informationen
- Kopiervorlagen (u. a. auch für die Arbeit mit dem Video)
- Erklärung des Konzepts

Digitaler Unterrichtsmanager
- das interaktive Kursbuch
- praktische Hinweise und Tipps für den Unterricht mit Lösungen
- alle digitalen Medien zum Kursbuch: Augmented-Reality, Audio- und Video-Dateien
- Transkripte der Hörtexte
- Kopiervorlagen

Testheft mit Audio-CD
- Tests zu jeder Einheit sowie einheitenübergreifende Tests zu den Teilbänden
- Modelltest *Goethe-Zertifikat A2*
- Lösungen

Audio-CDs
- alle Hörtexte, Phonetikübungen und Lieder zum Kursbuch

Video-DVD
- zu jeder Einheit ein Filmclip mit den wichtigsten Dialogen aus den Kursbuch-Einheiten
- feste, wiederkehrende Protagonisten

www.cornelsen.de/panorama
- interaktive Einstufungstests
- Kursbuch als E-Book auf www.scook.de
- Hörtexte zum Kursbuch im MP3-Format
- Hörtexte zum Modelltest im MP3-Format (kostenlos) inkl. der Transkripte

gefallen	entschuldigen	erzählen
vergessen	empfehlen	besichtigen
besuchen	erklären	verlieren

verlieren	erzählen	gefallen
entschuldigen	empfehlen	vergessen
erklären	besuchen	besichtigen

besichtigen	vergessen	erzählen
erklären	gefallen	verlieren
besuchen	empfehlen	entschuldigen

1 Berlin Mitte

a Was sehen Sie? Sehen Sie das Video ab ca. 00:42 ohne Ton und ohne Untertitel und sammeln Sie Wörter.

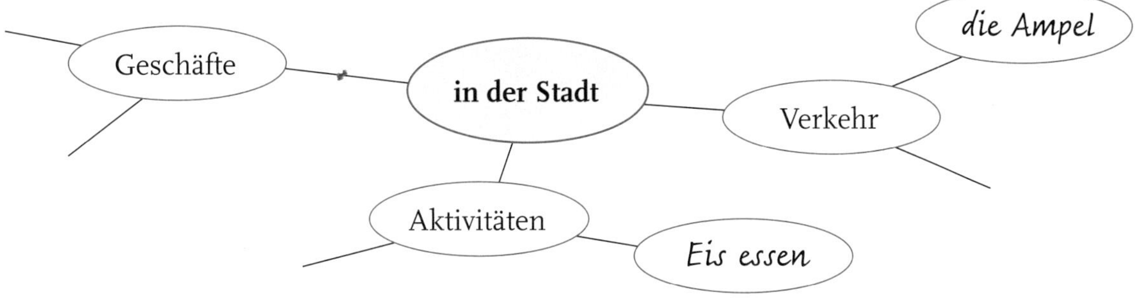

b Welche Sehenswürdigkeiten sehen Sie? Sehen Sie das Video noch einmal und kreuzen Sie an.

1 der Reichstag

2 das Pergamonmuseum

3 die Friedrichstraße

4 das Brandenburger Tor und der Pariser Platz

5 Rotes Rathaus und der Fernsehturm

6 die Siegessäule und die Straße des 17. Juni

c Finden Sie die Sehenswürdigkeiten in b auf dem Stadtplan.

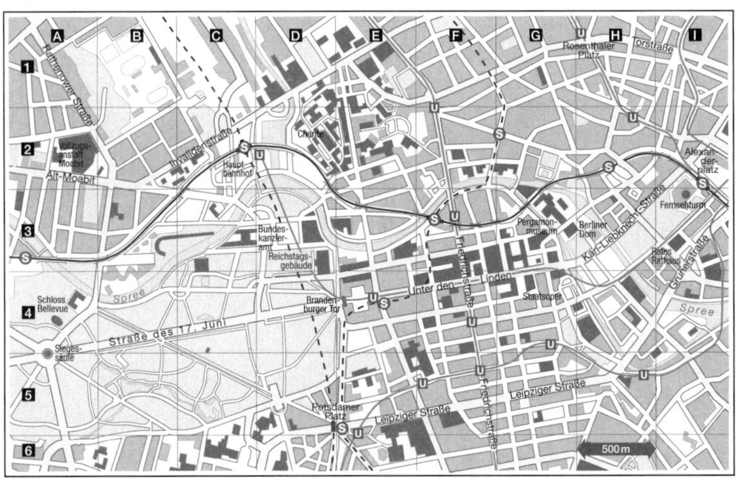

2 Welche Sehenswürdigkeiten möchten Sie in Berlin Mitte besichtigen? Planen Sie einen Spaziergang durch Berlin Mitte und erzählen Sie im Kurs.

Ich steige ... aus der U-Bahn aus. Zuerst gehe ich durch das Brandenburger Tor, dann ...

Fotos: *1* Fotolia/neirfy, *2* Fotolia/pio3, *3* Fotolia/Marco2811, *4* Fotolia/LianeM, *5* Fotolia/Kurt Hochrainer, *6* Fotolia/lumen-digital; *Karte* Cornelsen/Volkhard Binder

Start	Du warst gestern nicht im Kurs.	Du hast gestern nicht angerufen.	Du musst schon wieder gehen.	Du kommst wieder zu spät.
Ziel				Du kommst morgen nicht mit.
Du hast schlechte Laune.				Du warst nicht im Büro.
Du willst mit mir nicht sprechen.				Du kannst das jetzt nicht machen.
Dir passt der Termin morgen nicht.				Du warst bei der Polizei.
Du fängst erst jetzt an.	Du bist gestern so spät angekommen.	Du bist noch nicht fertig.	Du hast heute noch nicht eingekauft.	Du warst nicht beim Arzt.

Kopfschmerzen haben

einer Kollegin helfen wollen

es eilig haben

mein Handy: kaputt sein

zum Arzt gehen müssen

einen Unfall mit dem Auto haben

kein Geld haben

Warum hast du schlechte Laune?

Weil du zu viel fragst.

meine Mutter anrufen müssen

den Weg nicht finden

der Bus: Verspätung haben

Wecker: nicht klingeln

einen Termin haben

keine Lust haben

keine Zeit mehr haben

mein Handy verlieren

du: zu viel fragen

Cornelsen

die Insel – der See – der Garten – der Baum – die Pflanze – die Blume – liegen – gehören – besichtigen

- ca. 1,1 km lang, 610 m breit
- private Insel: Gräfin Bettina Bernadotte
- viele Touristen (Schloss, Konzerte, aber v. a. Garten mit vielen verschiedenen Pflanzen)

das Theater/die Oper – der See – das Wasser – die Bühne – sitzen – besuchen – spielen – stattfinden

- für 7000 Personen
- v. a. Opern und Musicals
- sehr bekannt: Bregenzer Festspiele (Kulturfestival)
- jedes Jahr ca. 215.000 Zuschauer
- Teile von dem James-Bond-Film *Ein Quantum Trost* spielen hier

der Fluss – das Wasser – der Wasserfall – liegen – fließen – fallen – besichtigen – kommen

- zweitgrößter Wasserfall in Europa
- Schweiz: Schaffhausen (ca. 4 km von der Stadt Schaffhausen)
- 23 m tief, 150 m breit
- jedes Jahr ca. 1.300.000 Touristen

das Museum – das Flugzeug – die Geschichte – das Modell – besichtigen – konstruieren – zeigen

- Technik-Museum (Flugzeuge, Satelliten, Modelle usw.) und Geschichte von der Flugzeugfirma *Dornier-Werke*
- seit 2009: Museum und Park am Flughafen Friedrichshafen
- Firma Dornier-Werke, später Airbus Group

das Museum – der See – das Wasser – der Pfahl – der Besucher – stehen – zeigen – bauen – gehören

- Museum unter freiem Himmel: alte (prähistorische) Häuser zeigen: wie haben Menschen früher gelebt
- Museum 1922 gebaut
- jedes Jahr ca. 270.000 Besucher
- UNESCO-Welterbe

der Hafen – der See – das Schiff – der Leuchtturm – liegen – fahren – transportieren

- Stadt in Bayern (Schwaben)
- Schiffe in alle Richtungen (*Weiße Flotte*)
- 60 bis 80 Schiffe, aber nur noch ein Dampfer: *Hohentwiel*
- Ausflugsschiffe (April bis Oktober), Festfahrten (z. B. am Silvester)

1 Reportage über Hobbys

a Was finden Rudi und Susi (nicht) gut? Sehen Sie das Video ohne Ton und achten Sie auf die Gesichter. Markieren Sie und berichten Sie dann.

Tischtennis
☺ ☹
Märchen
☺ ☹

Tischtennis
☺ ☹
Märchen
☺ ☹

Ich glaube, Susi findet ...

b Was ist richtig? Sehen Sie das Video mit Ton und kreuzen Sie an.

	richtig	falsch
1. Rudi und Susi sind in einem Tischtennisverein.	☐	☐
2. Tischtennisspielen ist gesund.	☐	☐
3. Vera liest heute das Märchen „Der Froschkönig“ vor.	☐	☐
4. Die Märchenstunde hat gerade angefangen.	☐	☐
5. Am nächsten Freitag möchte Susi zur Märchenstunde gehen.	☐	☐

c Wer sagt das? Ordnen Sie die Sätze den Sprechblasen zu. Sehen Sie dann das Video mit Untertiteln und überprüfen Sie Ihre Lösung.

a Märchen finde ich langweilig!
b Heute geht es leider nicht. Wir müssen weiter.
c Für Märchen ist man nie zu alt.
d Hörst du das? Was ist das?
e Gewonnen!
f Aber es ist schon 16 Uhr. Es ist bestimmt schon zu Ende.

2 Karaoke. Sehen Sie das Video noch einmal mit Untertiteln. Wählen Sie eine Rolle und sprechen Sie Ihre Rolle laut mit. Achten Sie auf die Betonung.

alle Fotos: Cornelsen/Helena Ekre

Kursraum-Olympiade: Wer gewinnt?

Spielerin/Spieler 1		
3,20 m weit springen	1,80 m hoch springen	3 Sterne gut kochen
15,8 sec schnell laufen	24,60 m weit werfen	13 Pokale häufig gewinnen

Spielerin/Spieler 2		
3,35 m weit springen	1,95 m hoch springen	1 Sterne gut kochen
15,2 sec schnell laufen	28,50 m weit werfen	3 Pokale viele Preise haben

Spielerin/Spieler 3		
3,60 m weit springen	2,10 m hoch springen	1 Sterne gut kochen
15,6 sec schnell laufen	26,30 m weit werfen	8 Pokale viele Preise haben

Ich springe weit: 3,20 m.

Ich springe weiter: 3,35 m./ Ich springe nicht so weit.

Ich springe am weitesten: 3,60 m.

A

1 Lesen Sie und ergänzen Sie die Adjektivendungen.

Ein neuer Star

In der Sendung von *Unser neues Talent* haben wir einen wunderbaren Auftritt erlebt: Sara ist eine noch sehr jung__ Frau und kommt aus einer klein__ Stadt. Sie ist auf die Bühne gekommen und hat wunderschön ausgesehen: ein hübsches Mädchen mit dunklen Haaren und braunen Augen. Sie hat nett „Guten Tag" gesagt und hatte dabei ein nervös__ Lachen – nicht besonders cool.

Aber dann – die Stimme! Eine wirklich spannend__ Show! Aus einem kleinen Mädchen wurde eine große Künstlerin. Ihr dunkl__, einfach__ Kleid war plötzlich elegant, das Mädchen war plötzlich eine laut__ Sängerin mit einer toll__ Stimme. Ich bin überzeugt: Sara hat eine erfolgreiche Karriere vor sich.

2 Lesen Sie den Text abwechselnd (Satz für Satz) vor. Ihre Partnerin / Ihr Partner fängt an. Kontrollieren Sie Ihre Lösung.

B

1 Lesen Sie und ergänzen Sie die Adjektivendungen.

Ein neuer Star

In der Sendung von *Unser neu__ Talent* haben wir einen wunderbar__ Auftritt erlebt: Sara ist eine noch sehr junge Frau und kommt aus einer kleinen Stadt. Sie ist auf die Bühne gekommen und hat wunderschön ausgesehen, ein hübsch__ Mädchen mit dunkl__ Haaren und braun__ Augen. Sie hat nett „Guten Tag" gesagt und hatte dabei ein nervöses Lachen – nicht besonders cool.

Aber dann – die Stimme! Eine wirklich spannende Show! Aus einem kleinen Mädchen wurde eine groß__ Künstlerin. Ihr dunkles, einfaches Kleid war plötzlich elegant, das Mädchen war plötzlich eine laute Sängerin mit einer tollen Stimme. Ich bin überzeugt: Sara hat eine erfolgreich__ Karriere vor sich.

2 Lesen Sie den Text abwechselnd (Satz für Satz) vor. Sie fangen an. Kontrollieren Sie Ihre Lösung.

Foto: Fotolia/ALDECAstudio

1 Arbeiten Sie in Gruppen zu dritt. Sehen Sie das Video ohne Ton. Welche Dinge sehen Sie? Notieren Sie so viele Wörter wie möglich. Welche Gruppe kennt die meisten Wörter?

die Wäsche, ______________________________

____

____

____

2 Lesen Sie zuerst die Fragen. Sehen Sie dann das Video noch einmal ohne Ton. Rufen Sie an den passenden Stellen *stopp* und beantworten Sie die Fragen.

1. Welche Zimmer sieht man?
2. Was macht Tanja?
3. Wann geht Tanja zur Arbeit?
4. Wer fährt mit dem Fahrrad?
5. Wann kocht Rudi das Abendessen?
6. Wo schläft Laura?

Stopp! Rudi ist im ...zimmer.

3 Karaoke

a Sehen Sie das Video noch einmal mit Untertiteln. Sprechen Sie Rudis Rolle laut mit. Achten Sie auf die Betonung: Sie sind müde.

b Sehen Sie das Video noch einmal mit Untertiteln, aber ohne Ton. Sprechen Sie Rudis Rolle in der richtigen Betonung laut.

Foto: Cornelsen/Helena Ekre

Situation 1

Im Möbelhaus. Ein Paar geht zusammen im Möbelhaus einkaufen.

Kundin/Kunde 1

Sie wollen ein neues Bett und einen neuen Schrank kaufen. Die Farben schwarz und weiß finden Sie langweilig.

Kundin/Kunde 2

Sie wollen einen Schrank kaufen. Sie finden Ihr altes Bett gut. Ihre Lieblingsfarben sind schwarz und blau.

Verkäuferin/Verkäufer

Die Lieferung dauert zwei Wochen und kostet 40 Euro. Schränke sind gerade im Angebot.

Situation 2

Eine Bestellung am Telefon.

Kundin/Kunde

Sie wollen eine rote Kaffeemaschine und einen grauen Teppich bestellen.

Kunden-Service

Graue Teppiche gibt es erst wieder in einem Monat. Kaffeemaschinen sind im Angebot: Beim Kauf von zwei Maschinen bekommt man zwei Kaffeetassen als Geschenk.

Situation 3

Eine Reklamation am Telefon.

Kundin/Kunde

Sie haben ein Regal gekauft. Es gibt aber ein Problem: Ein Teil (= ein Brett) fehlt. Sie können das Regal nicht zusammenbauen.

Kunden-Service

Man muss einen Reklamationsschein ausfüllen. Sie schicken der Kundin / dem Kunden den Reklamationsschein per E-Mail.

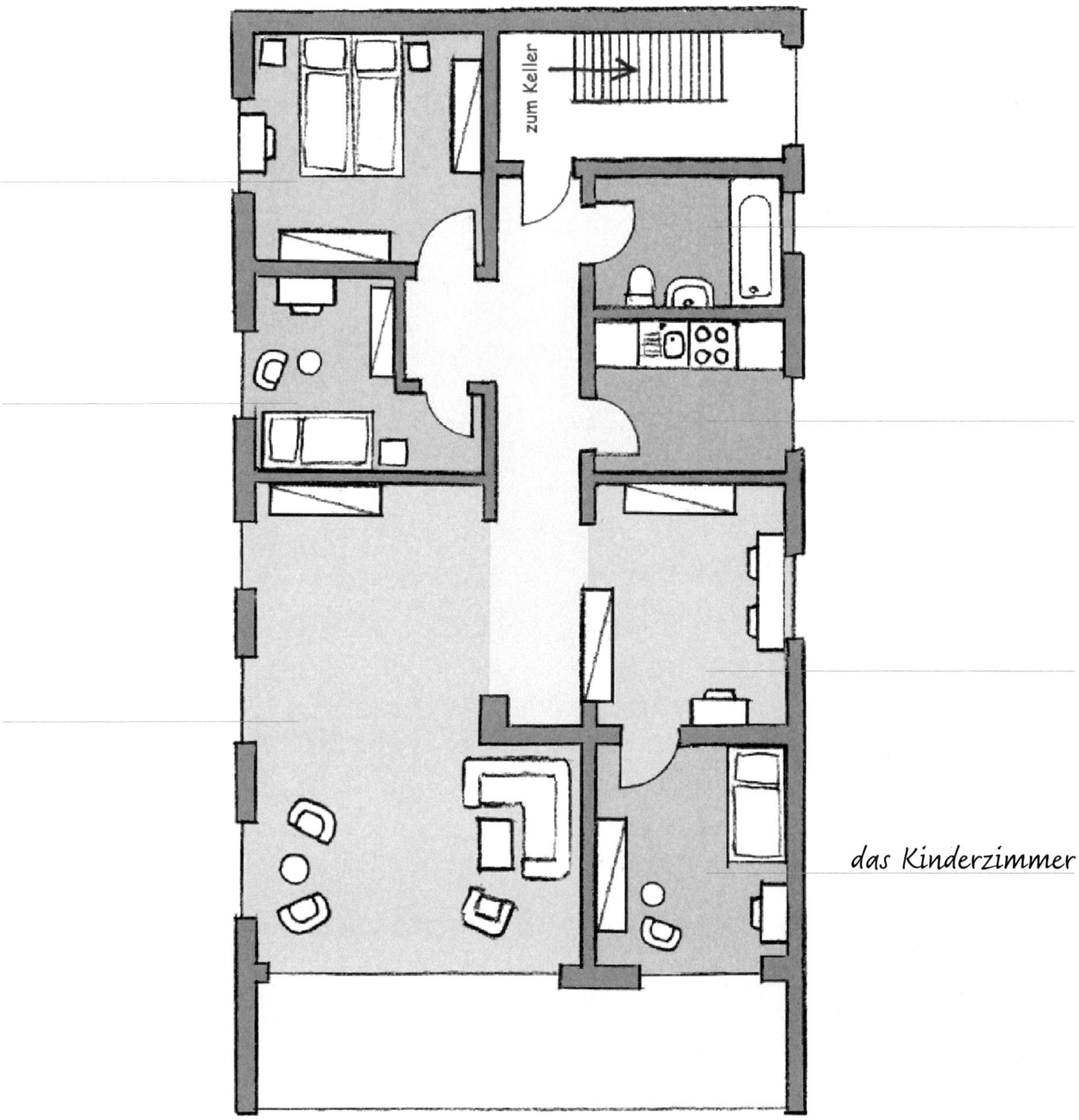
zum Keller
das Kinderzimmer

1 Was glauben Sie: Was denken Susi und Rudi? Kreuzen Sie an.

1. Im Winter war es kalt und dunkel.

Oh, das klingt interessant. ☐

Oje, die armen Kinder. ☐

2. Wir mussten eine halbe Stunde zu Fuß zur Schule gehen.

Eine halbe Stunde? Das ist lange. ☐

Ach, eine halbe Stunde ist nicht so viel. ☐

3. Im Winter mussten wir heizen.

Wie bitte? Na, das ist ja komisch. ☐

Ja, klar, das ist normal. ☐

4. Ich glaube, wir mussten nicht so viel lernen wie die Kinder heute.

Ja, das glaube ich auch. ☐

Nein, das ist doch Quatsch. ☐

2 Sehen Sie das Video noch einmal und achten Sie auf die Mimik und die Körpersprache.

alle Fotos: Cornelsen/Helena Ekre

A

- geboren: 21.10.1926 in Liegnitz (damals Deutsches Reich, heute Polen)
- gestorben: 7.8.1992 in Hamburg
- Beruf: Schauspieler/in und Filmemacher/in
- Rollen an verschiedenen Theatern (z.B. Berlin, Bremen) und in Fernsehfilmen
- seit den 1960er Jahren: viele Dokumentarfilme gemacht
- viele Preise, z. B. *Adolf-Grimme-Preis* (Fernsehpreis) und *Goldene Kamera* (Film- und Fernsehpreis)

B

- geboren: 4.10.1956 in Wien
- Beruf: Schauspieler/in
- Wohnort: Berlin und Los Angeles
- seit den 1970er Jahren viele Rollen in Fernseh- und Kinofilmen
- 2009: 1. Oskar für die Rolle im Film *Inglourious Basterds* von Quentin Tarantino
- 2013: 2. Oskar für die Rolle im Film *Django Unchained* von Quentin Tarantino

C

- geboren: 27.12.1901 in Berlin
- gestorben: 5.6.1992 in Paris
- Beruf: Schauspieler/in und Sänger/in
- 1929: internationaler Erfolg mit dem Film *Der blaue Engel*
- 1931: Oskar-Nominierung für die Rolle im Film *Marokko*
- in den 1930er Jahren in die USA ausgewandert
- ab 1938: in Paris gelebt

D

- geboren: 14.2.1896 in Königsberg (damals Deutsches Reich, heute Russland)
- gestorben: 30.5.1961 in München
- Beruf: Musiker/in und Komponist/in
- 1912–1933: in Berlin gelebt; Musik für Stummfilme (Filme ohne Ton) gemacht
- 1933: Deutschland verlassen; in London, Paris und Hollywood gelebt
- für viele Hollywood-Filme Musik komponiert
- 1951: zurück nach Deutschland gegangen

E

- geboren: 22.6.1906 in Sucha (damals Österreich-Ungarn, heute Polen)
- gestorben: 27.3.2002 in Los Angeles
- Beruf: Film-Autor/in, Filmemacher/in und Produzent/in
- Wohnorte: Wien (ab 1916), Berlin (ab 1926), Paris (ab 1933)
- seit den 1950er Jahren: viele Hollywoodfilme gemacht, z. B. *Manche mögen's heiß* (mit Marylin Monroe)
- 21 Oscar-Nominierungen, 6 Oscars gewonnen

Lösung: A: Eberhard Fechner; B: Christoph Waltz; C: Marlene Dietrich; D: Werner Richard Heymann; E: Billy Wilder

1 Sie sind Frau A. Schreiben Sie eine Terminanfrage an Herrn B.

Termin mit Herrn B.
für Telefonkonferenz
vereinbaren:
Mo, 18.6. 11 Uhr?

	Mo, 18.6.	Di, 19.6.	Mi, 20.6.
10–12 Uhr	11h: Telefonkonferenz mit Hr. B.?	10–12h: Termin mit Fr. Müller	Geburtstags-Brunch mit der Chefin
12–14 Uhr	13h: Arzttermin		

2 Sie haben einen Terminvorschlag von Frau C bekommen. Prüfen Sie in Ihrem Kalender und antworten Sie. Sagen Sie den Termin ab und schlagen Sie zwei andere Termine vor.

3 Sie haben die Antwort von Herrn B. bekommen. Schreiben Sie eine Zusage und notieren Sie den Termin im Kalender.

---

1 Sie sind Herr B. Schreiben Sie eine Terminanfrage an Frau C.

Termin mit Frau C.
für Projektbesprechung
vereinbaren:
Mo, 18.6. 13 Uhr?

	Mo, 18.6.	Di, 19.6.	Mi, 20.6.
10–12 Uhr	10–12h: Termin mit Hr. Schneider		9–12h: Konferenz
12–14 Uhr	13h: Projektbesprechung mit Frau C.?	ab 12 Uhr Konferenz	

2 Sie haben einen Terminvorschlag von Frau A bekommen. Prüfen Sie in Ihrem Kalender und antworten Sie. Sagen Sie den Termin ab und schlagen Sie zwei andere Termine vor.

3 Sie haben die Antwort von Frau C. bekommen. Schreiben Sie eine Zusage und notieren Sie den Termin im Kalender.

---

1 Sie sind Frau C. Schreiben Sie eine Terminanfrage an Frau A.

Termin mit Frau A.
(Präsentation vorbereiten)
vereinbaren:
Mi, 20.6. 10–12 Uhr?

	Mo, 18.6.	Di, 19.6.	Mi, 20.6.
10–12 Uhr	10–12h: Besprechung mit IT		Präsentation mit Frau A. vorbereiten?
12–14 Uhr	13–14h: Mittagessen mit Hr. Seidel		ab 12 Uhr Dienstreise

2 Sie haben einen Terminvorschlag von Herrn B bekommen. Prüfen Sie in Ihrem Kalender und antworten Sie. Sagen Sie den Termin ab und schlagen Sie zwei andere Termine vor.

3 Sie haben die Antwort von Frau A. bekommen. Schreiben Sie eine Zusage und notieren Sie den Termin im Kalender.

Foto: Fotolia/Artenauta

1 In der Stadt

a Sehen Sie das Video bis 0:10 ohne Ton. Was haben Sie gesehen? Wo spielt das Video? Was sieht man dort? Notieren Sie Wörter und sprechen Sie im Kurs.

Man sieht eine große Stadt ... Dort gibt es ...

b Wo sind die Personen? Was machen sie? Beschreiben Sie das Foto.

2 Welche Apps nutzen Sie?

a Was machen die anderen Personen? Sehen Sie das Video noch einmal mit Ton (ohne Untertitel) und schreiben Sie Sätze.

etwas im Stadtplan suchen – Vogelstimmen hören – Zeitung lesen

1. Die Frau ______________________
2. Die Touristin ______________________
3. Der Vogelforscher ______________________

b Welche Personen passen zusammen? Warum? Verbinden Sie und sprechen Sie im Kurs.

1. Herr Fischer — a der Vogelforscher
2. Herr Schmidt — b die Frau
3. Frau Ehrlich — c die Touristin

Der Vogelforscher passt zu ..., weil ...

c Und Sie? Was für ein Typ sind Sie? Welche von den Personen in b passt zu Ihnen?

Ich bin wie die Frau, weil ich auch lieber eine richtige Zeitung lese.

Zu mir passt keine Person, weil ...

1 Personenbeschreibung. Arbeiten Sie zu zweit: Beschreiben Sie das Aussehen von Susi (Haare, Größe, Kleidung), Ihre Partnerin / ihr Partner beschreibt Rudi.

2 Sehen Sie das Video ohne Ton und beantworten Sie die Fragen.

1. Wo sind Rudi und Susi?

____

2. Was zeigt Rudi Susi?

____

3. Was steht auf der Bank?

____

3 Was glauben Sie: Über welches Thema sprechen Rudi und Susi? Sprechen Sie im Kurs.

4 Sehen Sie das Video noch einmal und ergänzen Sie die Sätze.

1. _______________, sind meine Eltern mit mir nach Berlin gezogen.
2. Wie alt wart ihr, _______________?

Foto: Cornelsen/Helena Ekre

Was fehlt Ihnen?	Wie geht es Ihnen?	Was ist passiert? Was tut Ihnen weh?
Waren Sie bewusslos, als Sie gestürzt sind?	Haben Sie Halsschmerzen?	Ist Ihnen schlecht geworden?
Gute Besserung und kommen Sie wieder, wenn Sie weiter Schmerzen haben.	Ja, ich schreibe Ihnen ein Rezept. Dann holen Sie die Medikamente in der Apotheke.	Nehmen Sie morgens und abends eine Tablette.
Die Schulter ist zum Glück in Ordnung. Sie sollten aber keinen Sport machen.		

Nicht so gut. Ich glaube, ich habe eine Grippe.	Ich bin stark erkältet und habe Fieber.	Ich bin vom Fahrrad gefallen und habe mich an der Schulter gestoßen.
Ja, aber nur ganz kurz.	Ja, mein Hals und auch mein Kopf tut mir weh.	Nein, mir ist nicht schlecht geworden.
Vielen Dank! Hoffentlich hören die Schmerzen bald auf.	Muss ich Medikamente nehmen?	Wann muss ich die Medikamente nehmen?
Okay, mache ich.		

Frage-Karten

Können wir bestellen, bitte?	Welchen Wein empfehlen Sie?	Welche Beilage passt dazu?
Darf ich Ihnen etwas zu trinken bringen?	Haben Sie schon gewählt?	Können wir bitte zahlen?
Hat es Ihnen geschmeckt?	Ist etwas nicht in Ordnung?	Kann ich neue Kartoffeln bekommen? Diese sind zu salzig.

Antwort-Karten

Aber gern. Was darf es sein?	Ich empfehle Ihnen diesen Rotwein hier – den Lemberger.	Am besten passen Kartoffeln.
Wir hätten gern eine Flasche Mineralwasser und zwei Glas Rotwein.	Ja, ich nehme das Schnitzel.	Gern, ich bringe gleich die Rechnung.
Ja, sehr gut, danke.	Ja, die Suppe ist leider zu kalt.	Oh, Entschuldigung. Ich frage in der Küche nach.

1 Im Einkaufszentrum

a Wo sind Rudi, Tanja und Laura? Sehen Sie das Video ohne Untertitel bis ca. 01:45 und berichten Sie.

b Was sehen Sie? Sehen Sie das Video weiter (ca. 01:45 bis 2:15) und sammeln Sie Wörter.

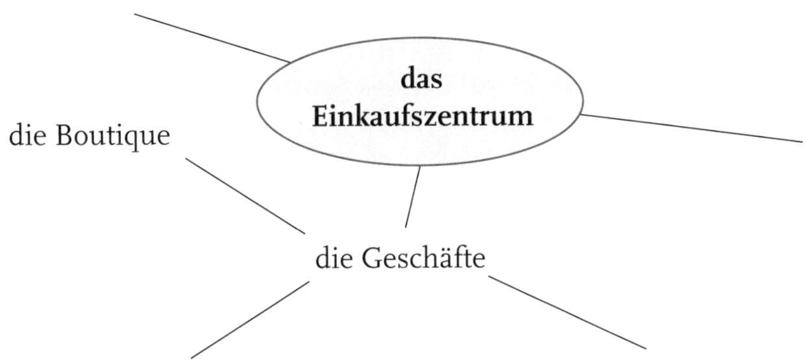

c Was wollen Rudi, Tanja und Laura kaufen? Sehen Sie das Video noch einmal (bis ca. 01:45) und notieren Sie.

d Rudi kommt zu spät. Was denken Sie: Warum kommt er zu spät? Sammeln Sie Ideen. Sehen Sie dann das Video zu Ende und überprüfen Sie Ihre Vermutungen.

2 Karaoke. Sehen Sie das Video noch einmal mit Untertiteln. Wählen Sie eine Rolle und sprechen Sie Ihre Rolle laut mit. Achten Sie auf die Betonung.

1 Rudi hat bald Geburtstag.

a Was denken Sie: Was sagen die Personen? Sehen Sie das Video ohne Ton und ohne Untertitel bis ca. 00:50 und schreiben Sie in die Sprechblasen.

1

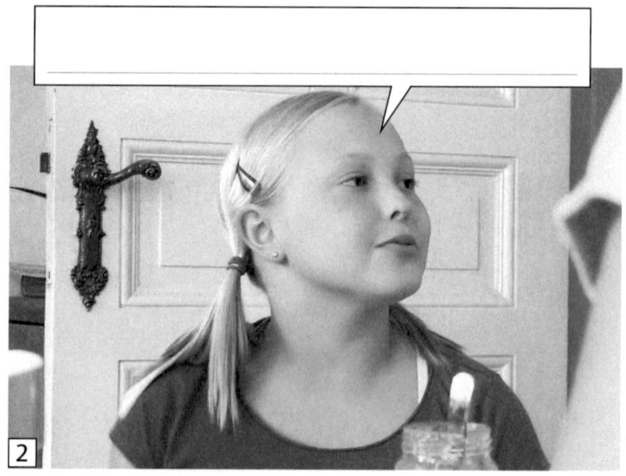
2

3

4

b Sehen Sie das Video bis 00:50 mit Ton und vergleichen Sie mit Ihren Ideen in a.

c Welche Ideen gibt es für Rudis Geburtstagsfeier? Sehen Sie das Video noch einmal bis zu Ende und notieren Sie.

- alle Freunde einladen

d Wie findet Rudi die Ideen? Was möchte er machen? Sehen Sie noch einmal und sprechen Sie im Kurs.

2 Karaoke

a Sehen Sie das Video noch einmal mit Untertiteln. Wählen Sie eine Rolle und sprechen Sie Ihre Rolle laut mit. Achten Sie auf die Betonung.

b Sehen Sie das Video noch einmal mit Untertiteln, aber ohne Ton. Sprechen Sie Ihre Rolle laut.

Cornelsen
alle Fotos: Cornelsen/Helena Ekre

A

1 Wie heißt das Ding? Fragen Sie Ihre Partnerin / Ihren Partner nach den Gegenständen wie im Beispiel. Sie/Er antwortet. Ergänzen Sie dann die Wörter. Kontrollieren und beantworten Sie ihre/seine Fragen.

Wasser trinken – etwas schneiden – Suppe essen – das Geschirr wird sauber – kochen

1 ____________

2 ____________

3 ____________

4 ____________

5 ____________

Wie heißt das Ding, aus dem man Suppe isst?

Das Ding, aus dem man Suppe isst, heißt ...

Die Fragen von Ihrer Partnerin / von Ihrem Partner: Wie heißt das Ding, ...

1. in dem man etwas kocht?
2. aus dem man Kaffee trinkt?
3. mit dem man Suppe isst?
4. auf dem man etwas schneidet?
5. in dem Lebensmittel frisch bleiben?

B

1 Wie heißt das Ding? Fragen Sie Ihre Partnerin / Ihren Partner nach den Gegenständen wie im Beispiel. Sie/Er antwortet. Ergänzen Sie dann die Wörter. Kontrollieren und beantworten Sie ihre/seine Fragen.

etwas schneiden – etwas kochen – Suppe essen – Kaffee trinken – Lebensmittel bleiben frisch

1 ____________

2 ____________

3 ____________

4 ____________

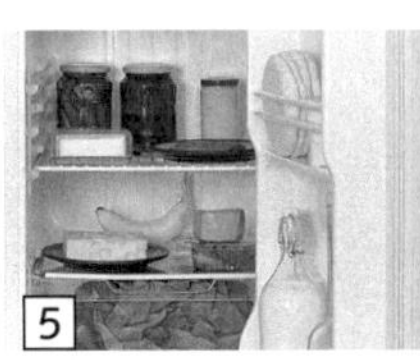
5 ____________

Wie heißt das Ding, in dem man etwas kocht?

Das Ding, in dem man etwas kocht, heißt ...

Die Fragen von Ihrer Partnerin / von Ihrem Partner: Wie heißt das Ding, ...

1. aus dem man Suppe isst?
2. auf dem man kocht?
3. aus dem man Wasser trinkt?
4. mit dem man etwas schneidet?
5. in dem das Geschirr sauber wird?

Fotos: *oben* 1 Fotolia/euthymia, 2 Fotolia/Sashkin, 3 Fotolia/Barbara Pheby, 4 Fotolia/juniart, 5 Fotolia/Piotr Pawinski, *unten* 1 Fotolia/He2, 2 Fotolia/rdnzl, 3 Fotolia/Artenauta, 4 Fotolia/baibaz, 5 Fotolia/gradt

für	sich ärgern	über	sich freuen	auf	sich informieren
über	sich interessieren	für	warten	auf	sich freuen
auf	denken	an	träumen	von	gehören
zu	einladen	zu	sich ärgern	über	warten
auf	träumen	von	sich freuen	auf	gehören
zu	sich informieren	über	denken	an	sich interessieren

Quellen

Bildquellen

Cover: *U1 + U4* Gabriele Croppi/SIME/Schapowalow; U2 Cornelsen Schulverlage/Dr. Volker Binder; *U4* Fotolia/Heino Patschull – **S. 8** 1 Fotolia/pure-life-pictures; 2 Fotolia/pure-life-pictures; 3 Fotolia/Jules_Kitano; 4 Shutterstock/Ppictures; 5 Fotolia/Tsuboya; 6 Shutterstock/mRGB; 7 Fotolia/Ellie Nator; 8 Fotolia/Thorsten Schie; 9 Shutterstock/Polina Shestakova – **S. 9** 10 Verband der Automobilindustrie e.V.(VDA) ; 11 Fotolia/pit24; 12 Shutterstock/K3S; 13 Fotolia/lav_ju; 14 Fotolia/JFL Photography; 15 Fotolia/Pixeltheater; 16 Allianz Arena, München; 17 Fotolia/uckyo; 18 Fotolia/ezoom – **S. 10** *oben 1.Reihe von links nach rechts*: Fotolia/FORMA Photography; ÖBB-Personalverkehr AG; Mozarthaus Salzburg; Fotolia/celeste clochard *2. Reihe*: Shutterstock/-Albachiaraa-*; linker Seitenrand von oben nach unten*: Colourbox/George Dolgikh; Fotolia/JFL Photography; Fotolia/celeste clochard – **S. 11** *rechter Seitenrand von oben nach unten*: 1 Shutterstock/-Albachiaraa-; 2 Fotolia/ Photomorphic PTE. Ltd; 3+4 Shutterstock/Shiba; 5 Fotolia/Oliver Hoffmann; 6 Fotolia/monticellllo; 7 Fotolia/celeste clochard; 8 Shutterstock/KingJC – **S. 12** Cornelsen Schulverlage/Björn Schumann – **S. 14** *oben links* Fotolia/pure-life-pictures; oben *Mitte* Fotolia/mRGB; *oben rechts* Fotolia/JeremyTaylor – **S. 16–17** Fotolia / jijomatha – **S. 16** *links* Fotolia/ benik; Mitte Fotolia/benik – **S. 17** Fotolia / WavebreakMediaMicro – **S. 18** Cornelsen Schulverlage/Björn Schumann – **S. 19** *rechter Seitenrand von oben nach unten*: 1 Fotolia/contrastwerkstat; 2 Shutterstock/Everett Collection; 3 Fotolia/M. Schuppich; 4 Fotolia/Laurent Hamels; 5 Fotolia/Gajus; 6 Fotolia/Gajus; Fotolia/chones; 7 Shutterstock/B Calkins; *Mitte* Shutterstock/wessley – **S. 20** *oben* Deutscher Volkshochschul-Verband e.V.; Verband der Schweizerischen Volkshochschule; Verband der Schweizerischen Volkshochschulen; *Rahmen* Shutterstock/wessley; 1 Fotolia/cnky photography; 2 Fotolia/ DragonImages; 3 Fotolia/Anya Berkut; 4 Shutterstock/VGstockstudio; 5 Fotolia/Iluismolinero; 6 Fotolia/slava – **S. 23** *unten von links nach rechts*: 1+3 Fotolia/lculig; 2 Fotolia/ultrakreativ; 3 Fotolia/Robert Kneschke – **S. 24–25** Shutterstock/Rainer Lesniewski – **S. 24** 1 Fotolia/popeyeka; 2 Fotolia/Karl Maag; 3 Shutterstock/Robin Nieuwenkamp – **S. 25** 4 Shutterstock/ st.djura; 5 Dornier Museum Friedrichshafen/Brigida Gonzalez; 6 Fotolia/NikoEndres; – **S. 26** *oben links* Fotolia/Romolo Tavani; *a* Shutterstock/Air Images; *b* Fotolia/nadezhda1906; *c* Fotolia/Saenko Oleg; *d* imago, *e* Cornelsen Schulverlage/ Björn Schuman; *f* Shutterstock/bikeriderlondon; *Rahmen* Shutterstock/wessley; *unten Mitte und unten* Cornelsen Schulverlage / Björn Schumann – S. 27 *rechter Seitenrand von oben nach unten*: 1 Fotolia/ kmiragaya; 2 Fotolia/jonnysek; 3 Fotolia/alco81; 4 Fotolia/Saenko Oleg; 5 Shutterstock/bikeriderlondon; 6 Fotolia/Kzenon; 7 Shutterstock/O'SHI – **S. 28** *Mitte* picture-alliance/ dpa; *unten* Shutterstock/Strejman – **S. 29** Shutterstock/Strejman – **S. 30** imago – **S. 32** *von links nach rechts*: ARD Design und Präsentation; ZDF; ORF 2; Arte – **S. 33** *1.Reihe von links nach rechts*: 1+2 ProSiebenSat.1 Media TV Deutschland GmbH; MEDIENGRUPPE RTL; RTL2; *Mitte* Cornelsen Schulverlage/Björn Schumann; *rechter Seitenrand von oben nach unten*: 1 Fotolia/Elnur Amikishiyev; 2 Fotolia/claudiaveja; 3 Fotolia/Fotowerk; 4 Fotolia/julien tromeur; 5 Fotolia/ Francois du Plessis; 6 Shutterstock/Tatiana Belova; 7 Shutterstock/Andrey_Popov; 8 Shutterstock/VladKol; 9 Fotolia/ oconner – **S. 34** action press – **S. 35** Shutterstock/Reeed, *Rahmen* Shutterstock/wessley – **S. 36** Fotolia/ROS; *Rahmen* Shutterstock/wessley – **S. 39** *oben* Shutterstock / bikeriderlondon; 1.*Reihe von links nach rechts*: Fotolia/davis; Fotolia/ mastercooper; Fotolia/Creativemarc; *2. Reihe von links nach rechts*: Borussia Dortmund GmbH & Co.KGaA; Allianz Arena; Shutterstock/WorldWide; 3.*Reihe von links nach rechts*: Fotolia/wyss; Fotolia/bill_17; Fotolia/serkat Photography – **S. 40–41** Cornelsen Schulverlage / Andrea Mackensen – S. 40 1 Fotolia/Pixeltheater; 2 Fotolia/Marco2811; 3 Fotolia/dima_pics; *unten von links nach rechts*: Fotolia/Monkey Business; Fotolia/Claudia Paulussen; Fotolia/Kzenon – **S. 41** 4 Fotolia/Dream-Emotion; 5 Fotolia/Ramona Heim; 6 Fotolia/monropic – **S. 42** *links* Andreas Schildbach; *Mitte* doodle.com; *rechts* Jeff Dlouhy – **S. 43** *oben* 1+6 Fotolia/Stephan Karg; 2+3+4+5+6 Fotolia/ostap25; *Mitte* Shutterstock/fiphoto; *rechter Seitenrand von oben nach unten*: 1 Shutterstock/Kovnir Andrii; 2 Shutterstock/Prezoom.nl; 3 Shutterstock/Yuriy Rudyy; 4 Shutterstock/ Image Point Fr; 5 Shutterstock/Kamira; 6 Shutterstock/Netfalls – Remy Musser; 7 Fotolia/dimitriy – **S. 44** *alle* Cornelsen Schulverlage/Björn Schumann – **S. 45** *rechter Seitenrand von oben nach unten*: 1 Shutterstock/Johan Larson; 2 Fotolia/ Ermolaev Alexandr; 3 Shutterstock/alexytrener; 4 Shutterstock/Tatyana Vyc; 5 Fotolia/coldwaterman; 6 Shutterstock/Ilike; 7 Fotolia/Monkey Business, *Rahmen Mitte* Shutterstock/wessley – **S. 46** *alle* SJH, Michel van Grondel; *Rahmen oben und unten* Shutterstock/wessley – **S. 47** *links* Fotolia/ostap25; *rechts* Shutterstock / fiphoto – **S. 48** *oben* Cornelsen Schulverlage/ Björn Schumann – S. 50 *links oben* Shutterstock/HANA; *links Mitte* Fotolia/fkurtcan01; *Rahmen* Shutterstock/wessley – **S. 51** *rechter Seitenrand von oben nach unten*: 1+3 Shutterstock/Slaven; 2 Fotolia/johannes86; 4 Shutterstock/SKARID; 5 Fotolia/Oleksiy Mark; 6 Fotolia/liveostockimages; 7 Fotolia/Kadmy; links Fotolia/Monkey Business; Mitte Fotolia/pixel-kraft – **S. 52** *alle* bordbar design GmbH – **S. 55** Fotolia/Olaf von Lieres – **S. 56–57** Reuters/Stefan Wermuth – **S. 58** Shutterstock/Rainer Lesniewski; *Rahmen* Shutterstock/wessley – **S. 59** *rechter Seitenrand von oben nach unten*: 1

Shutterstock/yampi; 2 Shutterstock/Alexander Raths; 3–5 Fotolia/ArTo; 7+8 Fotolia/auremar; 9 Fotolia/Alexander Raths; 10 Fotolia/stockphoto-graf – **S. 60** *oben* Cornelsen Schulverlage/Björn Schumann – **S. 61** *Mitte* Fotolia/grafikplusfoto; *rechter Seitenrand alle* Fotolia/3darcastudio – **S. 62** *rechts oben* Fotolia/keren woodgyer; *unten* Mitte Fotolia/keren woodgyer; *Rahmen Pinnwand:* Fotolia/keren woodgyer; *Rahmen: Notizzettel von links oben nach rechts unten*: Fotolia/Kenishirotie; Shutterstock/Anatoly Tiplyashin; Shutterstock / Anatoly Tiplyashin; Fotolia/picsfive; Shutterstock/Anatoly Tiplyashin – **S. 64** *links* Fotolia/Andreas Laser; Mitte Cornelsen Schulverlage/Björn Schumann; *rechts* Fotolia / pitels – **S. 66** *links* Shutterstock/vipflash; *rechts* Shutterstock/360b; Rahmen Shutterstock/wessley – **S. 67** *rechter Seitenrand von oben nach unten*: 1 Fotolia/Picture-Factory; 2 Fotolia/Christian Schwier; 3 Fotolia/Sauerlandpics; 4 Fotolia/goodluz; 5 Fotolia/rosaampel; 6 Fotolia/Erwin Wodicka; 7 Fotolia/Kzenon – **S. 68** *links und Mitte* Shutterstock/Sergey Kohl; *rechts* Shutterstock/Helga Esteb – **S. 70** *1.Reihe von links nach rechts*: Fotolia/Jürgen Fälchle; Fotolia/DavidArts; Fotolia/aotearoa; Fotolia/davis; Fotolia/Thorsten Schie; *2.Reihe von links nach rechts*: Fotolia/pingu2004; Fotolia/shock; Fotolia/Elnur Amikishiyev; Fotolia/Andrey Kuzmin; Fotolia/ Thaut Images – **S. 71** Fotolia/WONG SZE FEI – **S. 72–73** *oben* Fotolia/ eyetronic; *unten* Fotolia/mojolo – **S. 73** links Mitte Fotolia/ Daniel Ernst; *links unten* Fotolia/ lev dolgachov – **S. 74** *Mitte* Fotolia/ Rainer Puster; Fotolia/Katarzyna Bialasiewicz; Fotolia/flairimages – **S. 76** *oben* Cornelsen Schulverlage/Björn Schumann – **S. 77** *rechter Seitenrand* Shutterstock/© 2000–2000 Adobe Systems, Inc. All Rights Reserved. – **S. 80** *unten* Fotolia/Adam Gregor – **S. 81** *rechter Seitenrand* Shutterstock/Piotr Adamowic; Fotolia/Tsiumpa; Fotolia/Oleksiy Mark; Fotolia/Dan Race; Fotolia/Pixel; Fotolia/babimu; Alexander Limbach; **S. 82** *oben und Mitte* Cornelsen Schulverlage / Björn Schumann; *unten* Fotolia/Ivonne Wierink; Shutterstock /Andrei Par – **S. 83** Cornelsen Schulverlage/Klein & Halm GbR – **S. 84** *oben* Fotolia/thenikonpro – **S. 86** *oben links* Fotolia/PhotoSG; *oben rechts* Fotolia/sdecoret; *Mitte* Shutterstock/© 2000–2000 Adobe Systems, Inc. All Rights Reserved. – **S. 88** *oben* Shutterstock/Pieter Beens; *oben links* Shutterstock/Zurijeta; *Mitte links* Shutterstock/rkl_foto – **S. 89** *oben* Shutterstock/Pieter Beens; *oben rechts* Shutterstock/Sorbis; *Mitte rechts* Shutterstock/View Apart; *unten rechts* © Verband der Automobilindustrie e. V. (VDA)/Lars Kaletta Joachim Sielski; *unten Mitte* Clip Dealer /Martina Berg; Shutterstock/Ugis Riba; *unten rechts* Shutterstock/Barone Firenze – **S. 90** *oben* Shutterstock / Dasha Petrenko; **S. 91** *rechter Seitenrand* Fotolia/BillionPhotos.com; Fotolia/Sylvie Bouchard; Fotolia/Daniel Jedzura kontakt@mdfotografia.pl; Fotolia/PAVEL KRIUCHKOV; Fotolia/freefly; Fotolia/lev dolgachov; Fotolia/pressmaster; Fotolia/Voyagerix; Fotolia/BillionPhotos.com; Fotolia/Halfpoint; Shutterstock/Andresr; Fotolia/contrastwerkstatt; *Mitte* ASTERIX® – OBELIX® / © 2015 LES EDITIONS ALBERT RENE / GOSCINNY – UDERZ; action press/ Studio 100 media GmbH; F1online – **S. 92** *oben links* Cornelsen Schulverlage / Björn Schuman; *unten rechts* Fotolia/karepa – **S. 94** *Mitte* action press/ – **S. 96** *oben* Cornelsen Schulverlage / Björn Schumann; Fotolia/Alexander & Theresia Schulz; *unten* Fotolia/animaflora; Fotolia/Thaut Images; Shutterstock/Mike Focus; Shutterstock/Marcos Mesa Sam Wordley; Shutterstock/Halfpoint – **S. 97** *rechter Seitenrand* Fotolia/Oliver Boehmer – bluedesign®; Fotolia/k_rhan; Fotolia/Photographee.eu; Fotolia/ Peter Atkins; Colourbox; Cornelsen Schulverlage / Björn Schuman; Fotolia/Lobanov Dmitry Photography 2013 © All Rights Reserved; *unten rechts* Fotolia/Lobanov Dmitry Photography 2013 © All Rights Reserved – **S. 98** *oben rechts* Fotolia/Jürgen Fälchle; Shutterstock/Digital Storm – **S. 100** *oben* ROTE NASEN Clowndoctors/Sebastian Philipp – **S. 103** *Mitte* Shutterstock/ Andrey_Popo; Shutterstock/ Halfpoint; Fotolia/ fiona_toke; Shutterstock/ Piotr Marcinski; Fotolia/ Max Tactic; @ 2015 Petar Neychev http://petarneychev.com – **S. 104** *linker Seitenrand* Fotolia/DOC RABE Media; Fotolia/Henry Czauderna; Fotolia/Olaf Wandruschka; *oben* Shutterstock/ELEPHOTOS – **S. 105** *oben* Shutterstock/ELEPHOTOS; *rechter Seitenrand* Fotolia/www.danielberkmann.com; Fotolia/Photo_Ma; Shutterstock/Stefan Schurr – **S. 106** *Mitte links* Fotolia/HLPhoto; *Mitte* Shutterstock/Rikard Stadler; Fotolia/karepa; *Mitte rechts* Fotolia/Jacek Chabraszewski – **S. 107** *rechter Seitenrand* Fotolia/BillionPhotos.com; Fotolia/Egor Rodynchenko; Fotolia/Natalja Stotika; Fotolia/gavran333; Fotolia/alexlukin; *oben* Fotolia/Andrew Bayda – **S. 108** Cornelsen Schulverlage/Björn Schumann – **S. 109** *rechter Seitenrand* Fotolia/Artenauta; Fotolia/Sergii Moscaliuk; Fotolia/Roman Samokhin; Fotolia/Erich Muecke; Fotolia/diamant24; *Mitte* Fotolia/Jacek Chabraszewski; Fotolia/Andrey Starostin; Fotolia/Christian Fischer; Fotolia/ExQuisine; Fotolia/stocksolutions; Fotolia/Joshua Resnick; Fotolia/Jacek Chabraszewski; Fotolia/BillionPhotos.com; Fotolia/HLPhoto – **S. 110** *oben links* Fotolia/Günter Menzl; *Mitte rechts* Fotolia/kab-vision – **S. 112** *oben* Fotolia/PHOTOMORPHIC PTE. LTD – **S. 113** Fotolia/WarebreakMediaMicro – **S. 114** *unten* Cornelsen Schulverlage/Björn Schumann – **S. 115** *rechter Seitenrand* Fotolia/Dreaming Andy; Fotolia/stockphoto-graf; Fotolia/Maksym Yemelyano; Fotolia/BillionPhotos.com; Fotolia/gena96; Fotolia/Baiba Opule; Fotolia/BillionPhotos.com; Fotolia/safgadfgah; Shutterstock/Mega Pixel; Fotolia/Gennadiy Guchek; Fotolia/Volodymyr Shevchuk – **S. 119** *oben* Shutterstock/wikanda; Shutterstock / Phichai; Shutterstock/posteriori; Shutterstock/Mega Pixel; Fotolia/Thep

Urai; Fotolia/Will Thomas; Fotolia/Nikolai Sorokin; Shutterstock/Taelove7; Fotolia/Ersin Ergin; Fotolia/Dreaming Andy – **S. 120** Shutterstock/canadastock – **S. 121** Shutterstock/canadastock; *oben rechts* Bildagentur Huber/Gräfenhain; *1* Bildagentur Huber/Gräfenhain; *2* Fotolia/Erwin Wodicka; *3* www.colourbox.de ; *unten rechts Rahmen* Fotolia/nasir1164; Fotolia/Thomas Francois– **S.122** *oben rechts* Fotolia/JorgeAlejandro; Fotolia/bilderstoeckchen; *Mitte links* Fotolia/PhotoSG – **S. 123** *oben rechts* Fotolia/somchaij; *Mitte rechts* Fotolia/Erdmännchen – **S. 124** *oben* Cornelsen Schulverlage/Björn Schumann; *Mitte* Fotolia/lunamarina – **S. 125** *rechter Seitenrand* Fotolia/mr. nico; Fotolia/svetlana67; Clip Dealer/Wavebreak Media LTD; Fotolia/Africa Studio; Fotolia/diego1012; Fotolia/Steve Cukrov; Fotolia/tania mattiello; Fotolia/yes – **S. 126** *oben rechts* Fotolia/Gerhard Großberger; Fotolia/Ivonne Wierink – **S. 128** *oben links* TOPICMedia/imagebroker.com; *oben Mitte* Fotolia/Otto Durst; Shutterstock/Photobank gallery; *oben rechts* Fotolia/Sigtrix; *Mitte* Stadt Linz – **S. 129** *rechter Seitenrand* Fotolia/zinkevych; Fotolia/Helder Almeida; Fotolia/Ron Sumners; Fotolia/gstockstudio; Fotolia/Kaspars Grinvalds; Shutterstock/Volt Collection; Fotolia/iordani; *Mitte* Cornelsen Schulverlage / Björn Schuman – **S. 130** *oben* imago/imago/STAR-MEDIA; *Mitte* F1online; *unten* Fotolia/Sigtrix – **S. 132** Fotolia/Oleksandr Delyk – **S. 135** *unten* Fotolia/www.ChristianSchwier.de – **S. 136** *oben* Glow Images/photoplus.ch; *Mitte* Shutterstock/dnaveh – **S. 137** *oben* Glow Images/photoplus.ch; *Mitte rechts* Shutterstock/photogearch – **S.138** *von links nach rechts:* Fotolia/mediterranean; Fotolia/Rido; Fotolia/Robert Kneschke; Fotolia/vectorfusionart – **S. 140** Shutterstock/© 2000 – 2000 Adobe Systems, Inc. All Rights Reserved

PANORAMA
Deutsch als Fremdsprache
Kursbuch A2
Kursleiterfassung

Im Auftrag des Verlages erarbeitet von
Andrea Finster und Friederike Jin (Phonetik)
unter Mitarbeit der Redaktion Claudia Groß und Andrea Mackensen

Redaktion: Claudia Groß, Andrea Mackensen

Umschlaggestaltung: Rosendahl Berlin, Agentur für Markendesign
Layout und technische Umsetzung: Klein & Halm Grafikdesign, Berlin
Illustrationen: Bianca Schaalburg (S. 22, 43, 47, 51, 55, 61, 78, 84, 103, 124, 132, 139),
Tanja Székessy (S. 13, 18, 29, 38, 48, 54, 60, 70, 99, 102, 112, 114, 118, 131, 135, 138, 140, 141)

www.cornelsen.de

1. Auflage, 1. Druck 2017

Alle Drucke dieser Auflage sind inhaltlich unverändert und können im Unterricht nebeneinander verwendet werden.

Druck: Media Print Informationstechnologie GmbH, Paderborn

ISBN 978-3-06-120586-7

PEFC
PEFC/04-31-0810

PEFC zertifiziert
Dieses Produkt stammt aus nachhaltig bewirtschafteten Wäldern und kontrollierten Quellen.
www.pefc.de